AF312208

HISTOIRE

DES PEINTRES

DE TOUTES LES ÉCOLES

PARIS. — IMPRIMERIE F. LEVÉ, RUE CASSETTE, 17.

HISTOIRE
DES PEINTRES

DE TOUTES LES ÉCOLES

ÉCOLE BOLONAISE

PAR

CHARLES BLANC ET HENRI DELABORDE

PARIS

LIBRAIRIE RENOUARD

HENRI LOONES, Successeur

RUE DE TOURNON, 6, FAUBOURG SAINT-GERMAIN

M DCCC LXXVII

INTRODUCTION

A L'HISTOIRE

DES PEINTRES DE L'ÉCOLE BOLONAISE

——

armi les personnages de la comédie italienne, parmi ces types qui représentent les diverses faces, les différents caractères de la personne humaine, et qui vivront aussi longtemps que l'humanité, il en est un qui est particulièrement bolonais : c'est le docteur Baloardo, ou tout simplement le Docteur. Suivant l'intention de la pièce, le Docteur est tantôt un savant chargé d'une érudition pesante, indigéré de latin et de grec, tantôt un ignorant breveté qui tranche sur tout sans savoir rien, et qui, accumulant les pataquès, prend les trois Parques pour les trois Grâces, et change Daphné en cyprès ou Cyparisse en laurier. Mais en dépit de ces variantes, le docteur Baloardo caractérise, en bien ou en mal, le génie de Bologne, qui est une ville pleine de colléges, de chaires et de savants, et le génie des Bolonais, qui sont à peu près en Italie, par rapport aux Florentins raffinés et aux souples Vénitiens, ce qu'étaient les Béotiens, en Grèce, comparés au peuple d'Athènes. Il va sans dire qu'avec une légère touche de caricature, il n'est pas bien difficile de transformer en pédant un académicien *della Crusca*, et de faire de Baloardo un balourd. Toutefois, sans rien exagérer et en restant dans la vérité pure et simple, il faut reconnaître que les Bolonais sont moins déliés, moins fûtés que les autres Italiens, ce qui n'a pas empêché leur docte et puissante ville de fournir un contingent d'hommes illustres et d'artistes éminents, tels que le Francia, les Carrache, le Dominiquin, le Guide, de même que cette Béotie, si souvent raillée par les beaux esprits d'Athènes, avait produit Pindare, Hésiode, Corinne, Épaminondas.

Si nous voulions généraliser les considérations qui vont suivre, il nous serait aisé de montrer que, sous tous les aspects, le génie de Bologne a toujours été le même; que son architecture, par exemple, est massive et robuste; que sa littérature est substantielle, que son érudition est solide. que sa musique est scolastique et savante... Mais pour ne pas nous éloigner de ce qui est l'objet spécial de nos études et de cet ouvrage, nous ne parlerons ici que de la peinture des Bolonais.

Ceux qui sont familiers avec les choses d'art, lorsqu'ils entendent raisonner sur l'école bolonaise, se transportent aussitôt en pensée dans l'atelier ou plutôt dans l'académie des Carrache, qui fut, en effet, le centre où furent enseignées avec autorité et où se développèrent les doctrines que devait enfanter le génie de l'antique Felsina, et qui existaient en germe dans cette ville essentiellement provinciale. Cependant, l'époque où florissaient les Carrache ne fut que la troisième époque de l'art à Bologne, et il est impossible, sans se restreindre outre mesure, d'enfermer dans l'académie des *Incamminati* toute l'école bolonaise. — Comme les autres, cette école a eu ses commencements, un déclin, une restauration et une seconde décadence. Mais, à vrai dire, ses commencements ne ressemblent pas tout à fait à ceux des écoles florentine. ombrienne, vénitienne et lombarde; ils ont une physionomie particulière et qui vaut la peine qu'on y regarde. En général, les écoles de peinture et de sculpture ont toutes cela de commun qu'elles débutent par la naïveté et finissent par le maniérisme. Ainsi les différences qui distinguent les Vénitiens des Florentins et les Ombriens des Lombards, ne commencent à se manifester avec force qu'au moment où ces écoles diverses atteignent, pour ainsi parler, leur âge mûr. lorsque l'art est personnifié à Venise par Titien, à Parme par le Corrége, à Florence par Michel-Ange. Fra Bartolomeo et André del Sarte; à Rome par Raphaël et Jules Romain, à Milan par Léonard de Vinci; de sorte qu'il n'y a de semblables entre ces écoles rivales que les incunables et les *décadents*, les enfants et les vieillards.

L'école de Bologne fait exception à cette loi, au moins pour la première partie de son histoire. Les maîtres primitifs ne ressemblent pas à ceux des pays voisins, ou du moins ils en diffèrent sur certains points essentiels... Mais ici se présente tout d'abord la question si longtemps et si vivement débattue entre les Florentins et les Bolonais, la question de savoir si les Bolonais ont eu pour maîtres les Florentins, ou s'ils ont puisé à d'autres sources les éléments de leur art. faute de les puiser en eux-mêmes. En fait. la ville de Bologne peut se vanter d'avoir eu trois peintres nés dans le douzième siècle, et par conséquent trois peintres antérieurs à Giotto d'environ quatre-vingts ans. On cite même l'un des trois, Guido de Bologne, qui aurait exécuté à San Francesco de Bassano, cent ans avant la naissance de Giotto, une peinture dont il n'existe que l'inscription rapportée par Giambatista Verci[1] : « *Guidus bononiensis pingebat a. D. MCLXXVII*. De ce même Guido, Malvasia[2] cite deux ouvrages, datés de 1178 et de 1180, qui ont péri sans doute, mais dont il existe encore une mention authentique dans les mémoires de Bernardino Baldi, un des plus savants écrivains du seizième siècle. Le premier de ces deux ouvrages — plusieurs figures de saints — se trouvait près la porte d'une maison qui était occupée, du temps où écrivait Malvasia, par le docteur Allé ; le second était une *Madone* peinte au coin de la petite place San Paolo, dans une maison contiguë à celle des *Scapellini*. Les deux autres artistes bolonais nés dans le douzième siècle sont Ventura et Ursone.

Ventura florissait déjà en 1197, puisqu'il peignit en cette année, dans l'église Santa Maria nuova, un *Saint Antoine* qu'on y voyait encore au dix-septième siècle, et dont Bernardino Baldi, dans son manuscrit intitulé : *Antiche Memorie pittoriche*, assure avoir possédé le dessin sur parchemin, rehaussé de blanc, avec la signature *Ventura de Bononia*. La signature du même peintre, *Ventura pinsit*, et la date de 1217 se lisaient sur le mur de l'avant-dernière enceinte de Bologne, où l'artiste avait peint une *Madone*. Quant à Ursone, l'on peut citer de lui des œuvres qui se rapportent à la première moitié du treizième siècle, notamment une *Vierge*, dite des Allemands, peinte en 1221, une *Madone* qui était en la possession des Pères de la Charité hors des murs, et qui portait la date de 1226, un *San Petronio* peint sur muraille, en 1240, et diverses histoires qui décoraient le portique de l'église de San Paolo di Ravenne hors la porte Saint-Isaïe, et qui sont de l'année 1248. C'en est assez, Dieu merci, pour établir l'ancienneté reculée de l'école bolonaise, et pour se défier de ce que dit Vasari « qu'après le déluge de maux qui avait noyé l'Italie, la peinture, plutôt perdue qu'égarée, renaquit à Florence avant de renaître ailleurs ; *la piutosto perduta che smarrita pittura, rinascesse prima in Firenze che altrove*. »

Du reste, quand on entre dans le musée de Bologne, qui n'est pas un des moins intéressants de l'Italie, on y voit tout d'abord des tableaux qui remontent certainement à une époque antérieure aux débuts de l'art florentin. Ce sont des morceaux qui certifient la présence d'artistes grecs à Bologne, ou tout au moins d'artistes formés par des Grecs, vers le douzième siècle. La

---

[1] *Notizie intorno alla Vita de' Pittori della città di Bassano*, 1775.

[2] *Felsina pittrice, Vite de' Pittori bolognesi*. In Bologna. MDCLXXVII.

manière byzantine s'y fait sentir, et, pour notre compte, nous y avons retrouvé sans peine plusieurs des caractères que présentent les mosaïques de Saint-Marc, à Venise, et les peintures du monastère de Daphné, situé sur la route d'Athènes à Éleusis, et dont le souvenir est encore présent à notre mémoire. Le dessin en est sec et rudimentaire, les formes sont grêles, les jambes longues et minces, les doigts raides et démesurés; enfin les couleurs ont une certaine intensité qui provient sans doute de ce que l'on a choisi pour le ton de la préparation, justement le contraire ou le *complémentaire* de celui qui devait le recouvrir, le vert, par exemple, ayant été préparé pour recevoir le rouge des draperies et le rose des chairs, selon l'antique méthode des Byzantins. D'autre part, quelques différences qui n'ont pas échappé à l'œil exercé de l'abbé Lanzi, et qu'il a remarquées surtout dans la coupe de la barbe et des habits, donnent à penser que ces artistes étaient des Grecs italianisés ou bien des Italiens ayant reçu l'éducation byzantine. De plus, les inscriptions que portent ces tableaux les font remonter au douzième siècle, ou au commencement du treizième, à en juger par la forme de l'écriture comparée à celle des manuscrits de ce temps-là.

Sans en croire absolument Malvasia, dont la partialité est trop évidente en ce qui touche la question de priorité chaleureusement agitée entre les Bolonais et les Florentins, l'on peut s'en tenir à la judicieuse opinion de Lanzi, qui, lui, n'est pas suspect d'avoir cherché autre chose que la vérité : « Je ne m'arrêterai pas, dit cet écrivain, à des disputes où il est si difficile que la sincérité de l'histoire ne soit pas altérée par la vivacité de la passion. Je tirerai plutôt quelques lumières des peintures du quatorzième siècle, *dei trecentisti*, qui sont éparses à Bologne et dans toute la Romagne, et des collections nombreuses qui en ont été formées en divers lieux. Telles sont la collection des PP. Classensi [1], à Ravenne, celle de l'Institut de Bologne, et la galerie du palais Malvezzi. Dans celle-ci, notamment, sont exposés avec ordre les ouvrages des maîtres primitifs, avec leurs noms, qui ne sont pas tous d'une écriture ancienne, ni tous également authentiques; mais rien que le soin de les avoir rassemblés fera toujours honneur à cette noble famille. Parmi toutes ces peintures, j'en ai trouvé de manifestement grecques, d'autres qui appartiennent évidemment à l'école giottesque, d'autres qui sont dans le style vénitien, et plusieurs dans une manière que je n'ai jamais remarquée hors de Bologne. Il y a là un empâtement de couleurs, une recherche de la perspective, une façon de dessiner

---

[1] Le mot *classensi* a besoin d'être expliqué, afin qu'on ne le prenne pas pour la désignation d'un ordre monastique. On sait que Ravenne était autrefois un port de mer, mais que son port a été peu à peu comblé par des atterrissements. On distingue donc aujourd'hui les monuments qui sont dans la ville et ceux qui en sont dehors, *in classe fuori*, c'est-à-dire là où était jadis la flotte, *classis*. Le mot *classensi*, employé par Lanzi, signifie donc ici : les Pères du monastère situé *in classe fuori*, hors Ravenne.

les figures et de les vêtir qui ne se rencontrent pas ailleurs, en Italie. J'ai vu, par exemple, des sujets de l'Évangile où le Rédempteur est couvert d'un manteau rouge, où des personnages ont à leurs habits des ourlets d'or d'un goût nouveau, circonstances peu considérables sans doute, mais qui ne sont pas ordinaires aux autres écoles. De ces observations je crois pouvoir conclure que, dans ce quatorzième siècle, les Bolonais eurent, eux aussi, une école qui, sans être très-belle et très-célèbre, fut du moins particulière à leur ville et, pour ainsi dire, municipale, et que cette école dérivait des mosaïstes grecs et des miniaturistes [1]. »

Au surplus, ces questions d'antériorité qui intéressent si vivement l'amour-propre des petites républiques italiennes et qui servaient d'aliment aux rivalités locales, ces questions, dis-je, n'ont en elles-mêmes que peu d'importance. Que Bologne ait eu des peintres à une époque où il n'y en avait encore nulle part en Italie, ou que la renaissance ait eu lieu dans plusieurs villes à la fois, et particulièrement à Florence, ce n'est pas là précisément ce qu'il importe d'éclaircir. L'essentiel est de savoir en quel lieu on a vu se produire pour la première fois, non pas des essais informes, mais un art véritable, sur quel point la Renaissance a jeté une franche lumière, a brillé d'un éclat pur. Or, il n'est pas douteux que le premier grand artiste de l'Italie, après les obscurités du moyen âge, n'ait été un Florentin. Aucune ville italienne ne pourrait nommer un peintre du treizième siècle comparable à ce Giotto, qui, par l'invention, la convenance, l'expression, la grâce, fut une sorte de Raphaël anticipé et le plus étonnant des précurseurs.

Pour en revenir à l'école bolonaise, il est certain que si ses provenances furent d'abord byzantines, elle reçut bientôt des enseignements précieux des peintres de missels qui s'établirent à Bologne, au commencement du quatorzième siècle. Nous avons cité dans l'Introduction à l'histoire des peintres de l'Ombrie, quelques vers de Dante, où le poëte célèbre Oderigi da Gubbio comme ayant été le maître par excellence de la miniature, « l'honneur de cet art qu'on appelle, à Paris, enluminer. »

> Oh, dissi lui, non sé tu Oderisi
> L'onor d'Agubbio, e l'onor di quella arte
> Che alluminar è chamata a Parisi.
> Fratre, diss'egli, più ridon le carte
> Che pennelleggia Franco Bolognese ;
> L'onor e tutto or suo, e mio in parte...

De ces mots : « l'honneur est mien en partie, » nous pouvons induire, ce que nous apprend

[1] In tutte esse trovai pitture e manifestamente greche, e apertamente giottesche, e certe di veneto stile, e non poche d'una maniera che non vidi fuor di Bologna. Vi è un impasto di colori, un gusto di prospettive, un modo di disegnare o di vestir le figure, che non tenuero altre città : per esempio vidi in più luoghi storie evangelische ove sempre il Redentore è coperto di manto rosso, ed altre persone han vesti con certa nuovra orlatura d'oro : picciole cose, ma non obvie in ninna altra scuola..... *Lanzi.*

d'ailleurs un commentateur de Dante, Valutello, savoir, qu'Oderigi eut pour disciple le peintre Franco Bolognese (c'est-à-dire Franco de Bologne), qui eut bientôt surpassé son maître, ainsi que l'avoue franchement l'ombre d'Oderigi, dans le Purgatoire, où Dante le fait parler. Ce qui confirme le dire du poëte, c'est qu'un autre commentateur de Dante, Benvenuto da Imola, contemporain de Pétrarque, dit en propres termes : « Cet Oderisi fut un grand miniaturiste dans la ville de Bologne ; il était très-vain de son art et de son talent. » *Iste Oderisius fuit magnus miniator in civitate Bononiæ, qui erat valdè vanus jactator artis suæ.*

Mais ce talent, dont le miniaturiste était orgueilleux. à quelle école faut-il en faire honneur? Baldinucci, qui veut que toute gloire soit issue de Florence, insiste pour qu'Oderigi da Gubbio soit compté parmi les disciples de Cimabue, qu'il regarde comme la première souche de l'art italien moderne, en dépit de Malvasia, très-jaloux, comme nous l'avons vu, de prouver que l'école bolonaise avait été une école autochtone, une école *sui generis*. Le raisonnement de Baldinucci est, en vérité, peu concluant : il consiste à dire que Dante, Giotto et Oderigi furent amis intimes, et que, s'étant tous les trois livrés à l'étude des arts, ils durent contracter l'amitié qui les unissait à l'école de Cimabue, leur commun maître. La conclusion, l'on en conviendra, n'est pas rigoureuse, car il se peut fort bien qu'une telle amitié, entre trois hommes qui avaient beaucoup voyagé, se soit formée en d'autres lieux et dans d'autres rencontres. Comment croire, d'ailleurs, — c'est encore Lanzi qui en fait la remarque, — comment croire qu'un artiste qui s'est borné à peindre en miniature, à enluminer des missels et des livres, ait eu justement pour maître ce même Cimabue, qui était de son temps le meilleur peintre à fresque, *il miglior frescante di tutti*, et conséquemment le plus habile à peindre de grandes figures? N'est-il pas vraisemblable qu'Oderigi fut l'élève des miniaturistes, qui se trouvaient alors en grand nombre en Italie. et qu'il eut le talent de perfectionner son art en les surpassant [1]?

Les dates mêmes fixées par Baldinucci contredisent son système. S'il est vrai que Giotto n'avait que dix ans. vers 1286. lorsqu'il entra dans l'atelier de Cimabue, qui avait alors quarante-six ans, il est certain aussi qu'Oderigi ne pouvait guère être moins âgé que Cimabue, puisqu'il mourut en 1299. un an à peine avant celui-ci, après avoir jeté de l'éclat dans sa profession et façonné un élève qui allait bientôt le dépasser. Il est impossible, en effet, d'admettre qu'un artiste aussi avantageux. aussi vain que l'était Oderigi, d'après ce que lui fait dire le Dante, se fût astreint à s'asseoir sur les bancs de l'école à côté d'un enfant de dix ans, et qu'ayant vécu seulement treize années depuis (de 1286 à 1299), il eût été capable d'acquérir en si peu de

---

[1] *Adunque più verisimile è il credere che Oderigi da' miniatori. ch'erano in Italia allora moltissimi, apprendesse l'arte, e col suo disegno lo migliorasse. Lanzi.*

temps la réputation de premier miniaturiste de l'Italie, et de former encore, dans la personne de Franco Bolognese, un élève supérieur à son maître. Tout aussi incroyable est l'assertion de Baldinucci, qu'en voyant les ouvrages faits par Giotto en miniature, Oderigi ait pu devenir, en peu d'années, un habile homme, *in poco tempo divenisse valente*. Giotto, en 1298, à l'âge de vingt-deux ans, était à Rome au service du pape, et, selon Baldinucci, le jeune peintre florentin aurait orné d'enluminures un livre appartenant au cardinal Stefaneschi. Or, en acceptant comme certain ce fait, que l'historien n'appuie sur aucun document et dont Vasari ne parle point, quel temps aurait-il eu pour mettre à profit les enseignements ou les exemples de Giotto, cet Oderigi qui était déjà mort en 1300 (selon les calculs de Baldinucci lui-même), puisque Dante le rencontrait en cette année-là dans le Purgatoire?

Il paraît donc légitime de restituer Oderigi à l'école bolonaise, comme ayant, selon toute apparence, appris son art à Bologne, et, en tous cas, comme ayant été dans cette ville l'initiateur de Franco Bolognese, qui fut la véritable souche de l'art bolonais, non-seulement pour l'enluminure des manuscrits, mais pour la peinture. De ses œuvres personnelles, il nous en reste bien peu. La plus certaine ou la plus probable est aujourd'hui à Bologne, dans la galerie du prince Ercolani, où nous n'avons pu la voir lors de notre passage dans cette ville; on y lit l'inscription : *Franco Bolo., fece 1312*; encore cette inscription paraît-elle avoir été repeinte, comme, du reste, a été repeint tout le tableau. C'est une *Madone* qui se trouvait auparavant dans la collection Malvezzi. La Vierge est sur un trône, tenant l'enfant Jésus dans un voile et le caressant de la main droite, avec cette grâce affectée et gentille qui caractérise les artistes de Gubbio et l'un des primitifs de l'école ombrienne, Gentile da Fabriano. Tel est du moins le sentiment de deux connaisseurs auxquels on peut s'en rapporter [1].

Ce qui est incontestable, c'est que Franco Bolognese fut appelé à Rome par le pape Boniface VIII, en même temps que Giotto et Oderigi, pour orner de peintures les livres de la bibliothèque pontificale. Vasari possédait dans son portefeuille des dessins, qu'il dit très-beaux, de Franco Bolognese, entre autres deux miniatures, l'une représentant un aigle, et l'autre un lion qui casse un arbre.

Quant aux élèves qui sortirent de l'école fondée à Bologne par Franco, Malvasia en nomme plusieurs, savoir : Vitale, dit *dalle Madonne*, Lorenzo, Simone, dit *il Crucifissaio*, parce qu'il peignait le plus souvent des crucifix, et Jacopo d'Avanzi. Ces quatre peintres ne pouvant être

---

[1] MM. Crowe et Cavalcaselle paraissent croire que la signature de ce morceau pourrait bien être falsifiée, *wether genuine or false*. Voici leur opinion sur le tableau : *It seems a picture of the fourteenth century with some of the affected grace of movement peculiar to the artists of Gubbio and Fabriano*. New History of Painting in Italy, tome II, page 206.

l'objet d'une monographie spéciale, faute par nous de posséder de suffisantes informations sur leur vie et sur leurs œuvres, nous dirons ici le peu que nous en savons, puisqu'aussi bien ils personnifient l'art bolonais au quatorzième siècle. Vitale vécut dans la première moitié de ce siècle, comme le prouvent les dates de 1320 et de 1345 inscrites sur deux Madones que nous connaissons, la première pour l'avoir vue dans le musée de Bologne, la seconde par la gravure qu'en a publiée Seroux d'Agincourt. La Madone du musée, celle qui provient de la très-ancienne église della Madonna del Monte, hors de la porte San Manuelo, donne une idée du mérite de Vitale, un peu surfait par Malvasia. C'est un tableau de cinq figures. La Vierge tient son Fils élevé dans l'air et l'enfant semble se retenir aux vêtements de sa mère, pour se porter en avant, vers une toute petite figure, celle du donateur, à genoux, dont les proportions, relativement à la Madone, sont presque ridicules. La Vierge est assise entre deux archanges qui sont beaucoup plus petits qu'elle, mais beaucoup plus grands que le donateur. Ce tableau porte l'inscription : *Vitalis de Bononiâ, fecit anno M.CCC.XX.* Vingt-cinq ans plus tard, Vitale peignait la *Madonna de' Denti*[1], dans la petite église de ce nom, voisine de la Madonna del Monte ; mais, durant cet espace de temps, il n'avait fait aucun progrès sensible, et il restait fidèle à un art immuable, byzantin, et, en quelque sorte, hiératique. Même disproportion, par exemple, entre les figures des donateurs et celle de la Vierge et des quatre saintes qui l'accompagnent. Loin de ressembler à Giotto, comme Baldinucci l'affirme sans raison, le Bolonais ne ressemble pas même à Franco, son maître, qu'on pourrait appeler le Giotto de Bologne. Il tient plutôt de l'école miniaturiste par le côté timide, délicat, précieux, et l'on peut dire enfantin, de sa manière. Son dessin est très-sec, ses draperies sont raides, chargées et surchargées de dorures. Le tout est modelé avec un soin minutieux, *manu elimatissimâ*, selon l'expression de Baldi ; enfin, sa peinture en détrempe est mince comme l'aquarelle d'un miniaturiste, et c'est en effet des maîtres enlumineurs qu'il procède, ce qui est d'ailleurs tout simple, puisqu'il fut l'élève de Franco Bolognese, dont le principal talent était celui de la miniature. Du reste, Vitale dut avoir une imagination assez pauvre ou des goûts assez bornés, puisqu'il ne peignit que des Madones, selon Malvasia, et ne voulut jamais peindre le Christ en croix, disant que c'était déjà trop que les Juifs eussent crucifié le Rédempteur, sans que la peinture recommençât à lui faire subir, en effigie, cet infâme supplice[2].

A l'inverse de Vitale, son condisciple, Simone ne peignit guère que des crucifix, — de là

[1] La *Madonna de' Denti* est ainsi nommée parce que la Vierge a la bouche entr'ouverte et laisse voir de belles dents. C'est la peinture qui a donné son nom à l'église.

[2] *Che sempre corse voce, non aver mai voluto far Christi in croce, solito dire, pur troppo avergüelo conficcato una volta gli ebrei, e traffigerlo pur troppo i cattivi cristiani. Malvasia.*

son surnom, — et au lieu de la délicatesse que Vitale mettait dans l'exécution et la conception de ses Madones, il montrait, lui, de la rudesse dans ses représentations du Crucifié; il violentait l'expression pathétique, touchait à la laideur et à la grimace, et dépassait le but par l'exagération des moyens, faute de pouvoir l'atteindre par la vérité du sentiment. Il nous souvient d'avoir vu à Bologne, dans l'église San Giacomo Maggiore, un *Christ* colossal, dont les bras semblent torturés par une tension excessive et dont le nu est modelé avec soin, le dessin recherché, l'expression tendue[1]. La Pinacothèque de Bologne renferme un grand nombre d'ouvrages de Simone, qui ne sont pas tous des Christ en croix. Le couronnement de la Vierge était aussi pour ce peintre un sujet de prédilection, car on en voit plusieurs dans ce même musée qui portent sa signature, et qui sont compliqués de nombreuses figures de saints.

Des autres élèves de Franco, il en est qui ne sont point bolonais par le style, et il en est qui ne sont point bolonais par la naissance. Lorenzo était Vénitien, car il a signé un tableau de la galerie Ercolani : *Manu Laurentii de Venetiis, 1368*, et l'on sait, par Zanetti, qu'il a peint une *Annonciation* à Venise, dans l'église Sant'Antonio di Castello. Jacopo Avanzi, ou degli Avanzi, était de Bologne, — d'autres le disent de Vérone ou de Padoue, peut-être parce qu'il a été employé dans ces deux villes à des ouvrages très-importants; — mais il avait subi les influences de Giotto, qui était venu à Bologne peindre un tableau d'autel à Sant'Antonio, et dont plusieurs élèves, Ottaviano da Faenza, Pace da Faenza et Puccio Cappana, Florentin, avaient travaillé à la décoration des églises de Bologne. Enfin, Cristoforo, dit Bolonais par les uns, était, suivant d'autres, de Modène ou de Ferrare. Mais ces trois élèves de Franco eurent cela de commun qu'ils furent chargés tous les trois, avec Simone «dei Crucifissi,» de décorer la Madonna di Mezzarata, et qu'ils firent de cette église un monument qui est à l'art bolonais ce que le Campo Santo, de Pise, est à l'art toscan. Lorenzo y fit voir les expressions grimaçantes, les mouvements forcés de la manière byzantine, à laquelle il se rattachait; Cristoforo s'y montra un dessinateur grossier, mais non dépourvu toutefois d'une certaine grandeur, et un coloriste doux et languissant, si l'on en juge, non d'après ces fresques de la Mezzarata, qui ont péri, mais par d'autres ouvrages de sa main conservés à Bologne, notamment dans la collection Malvezzi. Mais le plus habile de tous les disciples de Franco Bolognese et de tous ceux qui peignirent les murs de la Mezzarata, ce fut Jacopo d'Avanzi. Il y représenta, en collaboration avec Simone de Crucifissi, trente sujets de la vie du Christ, depuis la Nativité jusqu'à la Cène. Ce peintre mériterait les honneurs d'une monographie spéciale. Toutes les qualités que pouvait

[1] Ce tableau est daté du 20 février 1370 ; l'inscription qui s'y trouve a été mal lue. La voici telle que la donne la dernière édition du *Guido de Bologne*, par Gualandi : *Symon fecit hoc opus. a. D. MCCCLXX. die vinti f ih. positam hic.*

posséder un artiste supérieur, vers la fin du quatorzième siècle, il les posséda. Aussi avancé qu'on pouvait l'être dans la science du dessin, dans le rendu des formes, Jacopo avait de plus un esprit ouvert et pénétrant, le goût des ordonnances nombreuses, l'intuition du geste, la notion de l'architecture et du rôle qu'elle peut jouer en peinture pour étager la composition et l'approfondir, tout ce qu'il fallait d'invention pour distribuer les groupes et y introduire des épisodes variés. Il avait enfin ce qui fait les vrais peintres, de la verve, du sentiment, du cœur ; il était ému. Ses fresques et celles d'Altichieri de Vérone, son compagnon, dans la chapelle Saint-Félix, à Saint-Antoine de Padoue, et dans la chapelle Saint-Georges, attenante à cette église célèbre, sont peut-être les plus belles peintures du quatorzième siècle italien, en exceptant celles de Giotto à l'Arena. M. Rio va jusqu'à dire,—nous n'irons pas aussi loin,—que ces fresques sont sans contredit la plus belle œuvre qu'ait vue éclore dans ce siècle l'Italie septentrionale. En tous cas, il ne faut pas s'étonner que les décorations exécutées par Avanzi, au palais communal de Vérone, et dont il n'existe malheureusement aucun vestige, aient excité l'admiration de Mantegna.

C'est du reste au style du grand initiateur florentin que se rattachent les ouvrages de Jacopo Avanzi. Lui et Altichieri Zevio sont de vrais disciples de Giotto, — comme l'observe un écrivain qui a étudié de près les précurseurs de l'art en Italie. — « Ils sont fidèles à tous ses principes, ardents à en tirer parti, soigneux de sa grâce, épris de sa grandeur, doués en outre d'assez d'initiative et d'esprit personnel pour s'élever d'eux-mêmes à une grande hauteur. Les fresques des chapelles Saint-Félix et Saint-Georges sont dignes du voisinage de l'Arena et doivent être comptées parmi les plus beaux titres de la renaissance italienne au quatorzième siècle. Ces peintures racontent d'une manière admirable la vie et la mort des vierges sainte Lucie de Syracuse et sainte Catherine d'Alexandrie. Le martyre de ces généreuses femmes est dominé par la compassion de la mère du Christ. Tous ces héroïsmes enfin trouvent leur éternelle apothéose dans la peinture votive où l'on voit Rolandino da Soragna, fondateur de la chapelle, et le plus jeune de ses fils, présentés par saint Georges à la Vierge et à l'enfant Jésus, tandis que sa femme et tous les autres héritiers du nom de Soragna se tiennent sous la garde de leurs patrons respectifs, parmi lesquels se retrouvent en première ligne sainte Catherine et sainte Lucie. — Moins bien inspirés que Rolandino, Francesco Carrara et sa femme prirent alors pour peintre officiel le Florentin Giusto, imitateur attardé et déjà dégénéré de Giotto. La Vierge aussi tient une grande place dans le cycle évangélique et apocalyptique développé par Giusto dans le baptistère de Saint-Jean ; mais combien elle est loin des nobles images évoquées par Avanzi, et comme le tyran de Padoue, amené par son peintre devant la Madone, fait pauvre figure quand on le compare au guerrier couvert également de la protection de Marie, dans la chapelle Saint-Georges [1] ! »

Nous n'avons fait que jeter un coup d'œil sur les commencements de l'art bolonais, et déjà nous avons pu constater que cet art eut dès le principe très-peu d'originalité ; qu'après avoir reçu leurs rudiments des artistes grecs, les peintres de Bologne durent leur développement à des miniaturistes incapables de fonder une haute école, ou bien à des influences extérieures, les uns ayant contracté quelque chose de la gentillesse des Ombriens primitifs, les autres ayant eu les yeux ouverts à la lumière par le génie de Giotto. Eh bien! ce caractère d'imitation, ou, si l'on veut, d'éclectisme, qui fut celui de l'école bolonaise aux treizième et quatorzième siècles, l'absence de cette précieuse naïveté qui distingue ailleurs tous les débuts, ce manque d'initiative, d'intelligence prime-sautière, de sève propre, nous les verrons se manifester plus en plus jusqu'à la fin; nous les verrons marquer le déclin de l'école aussi bien que sa restauration, et constituer à la fois son infériorité et son mérite, son défaut le plus sensible et sa qualité la plus brillante.

Le quinzième siècle, qui a été à Venise, à Milan, à Pérouse, à Florence, à Padoue, à Parme, à Urbin, partout, l'époque où ont fleuri les précurseurs illustres et même celle où a brillé la jeunesse des plus grands maîtres, le quinzième siècle presque tout entier n'a été à Bologne qu'une période d'égarement et de décadence pour la peinture. La prépondérance et l'enseignement étaient échus alors à un élève de Vitale, Lippo Dalmasio. esprit étroit, qui se borna toute sa vie à peindre des Madones, comme l'avait fait son maître. Il les peignit avec un sentiment profond de religiosité et d'ascétisme, de nature à plaire aux dévôts beaucoup plus qu'aux vrais amis de la peinture. Malvasia cite plusieurs papes, Grégoire XIII. Innocent IX. Clément VIII, qui tenaient en grande vénération les Vierges de Lippo. L'un de ces pontifes, Grégoire XIII, avait dans sa chambre, près de son lit, une de ces Vierges qui était l'objet de sa dévotion particulière ; l'autre, Clément VIII, avait attaché le privilége de je ne sais quelles indulgences à une Madone de Dalmasio qu'il avait remarquée en passant à Bologne. sur la porte de l'église San Procolo. L'écrivain bolonais ajoute qu'il a entendu dire à Guido Reni que les Vierges de Lippo devaient être inspirées par une grâce infuse, par un don surnaturel : qu'elles respiraient une modestie, une sainteté, une pureté incomparables. impossibles à exprimer avec les seules ressources du savoir humain. Il n'en est pas moins vrai que les enseignements bornés de Lippo Dalmasio et son influence furent pernicieux à l'école. Ne possédant

---

[1] Les Vierges de Raphaël et l'Iconographie de la Vierge. J.-A. Gruyer. Paris, Renouard, 1869.

lui-même aucune des traditions élevées, des larges vues nécessaires à ce qu'on appelle un peintre d'histoire, il n'apprit à ses élèves qu'à servir les instincts des bigots et les prédilections des sacristains, par un retour affecté à l'archaïsme des Madones grecques.

Chose singulière! pendant que les Florentins, depuis Giotto, s'efforçaient d'humaniser les images de la religion chrétienne, d'y mettre du naturel, de la grâce, de la douceur, et ne se défendaient point d'y rechercher le beau, les Bolonais du quinzième siècle, les disciples égarés de Lippo, tels que Severo, Galante, Pietro Lianori, qui signait *Petrus Johanius*, Orazio di Jacopo, qui était peut-être un fils de Jacopo Avanzi, retournaient de gaieté de cœur aux Madones sauvages des Byzantins et des mosaïstes de Saint-Marc. Remontant jusqu'à Cimabue, et même au delà, ils recommençaient, de parti pris, ces dures et menaçantes effigies, où la mère du Crucifié, noire de peau, sèchement dessinée, vêtue de draperies cassantes aux plis rigides, et peinturée de rudes couleurs, semble jeter des regards féroces sur les ennemis de son fils, comme si elle était prête à porter sur eux ses mains longues et ses doigts longs. Les Grecs de Constantinople et d'Athènes, qui avaient fourni aux Italiens les premiers modèles de ces Vierges barbares et archaïques, en avaient communiqué le goût aux artistes bolonais, qui les copièrent scrupuleusement, superstitieusement, tout le long du quinzième siècle — et durant les siècles suivants jusqu'à la fin du dix-huitième. — Il arriva même que les négociants grecs, qui de Venise rayonnaient dans l'Italie septentrionale, vinrent racheter à Bologne, chez les regrattiers, ces Vierges d'importation byzantine, pour les rapporter en Grèce et à Constantinople, où sans doute on ne savait plus les peindre ni aussi archaïques ni aussi barbares.

Cependant quelques peintres échappèrent à ces lubies, à cette extravagance. Il y en eut qui apportèrent du dehors de plus saines idées, par exemple, Jacopo Ripanda, qui avait étudié à Rome les bas-reliefs de la colonne Trajane, et qui s'était plu à traiter des sujets antiques, au Capitole, dans le palais des Conservateurs, et Marco Zoppo, qui était allé à Padoue recevoir les leçons de Squarcione, chez lequel, en rivalisant avec Dario de Trévise et Pizzolo, il avait gagné l'estime et l'amitié de Mantegna. Mais la peinture bolonaise, abandonnée à elle-même, aurait eu bien de la peine à se relever, si, vers la fin du quinzième siècle, il n'avait surgi un artiste qui tient le milieu entre les grands précurseurs et les grands maîtres. Je parle de Francesco Raibolini, dit Francia.

Ce fut seulement en l'année 1490 que Francia, qui, jusqu'alors, n'avait été qu'un orfèvre éminent et un excellent graveur de médailles et de monnaies, débuta dans l'art du peintre par une œuvre magistrale, la *Madonna de' Felicini*, peinte pour la chapelle de cette famille dans l'église de la Miséricorde, hors des murs de Bologne. Cette belle peinture, et celle, plus belle encore, que nous avons admirée naguère à San Giacomo Maggiore, furent pour les Bolonais une surprise, une révélation, et pour leur orgueil national l'occasion d'un triomphe. Enfin leur école pouvait se glorifier d'un maître, suivant eux, égal aux plus célèbres ; enfin, dans un seul et même artiste, Bologne possédait à la fois un Pérugin, un Mantegna, un Jean Bellin, et même un Raphaël! Jamais artiste n'avait inspiré plus d'enthousiasme. De tels sentiments excités par les ouvrages d'un homme qui avait su, à l'âge de quarante ans, s'élever d'une orfévrerie savante et délicate à la grande peinture, sont faciles à concevoir de la part des Bolonais, quand on se rappelle où en était leur école, lorsque apparut Francesco Raibolini. Mais si éclatante que soit la supériorité du Francia sur tous ses compatriotes, il ne serait pas possible de le placer au niveau des maîtres suprêmes. Tout au plus est-il permis de le mettre en balance avec Pierre Pérugin et Jean Bellin. Encore n'a-t-il pas le dessin élégant, la gracieuse sveltesse du premier, ni le sentiment naïf et touchant du second. Plus près de la nature et de la vérité que le maître de Raphaël, plus varié que Jean Bellin et plus animé, Francia leur est inférieur parce qu'il n'a pas reçu du ciel l'influence secrète, cette flamme intérieure qui fait trouver de nouveaux accents au génie, et qui peut éveiller celui des autres. Paisible, méthodique et un peu froid, il ne trahit ni ne provoque de bien vives émotions. Dessinateur savant et sûr, coloriste abondant et riche, capable d'embellir par l'architecture et les arabesques, par les armures et les accessoires, des compositions d'ailleurs symétriques et conformes aux vieux usages, Francia n'a rien introduit dans son art que d'autres n'y eussent apporté avant lui. En supprimant le Pérugin en Ombrie, Jean Bellin à Venise, on ferait dans l'histoire des développements de la peinture italienne un vide considérable. En supposant que Francia n'eût pas existé, on aurait sans doute un maître de moins et l'on regretterait assurément les très-belles choses qui furent ajoutées par lui aux trésors de la Renaissance, et toutefois l'on sent bien que l'art, considéré comme une plante divine, aurait pu sans lui produire toutes ses fleurs et répandre tous ses parfums. Ce qui brille dans le Francia, c'est un mélange heureux de qualités diverses qui ailleurs ont été isolément plus grandes et plus hautes. C'est, pour tout dire en un mot, ce qui constitue le caractère de l'école bolonaise, un éclectisme lumineux.

Au surplus, nous ne sommes pas le premier, il s'en faut, à remarquer ce caractère de l'école bolonaise, et comment ne pas le remarquer puisqu'il a été hautement avoué par les artistes qui sont les plus célèbres de Bologne, avec Francia, par les Carrache? Cette famille illustre, dont le nom résume tout le génie de l'école bolonaise, ne fit qu'ériger en système l'éclectisme qui avait distingué les maîtres antérieurs, et il faut convenir que si un tel système est contraire aux principes de l'art, il a cependant produit ou du moins il n'a pas empêché de se produire quantité d'ouvrages bien supérieurs à tout ce qui se pratiquait alors en Italie. L'on connaît l'histoire des Carrache : elle a été racontée dans ce livre par notre confrère et ami Henri Delaborde. Nous n'avons qu'à extraire de leur histoire ce qui se rapporte en particulier à leurs théories publiquement enseignées. Nos lecteurs savent donc quelles furent les idées de Louis Carrache et de ses deux cousins. On pouvait les ramener toutes à une seule et les résumer en une phrase : choisir dans chacun des maîtres de premier ordre ce qu'il a eu de mieux, étudier le desssin des grands dessinateurs, la couleur des grands coloristes, les ordonnances de celui-ci, les effets de celui-là, et se composer, de ces qualités diverses, en les combinant, de plus, avec l'étude de la nature, un style mixte, qui serait excellent puisqu'il n'y manquerait rien, et que toutes les parties en auraient été puisées aux meilleures sources.

Qu'une semblable philosophie de l'art soit entrée dans la tête d'un artiste, d'ailleurs éminent et éclairé, nous avons quelque peine à le comprendre aujourd'hui. Toutefois, Louis Carrache était si attaché à son principe et il en était si bien convaincu avant de l'enseigner aux autres, qu'il l'avait mis en pratique, de propos délibéré, dans ses tableaux, notamment dans la *Prédication de saint Jean-Baptiste* que nous avons vue au musée de Bologne, et qui est une imitation flagrante de Paul Véronèse, assaisonnée, pour ainsi dire, de figures dont l'une rappelle Titien, l'autre Tintoret, l'autre Raphaël. Annibal, lui aussi, avait appliqué les préceptes de son cousin, qui était son maître, et l'on pourrait citer telle peinture de sa main où il avait marié de son mieux le grand goût de Corrége (sa première admiration), la manière de Véronèse et le style de Titien, en y ajoutant encore, dans une figure de sainte Catherine, une imitation de grâce renouvelée du Parmesan. Il est bien vrai que, doué d'une verve personnelle que soutenaient de longues études et un savoir laborieusement acquis, Annibal Carrache finit par s'élever au-dessus de la simple imitation et montra dans ses décorations du palais Farnèse plus d'indépendance qu'on n'en pouvait attendre d'un artiste dressé à l'éclectisme ; il est bien vrai qu'après s'être assimilé les styles les plus différents, il finit par s'en composer un qui ne manquait ni de force, ni de fierté, ni d'ampleur, ni de magnificence. Mais si Annibal, comme peintre, en vint à s'élever au-dessus du niveau inférieur auquel se condamnent les imitateurs et les éclectiques, il est certain qu'il demeura, comme professeur, dans les idées de son cousin Louis et de son frère Augustin.

Lorsque les Carrache fondèrent leur académie, ils avaient eu à lutter contre des rivaux dont quelques-uns étaient devenus des ennemis, puisque Josépin, entre autres, alla jusqu'à provoquer en duel Annibal Carrache, pour régler, l'épée à la main, leurs dissidences en matière de peinture. Au fond, les adversaires des Carrache, le Caravage d'un côté, Josépin de l'autre, feignaient de professer des systèmes, alors qu'ils ne faisaient qu'obéir à leurs tempéraments ; ils prêtaient l'importance d'une théorie à ce qui n'était que l'ensemble de leurs facultés. Caravage, qui avait été un instant l'élève de Louis et d'Augustin, et qui professait le mépris de ses maîtres, parce qu'il ne voyait pas en eux l'énergie brutale qu'il sentait en lui, Caravage prétendait fonder l'école des *naturalisti*, c'est-à-dire de ceux qui s'en tiennent à une imitation littérale et ressentie d'une nature sans choix, à ce qu'on appellerait de nos jours le réalisme. Josépin, plutôt pour combattre un artiste qu'il détestait et qui pouvait lui disputer la faveur des princes et les grands travaux, que pour faire prévaloir ses convictions sur la philosophie de l'art, si tant est qu'il en eût, Josépin, disons-nous, opposait au *naturalisme* de son rival une doctrine qu'il nommait ambitieusement l'*idéalisme*, sans bien savoir ce qu'il entendait et ce qu'il fallait entendre par ce mot, alors très-vague et non défini. Une chose singulière, c'est que les deux factions des idéalistes et des naturalistes, acharnées l'une contre l'autre, s'accordaient à merveille quand il s'agissait de décrier leur ennemi commun, les Carrache. Enfin, en dehors de Caravage et de Josépin, chefs d'école ou plutôt chefs de sectes, il y avait encore à Rome, à Florence, à Venise, à Bologne même, et partout, des artistes qui se rattachaient aux traditions de Michel-Ange et croyaient ressembler à ce grand homme parce qu'ils mettaient une fierté factice dans les attitudes de leurs figures, affectaient le contraste dans les mouvements, violentaient les formes, et se maniéraient d'une façon prétendue héroïque.

Tels étaient les différents aspects de l'art en Italie lorsque les Carrache prirent la résolution d'ouvrir une école, où ils protesteraient publiquement contre tous les modes de décadence et s'efforceraient de ramener la peinture dans le bon chemin en restaurant le culte des grands maîtres, combiné avec l'observation de la nature. Leur maison, que l'on voit encore à Bologne, et qui fut bientôt remplie de dessins, de plâtres d'après l'antique et de médailles, devint une académie qui prit d'abord le nom *dei Desiderosi*, c'est-à-dire de ceux qui, regrettant la perfection des anciens, désiraient y atteindre à leur tour. Ensuite ils changèrent ce nom en celui *dei Incamminati*, qui signifiait ceux qui sont en bonne voie, en progrès, comme qui dirait les *acheminés*. Plus tard, ce fut tout simplement l'académie des Carrache, et jamais institution ne mérita mieux le titre qu'elle avait pris, en ce sens que jamais académie ne fut plus académique.

Là furent enseignées avec autorité et avec une politesse qui devait les rendre aimables, toutes les parties de la peinture, toutes les branches de la science que doit posséder un artiste digne de ce nom. Les trois Carrache, qui vivaient alors en parfaite harmonie, s'étaient partagé les rôles. Louis, plus âgé que ses cousins et leur premier instituteur, était regardé par eux comme le chef de l'école et il y avait la haute main. Annibal dirigeait surtout l'enseignement du dessin et il s'occupait du technique de la peinture. Augustin avait pris pour lui le gros de la besogne. Aussi instruit, aussi lettré que son frère l'était peu, il avait composé des traités de perspective et d'architecture dont il faisait la matière de ses leçons. Il posait le modèle, il donnait aux élèves les notions élémentaires de l'anatomie, leur expliquait le jeu des os et des muscles, les rapports des membres entre eux, les proportions du corps humain, et souvent un professeur d'amphithéâtre, nommé Lanzioni, lui procurait secrètement des cadavres que l'on disséquait devant les *Incamminati* pour leur faire toucher au doigt ce qu'on leur avait appris.

Mais Augustin Carrache ne bornait pas là son rôle. Ce n'était pas pour rien qu'il avait cultivé les lettres et même la poésie. Son professorat se compliquait de conférences sur l'histoire, sur la mythologie, sur tout ce qui peut être la source des inspirations d'un peintre et lui fournir de nobles sujets. Et pour s'assurer que les élèves avaient bien compris, il les dressait à interpréter tels ou tels épisodes de la fable, de l'histoire, des poèmes antiques ou modernes, par un dessin qui était entre eux l'objet d'un concours. Les Carrache, pour plus d'impartialité, n'avaient pas voulu être les seuls juges de ces paisibles combats. Ils y appelaient les peintres les plus renommés de Bologne, entre autres Bartolommeo Cesi, et lorsque les vainqueurs avaient été proclamés, on leur distribuait solennellement les honneurs du prix, en présence des artistes du dehors, et particulièrement des gens de lettres et des poètes.

Ceux-ci ne manquaient pas de célébrer en vers les lauréats, et Augustin lui-même se plaisait à leur dédier des sonnets de sa façon, qu'il mettait en musique pour les chanter en s'accompagnant de la lyre.

Ce n'est pas tout : les *Incamminati* étaient exercés à la critique. On les habituait à se redresser mutuellement et à dire tout haut les raisons de leur blâme ou de leurs éloges. Celui qui n'avait pas su défendre son ouvrage contre les censures de ses camarades était tenu de l'effacer. En guise de récréation, les élèves allaient dans la campagne dessiner sur nature des paysages, et quelquefois ils s'amusaient à crayonner des caricatures, genre de dessins où excellait Annibal Carrache. Et comme les modèles de profession ne savent donner ordinairement que des poses banales et sans expression, les jeunes peintres se servaient de modèles les uns aux autres.

Il faut avouer qu'une telle méthode d'enseignement et de tels exercices étaient dans l'art une nouveauté heureuse. Auparavant, les étudiants en peinture n'avaient été que des apprentis et les artistes n'avaient pas eu envers leurs élèves d'autres procédés que les artisans. Logé et nourri chez son maître, le disciple apprenait peu à peu son métier, tout en s'employant aux services de la maison, comme l'indique assez le mot *garzone* donné aux apprentis peintres.

L'académie des Carrache fut donc très-suivie, et elle le fut d'autant plus que les écoles rivales, celles de Calvart, de Fontana, de Baldi, étaient sans attrait ou sans lumières. Calvart, notamment, avait toujours été un maître pointilleux et colère, qui, pour la moindre faute, rudoyait ses élèves et s'emportait jusqu'à les frapper.

Les principes enseignés par les Carrache étaient, nous l'avons assez dit, ceux de l'éclectisme : mais leur enseignement avait cela de bon qu'il n'était point tyrannique et laissait chacun suivre son penchant naturel, sa tendance, pourvu qu'il fût fidèle, dans son humeur particulière, à la raison, à l'imitation des grands maîtres et à la nature. Sans prendre au pied de la lettre le sonnet si connu d'Augustin, dans lequel il avait prétendu résumer les doctrines de l'école, et en tenant compte des altérations qu'a pu subir la pensée du peintre par l'insuffisance du poëte ou les nécessités de la rime, on peut considérer ce sonnet comme le programme des idées qui avaient cours et crédit dans l'école des Carrache.

> Che farsi un buon pittor branca e desia
> Il disegno di Roma abbia alla mano ;
> Lo mossa coll'ombrar weneziano,
> E il degno colorir di Lombardia ;
> Di Michel Angiol la terribil via,
> Il vero natural di Tiziano,
> Di Corregio lo stil puro e sovrano,
> E di un Raffael la vera simmetria ;
> Del Tibaldi il decoro e il fondamento
> Del dotto Primaticcio l'inventare
> E un po' di grazia del Parmiginnino.
> Ma senza tanti stud je tanto stento
> Si ponga solo l'opre ad imitare
> Che qui lasciocci il nostro Niccolino [1].

Avons-nous besoin de faire ressortir ce qu'il y aurait d'incohérent et de monstrueux dans un tel amalgame de qualités absolument contraires ? Avons-nous besoin de dire combien il serait absurde de tenter la conciliation d'éléments aussi inconciliables ? Chacun doit comprendre, — et se peut-il que des artistes comme les Carrache ne l'aient pas compris ! — que l'unité dans la

---

[1] Voici le sens de ces vers : « Celui qui aspire à devenir bon peintre doit avoir dans la main le dessin de Rome (c'est-à-dire le dessin antique), le mouvement des Vénitiens et leur art de distribuer la lumière, le beau coloris des Lombards, le terrible style de Michel-Ange, avec la vérité et le naturel de Titien ; il doit posséder la vraie symétrie (c'est-à-dire l'ordonnance) de Raphaël, la dignité et le savoir (*fondamento*) de Pellegrino Tibaldi, l'invention du docte Primatice, et un peu de la grâce du Parmesan. Mais, sans se donner tant de peine, sans se livrer à tant d'études, qu'il s'efforce tout simplement d'imiter les ouvrages qu'a laissés notre Niccolino (Niccolo dell' Abate). » — Les rapins de nos ateliers ont fait une amusante parodie du sonnet d'Augustin Carrache, en disant : « Le peintre parfait doit réunir la composition de Raphaël, le dessin de Michel-Ange, le coloris de Rubens, la grâce du Corrége et le clair-obscur de Rembrandt, avec le paysage de Claude Lorrain, les lointains de Weirotter et les fabriques de Boissieu. » Quelques-uns ajoutent à cet heureux mélange le croquis de Meissonier. »

conception, dans le sentiment, dans les moyens employés, est la loi première, la loi essentielle de l'art ; que le vêtement de l'idée est commandé par l'idée même ; qu'un ouvrage ne peut être à la fois terrible et charmant, austère pour la pensée et amusant pour l'œil, expressif comme une fresque d'Angelico et théâtral comme un Véronèse. Imagine-t-on ce que serait le *Jugement dernier* de Michel-Ange, agrémenté par un coloriste vénitien? ce que deviendrait la dignité exquise de Raphaël, mariée aux voluptés, aux tendresses du Corrége, ou rompue aux désinvoltures du Parmesan, ou bien reprise en sous-œuvre par Niccolino?... Mais le sonnet d'Augustin doit être pris, après tout, pour ce qu'il est, un jeu d'esprit, ou si l'on veut, une formule pour signaler aux jeunes gens les artistes suprêmes de la Renaissance, parmi lesquels il est inconvenant, soit dit entre parenthèses, de placer Niccolino, quand on oublie le sublime Léonard.

En peinture, comme en philosophie, l'éclectisme est une doctrine stérile qui ne saurait produire que des œuvres sans caractère, sans harmonie, sans portée. Cependant, ce serait une erreur de croire que les leçons des Carrache ont pu étouffer les originalités natives, car il n'est pas d'enseignement, si tyrannique qu'on le suppose, qui puisse empêcher un artiste vraiment original de penser, de sentir et de s'exprimer selon son cœur. De même que Voltaire, élevé par les Jésuites, est resté Voltaire, de même nous avons vu, de nos jours, Géricault et Delacroix effacer en eux l'éducation qu'ils avaient reçue chez Guérin. S'il ne sortit point de l'école des Carrache des artistes de prime saut et de haute lignée, c'est que le terroir n'en produisait plus et que d'ailleurs la sève de l'art commençaient à s'épuiser en Italie. Si Dominique a beaucoup imité, c'est que son génie délicat et un peu maladif ne lui permettait pas de se suffire pleinement à lui-même. Au surplus, le Dominiquin et le Guide et l'Albane et Lanfranc ne se ressemblent guère, et, s'il est vrai que leurs physionomies sont peu accusées, ont peu de relief, cela tient surtout à la nature, qui ne les avait pas frappés à une empreinte plus vive.

La mission du professeur n'est pas de transmettre ce qui est intransmissible, de communiquer ce qui est incommunicable, les dons du ciel : sa mission est d'enseigner solidement, sérieusement, les lois du dessin, de la couleur et du clair-obscur; car ces lois existent, les principes de la composition, car il y en a de certains, l'art de voir la nature, d'en démêler les différents caractères et d'en tirer les moyens de rendre une pensée visible, une émotion sensible, car un tel art se peut apprendre : il est écrit dans les œuvres des hommes de génie qui l'avaient mis en pratique, inconsciemment peut-être, avant que les philosophes ne l'eussent formulé. Voilà la mission du maître. Cette mission, elle fut comprise en partie et noblement remplie à Bologne par les trois Carrache. Tous ceux qui furent élevés dans leur académie connaissaient au moins leur métier.

Ils savaient dessiner honnêtement, mettre une figure sur ses pieds, comme l'on dit ; ils savaient manier le pinceau avec adresse, prévoir l'effet d'un tableau, improviser une eau-forte, juger sainement d'une œuvre d'art. Encore une fois, aucun d'eux ne pouvait s'en prendre à ses maîtres de ce qui lui manquait ; mais chacun leur était redevable de ce qu'ils lui avaient appris. Quand il n'était pas possible, de par Minerve, de monter aux sommets, c'était quelque chose que de commander le respect ou d'obtenir l'estime, et d'empêcher la complète déchéance de la peinture, en attendant que de nouveaux génies vinssent la relever, si Dieu le voulait.

Une remarque à faire, c'est que l'école bolonaise a longtemps exercé une influence fâcheuse sur la nôtre, et que les artistes français du dix-septième siècle, les Lebrun, les Mignard et leur suite, éblouis par la réputation des Carrache, ont mieux aimé s'inspirer d'eux que d'aller puiser aux sources vives où les Carrache avaient eux-mêmes puisé. Plutôt que de remonter à Léonard de Vinci, à Raphaël, à Titien, à Michel-Ange, à André del Sarte, ils prirent pour modèle Annibal Carrache, pour idéal la galerie Farnèse, et le style bolonais pour le meilleur des styles. Cette prédilection s'explique par la raison que la France a toujours été, en matière de peinture, une patrie hostile aux originaux ; que c'est un pays où la mesure, la convenance, la pondération, l'éclectisme, en un mot, ont été jusqu'à présent les qualités les plus goûtées et les plus ordinaires ; qu'enfin, nos anciens peintres, sauf Poussin et Lesueur, et nos peintres modernes, excepté David, Prud'hon, Ingres, n'ont guère été dans le secret véritable du grand art.

Mais, pour en revenir aux artistes bolonais pris ensemble, ils forment en quelque sorte la bourgeoisie de l'art. Ils n'ont possédé ni la pure noblesse des vrais grands seigneurs, ni la rude et généreuse énergie du peuple. Leur qualité principale a consisté dans l'absence de défauts sensibles, et leur caractère a été de n'en point avoir. Semblables à la classe moyenne des sociétés, ils sont demeurés à égale distance des extrêmes et ils ont ainsi maintenu la peinture aussi loin de son abaissement que de sa grandeur.

CHARLES BLANC.

PARIS — IMP. Ve BOUYER, RUE DAMIETTE, 2 ET 4.

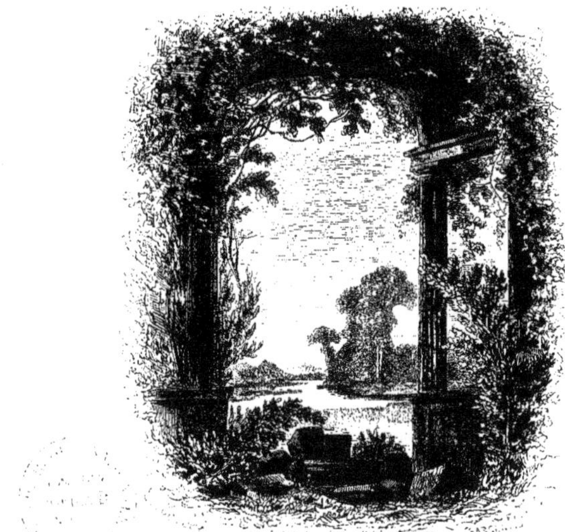

MELOZZO DA FORLI

NÉ EN 1438. — MORT EN 1494.

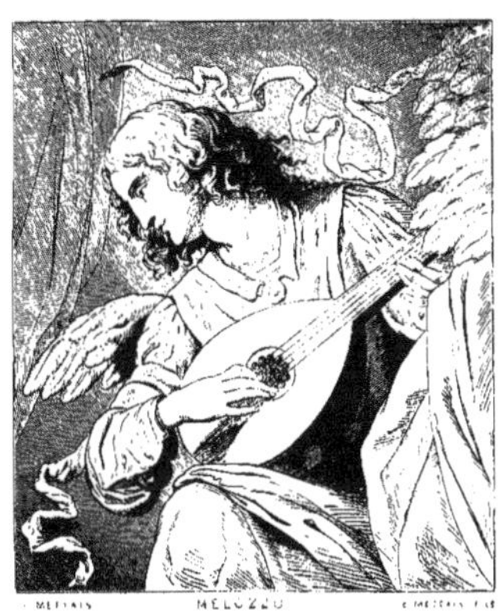

L'histoire, quoique moins aveugle que la fortune, est un peu comme elle. Souvent elle distribue ses faveurs d'une manière si capricieuse qu'elle laisse dans l'ombre des hommes supérieurs, tandis qu'elle répand des flots de lumière sur des personnages de troisième ordre. Melozzo da Forli est un exemple de cette injustice de la gloire. Bien qu'il fût réputé de son temps un peintre incomparable, *totius Italiæ splendori Melocio de Forolivio pictori incomparabili* [1], aucun de ses contemporains ne s'est donné la peine de nous transmettre sur le compte de Melozzo ces informations dont on est si prodigue à l'égard de tant d'autres. Vasari, qui parle incidemment de Melozzo dans la vie de Benozzo Gozzoli, l'avait dans sa première édition confondu avec Benozzo; mais, dans la seconde, il signale l'erreur de ceux qui ont pris Melozzo pour Benozzo, sans se souvenir qu'il a commis lui-même l'erreur qu'il relève [2]. Voici, du reste, le peu qu'il dit de l'artiste éminent dont nous allons nous occuper.

« Dans le même temps florissait Melozzo, qui poussa très-avant l'étude de l'art et fut particulièrement

[1] (L'Anonimo Morelliano.) *Notizie d'opere di disegno nella prima metà del secolo XVI, esistenti in Padova, Cremona, Milano, Pavia, . . . scritta da un anonimo di quel tempo, pubblicata ed illustrata da Jacopo Morelli. Bassano, MDCC.*

[2] Il s'exprime ainsi dans la première édition : *non mancano però alcuni che attribuiscono questa capella* (celle des Saints-Apôtres) *à Melozzo da Furli : il che a voi non parc verosimile, si perchè di Melozzo non abbiamo visto alcuna cosa, e si*

très-habile à dessiner les raccourcis, comme il l'a montré dans l'église des Saints-Apôtres, à Rome, où le cardinal Riario, neveu de Sixte IV, lui fit peindre le maître-autel. On y voit en perspective des figures occupées des travaux de la vendange et un tonneau qui sont très-bien rendus. Mais c'est dans l'abside de ce maître-autel que Melozzo a fait preuve de son habileté rare, en peignant une *Ascension* de Notre Seigneur au milieu d'une gloire d'anges. La figure du Christ est si heureusement dessinée, elle plafonne si bien qu'elle semble percer la voûte, et il en est de même des séraphins qui tournent et volent avec des mouvements divers dans le champ aérien de la voûte. Les apôtres qui sont représentés en bas ont aussi des attitudes différentes vues en raccourci. Les artistes d'alors en firent les plus grands éloges, et, de nos jours encore, beaucoup étudient ces ouvrages de Melozzo pour leur instruction. Ce peintre avait aussi déployé sa science de la perspective dans les beaux édifices dont il avait orné sa composition. »

Vasari n'en dit pas davantage et ne paraît pas en savoir plus qu'il n'en dit. Les premières notices que l'on ait écrites sur Melozzo l'ont été, en 1834, par Girolamo Reggiani et par le marquis Melchiorri [1]. Nous savons par ces écrivains que l'artiste se qualifiait, dans certaines inscriptions de sa main, peintre du pape, *Melotius pictor papalis.* En d'autres inscriptions, il prend le nom de Marco de' Melozzi, de Forli (en latin *Marcus de Melotiis, foroliviensis*). Il était né dans cette ville en 1438, le 8 juin, si c'est à lui que doit se rapporter la mention, faite par Baruffaldi, d'un Marco Ambrogio, detto Melozzo di Ferrara. Tout porte à croire que ce Melozzo dit, sans doute par erreur, de Ferrare, n'est autre que celui de Forli. Dans sa chronique manuscrite, Leone Cobelli, contemporain de Melozzo, le nomme degli Ambrosi, qui était son vrai nom de famille, ainsi que l'établit Reggiani. Quel fut son maître? Les uns désignent Baldassare Carrari, le vieux, peintre non inconnu, mais encore attaché au style gothique. D'autres, avec Lanzi, le disent élève d'Ansovino da Forli, d'autres de Piero della Francesca. Enfin Reggiani regarde comme probable que Melozzo fréquenta l'école de Squarcione, et ce qui confirmerait cette opinion, c'est la ressemblance ou du moins l'analogie qu'on peut remarquer entre Melozzo et le plus illustre élève du Squarcione, Mantegna. Comme ce grand maître, Melozzo est sec et incisif dans son dessin, anguleux dans les plis de ses draperies, et il rappelle encore le style mantegnesque par la force et l'intensité de l'expression. Du reste, Ansovino de Forli, s'il fut le maître de Melozzo, dut lui enseigner ce qu'il avait appris lui-même à l'école padouane, car Ansovino avait été le collaborateur de Mantegna dans les fresques de l'église des Eremitani, à Padoue.

Mais, à cet effet, le goût du Mantegna ne se montra qu'à petite dose dans la peinture de Melozzo, qui se rapproche davantage de Piero della Francesca et se ressent aussi des relations amicales qui existèrent entre l'artiste de Forli et Giovanni Santi, père de Raphaël. Giovanni, du reste, a laissé un témoignage de son amitié pour Melozzo dans sa *Chronique* rimée, où, après avoir parlé des frères Bellin, il dit :

> Non lasciando Melozzo a me si caro. Che in prospectiva ha stesso tanto il passo.

Il n'est pas surprenant que Melozzo, lié avec Giovanni Santi, ait été connu des Montefeltri, et il est présumable que ce fut par l'entremise de Frédéric de Montefeltro, dont la fille fut mariée, en 1472, à Jean della Rovere, neveu de Sixte IV, que Melozzo entra au service du pape. Au surplus, la décoration dont il fut chargé dans l'église des Saints-Apôtres, à Rome, date de cette même année 1472. La description qu'en a donnée Vasari est sans doute exacte, mais on n'en peut guère juger aujourd'hui, parce que le chevet de cette église ayant été agrandi en 1711, la fresque fut démantelée, et quatorze morceaux furent détachés du mur par un sciage. On sauva ainsi le Christ, quelques anges et quelques têtes d'apôtres. La figure du Christ fut placée dans le grand escalier du Quirinal avec une inscription latine,

---

ancora perche e ci si riconosce tutta la maniera di Benozzo. On voit par ce passage que Melozzo était ignoré de Vasari et que n'ayant jamais vu de ses œuvres, il était porté à le prendre pour Benozzo. Toutefois, dans un autre endroit de son livre, je veux dire dans la biographie d'Alfonso Lombardi, ou plutôt dans celle des frères Dossi de Ferrare, qui y est annexée, il parle, selon toute apparence, de Melozzo, mais en défigurant son nom, car il l'appelle Francesco Mirozzo da Furli.

[1] La première de ces notices est dans le recueil des *Biografie e Ritratti dei Uomini illustri*, publié à Forli; la seconde dans les *Notizie intorno alla vita di Melozzo da Forli.* Rome. 1835.

composée, dit-on, par le pape Clément XI et conçue en ces termes : Opus Melotii foroliviensis, qui summos fornices pingendi artem miris opticæ legibus, vel primus invenit, vel illustravit, ex apside veteris templi sanctorum xii apostolorum huc translatum, anno salutis mdccxi; c'est-à-dire en français : « Cet ouvrage de Melozzo da Forli, qui inventa ou perfectionna l'art de peindre les voûtes suivant les lois admirables de la perspective, a été transporté ici de l'ancienne église des Saints-Apôtres, en l'an du salut 1711. »

Les autres fragments, notamment les figures d'anges, après bien des vicissitudes, ont trouvé place dans la sacristie capitulaire du Vatican. Seroux d'Agincourt, en son *Histoire de l'Art par les Monuments,* en a

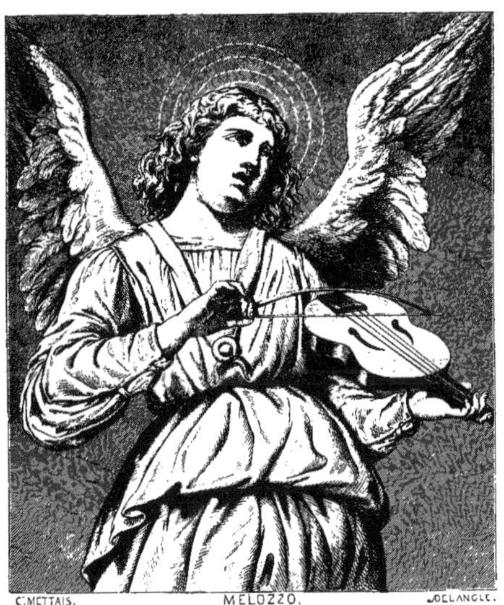

FIGURE TIRÉE DE LA FRESQUE PEINTE PAR MELOZZO DANS L'ÉGLISE DES SAINTS APOTRES, A ROME. (Aujourd'hui au Quirinal.)

fait graver une méchante estampe, aussi peu fidèle que la plupart des gravures anciennes. Des peintres tels que Melozzo ne peuvent être bien gravés que par eux-mêmes ou par un disciple travaillant dans leur atelier, sous leur inspiration constante et sous leurs yeux. Quelle trahison, grand Dieu! que les estampes d'après Melozzo, insérées dans le livre, d'ailleurs si estimable, de Seroux d'Agincourt! Combien elles sont défigurées sur le cuivre du graveur, ces formes déjà altérées par la perspective! Mais du moins, la perspective du peintre les avait altérées suivant les lois de la nature, tandis que le burin du traducteur les a altérées contrairement aux lois de l'art, et a substitué les plus fausses apparences aux beaux mensonges de l'optique. La vérité est cependant que le *Christ* de Melozzo manque d'élévation et de noblesse, qu'il a les extrémités lourdes et que ses draperies auraient pu être moins cassées, plus calmes, plus grandes. Hâtons-nous d'ajouter que cette figure principale n'est pas à beaucoup près la meilleure, et que toutes les autres, les séraphins surtout, sont d'une aimable désinvolture qui rappelle les beaux jours de l'école ombrienne. Quelques-uns de ces anges semblent être les mêmes que certaines figures peintes par Giovanni Santi, l'ami de Melozzo, non pas, sans doute, que ce dernier les ait copiées d'après Santi, mais parce que Melozzo, supérieur à Giovanni, l'aura certainement influencé.

Heureusement qu'il existe à Rome un ouvrage admirable et bien conservé de Melozzo da Forli; je veux parler de la fresque où il a représenté le pape Sixte IV conférant à Platina le titre de préfet de la Bibliothèque vaticane. Il est impossible à ceux qui ont visité la galerie des tableaux, au Vatican, d'oublier cette peinture. Le pape est assis, de profil, les deux mains appuyées sur les pommeaux de son siége. Il porte un bonnet de drap écarlate, garni d'hermine, une aumusse de la même étoffe doublée d'hermine également, et un rochet de lin à manches étroites, qui, tombant jusque près des chevilles, laisse voir une soutane de laine blanche. La chaussure est rouge et ornée d'une croix d'or. La chaise du saint-père est en velours cramoisi. L'illustre savant, Platina, est à genoux devant le pape; il est vêtu d'un manteau violet sur un habit écarlate dont on ne voit que la manche et le collet. Autour du pape, l'artiste a représenté le cardinal Riario, Julien della Rovere (depuis Jules II) et les deux frères de ces personnages, Girolamo Riario et Giovanni della Rovere, tous neveux de Sixte IV. Cette belle fresque a toutes les qualités d'un Mantegna, avec autant de précision et un peu plus de souplesse dans le dessin. Chaque portrait y est particularisé au plus vif; chaque physionomie est exprimée avec beaucoup de volonté et d'énergie. On reconnaît dans les traits de Platina, surtout dans sa bouche aux lèvres minces et serrées, le caractère mordant et indomptable de cet écrivain qui avait été si durement traité et persécuté par le prédécesseur de Sixte IV, Paul II. Le ton des chairs est jaune, il est pointillé librement de brun dans les ombres, et si le coloris général présente quelque âpreté, c'est peut-être par suite de l'opération qu'a subie la fresque, transportée sur toile, comme l'observent les auteurs de la *New History of Painting*.

Oui, toute la peinture dont il s'agit est de main de maître, et il n'est pas étonnant qu'elle ait été attribuée à Piero della Francesca, dont elle était bien digne. Ceux qui firent pendant si longtemps cette fausse attribution n'avaient pas réfléchi que Piero della Francesca étant devenu aveugle vers 1469, ne put peindre Sixte IV, dont l'exaltation est de l'année 1471. Nous savons, au surplus, par la *Chronique* manuscrite de Leone Cobelli, que Melozzo, entre autres belles choses qu'il fit pour le pape, peignit dans la Bibliothèque pontificale des figures qui paraissaient vivantes. Le même fait est affirmé en termes plus explicites par Raffaello Maffei, de Volterra, lequel mentionne positivement une certaine œuvre de Melozzo, représentant le pape assis dans sa chaise pontificale et entouré des familiers de sa maison [1].

La fresque de Melozzo avait été exécutée sur la muraille qui faisait face à la porte de l'ancienne Bibliothèque du Vatican, aujourd'hui la *Floreria*, ou garde-robe du palais. Mais, sous le pontificat de Léon XII et par ses ordres, Domenico Sucio, d'Imola, transporta sur toile la fresque de Melozzo, qui fut placée dans la galerie des tableaux, où nous l'avons vue plus d'une fois et toujours admirée. Il nous souvient, à ce sujet, d'avoir fait la remarque que les maîtres du quinzième siècle ont poussé la couleur à une intensité de ton, à un éclat de teintes, qui sembleraient accuser des préoccupations de coloristes. Il n'en est rien, pensons-nous. La couleur n'a été pour ces peintres qu'un moyen de mieux distinguer la forme, de mieux faire voir ce qu'ils veulent montrer avant tout, la fierté ou la délicatesse de leur dessin, la précision de leur modelé, l'expression de leurs physionomies, le naturel ou la dignité de leurs gestes, le caractère enfin des figures mises en scène ou des personnages dont ils voulaient éterniser le portrait. Aussi qu'arrive-t-il? que devant les Mantegna, les Vivarini, les Perugin, les Melozzo, qui ont affecté un coloris franc et non rompu, des rouges purs, des bleus vifs, des jaunes splendides, des verts émeraude, et quelquefois le brillant de l'or, on ne regarde jamais qu'à la beauté des contours accusés par ces couleurs mêmes, au choix des formes et des mouvements, à l'accent des traits, à la pensée que ces maîtres ont écrite, au sentiment qu'ils ont exprimé, au caractère qu'ils ont rendu.

---

[1] *Xistus in sellâ sedens, familiaribus nonnullis adstantibus. Antropologia Pictorum sui temporis Basileæ 1530*, lib. XXI. p. 245, ouvrage cité par les commentateurs de la dernière édition florentine de Vasari.

Une autre observation à faire pour appuyer l'opinion de ceux qui croient à l'influence décisive exercée sur Melozzo da Forli par Piero della Francesca, c'est que le tableau du Vatican représente, dans le fond, la grande salle de la Bibliothèque, avec ses pilastres carrés, chargés d'ornements, et son plafond comparti

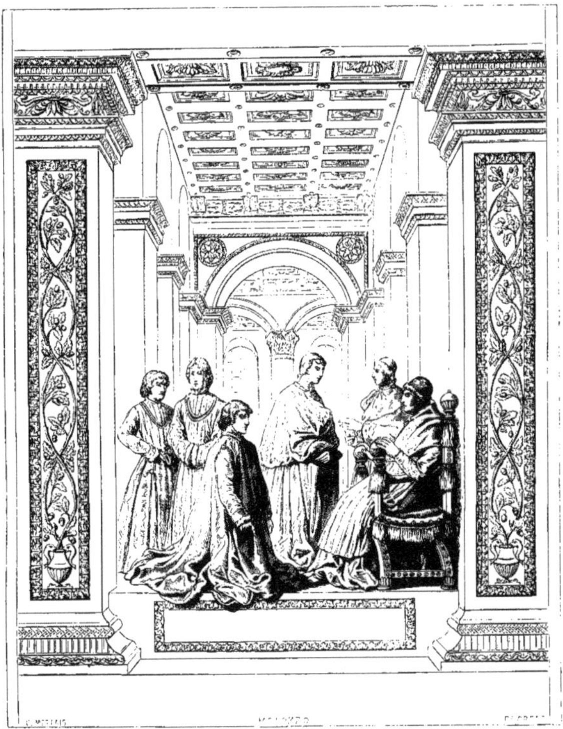

LE PAPE SIXTE IV NOMMANT PLATINA PRÉFET DE LA BIBLIOTHÈQUE VATICANE.

en caissons, le tout mis en perspective avec une perfection qui, sans doute, n'étonnerait personne aujourd'hui, mais qui ne pouvait avoir été apprise qu'à l'école de Piero della Francesca, si tant est que la science des lois de l'optique n'eût pas été puisée par Melozzo dans les leçons de Mantegna ou de son collaborateur Ansovino. Et ce qui prouve combien on admirait dans ce temps-là les savantes illusions produites par la perspective, — surtout lorsqu'elle était dessinée, comme celle de Melozzo à l'église des Saints-Apôtres, sur des surfaces courbes, — c'est que le fameux architecte Serlio, parlant de Melozzo, le déclare incomparable (lui et Mantegna), et que Luca Pacioli écrit en son curieux livre *De Summâ Aritmeticâ et Geometriâ* : « Melozzo, avec son cher élève Marco Palmezzani, toujours le compas à la main, conduisent leurs ouvrages et proportionnent leurs figures si bien qu'elles paraissent divines plutôt qu'humaines, et que, pour vivre, il ne leur manque que le souffle [1]. » De semblables éloges sont donnés à Melozzo par un écrivain à qui nous devons des renseignements précieux touchant Léonard de Vinci, Sabba di Castiglione. Enfin, dans un manuscrit que possédait le marquis Melchiorri, et qui contient une notice des peintures publiques et privées de Forli, on trouve la mention de ce fait que les plans de la cathédrale sont de l'excellent peintre et architecte Melozzo, *di Marco degli Ambrogi esimio pittore ed architetto*.

Les œuvres de Melozzo sont rares. Indépendamment de celles dont nous venons de parler, il n'en existe, à notre connaissance, que trois. L'une est dans l'église des Zoccolanti, à Matelica di Fabriano. C'est un tableau représentant la Madone avec plusieurs saints, et que l'on pense lui avoir été commandé par le cardinal Riario, le même qui lui avait procuré la décoration des Saints-Apôtres. La Vierge, assise sur un trône, tient l'Enfant, qui est debout sur les genoux de sa mère. A droite, saint François; à gauche, sainte Catherine, vierge et martyre. Au-dessus, dans une lunette, le Christ, mort, soutenu par sa mère, et à ses pieds, Madeleine. D'un côté, saint Jean-Baptiste, de l'autre, un saint évêque (que l'on croit être saint Louis) et saint Bonaventure, cardinal. Autour du tableau sont disposés onze compartiments qui renferment, en petites figures, la *Cène des apôtres*, les *Stigmates de saint François*, la *Contemplation de saint Bonaventure*, les *Premiers Martyrs de l'Église*, et autres sujets du même genre. Cet ouvrage porte deux inscriptions : l'une contient des vers de saint Bonaventure sur la passion du Christ; l'autre nous donne le nom du peintre : MARCUS DE MELOTHS FOROLIVIENSIS FACIEBAT AL TEMPO DI FRATRE ZORZO GUARDIANO, 1491.

Pareille inscription se trouve sur la seconde des peintures inédites dont nous parlions tout à l'heure. Cette peinture décore la première chapelle à gauche, en entrant dans l'église del Carmine. On y voit saint Antoine, abbé, avec un livre ouvert, et dans l'action de bénir. A ses côtés sont debout saint Sébastien et saint Jean-Baptiste. Le fond est un vestibule soutenu par de beaux pilastres, sur champ d'or. Au milieu du piédestal sur lequel est assis le saint abbé, sont peintes les armes de la famille Ortoli, de Forli, et, un peu au-dessous, se déroule l'inscription MARCUS DE MELOTIUS (Melotiis?) PICTOR FOROLIVIENSIS FACIEBAT.

Il est un troisième ouvrage qu'on attribue à Melozzo, sans apporter toutefois de preuve authentique. C'est celui que Vasari a fait graver dans le tome III de son *Histoire*, à la page 167, et qui est donné sous le nom de *Pestapepe* (le Balourd). Il était peint à fresque au-dessus d'une boutique d'épiceries, à Forli; mais il est maintenant au Collegio. L'unique personnage représenté est un garçon épicier, de mine vulgaire, dans un violent état d'exercice, la bouche ouverte, haletant et battant des deux mains avec un pilon dans un mortier. La figure est remarquable, non-seulement par son réalisme, comme on dirait maintenant, car le peintre s'est plu à imiter deux verrues que son modèle avait sur le front et sur la joue, mais encore par l'habileté avec laquelle Melozzo avait calculé son effet pour la distance du spectateur au tableau. Le garçon épicier était censé vu d'en bas à une fenêtre dont les montants et la traverse étaient vus en perspective, de manière à produire l'illusion. Ce morceau, dit M. Cavalcaselle, est intéressant comme offrant une transition entre le style de Melozzo et celui de son élève Palmezzani.

Le cardinal Riario ne fut pas le seul protecteur de Melozzo. Ce peintre eut aussi pour ami le comte Girolamo Riario, frère du cardinal, dont il avait introduit le portrait parmi les familiers du pape Sixte IV, dans la fresque de la Bibliothèque du Vatican. Lui-même, grâce au patronage de ce gentilhomme, fut admis dans la maison pontificale sous le titre de *pittore papale*. C'est en effet comme peintre du pape qu'il fut inscrit dans le fameux registre existant aux archives de l'Académie de Saint-Luc. Ce registre est celui où est écrite la constitution donnée par Sixte IV à l'université des peintres, ainsi que la notification officielle qui en fut faite à l'université elle-même. Au nombre des artistes présents à l'acte et qui durent

---

[1] Egli col suo caro allievo Marco Palmezzani, sempre con circina e libella loro opere proporzionando conducono in modo, che non umane ma divine agli occhi nostri rapresentano e a tutto loro figure lo spirito solo par che manchi. *Luca Pacioli.*

y apposer leur signature, se trouve *Melotius Pi. Pa.*, nom que Missirini, dans son *Histoire de l'Académie de Saint-Luc*, traduit par : Melozio Pipa, mais dans lequel il faut lire évidemment : *Melotius, pictor papalis*, comme le fait observer Melchiorri.

Au dire de Reggiani, Melozzo fit son portrait et celui de Marco Palmezzani, son élève, dans la lunette de la première chapelle, à San Girolamo de Forli, et, de son côté, Palmezzano, par réciprocité d'affection, fit le portrait de son maître auprès du sien propre, qu'il peignit de profil, dans la partie inférieure de la

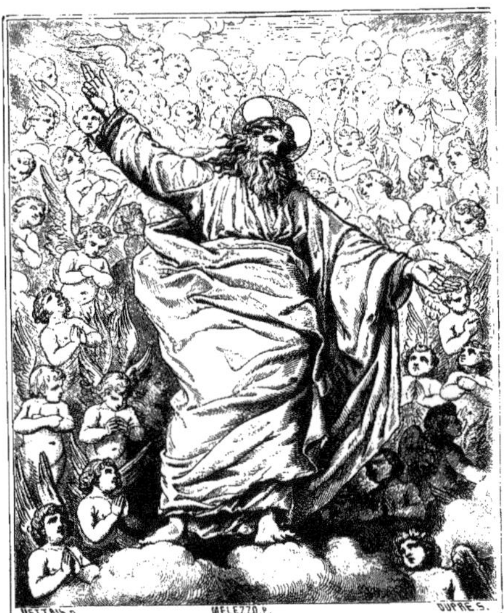

FRAGMENT DE LA FRESQUE PEINTE PAR MELOZZO DANS L'ÉGLISE DES SAINTS APOTRES, A ROME. (Aujourd'hui au Quirinal.)

même chapelle, et il représenta Melozzo tenant un compas à la main. Nous savons, par la chronique déjà citée de Leone Cobelli et par une inscription qu'a relevée le marquis Melchiorri, que Melozzo mourut à Forli, en 1494, à l'âge de cinquante-six ans, et qu'il fut inhumé dans l'église de la Sainte-Trinité. Voici les termes de l'inscription : D. S. MELOCIO FOROLIVIENSIS PICTORIS EXIMII OSSA VIXIT A. LVI M. V. OB. AN .... La pierre ayant été rompue, la partie la plus importante de l'épitaphe avait disparu, celle qui contenait la date. Mais on a pu la suppléer heureusement par ce passage du chroniqueur italien Cobelli : « En ces mêmes jours, le 8 de novembre de l'année quatorze cent quatre-vingt-quatorze, est mort un illustre et très-habile peintre, savant en perspective, appelé Melozzo degli Ambrosi, de Forli [1]. »

Longtemps oublié ou laissé dans l'ombre, Melozzo a dû être remis en lumière dans le siècle présent, alors

[1] Ce passage de la Chronique manuscrite de Cobelli est cité par Reggiani dans sa *Biografia di Marco Melozzo*.

que les dilettanti et les écrivains, connaissant mieux l'histoire de l'art, ont compris que les grandeurs de la peinture ne commençaient pas précisément à Michel-Ange et à Raphaël, comme si longtemps on avait paru le croire, et que l'admiration des artistes et des connaisseurs devait décidément remonter jusqu'aux maîtres du quinzième siècle. Du reste, les hommes vraiment éclairés, tels que Mariette, avaient déjà rendu justice à Melozzo, de Forli, et c'est avec plaisir que nous transcrivons ici la note suivante, tirée de l'*Abecedario* : « Scanelli fait encore mention de la voûte du chœur des Capucins de Forli, qui était peinte par le Melozzi, et qui a été détruite en 1651. Il déplore cette perte, et il a raison. J'en juge par ce que j'ay vu de ce peintre dans les appartements du Belveder ; ce sont des testes dignes d'André Mantegne pour la beauté des caractères, et singulières pour la nouveauté de leur raccourci. Si le Corrége a été à Forli, comme cela peut fort bien estre, il ne lui en a pas fallu davantage pour lui faire naître la pensée de ses merveilleux plafonds. »

CHARLES BLANC.

RECHERCHES ET INDICATIONS

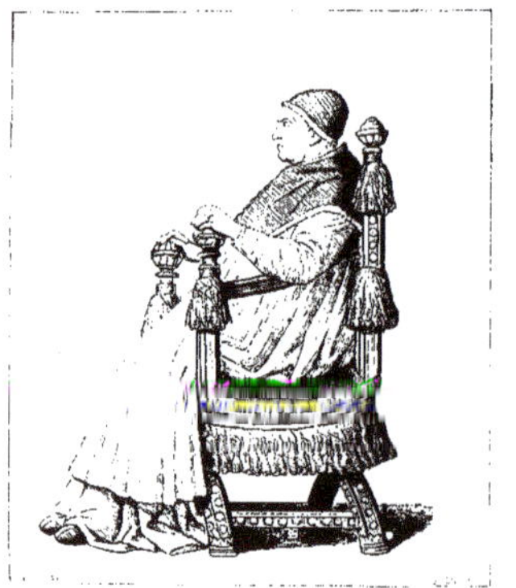

Le Musée du Louvre ne possède ni une seule peinture, ni un seul dessin de Melozzo.

Le peu d'ouvrages que l'on connaît de ce maître sont en Italie, savoir :

A Rome, dans la galerie des tableaux du Vatican, le *Pape Sixte IV conférant à Platina la préfecture de la Bibliothèque vaticane;* c'est le tableau qui est ici gravé. Les deux figures du pape et de Platina ont été admirablement dessinées par Mercuri dans les *Costumes* de Bonnard. La scène entière est gravée et décrite par Melchiorri dans le premier volume de l'*Ape italiana di belle arti ;* et il en existe une autre estampe, mais très-faible, dans la *Storia de Rosini.*

A la sacristie capitulaire de Saint-Pierre de Rome sont conservés quatorze morceaux (figures d'anges et têtes d'apôtres) provenant de la fresque peinte par Melozzo dans le chœur de l'église des Saints-Apôtres, fresque démolie et en partie sciée, sous le pontificat de Clément XI, en 1704, quand l'église fut rebâtie par Francesco Fontana. La figure principale de cette fresque, celle du Christ montant au ciel dans une gloire de chérubins, a été placée dans l'escalier royal du palais de Monte Cavallo, autrement dit, le Quirinal. On trouve la gravure de quelques-uns de ces fragments dans l'ouvrage de Seroux d'Agincourt, *Histoire de l'art par les monuments.*

A Forli, dans l'église del Carmine, la première chapelle en entrant à gauche est décorée d'une peinture de Melozzo, représentant *Saint Antoine, abbé, entre saint Jean-Baptiste et saint Sébastien.* Cette peinture est signée, mais non datée.

Dans le Collegio a été transportée une enseigne d'épicier, connue sous le nom de *Pestapepe.* Nous l'avons décrite suffisamment dans la notice qui précède ; elle est gravée dans le tome III de Rosini.

Dans l'église de San Girolamo, se trouvent, au dire de Reggiani, les portraits de Melozzo et de son élève Palmezzani, peints par Melozzo, et les mêmes personnages peints une seconde fois par Palmezzani.

A Matelica di Fabriano, la *Madone,* dont nous avons donné la description d'après les commentateurs de la dernière édition de Vasari.

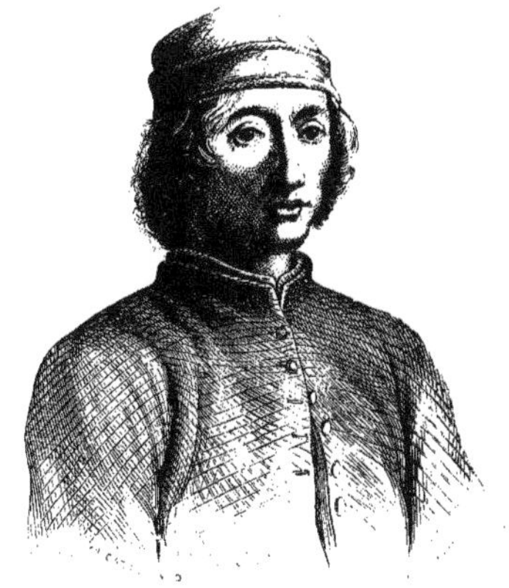

FRANCESCO RAIBOLINI DIT FRANCIA

NÉ VERS 1450. — MORT EN 1517.

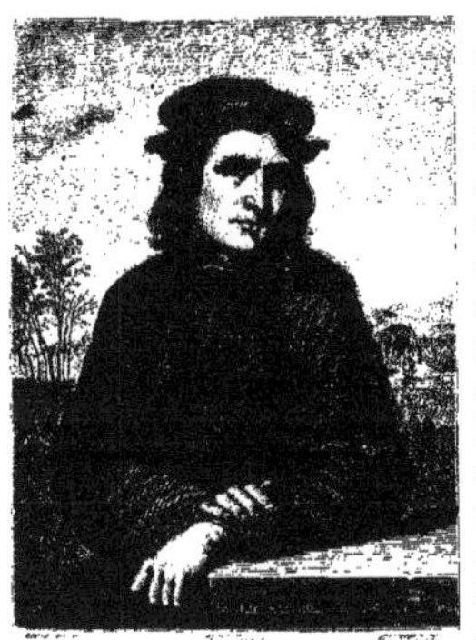

L'école bolonaise, la dernière des grandes écoles italiennes, à ne considérer que la valeur des œuvres et l'originalité relative des maîtres qu'elle a produits, l'école bolonaise a eu, du moins, l'honneur de succomber après toutes les autres en tentant un effort suprême au milieu de la décadence générale. Effort insuffisant quant aux résultats et d'ailleurs frappé d'impuissance dès l'origine, en raison des principes mêmes qui l'inspiraient; laborieuse ambition de l'esprit plutôt qu'entraînement spontané, mais, après tout, ambition généreuse, puisqu'elle tendait à faire justice des avilissements du talent et du goût. Tout ce que peut réaliser dans l'art la science sans le génie ou la volonté sans l'invention; tout ce que l'érudition, le raisonnement, l'expérience pittoresque peuvent donner d'éloquence au pinceau, l'époque à la fois brillante et stérile que personnifient les Carrache se l'est approprié et nous l'a transmis. Qu'y a-t-il cependant au fond de cette érudition excessive? Quelle vie secrète anime ce travail de compilation? Quelle séve circule sous ces dehors artificiels? Il en est à peu près du tempérament intime que révèlent les œuvres bolonaises comme de la santé factice des plantes élevées en serre chaude. Un développement stimulé par une action tout humaine, des allures contraintes à force de précautions, un éclat à demi effacé faute d'atmosphère naturelle et de sucs inhérents au sol : voilà ce que nous offrent, dans le domaine de l'art aussi bien que dans l'ordre des phénomènes physiques, ces produits obtenus, en quelque sorte, contre la volonté divine et par l'effet seul d'habiles combinaisons.

Il ne conviendrait pas, d'ailleurs, de reprocher uniquement aux Carrache et à leur école ce défaut d'ingénuité et d'inspiration personnelle. La réforme entreprise par Louis avec le concours de ses deux cousins, Augustin et Annibal, résume dans un fait principal l'histoire de la peinture bolonaise; mais il semble que cette sorte d'éclectisme dont les Carrache devaient faire le fondement même de leur système, il semble que les doctrines négatives qu'ils allaient ériger en religion esthétique aient été de tout temps à l'état d'instincts chez les artistes de leur pays. Si l'on rapproche ceux-ci, à quelque époque qu'ils appartiennent, des autres maîtres italiens, les plus éminents d'entre eux n'auront plus qu'une physionomie secondaire. Ne cherchez pas dans leurs ouvrages l'équivalent de ce style ferme et fin, de ces formes d'expression exquises qui distinguent la vieille manière florentine. Vous ne sauriez non plus y rencontrer ni la fierté robuste de l'école romaine, ni les riches harmonies du coloris vénitien, ni la grâce des maîtres de Parme ou de Milan. Un peu de tout cela, mais dénaturé, fondu, amalgamé jusqu'à l'effacement de chaque principe essentiel; des qualités de tout genre amoindries par une assimilation forcée, des intentions sans originalité propre, des erreurs même sans naïveté : tels sont ici les éléments et les caractères du travail. Les tableaux peints à Bologne au moment où naissent ailleurs les chefs-d'œuvre de l'art italien, les compositions religieuses, les portraits, les sujets allégoriques, signés même des noms les plus célèbres, n'expriment rien de plus que l'à peu près du bien. Ce serait être trop sévère que de voir dans ces travaux de pures contrefaçons : il n'y aurait que justice à les accepter seulement comme des interprétations de seconde main, en y constatant l'absence de défauts plutôt que l'empreinte de qualités formelles. Pour définir en un mot les coutumes et le génie de l'école bolonaise, on peut dire qu'elle déconcerte l'admiration presque aussi sûrement qu'elle évite le blâme, et que, mise en regard des autres écoles italiennes, caractérisées chacune par quelque perfection spéciale, elle représente dans l'art la perfection de la médiocrité.

Ce jugement qu'il est permis de porter sur les œuvres des peintres bolonais en général, le plus indépendant en apparence et le mieux inspiré d'entre eux, Francesco Francia lui-même ne nous semble pas devoir l'infirmer. L'époque où parut Francia est, à vrai dire, celle des premiers développements de la peinture dans son pays; et cependant rien dans les travaux du fondateur de l'école n'accuse hautement la simplicité, la hardiesse, cet esprit d'aventure, si l'on veut, qui anime d'ordinaire les maîtres primitifs et qui vivifie leurs entreprises. L'art à Bologne n'a pas eu de jeunesse. Il débute par la virilité, mais par une virilité sans vigueur et sans initiative. Il est tout d'abord prudent jusqu'à la timidité, réservé jusqu'à la froideur. Lorsque, plus tard, il veut, sous le pinceau du Primatice, faire montre d'abondance et de verve, il garde encore, sous ces dehors pompeux, une insuffisance de sentiment, une sorte de malaise moral qui trahit ses humbles origines. Au lieu de se jouer en grand seigneur dans le luxe comme dans son atmosphère naturelle, il ne sait que s'affubler d'opulence avec l'empressement indiscret d'un parvenu. Francia n'a sans doute ni ces inclinations ni ces visées fastueuses. Sa manière est exempte d'ostentation, mais elle est aussi dépourvue d'ampleur, de résolution, de cette franchise pittoresque propre aux maîtres de haute race. Rien de plus convenablement ordonné, rien de plus sage, au double point de vue du dessin et du coloris, que les nombreuses compositions religieuses qu'a laissées ce judicieux artiste. Toutefois, parmi les tableaux de sa main, quel est celui où l'on surprendra la trace d'une émotion profonde, l'expression d'une pensée tout à fait neuve ? En face de ces *Madones* assises sur un trône autour duquel quelques saints personnages se groupent dans un ordre invariable, on rend hommage au talent du peintre, au bon vouloir de son pinceau : on n'entend ni la voix du poëte, ni ce cri de l'âme, pour ainsi dire, qui s'échappe des œuvres inspirées. L'exécution même, châtiée mais imparfaitement savante, le style, coulant mais non limpide comme ce qui jaillit de source, appellent l'estime sans pour cela commander l'admiration. Plutôt adroit que supérieurement habile, plutôt correct à la surface que foncièrement irréprochable, Francia, avec son imagination restreinte, ses procédés de composition

immuables, sa manière un peu lisse et monotone, nous apparaît comme un autre Pérugin , mais un Pérugin
en retard sur le premier, et qui d'ailleurs n'a pas eu de Raphaël.

Nous disions tout à l'heure que Francia méritait le titre de fondateur de l'école bolonaise, en ce sens du
moins que, s'il ne vint pas le premier, il exerça sur l'art de son pays une influence que personne n'avait su
conquérir avant lui. Lorsqu'il naquit, vers le milieu du quinzième siècle, plus d'un peintre déjà avait travaillé à
Bologne. Dès le temps où Cimabue entreprenait à Florence la réforme que Giotto allait si puissamment

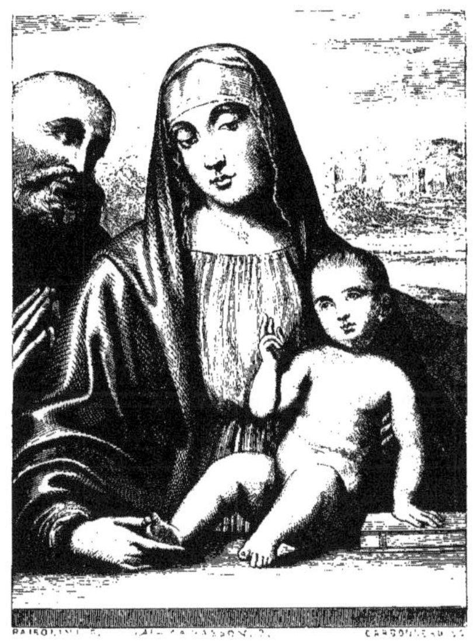

LA MADONE

continuer, peut-être même antérieurement à ces premières tentatives d'affranchissement, quelques artistes
dont l'histoire a conservé les noms s'étaient approprié, tant bien que mal, la manière grecque et essayaient
d'en populariser les traditions. Plus tard, le miniaturiste Franco, dont Dante a célébré le talent, Jacopo
Avanzi, Lippo di Dalmasio ; enfin, un élève de celui-ci, Marco Zoppo, le dernier des anciens peintres
bolonais avant Francia, plusieurs autres encore, ont laissé des ouvrages non sans mérite, mais où
l'on ne saurait suivre ni les progrès d'une doctrine commune, ni les développements de certains
principes une fois formulés par un maître. Il en est tout autrement des œuvres produites sous l'autorité de
Francia. Lui régnant, les artistes bolonais obéirent aux mêmes lois et ne connurent plus qu'une même

méthode. Cette unanimité fut, il est vrai, d'assez courte durée. Les élèves de Francia ne transmirent pas à leurs propres élèves la docilité dont ils avaient fait preuve : l'école, à peine constituée, se divisa dès la seconde génération ; et l'imitation de la manière romaine, importée à Bologne par le Bagnacavallo, ayant suscité d'autre part le goût et bientôt la manie du style *michelangesque*, ce qu'on avait pu prendre au début pour un événement décisif dans l'histoire de l'art national ne fut, en réalité, qu'un accident dont les travaux de Francia et de ses principaux élèves résument à eux seuls l'origine, le caractère et les conséquences.

Francia, ou plutôt Francesco Raibolini, — ce nom de Francia ayant été emprunté par l'artiste à un orfèvre chez lequel il avait été d'abord mis en apprentissage, — ne révéla son talent de peintre qu'à une époque de la vie où les maîtres ont d'ordinaire donné déjà toute la mesure de leur génie, à un âge que n'ont pas même atteint quelques-uns d'entre eux, Raphaël et Giorgione, par exemple. Il avait près de quarante ans lorsque, à la suite de quelques essais poursuivis en secret, il peignit, en 1490, le tableau d'autel de la chapelle des Felicini dans l'église de la Miséricorde, tableau qu'il signait ainsi : *Franciscus Francia aurifex*, comme pour excuser son inexpérience pittoresque, et rappeler en même temps les titres qu'il s'était acquis dans un autre ordre d'art et de travaux. Calcul d'amour-propre ou modestie, la précaution, en assurant le succès de l'œuvre, fut profitable à la réputation du maître. On s'étonna de ce nouveau genre de mérite chez un homme qui, depuis longtemps, avait fait ses preuves comme graveur de monnaies et de médailles, mais dont l'habileté, jusqu'alors toute spéciale, ne permettait de pressentir ni cette sûreté de pinceau, ni cette science du coloris. D'ailleurs, il ne s'agissait pas seulement ici d'une conquête personnelle, des développements inattendus d'un talent. En manifestant sous une forme imprévue ses propres aptitudes, Francia introduisait aussi un perfectionnement considérable dans la pratique de l'art lui-même. Des contours et un modelé plus souples, des formes plus vraisemblables, un goût de composition moins aride : voilà les progrès que la nouvelle manière tendait à populariser et qui devaient bientôt supprimer ou réduire l'importance attribuée aux essais antérieurs de l'école bolonaise. Celle-ci, grâce à Francia, participait maintenant au mouvement qu'activaient à l'envi les grands maîtres de Florence, de Padoue et de Venise ; elle commençait à prendre rang, sinon à côté, au moins à la suite des autres écoles italiennes, et, sans pouvoir se glorifier d'un Léonard, d'un Mantegna ou d'un Bellini, elle trouvait, dans le talent qui venait de se révéler, un honneur sérieux pour le présent, pour l'avenir un engagement et un exemple.

Le succès qui avait accueilli le premier tableau de Francia se renouvela, dans le cours de la même année, à l'occasion d'un autre tableau peint pour Jean Bentivoglio, et se confirma de plus en plus à l'apparition des œuvres qui suivirent. La réputation du maître grandit vite et si bien, qu'au bout de quelque temps, elle balançait, si elle ne dépassait même celle des peintres contemporains les plus renommés, et que, parmi les élèves formés à l'école de ceux-ci, plus d'un venait à Bologne achever son éducation pittoresque. A plus forte raison, les artistes bolonais recherchaient-ils avec empressement des leçons qui intéressaient à la fois les progrès de leur talent et leur orgueil national. Ajoutons que, tout en dirigeant assidûment cette nombreuse école, tout en exécutant pour son propre compte des tableaux et des peintures à fresque, Francia trouvait le temps de dessiner des modèles pour la gravure, de graver lui-même des médailles ou des nielles et de remplir les fonctions de *maître des coins* de la Monnaie. Qui sait même? Peut-être est-ce à lui que revient en grande partie l'honneur d'avoir déterminé les progrès de l'imprimerie italienne au seizième siècle ; peut-être, en rapprochant certaines dates, en étudiant certains faits récemment commentés par un écrivain des plus autorisés en pareille matière[1], acquerra-t-on la conviction que l'inventeur des caractères typographiques employés par Alde Manuce, ce *Franciscus bononiensis* dont le nom figure dans la préface du *Virgile* de 1501, n'était autre que Francia lui-même.

Au reste, pour apprécier en dehors de la peinture les talents de Francia, il suffit de recourir à certains témoignages incontestables, et de consulter les médailles et les pièces qu'il a ou signées de son nom ou mises en circulation comme siennes, à l'époque où il était directeur de la Monnaie. Le médaillon de Jean Bentivoglio,

---

[1] Voyez le très-intéressant travail publié par M. Panizzi sous ce titre : *Chi era Francesco da Bologna?* Londres, 1858.

par exemple, est un beau spécimen de son habileté dans un art où, soit instinct plus vif, soit expérience plus complète du moyen, il déploie d'ordinaire des qualités de dessin et de style qu'on ne retrouve qu'à un degré inférieur dans les productions de son pinceau. Et cependant, même ici, quelque chose reste à souhaiter de cette vérité pénétrante, de ce sentiment intime de la physionomie que recèlent d'autres ouvrages, moins

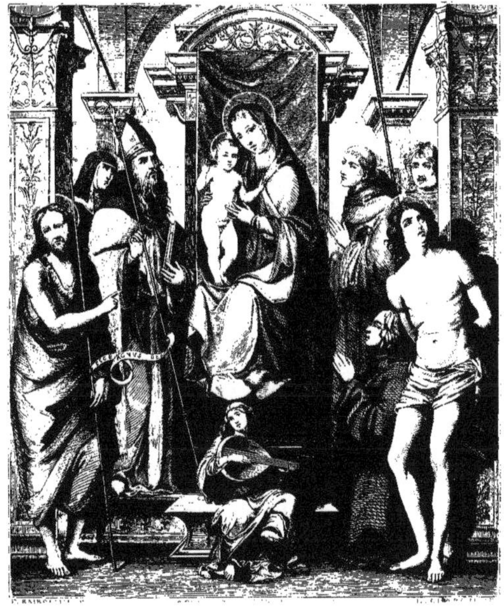

LA VIERGE, L'ENFANT JÉSUS, DES SAINTS ET LE PORTRAIT DE BARTHOLOMMEO FELICINI

séduisants peut-être au premier aspect, mais plus éloquents au fond, plus sûrement persuasifs. Quelquefois même, dans les œuvres de l'orfèvre bolonais, la mollesse de l'exécution vient amoindrir encore des intentions déjà un peu faibles ou incertaines : témoin la pièce de monnaie frappée en mémoire de l'entrée de Jules II à Bologne, après l'expulsion de Bentivoglio. Rien de plus excusable, au surplus, rien de plus naturel que l'espèce d'hésitation avec laquelle Francia a traité ce morceau. En consacrant le souvenir du triomphe de Jules II, en inscrivant sur la monnaie nouvelle ces mots : *Bononia per Julium à tyranno liberata*, peut-être s'acquittait-il à contre-cœur de sa tâche. Pouvait-il ne pas se souvenir qu'après tout ce « tyran » avait été, pendant de longues années, son protecteur et son ami, et que ces fonctions de maître des coins qui valaient aujourd'hui à l'artiste la confiance du nouveau souverain, il les tenait de celui-là même dont on lui ordonnait de célébrer la chute? Dès lors, l'insuffisance du travail tournerait à l'honneur du caractère de l'homme, et, sauf à faire ses réserves sur les résultats palpables de l'épreuve, il faudrait du moins savoir gré à Francia de l'avoir plutôt subie qu'acceptée.

Quels qu'aient dû être, à un certain moment de la vie de Francia, les regrets ou le trouble causés par les événements politiques, cette vie fut, en général, brillante et heureuse. Honoré de tous, recherché des grands, disent les historiens et les biographes, tant à cause de ses talents qu'à cause de son amabilité naturelle et des grâces de son esprit, Francia connut tous les genres de jouissances que peut ambitionner l'amour-propre d'un homme du monde et d'un artiste. Il connut aussi les joies plus sérieuses de la famille et le bonheur de voir un fils continuer, en même temps que les saines traditions du foyer, l'art et les succès paternels. Enfin, double bonne fortune qui explique en partie la popularité attachée à son nom et les sympathies persistantes de la postérité, il eut l'insigne honneur de trouver dans Marc-Antoine un interprète et dans Raphaël un ami. Disons plus, peut-être l'anecdote, bien suspecte pourtant, relative aux témoignages de cette amitié même et à l'étrange influence qu'ils auraient exercée sur Francia, a-t-elle mieux servi la cause et la mémoire de l'artiste que ne l'eussent fait les œuvres ou les témoignages authentiques; peut-être, en ajoutant quelque chose de romanesque au souvenir de cette vie et de ce talent, une tradition très-probablement mensongère a-t-elle achevé de les consacrer et de les maintenir en faveur.

Les biographes nous disent qu'après avoir achevé sa *Sainte Cécile*, Raphaël adressa directement à Francia ce tableau, destiné, comme on sait, à l'église de *San Giovanni in monte*, à Bologne. Une lettre, dont on a souvent cité les termes, accompagnait l'envoi, et Raphaël, en soumettant la *Sainte Cécile* au jugement de son ami, priait celui-ci de réparer les avaries que le tableau pouvait avoir subies pendant le voyage, et même de corriger de sa main ce qui lui semblerait défectueux. Loin de découvrir des imperfections dans le chef-d'œuvre recommandé à ses soins, le pauvre homme y aurait, au contraire, trouvé des beautés telles qu'il en serait mort, séance tenante, d'humiliation et de dépit. Rien de mieux : mais il est au moins probable que Francia n'avait pas attendu jusqu'à ce jour pour savoir à quoi s'en tenir sur le mérite d'un artiste avec lequel il était en relation d'amitié depuis plusieurs années déjà. Il connaissait personnellement Raphaël, et personnellement aussi, il était connu de lui. puisque celui-ci lui écrivait, à la date du 5 septembre 1508 : « Votre portrait est très-beau et si vivant qu'il me trompe quelquefois moi-même. Je crois être avec vous et vous entendre parler. » Or, comment, à l'époque où il avait vu, soit à Rome, soit à Florence, le divin maître, Francia n'aurait il pas eu, pas surtout, quelque image de sa main? Dira-t-on que, tout dans qu'il eut pu être par le spectacle des œuvres précédentes de Raphaël, Francia ne prévoyait pas celle-ci, et qu'en face d'un pareil miracle de l'art, il dut être saisi d'étonnement et, en quelque sorte, d'épouvante? Il n'y avait rien là pourtant qui ne donnât raison à ses propres pressentiments, à l'opinion publiquement exprimée dans un sonnet que l'on a conservé, et où il qualifiait de peintre par excellence, de « peintre des peintres, ce bienheureux jeune homme, en si glorieux chemin déjà au printemps de la vie, et qui arrivera Dieu sait où, quand l'âge et l'expérience auront perfectionné ses talents. » Un mot encore. Cette œuvre, aux beautés meurtrières, cette *Sainte Cécile* dont l'aspect donnait la mort à qui se reconnaissait incapable de peindre un tel morceau, est-on certain seulement que Francia l'ait eue devant les yeux? Francia, on en a la preuve aujourd'hui, mourut le 5 janvier 1517. La lettre et le tableau de Raphaël arrivèrent-ils à temps à leur adresse? C'est là un fait moins clairement établi et de l'authenticité duquel on peut douter, faute de dates précises et de documents positifs.

Il suffit, au surplus, d'examiner les ouvrages qu'a laissés Francia pour n'ajouter qu'une foi médiocre à ces ravages de la passion, à ces transports de vanité et d'envie dans le cœur d'un homme dont l'imagination pittoresque semble si paisible, le pinceau si honnêtement inspiré. Talent doux, aimable, calme parfois jusqu'à la froideur, il s'accommode mal des arrière-pensées qu'on lui prête ; et si les peintures irritées, le faire sauvage d'un Andrea del Castagne sont bien d'accord avec les souvenirs sinistres qui se rattachent à ce nom, toute idée de découragement violent se trouverait étrangement démentie par le caractère habituel des œuvres qu'a signées Francia. Ici, en effet, rien que de régulier : rien qui trahisse une autre ambition que le désir d'accomplir sa tâche en conscience, d'utiliser les dons reçus de Dieu, et de vivre en paix avec l'art. L'auteur de la *Madone* peinte pour la famille Felicini, et de tant d'autres compositions religieuses d'où la force est absente, mais où le sentiment ne manque ni d'élévation, ni de grâce; le peintre à qui l'on doit plusieurs *portraits* plutôt séduisants que profondément expressifs, n'est pas, nous l'avons dit, un maître de premier ordre : il n'a pas ce qui n'appartient qu'aux organisations tout à fait supérieures, l'imprévu dans l'invention

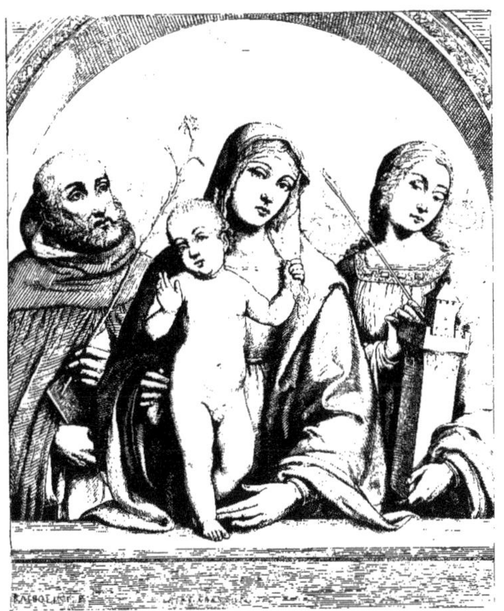

LA VIERGE AVEC L'ENFANT JÉSUS, SAINT DOMINIQUE ET SAINTE BARBE.

et l'autorité absolue dans le style. En revanche, même en dehors de l'importance qu'il garde comme chef de l'école bolonaise, il possède, au moins à l'état d'intentions, des qualités assez sérieuses, il fait preuve d'une habileté d'exécution assez réelle pour mériter une des premières places dans la classe des maîtres secondaires. Raphaël, qui s'y entendait, je pense, écrivait de Rome à Francia, au sujet des *Vierges* que celui-ci était sur le point d'envoyer au cardinal Riario et à un autre prélat : « Je les admirerai avec ce goût et cette satisfaction qui me font toujours rechercher et louer les *Vierges* de votre main, car je n'en connais pas de plus belles, de plus dévotement peintes, de mieux faites. » Raphaël, à vrai dire, en connaissait « de plus belles, » à commencer par les siennes et par les *Madones* de Fra Angelico qu'il avait vues à Florence ; mais, à part quelque excès de courtoisie, quelque exagération dans les formes, l'éloge était mérité. Parmi les peintres italiens qui ont cherché, au commencement du seizième siècle, à concilier les pieuses traditions du moyen âge avec les progrès accomplis dans le domaine purement pittoresque, Francia est un de ceux dont les efforts ont été le plus méritoires et le plus sagement dirigés. Sa manière, dépourvue sans doute, dans les sujets sacrés, de cette simplicité énergique, de cette ferveur que respirent les œuvres des *Giotteschi*, est exempte du moins de l'élégance païenne dont l'art dit de la Renaissance devait se faire d'abord une ressource auxiliaire et bientôt un moyen d'expression principal. Si Francia n'appartient déjà plus à l'austère famille des peintres religieux avant tout, il ne vient pas encore grossir les rangs de ces artistes exclusivement habiles qui ne verront dans les scènes chrétiennes qu'un prétexte à l'agencement pittoresque, aux hardiesses du dessin ou aux séductions du coloris ; comme aussi, par les caractères un peu effacés du style, par la prudence un peu timide du sentiment, il demeure exclu de ce groupe d'élite qui personnifie les derniers progrès de la peinture italienne. Ses œuvres en un mot sont une sorte de trait d'union entre les travaux, incomplets à certains égards, des maîtres primitifs et les œuvres parfaites des Léonard et des Raphaël : ou bien (qu'on nous passe cette vieille image mythologique), sur le Parnasse, au sommet duquel trônent les héros de l'art, Francia n'a su que s'installer à mi-côte, s'y faire une place en vue, mais d'un accès relativement facile, et se tenir à égale distance des talents aux inclinations médiocres et des talents hautement inspirés.

HENRI DELABORDE.

RECHERCHES ET INDICATIONS

Bien que Francesco Francia n'ait peint que dans les vingt-sept dernières années de sa vie, et que, durant cette période même, il ait consacré une grande partie de son temps à d'autres travaux, le nombre des tableaux qu'il a laissés est considérable. Nous citerons parmi les plus importants :

Au Musée de Bologne : *La Sainte Vierge avec l'Enfant Jésus, Saint Augustin, Sainte Monique*, quatre autres saints, et le portrait du personnage pour lequel le tableau avait été fait, *Bartolommeo Felicini*. — Cet tableau d'autel, peint en 1490, peut être considéré comme un spécimen complet de la manière de l'artiste et du procédé de composition qu'il a le plus habituellement employé. Au centre, la Vierge porte sur un trône au pied duquel un ange joue d'un instrument ; à droite et à gauche des saints debout et symétriquement groupés : telle est la donnée de la première œuvre peinte par Francia, donnée que l'on retrouve, à quelques changements près, dans les tableaux qu'il a exécutés depuis, et, pour citer un exemple entre autres, dans une *Madone* appartenant aujourd'hui à M. Moreau, à Paris.

La Vierge avec l'Enfant Jésus, Saint Jean Baptiste, Saint Augustin, Saint Étienne et Saint Georges.

La Vierge, Saint Jean Baptiste, Saint Jérôme et un Ange apparaissant dans le ciel.

La Vierge, l'Enfant Jésus et deux Anges en adoration. A droite, deux personnages que l'on croit être, l'un, Galeazzo Bentivoglio, l'autre, le poëte Casio.

A Florence, Musée des Offices : Portrait de Vangelista Scappa.

A Milan, Musée Brera : *La Purification* et *L'Annonciation.*

Dans la Galerie de Dresde : *Le Baptême de Jésus-Christ.*

La Vierge, l'Enfant Jésus et Saint Jean Baptiste.

André Doria en Neptune ayant à ses côtés la Religion, personnifiée par une femme debout qui tient une croix.

A Munich, Pinacothèque : *La Sainte Vierge et l'Enfant Jésus*, composition pleine de grâce, l'une des meilleures œuvres de Francia.

Galerie Leuchtenberg : *La Vierge avec l'Enfant Jésus, Saint Dominique et Sainte Barbe ;* figures à mi-corps.

A Paris, Musée Impérial du Louvre : Un *Portrait d'homme* vêtu de noir. Cet admirable portrait est, depuis peu d'années seulement, attribué à Francia. L'opinion qui l'ait si longtemps rapporté à Raphaël était très-probablement erronée ; mais on n'est guère mieux autorisé, selon nous, à classer parmi les œuvres bolonaises un morceau qui, par le caractère du dessin et la qualité même du ton, semble plutôt appartenir à l'école florentine.

Au Musée de Montpellier : Un *Portrait d'homme*, non moins beau que le portrait mentionné ci-dessus, et qui, comme celui-ci, a longtemps passé pour une œuvre de Raphaël.

A Londres, National Gallery : *La Vierge et l'Enfant Jésus* et plusieurs saints, *Le Christ mort.*

Hampton Court : *Le Baptême de Jésus-Christ.*

Indépendamment de ces tableaux et de plusieurs autres qu'il serait trop long de mentionner ici, Francia avait exécuté à Bologne de vastes peintures à fresque dans les palais Bentivoglio et Bolognini, et, pour le duc d'Urbin, une *Forêt embrasée*, dont Vasari parle avec de grands éloges. Ces importants ouvrages sont aujourd'hui détruits. — Quant aux estampes gravées par Marc-Antoine, trente-deux pièces dans l'œuvre du célèbre maître passent pour avoir été faites d'après des originaux de la main de Francia.

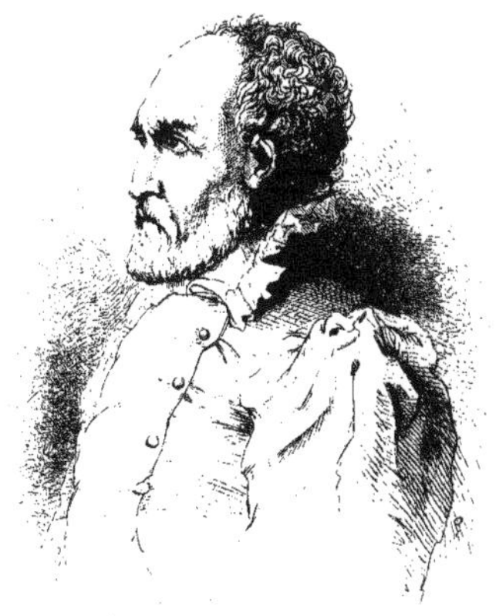

FRANÇOIS PRIMATICE

NÉ EN 1504. — MORT EN 1570.

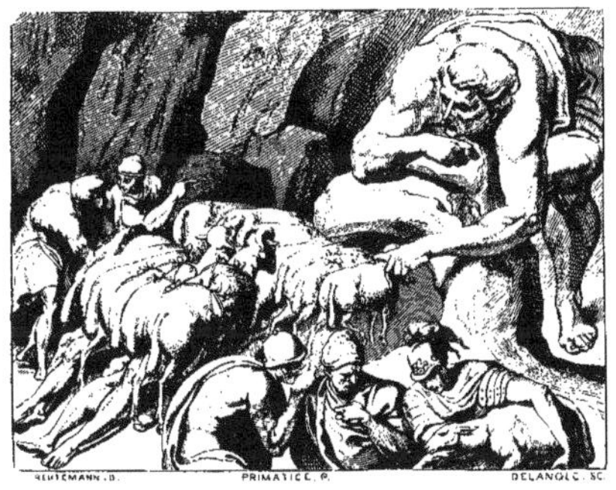

S'il fallait rendre le Primatice responsable de toutes les licences pittoresques, de toutes les exagérations auxquelles on s'abandonna, en France aussi bien qu'en Italie, vers la fin du seizième siècle ; s'il était permis de confondre certaines inclinations du maître avec les vices manifestes et les emportements des disciples, on ne saurait accuser trop sévèrement le funeste talent dont les succès amenèrent ce débordement d'œuvres mensongères jusqu'à l'impudence, turbulentes jusqu'à la folie. Il ne convient pas, toutefois, de juger ainsi l'artiste bolonais. Toute proportion gardée entre les deux chefs d'école, autant vaudrait s'en prendre à Michel-Ange des excès commis par les tristes héritiers de sa doctrine, ou, dans un ordre de faits différent, condamner avec la même rigueur les imprudences politiques des révolutionnaires de 1789 et les abominables iniquités des terroristes. Le Primatice, d'ailleurs, a bien assez de ses propres fautes, il autorise assez ouvertement le reproche, pour qu'on s'abstienne à son égard des récriminations indirectes, et que, du moins, on ne lui fasse pas porter la peine des torts qu'il n'a pas eus personnellement.

Comme le Parmesan, son contemporain, le Primatice n'appartient à la famille des grands maîtres qu'à titre de parent éloigné, ou, si l'on veut, de descendant illégitime. Il garde sans doute quelque chose des traits distinctifs de la race, une certaine noblesse naturelle, une véritable aisance dans les allures et dans la physionomie du talent. Mais cette aisance semble moins habituellement procéder d'un fonds de vigueur et de certitude morale que d'un contentement irréfléchi de soi; cette expression de noblesse s'exagère trop souvent et dégénère en ostentation. Chez lui rien ne subsiste de la grâce discrète et persuasive, de la sérénité, pourrait-on dire, avec laquelle les artistes italiens de la belle époque, et Raphaël mieux qu'aucun autre, instruisaient la pensée et les yeux de la foule. A voir ces œuvres pompeusement futiles, ces scènes composées au bout du pinceau et au hasard de l'heure présente, on croirait que la peinture n'a d'autre principe que la fantaisie, d'autre fin que l'étalage de la facilité, et que l'office du peintre est de nous montrer, non pas ce qu'il a senti en face de la nature, mais ce qu'il lui a plu d'imaginer en dehors d'elle. Et, cependant, malgré sa manière conventionnelle, malgré les caractères outrés et les jactances trop fréquentes de son style, le Primatice mérite qu'on honore en lui un des derniers représentants, une des dernières gloires de l'art italien. Le Primatice est un talent de décadence, sans doute, mais c'est encore un grand talent, une intelligence puissante et bien munie, en comparaison des esprits faux et des faux savants qui vont suivre. C'est un artiste, enfin, par l'abondance des idées pittoresques, par la hardiesse de la mise en œuvre, par l'habileté de la pratique. Si l'on a le droit de blâmer l'excès de cette habileté même, si le maître, en plus d'un sens, a mésusé des dons reçus, toujours est-il que ne cède pas qui veut à de pareils entraînements, et que, pour dépenser avec cette prodigalité regrettable, il faut, avant tout, être en fonds de richesses.

De tous les peintres italiens, au surplus, le Primatice est celui qu'on peut le plus facilement connaître et juger ici même, le seul dont il nous soit donné d'apprécier le mérite ou les faiblesses sans sortir de notre pays. La vie presque tout entière du maître bolonais s'écoula en France. C'est en France, pendant près de quarante années, que se succédèrent les témoignages variés de ce talent, les monuments d'architecture, de peinture et de sculpture à l'exécution desquels cet artiste, en crédit constant sous les règnes de quatre rois, participa, soit directement, soit par l'entremise des interprètes qu'il avait choisis et qu'il n'était pas homme à livrer sans contrôle à leurs propres inspirations. Bien que plusieurs de ces monuments ne subsistent plus aujourd'hui, ceux qui ont survécu sont assez nombreux encore et suffisant assez importants pour qu'il semble superflu de chercher ailleurs des spécimens aussi authentiques peut-être, mais, en tous cas, moins significatifs.

Le Primatice n'était âgé que de vingt-sept ans lorsqu'il vint à Fontainebleau (1531) partager avec le Rosso la direction des travaux d'art que le roi faisait exécuter dans son palais. Comment, à une époque où il était encore assez près de ses débuts, le jeune peintre avait-il pu gagner si bien la confiance de François Ier, que celui-ci l'appelât, de préférence à tout autre, à de pareilles fonctions? Quels gages avait-il donnés, quelle célébrité avait-il acquise, pour qu'on le proposât ainsi en exemple à l'école française et qu'on l'investît d'un pouvoir attribué peu auparavant à des maîtres tels que Léonard et Andrea del Sarto? En réalité, la faveur accordée par le roi au Primatice n'était ni le résultat d'un choix direct et libre, ni la récompense d'un talent éclatant : c'était plutôt une sorte de compensation à des désirs déçus, un moyen terme entre l'honneur impossible de posséder à la cour les plus illustres artistes italiens et le déplaisir d'en être réduit aux forces, bien douteuses encore, de l'école nationale. On sait les efforts tentés par François Ier pour attirer et fixer auprès de lui les sculpteurs et les peintres qu'une vaste renommée désignait tout d'abord à son choix : efforts stériles, du moins après la mort de Léonard et la fuite d'Andrea, ou qui ne devaient aboutir qu'à des conquêtes secondaires. Il avait rêvé d'employer au profit de la France le tout-puissant ciseau de Michel-Ange : il dut s'accommoder des outils adroits et des agréables œuvres de Benvenuto Cellini. Une autre fois, c'était Jules Romain qu'il essayait de séduire, et celui-ci répondait aux offres du roi en lui envoyant, à titre de remplaçant, le Primatice.

Jules Romain, d'ailleurs, était mieux que personne en mesure de garantir les aptitudes et le savoir du nouvel hôte de François Ier. Après quelques années passées dans l'atelier d'Innocenzio da Imola, puis dans celui du Bagnacavallo, le Primatice était venu à Mantoue, en 1525, se mettre sous la discipline de Jules, et, depuis lors, il avait activement coopéré à tous les travaux entrepris par le peintre attitré de Frédéric de Gonzague. Quelques parties importantes de la décoration du palais du Té, citées par Vasari comme étant entièrement de la main de l'élève, mériteraient d'être attribuées au maître : elles se recommandent par la franchise de l'exécution, par l'élégance de la pratique, soit que cette élégance se révèle dans le modelé

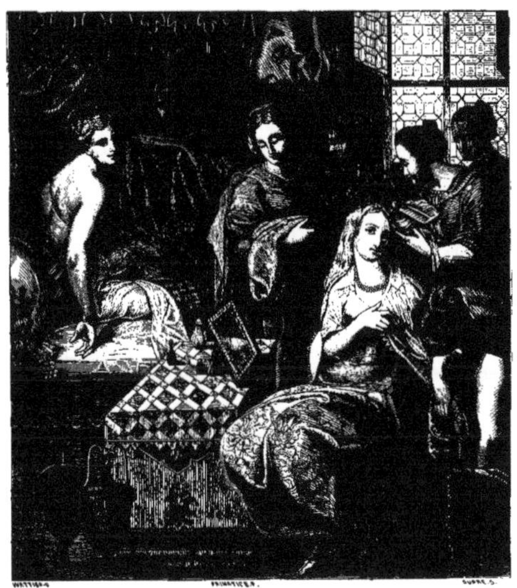

UNE DAME DE LA COUR DE FRANÇOIS Ier A SA TOILETTE. (Musée de Cluny.)

d'un bas-relief, soit qu'elle vivifie le style d'une peinture à fresque. Il n'y a rien là toutefois qui appartienne en propre au Primatice, rien qui accuse des qualités plus hautes qu'une docilité intelligente et une sage abnégation en face des modèles dessinés qu'il s'agissait de transcrire. En se séparant de Jules Romain, le Primatice avait donc à fournir ses preuves, non pas d'habileté, mais d'imagination personnelle. Il entrait, à son tour, dans cette période décisive qui, pour ce même Jules Romain, s'était ouverte après la mort de Raphaël. Il lui restait, en un mot, à faire acte d'artiste à ses risques et périls, après avoir longtemps abrité son talent sous la protection d'un talent supérieur, sous l'autorité d'un chef publiquement intéressé au succès, et, par conséquent, seul responsable.

Lorsque le Primatice vint s'établir à Fontainebleau, où le Rosso l'avait précédé d'une année, celui-ci travaillait déjà de tout son cœur à contraindre et à fausser le goût de l'école française, en imposant brusquement le spectacle des contrefaçons *michelangesques* à des gens accoutumés de longue main à un tout autre régime. Au lieu de chercher à séduire les artistes de notre pays et de guider leur inexpérience sans effaroucher leur foi, le Rosso entendait procéder par voie d'intimidation et installer de vive force le culte des doctrines les plus antipathiques aux inclinations, aux habitudes, au génie même de l'art national. A peine arrivé, il s'était mis à l'œuvre. Sans perdre son temps à sonder le terrain qu'il s'agissait de féconder, il avait traité tout d'abord en pays conquis ce sol libre pourtant, et impatient au fond des éléments de vie artificielle qu'on prétendait y implanter. Au bout de quelques mois, le réformateur florentin avait achevé, pour la décoration du palais de Fontainebleau, *Bacchus et Vénus*, *l'Amour et Psyché*, d'autres compositions encore où s'étalaient toutes les formules emphatiques, toutes les exagérations de style, tous les procédés pédantesques en honneur, de l'autre côté des monts, dans la nouvelle école académique. Les peintres français et le gros du public prisèrent assez peu cet essai de civilisation pittoresque, mais le roi et la cour se tinrent pour satisfaits ou firent mine de l'être. François Ier voulut même que les Italiens amenés en France par le Rosso eussent pour compagnons des artistes nés dans nos provinces, afin qu'en travaillant ainsi sous une direction officielle, tous, nationaux et étrangers, contribuassent à l'envi au progrès désiré et au triomphe de la bonne cause.

Les choses en étaient là quand le Primatice fut appelé à son tour à régenter notre école, ou, tout au moins, à partager l'empire qu'un autre avait déjà commencé d'exercer. Avec le nouveau venu, le danger était moindre. Sans doute le Primatice, — il l'a bien prouvé depuis lors, — n'était pas d'humeur à s'enquérir de fort près des mœurs intellectuelles, des goûts, des aptitudes pittoresques propres à la nation qui l'adoptait par ordre du roi. Il avait probablement le même mépris que le Rosso pour la manière un peu minutieuse mais profondément sincère de nos vieux maîtres imagiers, pour le sentiment judicieux de nos *portraitistes*, pour cette expression d'exactitude, de sagacité, de raison en toutes choses qui caractérisait déjà l'art français, et qui, s'affirmant de plus en plus malgré les efforts de domination et les bruyants succès de l'art étranger, devait, dans le siècle suivant, se formuler avec une autorité suprême sous le pinceau de Nicolas Poussin. Il avait du moins, ce qui manquait absolument au peintre florentin, l'instinct de la grâce et une certaine amabilité dans les intentions dont on pouvait être touché ici, sauf à faire ses réserves quant aux dehors conventionnels et à l'élégance tourmentée du style.

Les premiers ouvrages exécutés à Fontainebleau par le Primatice tendaient, en raison de ce fonds d'agrément naturel et du goût délicieux relative, à compromettre auprès du roi le crédit naissant du Rosso. Or, le Rosso n'avait dans le caractère ni moins de raideur, ni moins de morgue que dans le talent. Il fit de son mieux d'abord pour paraître dédaigner le rival qu'on lui opposait. Puis, le nombre des partisans de celui-ci grossissant à mesure que les années se succédaient, et la meilleure part des travaux, des honneurs, des récompenses de toute sorte devenant le lot habituel du Primatice, le moment arriva où le dédain ne suffit plus. Il fallut recourir à d'autres moyens de défense, aux plaintes et aux accusations formelles. De très-vifs démêlés s'ensuivirent, si vifs même que, pour mettre fin à des scènes qui menaçaient parfois de tourner au tragique, le Primatice sollicita et obtint du roi l'autorisation de reprendre le chemin de l'Italie. On donna pour prétexte à ce voyage une mission assez semblable à celle qui, vingt ans auparavant, avait été confiée à Andrea del Sarto; mais, cette fois, l'argent et les bonnes intentions de François Ier ne demeurèrent pas stériles pour la France. Le rival évincé du Rosso fit consciencieusement mouler à Rome les plus belles statues antiques, il acquit de nombreux objets d'art, et le tout vint à point nommé enrichir les jardins et les palais du roi. Tandis que le Primatice s'acquittait ainsi de sa nouvelle tâche, celui qui l'avait contraint de s'en charger et qui commençait à peine à retrouver pour lui-même le champ libre, le Rosso mourait subitement et volontairement, dit-on, à Paris. Le Primatice, on le conçoit, n'eut garde à cette nouvelle de demander une prolongation de congé. Il se hâta de terminer les opérations entreprises, encaissa les moules qu'il devait rapporter en France, liquida ses comptes, et se mit en route. Vers le commencement de 1542, il reparaissait à la cour et reprenait, sur l'ordre du roi, la direction de tous les travaux interrompus par la mort de son altier prédécesseur.

Si, en rentrant dans le palais de Fontainebleau, le maître bolonais n'avait plus à craindre d'y rencontrer
le Rosso, il allait en revanche y trouver, dans la personne de Benvenuto Cellini, un émule d'humeur aussi
vaniteuse pour le moins et de mœurs plus farouches encore. L'occasion ne tarda pas pour le Primatice
d'apprécier, par expérience, les façons d'agir de l'orfèvre florentin, quand celui-ci croyait avoir à se plaindre
des gens. Au bout de quelques mois, à propos d'une statue colossale dont chacun des deux prétendait
fournir le modèle, le Primatice avait reçu de Cellini cet avertissement péremptoire : « Si jamais j'apprends
que d'une manière ou d'une autre vous parliez de cette commande qui m'appartient, tenez pour certain,
messer Francesco, que je vous tuerai comme un chien [1]. » Le souvenir d'un pareil incident ne devait pas

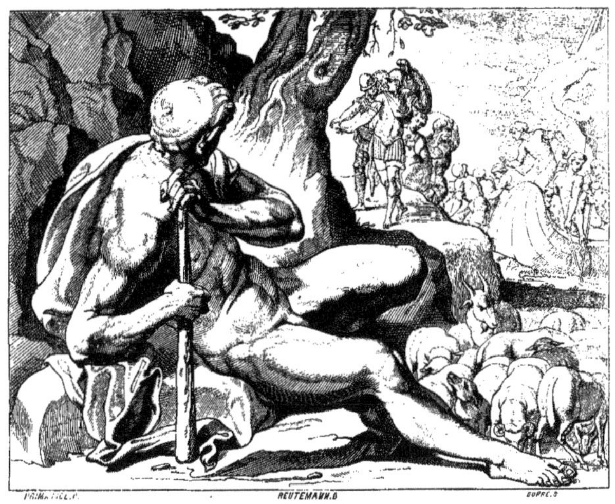

ARRIVÉE D'ULYSSE CHEZ POLYPHÈME.

s'effacer de la mémoire des deux parties intéressées, et, tant qu'elles restèrent en présence, c'est-à-dire
pendant trois années à peu près, le roi, la duchesse d'Étampes, d'autres personnages de la cour eurent
souvent à intervenir pour apaiser des ressentiments qui, d'un côté du moins, se traduisaient tantôt en
violences ouvertes, tantôt en prétentions ridicules. Cellini céda la place à la fin. Il s'en retourna, de guerre
lasse, à Florence, non sans emporter la conviction qu'il avait joué en tout ceci le rôle du plus honnête
homme du monde, et, — méprise tout aussi forte, — qu'il venait de doter la France d'un chef-d'œuvre en y
laissant son vaste et insignifiant bas-relief, la *Nymphe de Fontainebleau*.

Une fois débarrassé des deux ennemis que le sort lui avait suscités coup sur coup, le Primatice jouit
jusqu'au terme de sa vie d'un crédit assuré et d'un empire si étendu, que l'autorité même attribuée à Lebrun.
dans le siècle suivant, semble presque étroite en comparaison de cette omnipotence. Héritier du Rosso et un

---

[1] *Vita di Benvenuto Cellini, scritta da lui medesimo*, p. 433.

peu plus tard de Cellini, dans les fonctions qu'ils avaient remplies, l'un comme chef des sculpteurs et des fondeurs employés par le roi, l'autre comme directeur des travaux de peinture qu'une légion de disciples français et italiens avait à exécuter d'après les cartons du maître, il obtint ensuite la survivance de Philibert Delorme dans la charge de surintendant des bâtiments royaux. A la cour de Henri II comme à la cour de François Ier, sous le règne de Charles IX comme sous celui de François II, on le voit, déjà comblé d'honneurs et de bienfaits, recevoir d'année en année des récompenses nouvelles, acquérir un surcroît de faveurs et demeurer jusqu'au bout l'arbitre souverain de toutes les questions d'art, le maître privilégié auquel chacun s'adresse en toute occasion. S'agit-il de fournir les dessins des tombeaux de François Ier, du roi son fils et du successeur de celui-ci ; d'ériger à la mémoire de Henri II un autre monument dans l'église des Célestins à Paris ; veut-on des modèles pour les tapisseries et les objets d'ameublement, des projets de décorations pour les fêtes publiques, des plans pour la construction d'édifices nouveaux, pour l'achèvement et l'embellissement des monuments anciens ; faut-il enfin orner de fresques les murs d'un oratoire ou les murs d'une salle de bal, peindre un tableau d'histoire ou le portrait de la favorite, le Primatice suffit à ces œuvres diverses. C'est lui qui a la haute main sur tout, qui imagine ou qui règle tout. Rien ne se fait, même dans un ordre de travaux secondaires, qu'il ne le prenne à son compte, rien ne se produit qu'il n'y ait préalablement apposé sa griffe. Aussi que d'empressements autour de lui, quelle docilité, quelle déférence de la part des artistes qu'il emploie et qui, sous peine de se voir condamner à l'inaction, n'aspirent qu'à contenter le maître, n'osent agir que dans le sens exprès de sa volonté ! Les plus considérables d'entre eux, — Niccolò dell' Abbate, par exemple, qui, avant de devenir un aide du Primatice, avait acquis sous son propre nom une véritable célébrité en Italie, — les peintres ou les sculpteurs dignes eux-mêmes du titre de maîtres, se dévouent si bien à la gloire de leur chef qu'ils n'ont garde d'informer la postérité de leur participation personnelle à l'accomplissement de la tâche. Nulle part une signature, un monogramme, une indication quelconque qui permette d'attribuer à l'un plutôt qu'à l'autre l'exécution de tel morceau dont l'invention seule, peut-être même l'invention partielle, appartient au Primatice. Quelques faits de détail sont, il est vrai, parvenus jusqu'à nous, mais confondus avec des faits de tout autre sorte ou relégués dans les comptes des bâtiments royaux, dans des recueils de documents arides, à l'usage à peu près exclusif des érudits. Du reste, rien qui intéresse directement l'histoire de l'art contemporain, rien qui définisse les origines, les développements successifs, l'importance relative des talents groupés autour du Primatice. Un seul talent résume l'art si fécond de cette époque, un seul artiste est officiellement accrédité, un seul nom sûrement populaire. Si variés que soient d'ailleurs les titres accolés à ce nom, il n'en demeure pas moins invariablement en évidence, et que le Primatice s'appelle abbé de Saint-Martin, prieur de Brétigny, conseiller ou aumônier du roi, c'est toujours lui qui figure au premier rang, et qui, en matière de beaux-arts, jouit partout d'une autorité sans réplique [1].

<hr>

[1] Quant aux détails de la vie privée, aux particularités purement biographiques, on peut consulter sur ce point deux documents significatifs : l'un est le testament du Primatice, écrit en 1562, et publié par Gaye ; *Carteggio inedito d'artisti*, t. III ; l'autre, un travail de M. l'abbé Tisserand, travail inséré dans le *Bulletin du Comité de la langue, de l'histoire et des arts de la France*, t. II, 1853-1855, et ayant pour titre : *Renseignements sur les peintres, les sculpteurs, les architectes et les jardiniers ingénieurs qui ont travaillé ou séjourné, ou qui sont morts à Fontainebleau depuis 1542 jusqu'à 1661*. Les dispositions testamentaires du Primatice prouvent que celui-ci, tout en faisant, comme on disait alors, les affaires de l'art, n'avait pas laissé de gouverner assez bien les siennes, puisque, indépendamment des dots constituées d'avance à ses deux nièces et de la pension léguée à l'une d'elles, il était en mesure de transmettre à ses neveux des biens considérables en terres et en maisons ; le tout, sans compter les chevaux, les objets à son usage personnel et les sommes d'argent qu'il partage entre ses serviteurs et les pauvres. D'un autre côté, il résulte des recherches faites par M. l'abbé Tisserand que le Primatice savait remplir de bonne grâce les devoirs que lui imposaient sa haute fortune et sa situation à la cour. Dans l'espace de dix années, on voit son nom figurer dix fois sur les registres baptistaires de la paroisse d'Avon-Fontainebleau, et ces enfants, dont le Primatice est si volontiers le parrain, appartiennent presque tous à des familles d'artistes ou d'artisans, — depuis le fils du peintre Philippe Léonard, jusqu'au fils du maître serrurier du roi. Enfin, pour tous les faits relatifs, non-seulement à la vie du Primatice, mais à celle des différents artistes de l'époque, est-il besoin d'indiquer un ouvrage bien connu et le plus propre à faire loi en pareille matière : la *Renaissance des arts à la cour de France*, par M. le comte Léon de Laborde ?

A ne considérer dans la vie du Primatice que la somme des succès obtenus et l'influence exercée par le maître, on peut donc dire que peu d'artistes ont fourni une carrière aussi brillante. Mais si l'on isole ce talent des circonstances tout exceptionnelles au milieu desquelles il s'est produit, si l'on examine ces œuvres en elles-mêmes, abstraction faite des traditions et des souvenirs qui s'y rattachent, nul doute que, sans en méconnaître à certains égards la valeur, on ne refuse à bon droit d'en accepter les exagérations ou les

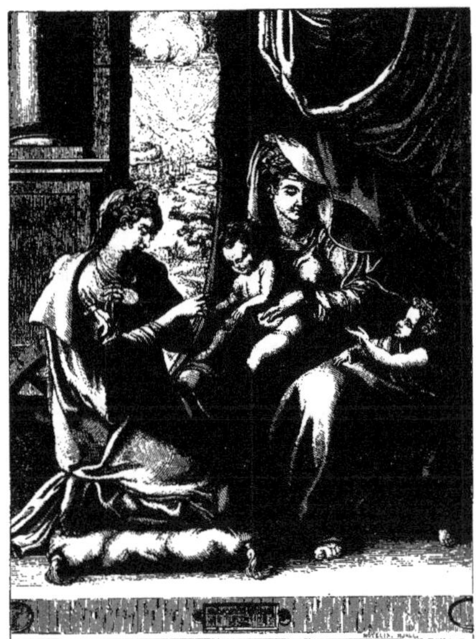

MARIAGE MYSTIQUE DE SAINTE CATHERINE.

faiblesses. Prenons pour exemple le monument le plus important qui ait survécu de tous les travaux de peinture exécutés par le Primatice dans le palais de Fontainebleau, — la célèbre salle dite de *Henri II.* Ici, certes, la splendeur de l'ensemble éblouit au premier aspect le regard. En face de cette décoration magnifique, de cette richesse des lignes et du coloris, il est impossible de ne pas admirer l'abondance des idées pittoresques que l'artiste a suspendues en quelque sorte comme des guirlandes de fleurs aux murs de cette salle de fête; il est impossible de ne pas être frappé d'abord de l'harmonie somptueuse et facile qui relie les unes aux autres les diverses parties d'un aussi vaste travail. Au prix de quels sacrifices toutefois cette harmonie est-elle achetée! Quelles incorrections, quelles injures à la vérité et au goût sous ces dehors de facilité et d'élégance! Voilà ce qu'un examen de quelques instants révélera aux moins clairvoyants.

voilà ce qui refroidit si vite et si bien la sympathie, que l'on se prend presque à être fatigué du spectacle dont on était charmé tout à l'heure, et que les yeux, choqués trop souvent par les licences du style, n'essaient même plus de distinguer entre une habileté mensongère et des témoignages d'habileté véritable, entre les fanfaronnades et les hardiesses légitimes, entre les excès de la manière et les forces vives du pinceau.

Il serait très-injuste néanmoins de reléguer les peintures de la *Salle de Henri II* parmi les œuvres indignes d'étude. Tout n'a pas un caractère absolument artificiel dans ces formes d'expression pompeuses, tout n'est pas clinquant dans ce luxe. La manière du Primatice a cela d'excusable qu'elle semble procéder d'une inclination même de l'esprit, d'une sorte d'affectation involontaire et, pour ainsi parler, naturelle. Elle a cela de méritoire qu'elle atteste le dédain des réalités vulgaires, et que, tout en exagérant la grandeur ou la grâce, elle tend du moins à nous faire pressentir un certain idéal. Idéal de convention, soit, mais non sans charme et d'une signification très-préférable en somme au pur langage de la matière. Je m'explique : sans doute, dans la stricte acception du mot, l'intention morale est absente de ces compositions brillantes avant tout, de cette poésie à fleur de peau, de ces œuvres essentiellement pittoresques. Il ne faut y chercher, bien entendu, ni l'expression d'une pensée religieuse, ni l'image des passions humaines, ni même la trace d'une idée philosophique, si peu austère, si modeste qu'elle soit. Tout émane ici de la fantaisie, tout semble avoir pour objet l'étonnement ou le plaisir des yeux. D'où vient pourtant que l'art si ouvertement sensuel du Primatice réussit souvent à intéresser l'imagination, que de tels caprices, de telles extravagances même, ont une élégance secrète, et qu'un peintre dont l'unique souci en apparence est d'afficher la dextérité, laisse au moins soupçonner des facultés plus hautes et une plus noble ambition? N'y a-t-il rien de plus qu'un faux-semblant de science ou une vaine adresse de main dans ces groupes aux attitudes tourmentées, il est vrai, jusqu'à la frénésie, dans ces figures si démesurément sveltes qu'elles cessent d'être élégantes pour devenir impossibles? Malgré le pédantisme de son pinceau et la grâce parfois monstrueuse dont il affuble la forme humaine, le Primatice garde au fond quelque chose de l'ample sentiment, du grand goût, de la puissance propres aux maîtres italiens. Ses écarts, si blâmables qu'ils soient, accusent encore une organisation d'élite, et là même où il se complaît le plus effrontément dans les bizarreries et les sophismes, il ne lui arrive du moins ni de déshonorer son style par une expression grossière, ni de l'appesantir par des redites. Artiste à la fois très-inventif et superficiellement inspiré, talent incorrect et savant tout ensemble, on dirait que le Primatice ne peut entrevoir une pensée qu'à travers les procédés de la rhétorique, ou que son imagination, impatiente des règles naturelles, a besoin, pour se donner carrière, des excitations factices, des illusions, des sortiléges. Séduit par les promesses décevantes de la fée, il rejette, il n'entend même pas les sévères conseils de la muse.

Parmi les peintures de la *Salle de Henri II* qui expriment le plus clairement ces dérèglements de l'esprit et ces habitudes systématiques, ce goût pour l'aventure en même temps que cette confiance dans les recettes, on peut citer le pendentif où les Grâces sont représentées dansant devant les dieux, et un autre compartiment où le Primatice nous montre *Apollon au milieu des neuf sœurs*. On chercherait vainement dans ces deux compositions une attitude, une forme, un contour qui n'accuse la manière et le parti pris. Pas une tête dont le mouvement ne diffère sans motif du mouvement général du corps, pas une figure qui ne s'agite à outrance là même où la violence du geste semble le moins opportune. Telle muse caressant les cordes d'une guitare se démène et s'évertue à la façon d'une pythonisse; Apollon prend pour jouer du luth la pose ou plutôt l'élan d'un athlète dans le gymnase. Partout des intentions emphatiques, des lignes tourmentées, un style tantôt prolixe, tantôt agressif et fastueux jusqu'à l'impertinence. Fâcheuse manie du luxe pittoresque, et manie d'autant plus regrettable que certains morceaux, exécutés apparemment dans un moment d'heureuse distraction, laissent deviner ce que le Primatice aurait pu faire s'il avait consenti à modérer ses prétentions académiques. Quel contraste, par exemple, entre la fausse grandeur des figures qui entourent Apollon et le véritable charme que respire la tête d'une muse jouant de la flûte! Du côté opposé, une autre muse dont les mains tiennent un cahier de musique, est dessinée, sinon sans quelque affectation encore, au moins sans cette grâce surchargée qu'on retrouve partout ailleurs : comme, aux deux places correspondantes, dans la composition qui représente l'Olympe, la figure de l'Amour et celle de Vénus rachètent en partie ce que les morceaux environnants, — le groupe des Trois Grâces entre autres, — étalent d'élégance difforme ou de force inutile.

Des divers travaux exécutés par le Primatice, dans le palais de Fontainebleau, les peintures de la *Salle*

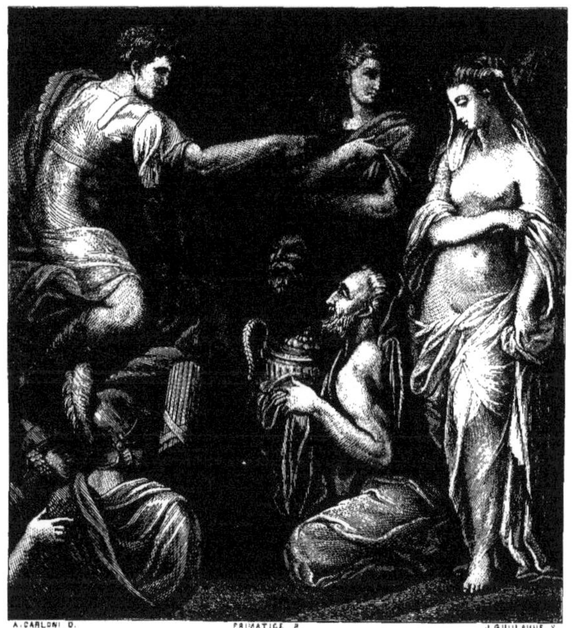

LA CONTINENCE DE SCIPION   Musée du Louvre.

de Henri II sont, nous l'avons dit, les plus considérables qui subsistent aujourd'hui. Les autres spécimens du talent de l'artiste qu'offrent certaines parties de la *Galerie de François I*, de l'ancienne chambre dite d'*Alexandre*, chambre convertie depuis longtemps en escalier, la décoration du vestibule qui précède la Porte dorée, quelques sujets traités dans des proportions plus restreintes, quelques fragments conservés au milieu des transformations successives du palais, ne font, à notre avis, que reproduire des qualités et des défauts dont on a vu ailleurs un témoignage parfaitement significatif. Suit-il de là toutefois que le pinceau du Primatice n'ait connu que des formules invariables, qu'il se soit condamné en toute occasion à ne pratiquer que les règles de la poétique admise, à ne retracer que des sujets d'un même ordre et en vertu des mêmes moyens ? L'affirmative manquerait de justesse. Sans doute, le Primatice n'a jamais songé à renouveler complétement sa manière. Il n'était pas de ces esprits que tourmente le besoin ou la folie du mieux, de ces artistes avides de progrès auxquels la révélation d'une des faces de l'idéal ne saurait suffire, et qui ne se souviennent de leurs découvertes que pour s'exciter à des conquêtes, à des découvertes nouvelles. Le fonds qui lui appartenait dès le début, les ressources faciles qu'il trouvait en lui-même, il semble les avoir exploités jusqu'au bout en parfaite sécurité de conscience, et sans autre ambition secrète que le désir de mettre en évidence son savoir-faire accoutumé. Il lui est arrivé pourtant de diversifier l'expression de cette habileté même et de montrer, au moins dans les formes du style, une souplesse qu'on aurait quelque peine à pressentir en examinant seulement les travaux que nous venons de mentionner. D'autres travaux, malheureusement détruits dans le siècle dernier, mais dont la gravure nous a conservé l'ordonnance et les apparences générales, — les fresques qui ornaient les murs de la *Galerie d'Ulysse*, — prouvent que le Primatice ne s'est pas toujours contenté de grouper et de peindre, suivant des procédés convenus, des figures purement décoratives. Il a voulu aussi, il a su être peintre d'histoire, dans le sens, il est vrai, tout épique du mot, et représenter certains faits humains sous des dehors un peu fastueux encore, mais assez vraisemblables, après tout, les sujets et les héros une fois donnés. Ces compositions sur la vie et les aventures d'Ulysse se distinguent d'ailleurs des œuvres précédentes du maître [1] par une juste énergie dans le dessin et par une sobriété relative dans le style qu'il faudrait louer presque comme des mérites d'un autre âge à cette époque d'excès, de pédantisme et de décadence pour l'art italien. Vasari, l'un des plus coupables pourtant, l'un des plus compromis dans le mouvement qui entraînait l'art vers sa ruine, Vasari, tout Florentin qu'il est, parle avec l'accent d'une vive sympathie des efforts tentés ici par le peintre bolonais et par Niccolò dell' Abbate pour réagir jusqu'à un certain point contre les doctrines qu'il prétendait lui-même faire prévaloir. Il en parle à la vérité sur la foi d'autrui, puisqu'il n'avait pas vu de ses yeux ces peintures « dignes, dit-il, d'éloges extraordinaires », et si bien reliées entre elles par « l'unité de l'exécution, qu'on les dirait faites en un seul jour »; mais, à part les procédés matériels et le travail même du pinceau, il avait pu pressentir le mérite de l'œuvre dans les reproductions dessinées qui en indiquaient au moins l'intention générale et l'esprit. Il lui appartenait dès lors de louer cette œuvre éloignée de ses regards, comme il appartient aujourd'hui à ceux qu'ont informés les planches gravées par Van Thulden de s'associer à ces éloges.

Dans cet examen de la vie et des ouvrages du Primatice, nous avons cherché surtout à déterminer les caractères personnels d'un talent, à en apprécier isolément la valeur. Nous le disions en commençant, faire porter à ce talent le poids des fautes commises par les tristes imitateurs qu'il a suscités, ce serait manquer de discernement aussi bien que d'équité. Y aurait-il, dans un autre sens, moins d'imprudence ou d'injustice à accepter sans contrôle l'opinion, fort généralement répandue, qui attribue au Primatice le rôle d'un prophète, et presque d'un Messie, dans l'histoire de l'art français ? De tout temps, à notre avis, on a beaucoup exagéré les bienfaits de l'influence italienne au seizième siècle sur les travaux des peintres et des sculpteurs de notre pays. Nous n'avons pas à juger ici les essais, assez dignes d'attention toutefois, antérieurs à cette époque. Nous ne voulons pas rechercher dans quelle mesure les hommes que l'on prétendait arracher à la barbarie avaient besoin, en effet, d'être civilisés; jusqu'à quel point on pouvait tenir en mépris des gens dont les aïeux avaient, entre autres œuvres méritoires, sculpté les figures des porches latéraux de la cathédrale de Chartres, peint les plus belles verrières que l'on connaisse encore aujourd'hui, et enrichi de miniatures exquises les pages des chroniques et des missels. Il s'agissait, je le veux bien, d'initier la France aux progrès qui venaient de

---

[1] Vasari *Descrizione dell' opere di Francesco Primaticcio*, dit que les fresques de la *Salle de bal*, ou *Salle de Henri II*, étaient déjà terminées à l'époque où l'on entreprit la décoration de la *Galerie d'Ulysse*. Désignée dans les comptes des bâtiments royaux sous le nom de *Galerie de la Basse Cour*, la *Galerie d'Ulysse* fut peinte par le Primatice, avec le concours très-actif de Niccolò dell' Abbate, de 1559-1561. Il n'y a donc qu'un intervalle de neuf années entre l'achèvement de ce vaste travail et la date de la mort du maître.

s'accomplir au delà des monts, d'enhardir et de stimuler par l'exemple le talent de nos modestes *imagiers*. Mais les artistes qu'on proposait à ceux-ci pour modèles, ces étrangers qu'on investissait en quelque sorte des fonctions de grands justiciers de l'art français, étaient-ils eux-mêmes à la hauteur d'un tel rôle? A Dieu ne plaise qu'en posant cette question à propos de quelques maîtres secondaires, nous osions attenter à la gloire des maîtres souverains; que nous essayions d'escamoter, au profit de notre école, les titres qui appartiennent, par droit imprescriptible, à la plus riche, à la plus noble école du monde! La prééminence de l'art que personnifient Léonard, Michel-Ange et Raphaël, — pour n'en citer que trois parmi les plus illustres, — ne saurait être, en aucun cas, contestée sans impiété, ni méconnue sans ridicule. Aussi cet art

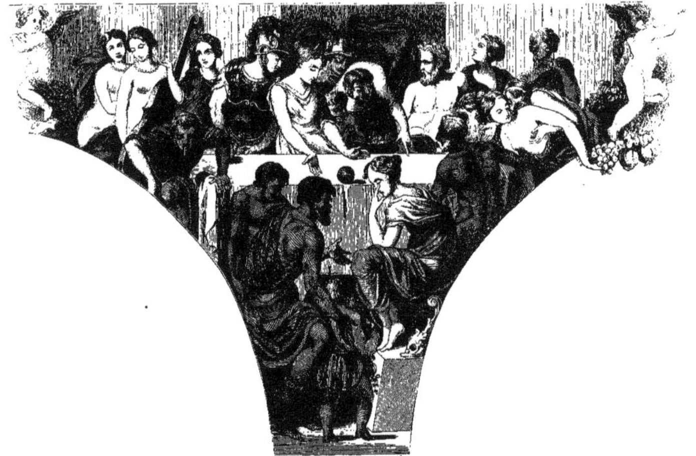

incomparable et ces grands noms demeurent-ils ici hors de cause. Ce que nous voulons dire seulement, c'est que, dans une sphère bien moins haute, dans un tout autre ordre de talents, les apôtres venus d'Italie à Fontainebleau, les Rosso et les Primatice, ne firent que populariser momentanément parmi nous un évangile dont les enseignements, utiles à quelques égards, viciaient, sur beaucoup d'autres points, les inclinations naturelles et les croyances de l'art français. Que, sauf des exceptions assez nombreuses d'ailleurs, sauf les dessinateurs de *crayons* et les peintres de portrait au seizième siècle, l'école nationale ait subi docilement le joug de la nouvelle foi, le fait est certain et ne souffre pas de réplique. Mais il n'en va pas ainsi quant à la permanence de cette docilité; il n'en va pas ainsi des leçons léguées aux générations qui ont suivi, et du profit que, même à une époque fort rapprochée du règne de Primatice, les peintres ont tiré de ces prétendus bienfaits.

Où sont, en effet, les signes évidents de progrès, les preuves de l'action salutaire exercée par le Primatice?

Les trouvera-t-on dans les peintures de Toussaint Dubreuil et d'Ambroise Dubois [1], dans ces contrefaçons d'un art dont les qualités principales sont la facilité et la verve, et qui n'apparaît ici qu'appesanti par les calculs ou refroidi par les hésitations du goût? Sera-t-on plus aisément convaincu en face des peintures décoratives de Fréminet dans la chapelle de Fontainebleau? Mais, sans parler du style païen qui fausse le sens de ces scènes religieuses, peut-on n'y pas reconnaître, au point de vue purement pittoresque, l'exagération systématique, la forfanterie, l'abus du moyen? Si la renaissance française date en effet de l'époque où de telles œuvres se produisirent, il faut avouer que notre école a débuté comme les autres ont fini, et que sa régénération même aurait partout ailleurs les caractères de la décadence. Dira-t-on que la tradition italienne ne devait pas être immédiatement féconde; que, la part une fois faite aux méprises des premiers disciples, il est juste de reporter aux maîtres de Fontainebleau l'honneur des progrès qui s'accomplirent ensuite et qu'ils avaient au moins préparés? Ces progrès, au contraire, ne deviennent vraiment sérieux qu'à partir du moment où les peintres français répudient les exemples qu'on leur avait imposés d'abord. Si l'influence exercée par le Primatice et les siens a été, comme on le prétend, décisive, d'où vient qu'on n'en retrouve plus de traces dans les travaux qui se sont succédé depuis le dix-septième siècle jusqu'à nos jours? D'où vient que depuis Poussin et Lesueur jusqu'à David, jusqu'à M. Ingres, les peintres qui honorent le plus notre école ont toujours marché en sens contraire du point de départ qu'on assigne à l'art national? Non, l'importation de la manière italienne n'a pas, dans l'histoire de la peinture française, le caractère et les conséquences d'une révolution radicale. Elle n'a fait que susciter une émeute, une insurrection passagère contre des principes mal définis encore, mais, au fond, beaucoup plus vivaces, beaucoup plus conformes à nos instincts que ces expédients et ces théories un moment érigés en lois. La preuve en est jusque dans les œuvres les moins indépendantes en apparence, jusque chez les artistes le plus ouvertement compromis. Jean Cousin lui-même, tout *italianisé* qu'il se montre dans le *Jugement dernier*, Jean Cousin ne laisse pas de démentir son parti pris d'imitation et de garder, sous des formes artificielles, la sincérité de son sentiment, la netteté bien française de sa pensée. Les peintres de notre pays ne sont donc, quoi qu'on en ait dit et comme on s'est trop facilement résigné à le croire, ni des affranchis, ni des parvenus, ni les descendants bâtards du Rosso et du Primatice. Ils sont, grâce à Dieu, de race libre, de lignée indigène et légitime. S'il fallait absolument leur trouver parmi les artistes étrangers, non pas des ancêtres directs, mais d'assez proches parents, mieux vaudrait encore assigner pour origine à l'art délicat de nos vieux portraitistes, à l'art des Van Eyck et des Memling qui précédèrent, rattachèrent la manière, soumise avant tout, de nos peintres d'histoire aux provocations et aux fantaisies des maîtres florentins ou bolonais.

Dans le domaine de l'architecture et dans celui de la statuaire, l'influence italienne a été, sans contredit, plus positive et aussi plus heureuse. Personne ne sera tenté de méconnaître ce que l'art national a gagné en correction et en élégance depuis l'introduction des ordres antiques et du style italien dans les formes architectoniques. On ne songera pas davantage à refuser aux maîtres florentins la gloire d'avoir très-utilement conseillé le ciseau de nos sculpteurs du seizième siècle. Mais, qu'il s'agisse d'élever un monument, de modeler une statue ou un bas-relief, jamais les artistes de cette époque ne descendent au rôle de plagiaires. Dans les œuvres de ces imitateurs discrets, le génie français apparaît seulement modifié. Avec des moyens d'expression nouveaux et sous l'empire des exemples d'autrui, il ne fait que se perfectionner, il achève de se définir. Peut-on oublier d'ailleurs que, dans cette carrière où tous s'empressent, les derniers venus n'ont pas tardé à atteindre, à dépasser même leurs devanciers? Niera-t-on que les maîtres aient si vite et si bien cédé le pas aux disciples, qu'il est impossible de trouver en Italie, vers la fin du seizième siècle, un architecte rival de Philibert Delorme, de Jean Bullant ou de Pierre Lescot, un sculpteur comparable, même de loin, à notre Jean Goujon?

---

[1] On sait qu'Ambroise Dubois était né à Anvers; mais, comme il vint en France dès sa jeunesse, comme il y produisit tous ses ouvrages, exécutés sous l'influence des doctrines qui prévalaient alors, il peut être classé parmi les artistes français du seizième siècle, au même titre que ses compatriotes Philippe de Champagne et Gérard Edelinck dans le siècle suivant.

Quant au Primatice, quelque dangereuses à un moment donné, quelque inutiles depuis lors qu'aient été pour l'école française sa tradition et sa doctrine, il n'en demeure pas moins un artiste éminent, un des plus brillants talents appartenant à la seconde phase de la renaissance italienne. Nous nous servons à regret du mot consacré, car le temps est loin déjà où la renaissance de l'art s'est accomplie. L'art que personnifie le Primatice n'a plus de promesses ; le sentiment qui l'inspire n'est plus ni la vaste espérance, ni l'ardente bonne foi de la jeunesse : c'est plutôt, sous les dehors de l'emportement, l'aveugle satisfaction de soi, la quiétude systématique d'une conscience vieillie. Et cependant, malgré ces symptômes d'épuisement, plus d'un

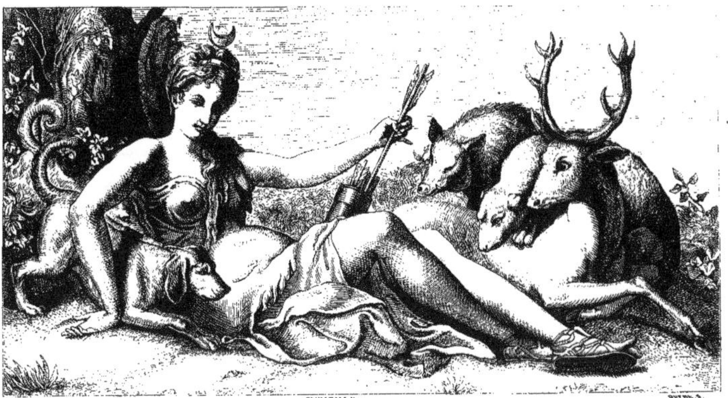

DIANE AU REPOS.

témoignage survit de la vigueur originelle ; sous ces premières rides de l'âge on retrouve quelque chose de la beauté passée, quelques restes de la grâce saine qui s'épanouissait au début. La physionomie du peintre de la *Salle de Henri II* et de la *Galerie d'Ulysse*, les caractères de son talent à la fois florissant et fardé, expriment bien ce mélange de force native et de dépérissement, de noble passion et de débauche, de majesté véritable et de coquetterie. Ce n'est plus ni la naïveté fière des maîtres primitifs, ni l'ample sérénité des maîtres par excellence : c'est l'expression de l'élégance et de la grandeur encore, mais d'une élégance sans retenue, d'une grandeur sans mesure, qui ne réussissent qu'à éblouir le regard et à fasciner un moment l'intelligence, au lieu de nous inspirer une admiration irrévocable et de porter la conviction dans notre esprit.

HENRI DELABORDE.

Un intéressant travail de M. Frédéric Reiset, *Niccolò dell' Abbate et les peintres de Fontainebleau*, travail inséré dans le tome III de la *Gazette des Beaux-Arts*, contient, sur les ouvrages de François Primatice, les renseignements les plus complets que l'on ait recueillis jusqu'à présent. Bien que nous ne partagions pas toujours les opinions de l'écrivain, quant à la valeur même de ces ouvrages et à l'influence, toute favorable selon lui, qu'ils exercèrent sur l'école française, nous estimons à leur prix, dans l'étude récemment publiée, la sûreté des informations historiques et l'authenticité des faits qu'elle nous révèle ou qu'elle confirme. Même en n'admirant qu'avec une réserve, fort légitime à notre avis, ces peintres de Fontainebleau pour lesquels M. Reiset exige « toute notre considération et tout notre respect, » on doit donc se trouver d'accord avec lui sur beaucoup de points, très-nettement définis dans son travail. Pour ce qui concerne les œuvres du Primatice en particulier, le mieux est de se fier à l'énumération qu'il en donne et d'accepter aussi bien les attributions qu'il propose que les témoignages dont il constate, preuves en main, les origines et les caractères officiels.

PALAIS DE FONTAINEBLEAU. — Quoique les transformations successives du palais de Fontainebleau aient amené la ruine d'une grande partie des peintures murales exécutées par le Primatice ou par les siens, les décorations qui subsistent sont assez nombreuses encore, et surtout assez importantes, pour qu'on y trouve un dédommagement à la destruction de *l'ancienne salle du Conseil*, dont le père Dan parle dans son *Trésor des merveilles de la maison royale de Fontainebleau*. — à la perte des fresques qui ornaient le *Pavillon de Pomone*, la *Chambre de Saint-Louis* et cette *Galerie d'Ulysse* ou *Grande Galerie*, célébrée de loin par Vasari, mais que Mariette et d'autres bons juges, qui en avaient examiné les beautés sur place, ne tenaient pas davantage à conserver. « Les peintures de la voûte, dit Mariette, n'en faisaient pas le moindre ornement, et l'on ne peut assez regretter qu'elles aient été détruites. Lorsqu'on s'y détermina, elles étaient aussi fraîches et aussi brillantes qu'elles l'avaient jamais été. On y voyait régner, dans toute la longueur, qui était de soixante-seize toises, une suite de tableaux de différentes formes, dont l'assemblage formait divers compartiments, plus riches les uns que les autres, et qui, renfermés dans des ornements de stuc doré et environnés d'autres ornements appelés grotesques, produisaient un spectacle tout à fait agréable.... » La *Galerie d'Ulysse* fut démolie en 1738 pour faire place à des appartements.

SALLE DE HENRI II OU SALLE DE BAL. — Les fresques de cette salle, déjà fort altérées sous le règne de Henri IV, puisque Toussaint Dubreuil en avait dû entreprendre la restauration, ont été restaurées de nouveau sous le règne de Louis Philippe Ier, et cette fois, avec un plein succès, par M. Alaux. Grâce à la savante abnégation du peintre moderne, le travail du Primatice nous est rendu, tel à peu près qu'il apparaissait il y a trois siècles. L'art peut étudier aujourd'hui, sans incertitude d'aucune sorte, tous les détails de cette décoration magnifique, de ces vastes peintures dont nous avons dit les défauts, mais qui n'en restent pas moins l'œuvre d'un maître, un spécimen très-considérable de l'art d'une époque et un monument unique dans notre pays.

GALERIE DE FRANÇOIS Ier. — « Cette galerie, dit M. Reiset, ne peut être citée que pour mémoire, puisqu'elle est, pour la plus grande partie, l'œuvre du Rosso... Il est certain cependant que cette galerie fut terminée par le Primatice, qui en changea quelques parties, » et dans la liste qu'il dresse des sujets représentés, l'écrivain met au compte du maître bolonais *Jupiter et Sémélé*, peinture anéantie depuis Louis XIII, mais dont la gravure nous a conservé la composition, et la *Danaé* que l'on voit encore sur le quatrième panneau à droite, vis-à-vis de la *Nymphe*, peinte récemment par M. Alaux, en souvenir d'une figure attribuée au Rosso et gravée par René Boyvin. La *Danaé* restaurée, il y a quelques années, par M. Couder, a eu, de nos jours, sa légende. On a prétendu que pour peindre sa *Danaé*, sur le mur même où nous la voyons, le Primatice avait effacé la figure du Rosso, qu'une estampe de René Boyvin a reproduite, et, certains souvenirs aidant, on a cru reconnaître dans le fait de cette substitution une allusion à de royales amours, aux rivalités de deux favorites. La duchesse d'Étampes sous les traits de *Danaé*, fiction assez désobligeante d'ailleurs et, soit dit en passant, bien malencontreusement choisie pour célébrer une pareille victoire, la duchesse d'Étampes aurait pris, sur la muraille, la place d'une *Diane* ou d'une *Nymphe*, image de Diane de Poitiers. La maîtresse du roi ayant eu raison ainsi de la maîtresse du Dauphin, celle-ci se serait trouvée, aussi bien que la cour, dépossédée pour jamais de la peinture du Rosso, et l'estampe seule serait restée pour nous instruire de l'aventure. Or, cette *Diane*, qu'on croyait si bien perdue, a été depuis peu remise en lumière. Après avoir passé de la collection du cardinal Fesch dans une des salles du château d'Anet, elle est devenue la propriété de M. le comte Léon de Laborde. Ajoutons que toutes ces questions relatives à la *Diane de Fontainebleau* ont été traitées à fond, dans un travail récent de M. Barbet de Jouy, auteur déjà d'une notice intéressante sur les *Fontes du Primatice*.

CHAMBRE D'ALEXANDRE, OU CHAMBRE DE LA DUCHESSE D'ÉTAMPES. — *La chambre d'Alexandre*, peinte à fresques, par Niccolò dell' Abbate, sur les dessins et sous la direction du Primatice, fut transformée en cage d'escalier à peu près à l'époque où la *Galerie d'Ulysse* était livrée aux démolisseurs ; mais ici, heureusement, les murs ont été épargnés, et les peintures qui les ornent encore, quoique moins nombreuses qu'au temps de François Ier ou au temps de Henri II, méritent d'être comptées parmi les spécimens les plus importants de la manière du maître. Elles ont été restaurées, sous le dernier règne, par M. Abel de Pujol, qui, pour compléter la décoration de l'ensemble, a peint sur la voûte de l'escalier une *Apothéose d'Alexandre*.

VESTIBULE DE LA PORTE DORÉE. — Les peintures de ce vestibule, ouvert et, par conséquent, exposé à l'air et à la pluie, étaient presque complètement effacées lorsque, à l'époque où d'autres artistes entreprenaient dans l'intérieur du palais la restauration des œuvres du Primatice, M. Picot accepta la tâche de les restituer. Ces peintures sont au nombre de huit. Elles représentent trois scènes de la *Vie d'Hercule*, *Titan et l'Aurore*, *l'Aurore et Céphale*, les *Titans foudroyés*, *Diane et Endymion* et *Pâris blessé*.

Indépendamment de plusieurs autres peintures murales, moins importantes par les dimensions, mais fort dignes d'attention aussi, où l'on peut reconnaître soit le goût de la composition, soit le faire même du Primatice, le palais de Fontainebleau possède encore une figure de Diane nue et debout, peinte très-probablement par le maître, à l'huile et sur panneau. « Cette belle peinture, dit M. Reiset, est certainement l'ouvrage du Primatice ou de Niccolò. Quant à nous, à la limpidité du ton, à la facilité du contour, à l'analogie frappante que présente la figure tout entière, avec celles du tableau d'Alexandre et de Roxane, dans la chambre de Mme d'Etampes, nous sommes bien portés à y voir l'œuvre de Niccolò. Ne serait-ce pas ce tableau qu'il venait de peindre, en 1556, pour la cheminée du roi Henri II? Le sujet est bien tel que ce prince devait le demander. »

En dehors du palais, dans quelques hôtels de la ville même, et dans quelques châteaux environnants, le Primatice avait exécuté, avec l'aide de Niccolò dell' Abbate, des peintures à fresques qui ne le cédaient pas en beauté « à celles de la voûte de la *Galérie d'Ulysse.* » C'est en ces termes du moins que l'auteur d'une *Description historique de Fontainebleau,* publiée en 1731, Pierre Gilbert, parle d'une salle de bains qui, de son temps encore, ornait l'ancien hôtel du cardinal de Ferrare, hôtel bâti par Serlio, en face de l'entrée du palais. Auprès de la ville, le château de Fleuri avait une chapelle peinte à fresque par le Primatice.

A Paris, de la main ou plutôt de l'invention de cet artiste que Sauval, dans ses *Antiquités,* surnomme « le Raphaël et l'Apelles de son siècle et du royaume, » on voyait : dans l'hôtel de Guise, depuis hôtel de Soubise et aujourd'hui hôtel des Archives de l'Empire, une *Adoration des Mages* et plusieurs autres sujets de sainteté peints sur les murs de la chapelle : dans l'hôtel de Montmorency, « une galerie peinte par Niccolò de Modène, que l'on connaît sous le nom de Messer Niccolò, sur les dessins de François Primatiche. » Sauval, tome II.

L'ancien pavillon de Meudon, le château de Chantilly, la maison du conseiller Le Tellier, le château de Beauregard, près de Blois, étaient décorés aussi de peintures murales dues aux talents fraternels de Primatice et de Niccolò. Ces peintures ont malheureusement disparu. De toutes les fresques exécutées, en dehors du palais de Fontainebleau, sous la direction du Primatice, ou par le Primatice lui-même, les seules, nous le croyons, dont quelques fragments notables aient survécu, sont celles qui ornaient la chapelle de l'abbaye de Chaalis, près de Senlis, et que conservent soigneusement aujourd'hui les propriétaires du château, M. et Mme A. de Vatry.

Les tableaux à l'huile peints par le Primatice sont extrêmement rares, et cette rareté s'explique du reste par les immenses travaux de peintures murales, de sculpture et d'architecture dont le maître avait la direction. Le musée du Louvre est peut-être la seule galerie publique qui possède un tableau tout à fait authentique du Primatice. Le style de ce tableau, qui représente *Scipion rendant à Allatius sa fiancée,* nous apparaît tel que nous l'avons vu ailleurs, mensonger et pédantesquement facile; toutefois, la figure de la jeune fille, avec les dehors presque immatériels que le peintre lui a donnés, avec sa grâce et sa blancheur de fantôme, est une création vraiment poétique qui rachète la fadeur ou la fausse énergie du reste et qui atteste l'imagination d'un maître.

Si les tableaux du Primatice sont à peu près introuvables, soit que le temps lui ait manqué pour travailler à des ouvrages de chevalet, soit, comme le pense M. Reiset, qu'une sorte d'*auto-da-fe* ordonné, en 1643, par la reine Anne d'Autriche, ait anéanti, avec beaucoup d'autres sujets du même genre, les nudités un peu moins mythologiques que de raison, peintes sur bois ou sur toile, par l'artiste bolonais: — en revanche, le nombre est incalculable des compositions, des

études, des projets de toute sorte qu'a laissés son crayon. Le musée du Louvre et les autres grandes collections de l'Europe sont riches en dessins du Primatice, et, parmi les collections particulières, il en est peu où l'on ne rencontre quelque spécimen du talent ou de la fécondité d'un homme que sa situation de chef d'école et la diversité de ses emplois obligeaient chaque jour à fournir des modèles aux artistes placés sous ses ordres, peintres, architectes ou sculpteurs.

Rien de plus légitime au surplus que l'estime où l'on tient, en général, les dessins du Primatice. « Ces dessins, dit Mariette, sont faits avec grand soin, et si arrêtés qu'il n'en fallait pas davantage aux élèves de Primatice, à la tête desquels était l'illustre Messer Niccolò, pour les exécuter en peinture. Le temps ayant presque entièrement détruit tous ces ouvrages, les dessins en sont devenus plus précieux, outre qu'ils sont en eux-mêmes tout à fait agréables. Le Primatice compose très-bien : l'on retrouve dans sa manière un disciple de Jules Romain, qui, ayant travaillé sous le Corrège, sait modérer, par un caractère gracieux, les saillies impétueuses de Jules. » Mariette, *Catalogue Crozat,* p. 43. — Que cette « modération » dont parle Mariette soit ici, comme dans les peintures mêmes, singulièrement relative, et cette « grâce » fort peu exempte encore d'affectation, c'est ce qu'il faut reconnaître sans doute; mais il est juste de reconnaître aussi que le crayon ou la plume du Primatice a une fermeté et une délicatesse qui manquent souvent à son pinceau; que, dans ces œuvres du premier jet, dans ces indications rapides, les excès mêmes de la verve ont leur excuse naturelle et les formes conventionnelles du style une signification qui peut devenir ailleurs un non-sens. La différence est grande et le charme fort inégal entre les dessins et les peintures du Primatice, parce que celles-ci délayent en quelque sorte les intentions condensées d'abord par le crayon; parce que les incorrections qui se précisent ou s'exagèrent sur une muraille demeurent, sur le papier, à l'état de formules un peu abstraites dont le regard s'accommode aussi bien que l'esprit; parce que enfin, la hardiesse de tel contour, la grâce de telle figure, aboutissent à la témérité ou à la manière, lorsque cette figure ou ces contours, au lieu de se résumer en quelques traits et de garder une apparence monochrome, s'enflent jusqu'aux proportions colossales et se surchargent de couleur.

Parmi les collections particulières, à Paris, où l'on trouve des dessins importants du maître bolonais, on peut citer celles de MM. His de Lassalle, Gatteaux, Emile Galichon, et la riche collection qui appartenait récemment à M. Frédéric Reiset.

Indépendamment de quelques estampes à l'eau-forte que l'on a parfois attribuées au maître lui-même en expliquant le monogramme AB par ces mots : *Primaticius abbas,* — le Primatice, nous l'avons dit, avait été nommé par le roi abbé-commandataire de Saint-Martin de Troyes, — on a un nombre considérable de pièces d'après le Primatice, gravées, aux seizième et dix-septième siècles, par des artistes français ou étrangers. Parmi ces graveurs, quelques-uns, comme Léonard Thiry, dit Léon Davent, Georges Ghisi, Antoine Fantuzzi, ont laissé des estampes que recommandent à la fois l'importance des œuvres originales et l'habileté de l'interprétation. D'autres, sans faire preuve de talent personnel, ont eu du moins ce mérite de conserver à la postérité certaines compositions que le temps a effacées, ou que la main des hommes a jetées bas avec les murailles qu'elles décoraient. C'est ainsi que le burin de Théodore van Thulden nous a transmis, à défaut d'une image accomplie, une sorte de résumé des peintures qui ornaient la *Galérie d'Ulysse;* qu'Alexandre Bétou, le très-faible graveur des fresques de la *Salle de Henri II,* a reproduit d'autres compositions qu'on ne retrouve plus aujourd'hui dans ce même palais de Fontainebleau.

et qu'Antoine Garnier, auteur d'une suite d'estampes, dédiée à Henri d'Argouge, nous a permis d'entrevoir quelque chose du style, très-peu religieux d'ailleurs, dans lequel le Primatice avait traité les fresques de la chapelle du château de Fleuri.

Quant aux pièces où l'on a cru reconnaître la main même du Primatice, voici ce qu'en dit M. Renouvier dans son livre *Des Types et des Manières des maîtres graveurs* : « On a prétendu que le Primatice lui-même avait été graveur : son œuvre contient, en effet, plus d'une esquisse de facture magistrale. Heinecken lui attribue la sainte Vierge avec sainte Elisabeth ; on trouve sous son nom, au cabinet de Dresde, *Une femme assise avec les attributs de l'Astronomie*. L'estampe qui lui a été donnée avec le plus de vraisemblance, est celle des *Deux femmes romaines*, figures d'une grande tournure, gravées avec l'esprit d'un peintre, mais qui pourraient aussi bien appartenir à Léonard Thiry. Mariette, qui connaissait cette pièce et la jugeait d'une très-bonne main, ne se prononce pas. »

A partir de la seconde moitié du dix-septième siècle, la gravure délaissa presque complètement les ouvrages du peintre bolonais. Quelques *fac-simile* de dessins, appartenant à des galeries publiques ou à des collections particulières, voilà les seuls morceaux à peu près qui soient venus depuis lors s'ajouter à l'œuvre gravé du Primatice. Et cependant, parmi les travaux dus à ce brillant pinceau, plus d'un mériterait d'être choisi pour modèle ; plus d'un a été oublié qu'il serait juste et opportun de populariser aujourd'hui par la gravure. Les peintures de la *Salle de Henri II*, par exemple, n'ont été encore ni reproduites dans leur ensemble, — car les planches de Bétou ne sauraient compter, — ni même transcrites avec une fidélité suffisante dans les rares copies partielles qu'on en a données. Une série d'estampes viendrait à propos où l'on pourrait retrouver, sous leur apparence exacte, l'aspect général et les détails de cette décoration somptueuse.

Il est rare que le nom du Primatice figure dans les catalogues de vente, lorsque les objets mis en adjudication sont des tableaux. Ce nom, au contraire, se rencontre assez souvent, surtout dans les ventes faites au dix-huitième siècle, lorsqu'il s'agit d'une collection de dessins. Voici quelques-uns des prix auxquels ont été vendus les dessins du Primatice :

VENTE MARIETTE, 1775. — Deux sujets en travers, où sont représentés des fleuves, avec plusieurs figures et animaux, faits au bistre et rehaussés de blanc, d'un précieux fini, dit le catalogue, 172 livres 19 s.

Trois sujets de *Vénus et l'Amour*, à la sanguine rehaussée de blanc, et deux autres au bistre et à la plume ; cinq pièces de forme ovale pour les peintures exécutées à Fontainebleau, vendues en deux lots, le premier 300 livres, le second 800.

Un *Fleuve* dans son antre, sujet en travers, au bistre, rehaussé de blanc, 60 liv.

L'Olympe ou *l'Assemblée des Dieux*, dessin de plafond, 192 liv.

Le *Triomphe de Neptune*, au bistre rehaussé de blanc, 300 liv.

Cinq sujets, dont *Jupiter*, pour la *Galerie d'Ulysse*, dessins au bistre, 596 liv.

Le *Parnasse* et neuf autres sujets, dessins à la sanguine, pour Fontainebleau, 523 liv. 17 s.

Le *Festin des Dieux*, sujet en travers, dans lequel il entre plus de quinze figures ; au bistre, rehaussé de blanc, 599 liv. 19 s.

Quatre sujets de la Fable, dont *Éole déchaînant les vents* ; au bistre, 120 liv.

Sept compositions et études diverses pour plafond, dont plusieurs sont terminées ; à la sanguine, 199 liv.

Cérès, Bacchus, et *l'Enlèvement d'Europe*. Trois dessins, au bistre, 120 liv.

VENTE DU PRINCE DE CONTI, 1777. — Deux dessins au bistre et à la plume, rehaussés de blanc : *Diane et Endymion, Vertumne et Pomone*, deux sujets peints par l'auteur, à Fontainebleau, 301 liv.

VENTE D'ARGENVILLE, 1779. — Quatre compositions, dont trois à la plume et lavées, 58 liv. 1 s.

VENTE LEBRUN, 1791. — Sujet allégorique, représentant des Fleuves et des Naïades. Dessin à la plume sur papier gris, lavé de bistre et rehaussé de blanc. On en connaît une ancienne estampe, 173 liv.

Nous ne donnons que les principaux monogrammes que les graveurs des dessins et peintures du Primatice ont mis sur les planches qu'ils ont gravées.

FA̅P BOL.IN   R .   S̄B acc. de
AG̅.

B. F.

A P. *sculpsit*

BOL., BOL., *Bol*

BOL *inu acc. de STE. F.*

F. Bol. Inu. — F. Bologne Pinxit.

FRAN. BOL. IN.

FRANCISCVS BOL. INVENT.

Bologna L.D.

Bol. inVe To.

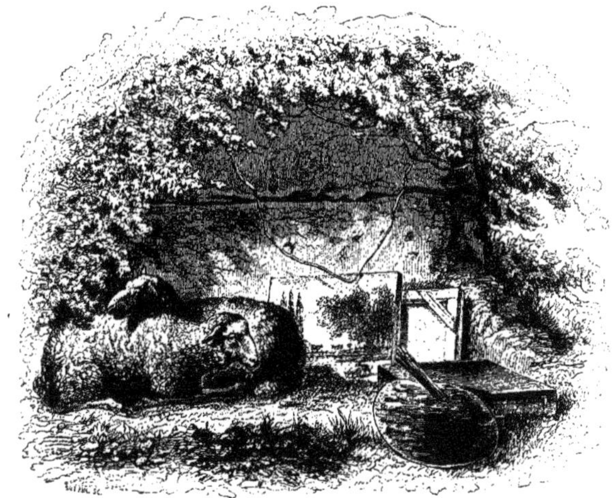

PELLEGRINO TIBALDI

NÉ EN 1527, MORT APRÈS 1595.

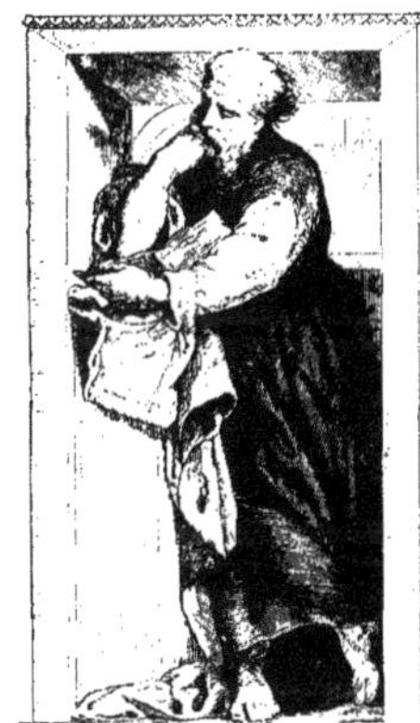

Rien ne fait plus de tort à un artiste que d'être vanté outre mesure de son vivant. Il est bien rare, en effet, que la réaction qui s'opère plus tard contre des éloges outrés, ne soit pas exagérée à son tour. C'est justement ce qui est arrivé à Pellegrino Tibaldi, qu'on appelle aussi Pellegrino da Bologna. Lorsqu'on voit les ouvrages de ce maître, — je dis ses ouvrages de peinture, — après avoir lu les emphatiques pages que lui a consacrées son compatriote Malvasia et après y avoir lu que les Carrache appelaient Tibaldi *il Michel Angiolo riformato*, le Michel-Ange réformé, on ne peut se défendre de rabattre beaucoup et peut-être de trop rabattre de l'opinion qu'on s'était faite du peintre bolonais.

Je dis bolonais, quoique Lomazzo, Massolari, Bosca et autres écrivains rangent Tibaldi dans l'école milanaise, se fondant sur ce que sa famille était originaire de Valsoda, dans le Milanais; car il est certain qu'il était né et qu'il fut élevé à Bologne. Son père, pauvre maçon, *muratore*, était venu s'établir dans cette ville et il y avait eu plusieurs enfants, dont celui-ci fut le plus illustre. Leur nom de famille était de Pellegrini; mais on y avait ajouté le surnom de Tibaldi que portait le père et qui demeura au fils. Celui-ci naquit, selon toute apparence, non pas en 1522, comme on le dit partout, mais en 1527, s'il faut s'en rapporter à une signature relevée par Zanotti sur un tableau de Pellegrino, et ainsi conçue : *Peregrinus Tibaldi Bononiensis faciebat anno ætatis suæ XXII.* MDXLVIII. Il est vrai que Vasari, qui connut personnellement Tibaldi, parle de lui, dans la vie du Primatice, écrite en 1567, comme d'un homme qui avait alors trente-cinq ans, *un gioavane di trenta cinque anni*. Mais Vasari ne se piquait point d'une grande exactitude, et il peut fort bien avoir dit cela sans le savoir au juste, en jugeant de l'âge que devait avoir Pellegrino d'après celui qu'il paraissait. En tous cas, si son témoignage doit prévaloir, ce n'est pas en 1522, mais en 1532 qu'il faut placer la naissance du peintre bolonais.

Quoi qu'il en soit, Tibaldi, né à Bologne, y fit son apprentissage de peintre, on ne sait sous quel maître. Vasari assure que Pellegrino, dès sa première jeunesse, dessinait d'après les peintures que lui Vasari avait exécutées dans le réfectoire des moines olivétains, hors des murs de Bologne, et qu'après avoir étudié d'autres ouvrages d'artistes en renom, il fit le voyage de Rome en 1547. Là, pendant trois ans, le jeune Bolonais ne cessa de dessiner les plus belles choses, et notamment les fresques de Perino del Vaga au château Saint-Ange; mais s'il fut, comme on l'a dit, l'élève de Perino, il ne put l'être bien longtemps, puisque celui-ci mourut l'année même où Tibaldi arrivait à Rome. Du reste, le maître que celui-ci étudia de préférence et par lequel il fut complète- ment subjugué comme tant d'autres, ce fut Michel-Ange. Il contracta dans l'étude de ce grand maître le goût d'un dessin ressenti et fier avec l'ambition d'acquérir la science anatomique et surtout de la montrer. Nourri d'une aussi forte substance, le talent de Tibaldi se développa, et ce fut sans doute à cause de son admiration passionnée pour Michel-Ange que Daniel de Volterre le choisit pour aide et pour collaborateur dans l'église de la Trinité-des-Monts. Daniel lui fit exécuter là, sur ses cartons, une fresque qui orne encore aujourd'hui la voûte de la troisième chapelle. En se mettant sous la conduite de Daniel de Volterre, qui était, pour ainsi dire, un produit de Michel-Ange, Tibaldi n'avait rien à changer à ses goûts, à ses préférences, à sa manière de sentir et de voir. Mais de lui-même il n'était pas capable de porter le poids de son admiration; il imitait les peintures de la Sixtine sans être de force à les comprendre ou du moins à se les assimiler, et, faute de pou- voir monter jusqu'à Michel-Ange, il le faisait descendre à la portée de son propre tempérament de peintre, qui manquait de nerf, et de son esprit, qui n'était pas de haut vol. Toutefois, en se familiarisant avec les œuvres d'un tel homme, il avait acquis du savoir, de la sûreté et un certain tour de dessin qu'il prenait pour terrible et qui n'était que ferme. De plus, ce style ainsi tempéré et amoindri, il le tempérait encore et l'amoin- drissait en le recouvrant d'une couleur avenante, en y ajoutant une pastosité qui eût été partout ailleurs agréable, mais qui était bien peu en harmonie avec la grandeur austère de son modèle.

Vers ce temps-là, c'est à dire en 1550, un noble Bolonais, Mgr Poggi, depuis cardinal, averti du talent, déjà remarqué, de Tibaldi, l'employa aux décorations d'une villa qu'il avait bâtie sur le monte Pincio, — Vasari dit, par inadvertance, le monte Esquilino, — et ce fut lui probablement qui lui procura l'honneur de peindre au Belvédère les armes de Jules II, élevé au pontificat en cette même année 1550, et de faire pour l'église Sant'Andrea, hors la porte du Peuple, deux figures de saint Pierre et de saint André, dont Vasari possédait les dessins de la main de Tibaldi. L'année suivante, Mgr Poggi, ayant été créé cardinal, voulut achever un palais qu'il avait commencé de construire à Bologne, et il y envoya Pellegrino Tibaldi, non-seule- ment pour décorer ce palais, mais pour y donner les plans de la façade, laquelle cependant est attribuée par d'autres à Domenico Tibaldi, frère de Pellegrino; ce qui est certain, c'est que Pellegrino n'était pas moins habile architecte que savant peintre.

Ici se place une anecdote intéressante racontée par Ottaviano Mascherino. Ce peintre architecte, originaire de Bologne, se promenant un jour hors de Rome, non loin de la Porta Angelica, rencontra dans un petit chemin de traverse, en un lieu désert, un jeune homme qui se lamentait étendu sous un arbre, et qui, à son approche, se cacha le visage. Mascherino, poussé par la curiosité, s'avança vers ce jeune homme et le reconnut : c'était Pellegrino, qui paraissait en proie au découragement le plus amer. Interrogé sur les causes de son apparent désespoir, le jeune artiste répondit à son compatriote qu'il avait résolu de se laisser mourir de faim dans ce lieu solitaire, pour en finir avec la douleur qu'il éprouvait de ne pouvoir ni faire sa peinture aussi bien qu'il la concevait, ni en tirer de quoi vivre. Là-dessus, Mascherino, après l'avoir ranimé, lui conseilla d'apprendre l'architecture, et il s'offrit à la lui enseigner. Voilà comment Tibaldi devint architecte, et l'on peut dire que la nature l'y avait prédestiné en lui donnant les qualités de sagesse, de mesure et de sagacité nécessaires pour exercer ce grand art, plutôt que les facultés voulues par la peinture [1].

Le palais Poggi est aujourd'hui l'Université, qu'on appelle aussi l'Institut, de Bologne. Nous y avons vu naguère les peintures de Pellegrino, que nous connaissions déjà par les belles gravures publiées à Venise en 1750, sous le titre : *Pitture di Pellegrino Tibaldi e di Niccolo dell' Abbati esistenti nell' Instituto di Bologna, descritte ed illustrate da Giam-Pietro Zanotti, in Venezia*, MDCCLVI. Vasari les considérait comme le chef-d'œuvre de Tibaldi. Elles représentent des épisodes de l'Odyssée. On y voit le héros grec

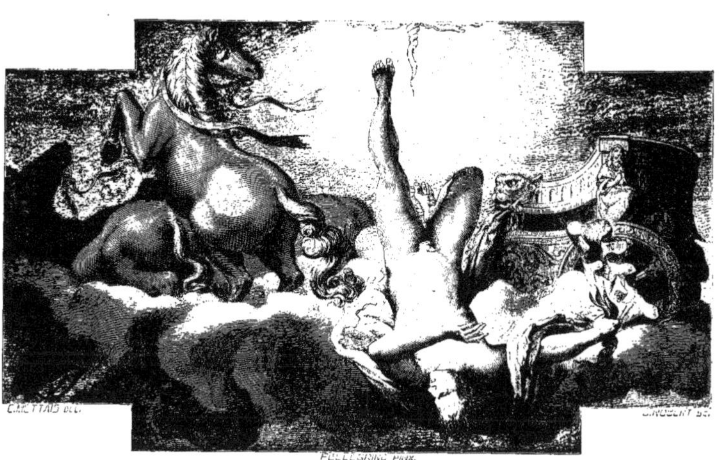

PHAÉTON.

échappant avec ses compagnons aux colères de Polyphème, puis lui crevant l'œil, ensuite rompant les charmes de la magicienne Circé, et, dans ses diverses compositions, le peintre fait montre de ses connaissances anatomiques ; il met en relief tous les muscles, tous les tendons ; il tourmente ses contours ; il insiste sur les articulations des extrémités, il essaye enfin de rappeler Michel-Ange par un dessin qui respire une certaine velléité fière plutôt que la véritable fierté. Polyphème dans son antre, Polyphème furieux, Polyphème endormi, c'est toujours un modèle académique et académiquement dessiné. Les proportions en sont bonnes et les nus sont modelés avec précision, avec justesse ; mais, faute de ce sentiment vif et profond qui fait qu'un grand artiste exagère un peu ce qu'il voit ou ce qu'il a conçu, change de formes à chaque idée qu'il veut exprimer, choisit les proportions qui conviennent à son humeur, idéalise ou même surcharge le vrai plutôt que de rester dans le banal, faute de ce sentiment, dis-je, les personnages de Tibaldi appartiennent à une vérité commune. Ses cyclopes-géants ne paraissent que des hommes ordinaires, dont on ne soupçonnerait point la grandeur si on ne les voyait à côté des figurines d'Ulysse et de ses compagnons. Avec des extrémités petites, les figures de Michel-Ange, à la fois sveltes et athlétiques, sont colossales, même quand la gra-

---

[1] ... Che però avea risoluto in quel luogo rimoto, e solitario morirsi di fame, d'inedia, e torsi dalle miserie di questo Mondo. Malvasia, *Felsina pittrice*, tome I, p. 195. — L'auteur tenait cette anecdote de l'Albane, qui l'avait entendu raconter à Mascherini.

vure nous les montre de la hauteur d'un pouce ; au contraire, les figures exactement proportionnées de Tibaldi n'ont d'autre avantage que la grandeur dimensionnelle.

Hors le feu sacré, qui ne se communique point, le peintre bolonais possède tout ce qui se peut acquérir, la science, la fermeté du dessin, l'art de remplir le champ de sa peinture sans l'encombrer, le talent de mêler certaines qualités qui s'excluaient chez d'autres et qui chez lui se concilient, parce qu'elles sont à l'état moyen. Mais ce qui laisse à désirer c'est le caractère, c'est la griffe. Ses œuvres, à première vue, ne sont pas plus de lui que de tel autre savant artiste bolonais. On les attribuerait tout aussi bien aux Carrache, qui l'ont admiré outre mesure, ou bien à nos peintres français, qu'il a séduits et qui l'ont trop imité. Il y a dans les décorations de l'Institut de Bologne, tel *Char de Neptune* que l'on ferait passer aisément pour un Lafosse, un Louis Boullongne, un Bon Boullongne, un Noël Coypel. Cela est raisonnable, sans défaut sensible, bien dessiné, bien peint, bien propre et parfaitement froid. Et pourtant, chose à remarquer, Tibaldi, qui songe toujours à Michel-Ange, se croit obligé de mettre partout de l'accent, et il ne s'aperçoit point que mettre de l'accent partout, cela revient à n'en mettre nulle part.

Tel est notre sentiment sur les œuvres de Pellegrino Tibaldi au palais Poggi. Les Carrache préféraient ces peintures à celles de l'église San Jacopo, la *Prédication de saint Jean* et la *Séparation des élus et des réprouvés*. Pour notre compte, nous penchons à partager l'opinion de Vasari, qui estime les aventures d'Ulysse plus que tous les autres ouvrages du Bolonais. Dans le premier de ces tableaux, qui se distingue par l'ordonnance de l'ensemble et l'agencement des groupes et par un dessin très-châtié, on remarque telle figure qui est une flagrante et pâle imitation de la superbe femme vue de dos qui occupe la première place de la *Transfiguration* de Raphaël. Dans le second sont rassemblées une foule de pécheresses, qui attendent, sans grande émotion, d'être élues ou réprouvées par l'envoyé céleste qui fond sur elles du haut des airs. On pouvait sans doute prévoir que, cette fois plus que jamais, les réminiscences du *Jugement dernier* hanteraient l'esprit du peintre ; mais quelle rude épreuve pour Tibaldi que d'être comparé à Michel-Ange ! Quelle audace que de se mesurer avec un pareil jouteur ! Au lieu de nous apparaître comme les hercules du ciel chrétien, comme les athlètes de Jéhovah, les anges de Pellegrino sont tout simplement des modèles qui semblent avoir posé suspendus en l'air au moyen d'une corde, et tandis que les figures de la Sixtine paraissent monter ou descendre en vertu d'une force intérieure qui est en elles, et comme soutenues dans leur chute par des ailes invisibles, les figures aériennes de Tibaldi menacent de tomber de tout leur poids par terre et de s'y écraser.

Cependant Pellegrino n'avait pas pour rien étudié l'architecture, et il se sentait aussi propre à bâtir un édifice qu'à le décorer. Instruit de ses talents, le cardinal d'Augusta le conduisit à Notre-Dame de Lorette, où il lui fit orner de stucs et de peintures une des plus jolies chapelles de cette église célèbre. Dans la voûte, où il avait ménagé de riches compartiments de stuc, Pellegrino peignit la *Nativité*, la *Présentation au temple*, et au centre une *Transfiguration*. Le tableau qui devait surmonter l'autel représentait un *Baptême de Jésus-Christ*, dans lequel il introduisit le portrait à genoux du fondateur de la chapelle, le cardinal d'Augusta [1]. Pour le dire en passant, Pellegrino excellait à peindre le portrait, comme il l'avait prouvé à Bologne, en ajoutant celui du cardinal Poggi aux décorations de San Jacopo, et il devait en être ainsi, parce que le portrait demande plus de vérité que de style, plus de savoir que de génie, et c'était là précisément ce qui distinguait Tibaldi. L'ornement de la chapelle fondée par le cardinal d'Augusta fut complété par d'autres sujets, tels que la *Prédication de saint Jean* et sa *Décollation*, peintes sur les murs latéraux.

À peine l'artiste avait-il mis la dernière main à ces travaux, qu'il fut amené à Ancône par un marchand arménien, nommé Giorgio Morato, qui lui fit peindre dans l'église Sant'Agostino un autre *Baptême du Christ*,

[1] C'est par erreur que Malvasia, Zanotti et Battaci lui-même, toujours si bien informé, disent que cette toile ayant été fort endommagée, fut refaite par Annibal Carrache, qui, au lieu du Baptême de Jésus, y peignit la Nativité de la Vierge. La vérité est que le tableau de Tibaldi, qui était resté en place jusqu'en 1790, fut alors transporté dans le palais public et de là dans ce qu'on appelle l'*Oratorio notturno*, près de la place, où il est encore. (*Note des commentateurs de Vasari, dernière édition.*)

ouvrage fort estimé qui s'y voit encore, et, pour le compte du même donateur, Pellegrino modela de ronde-bosse, *tutto tondo di rilievo*, un Christ plus grand que nature qui fut placé, dans la cathédrale dédiée à S. Cyriaque, au-dessus du maître-autel. Enfin dans une autre église de la même ville, à San Domenico, il avait disposé un magnifique ornement de stuc pour en faire le cadre d'un tableau qui lui avait été commandé, lorsqu'il en fut empêché par un différend survenu entre lui et le donateur. Ce fut le Titien que l'on

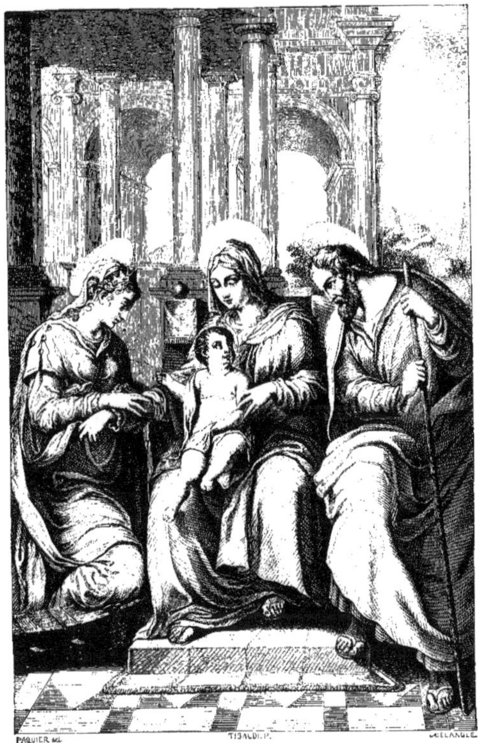

MARIAGE DE SAINTE CATHERINE.

en chargea, et l'on dut à cette circonstance le *Christ en croix* de ce grand maître, avec trois figures désolées au pied de la croix, la Vierge, S. Jean et S. Dominique. Le séjour de Pellegrino Tibaldi à Ancône y a laissé des traces brillantes : la fontaine del Calamo fut construite sur ses dessins, ainsi que le palais Ferretti qu'il orna de peintures, et *la loggia de' mercanti* (la loge des marchands), qui donne d'un côté sur le port, de l'autre sur la principale rue de la ville, et dont le beau portique, d'architecture moresque, est encore admiré autant et plus peut-être que les fresques dont l'architecte-peintre orna l'intérieur du bâtiment, et qui représentent les combats d'Hercule contre les monstres. On imagine bien que dans ces morceaux d'un caractère fort et terrible, Tibaldi ne manqua pas de mettre en œuvre cette imitation du style de Michel-Ange dont il s'était formé une manière, après l'avoir adouci, assagi, émasculé. Et comme il n'y avait alors à Ancône, dit Vasari, aucun artiste de marque, Pellegrino fut choisi pour être l'ingénieur des fortifications d'Ancône et de la province. Ses travaux s'étendirent jusqu'à Ravenne [1]. L'architecture, à cette époque de sa vie, c'est-à-dire de 1560 environ à 1565, l'occupa beaucoup plus que la peinture. Vasari, qui le connaissait et qui parle de lui toujours au présent, rapporte que Tibaldi, appelé à Pavie par le cardinal Borromée (S. Charles Borromée), construisit pour ce prélat le magnifique palais de la Sapienza, et nous savons, par les commentateurs du biographe, que la première pierre de l'édifice fut posée en l'année 1564.

Bien que l'architecture fût devenue son art favori, Pellegrino ne laissa pas de se souvenir qu'il était peintre. Revenu à Bologne vers 1565, il y demeura quatre ans, pendant lesquels — sauf une excursion à Ferrare pour y terminer les peintures du cloître de Saint-Georges commencées par Girolamo de Carpi, — il fut employé à des ouvrages importants dans les édifices publics et les églises. Il décora notamment les palais Lambertini, Marescalchi, Buoncompagni, Ruini, et la Casaralta, qui est maintenant une caserne militaire, et les églises de San Giacomo maggiore de' Servi, de San Martino maggiore, de San Petronio, où l'on conserve les dessins qu'il donna, en concurrence avec tant d'autres artistes, pour la façade encore à faire de cette vaste basilique ; enfin San Michele in bosco, où il peignit à *buon fresco* en petites figures les pharisiens demandant à Jésus pourquoi ses disciples ne se lavent pas les mains avant de se mettre à table. Ce morceau a été transporté à la Pinacothèque de Bologne, où on le voit aujourd'hui. Les figures en sont petites de proportion, mais grandes de savoir, dit Malvasia, *piccole sì di mole, ma così alte e profonde di sapere*. La vérité est que Pellegrino peignait fort bien en petit. Lanzi vante la grâce, la délicatesse, le précieux fini qu'il admira dans une suite de tous petits tableaux qui lui furent montrés à Macerata par le marquis Ciccolino. « Ils étaient, dit-il, rendus avec autant de finesse que des miniatures, rehaussés de vives couleurs, touchés avec esprit et embellis par des fonds d'architecture en perspective. »

Il faut croire que Tibaldi avait acquis un grand renom comme architecte, puisqu'il fut appelé à Milan, en 1570, pour y être chargé de conduire les travaux du Dôme. Il s'agissait de terminer cette immense et célèbre cathédrale par un digne frontispice, et S. Charles Borromée avait songé à Pellegrino, dont il connaissait les talents pour les avoir mis à l'épreuve. Nommé ingénieur en chef de tout le duché de Milan, Tibaldi fut associé pour la construction du Dôme à un artiste milanais, Martino Bassi, qui traversa tous ses projets. Tibaldi fit d'abord le dessin du pavement, qui est un ouvrage fort estimé. Ses plans pour la façade furent approuvés par le cardinal et par la fabrique ; mais, avant qu'ils fussent exécutés, ainsi qu'un projet de baptistère, Martino Bassi les critiqua si vivement que l'on crut devoir, sur sa demande, consulter les plus grands architectes du temps, Palladio, Vignole, Vasari, Brentano, qui tous, il faut le dire, donnèrent tort à Pellegrino ; et à ce sujet Martino Bassi publia un écrit curieux, intitulé *Dispareri in materia d'architettura e prospettiva*. Controverses en matière d'architecture et de perspective. Le Bolonais défendait ses idées avec constance, et, comme Vignole lui disait que son projet de baptistère ne présentait pas des conditions suffisantes de solidité, Pellegrino proposa d'avoir recours à des armatures en fer qui auraient prévenu tout écartement, à quoi Vignole fit cette réponse mémorable : *Un édifice ne doit pas être soutenu par des lisières.*

Tout cela n'empêche point que Tibaldi n'ait été un architecte plein de mérite. Bien qu'il eût proposé d'achever le Dôme de Milan par une façade dont le style serait une sorte de compromis entre le gothique et le romain, — on prenait alors le romain pour le grec, — il sut apprécier ce qu'il y avait dans l'architecture du moyen âge, comme le prouve une lettre de lui citée par Gaye, dans laquelle il parle avec respect de ce qu'il appelle l'*ordine todesco* (l'ordre tudesque). « plus raisonnable, dit-il, qu'on ne pense et qu'il veut désormais

---

[1] E lasciato alquanto da un lato il dipignere la condotto per le fortificazione d'Ancona molte cose, e per molti altri luoghi dello Stato della Chiesa, e massimamente a Ravenna. *Vasari.*

étudier à fond [1], » paroles très-remarquables pour ce temps-là, car depuis la Renaissance le gothique était regardé en Italie comme une architecture barbare.

Pendant que Pellegrino était livré à ces disputes, il fut appelé en Espagne par le roi Philippe II pour décorer le palais de l'Escorial, où avait déjà travaillé Taddeo Zuccaro ; il était question d'y peindre de vastes surfaces, et depuis plus de vingt ans Tibaldi avait à peu près abandonné la peinture. Il se rendit néanmoins à l'invitation de Philippe II et partit pour l'Espagne en l'année 1585. Le roi le reçut avec la plus grande distinction, et, pour lui témoigner sa haute estime, il fit jeter bas les décorations déjà exécutées dans le palais par Zuccaro et Luca Cambiaso, de même que Jules II, pour faire place nette à Raphaël, avait ordonné de détruire les anciennes fresques peintes dans la chambre de la Signature par des maîtres illustres. Tibaldi

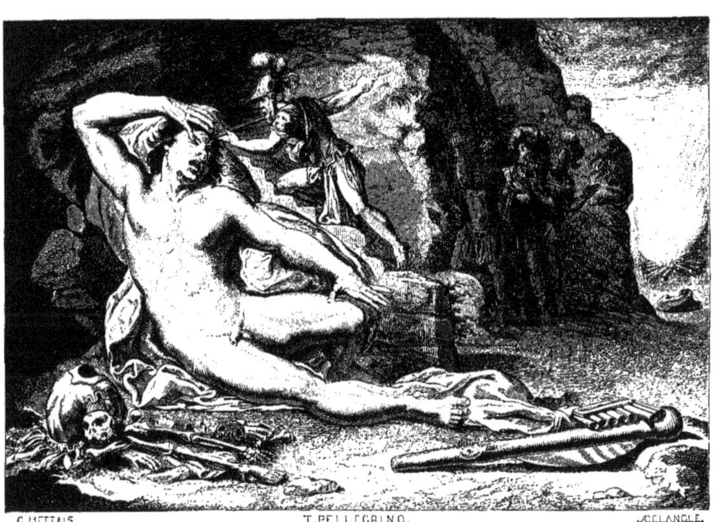

ULISSE ET POLYPHÈME.

s'acquitta de sa tâche de manière à étonner les Espagnols, qui n'avaient alors chez eux aucun artiste capable de mener à fin de pareils travaux.

Il y a huit ans, au mois de septembre 1862, nous visitions l'Escorial en compagnie de Paul de Saint-Victor, et notre esprit a conservé, sinon une image très-fidèle des grandes peintures de Tibaldi, au moins un souvenir très-net de l'impression qu'elles nous firent. Nous espérions voir en lui une manière de Michel-Ange, quelque chose qui ressemblerait, par exemple, au style de Baccio Bandinelli, et nous ne trouvâmes qu'une imitation sans force, des réminiscences dans lesquelles un profond savoir et une pratique consommée remplaçaient l'énergie absente et trahissaient l'impuissance d'être aussi fier que l'aurait voulu le style adopté. La Bibliothèque nous arrêta plus longtemps que les autres parties du palais décorées par Tibaldi. Les allégories en peinture sont par elles-mêmes assez froides, quand on ne sait pas racheter ce qu'il y a d'abstrait dans la

[1] *A me piaceria osservare più che si può li precetti di essa architettura, che pur sono più ragionevoli di quello che altri pensa, sensa compore un ordine con l'altro, come altri fano.* Lettre de Tibaldi à la Fabrique de San Petronio.

pensée, soit par cette abréviation solennelle qui donne tant de grandeur au symbolisme figuré des Égyptiens, soit par la saveur, le mordant, l'imprévu des formes et des mouvements. Jamais je ne fus plus frappé de cette vérité qu'en présence des décorations de Tibaldi. Sa froideur naturelle jointe à la fadeur des emblèmes nous causa un désappointement fâcheux. On sentait là un homme mûri par de longues études, un artiste dont l'esprit était cultivé, meublé de connaissances, soutenu par la mémoire et dont la main était rompue à l'exercice de son art. Mais rien de personnel, rien de saisissant, aucun de ces traits qui remuent l'âme et qui pour toujours y restent gravés.

Il serait trop long et trop fastidieux de raconter ici les vastes et nombreuses peintures de Pellegrino à l'Escorial : on ne saurait décrire tant de choses au lecteur sans les lui montrer. Ceux qui en auront le courage liront les interminables descriptions de Mazzolari et de Conca, en italien, celles de Ximénès et de Rotondo en espagnol. Qu'il nous suffise de dire que toutes les figures de la Bibliothèque, la Théologie, la Philosophie, la Grammaire, la Rhétorique, la Dialectique, l'Arithmétique, la Musique, la Géométrie, chacune avec une escorte d'hommes célèbres, sont à peu près trois fois plus grandes que nature et qu'il faut y ajouter quantité de figures accessoires qui soutiennent, dans des attitudes variées, les architraves d'une architecture feinte. On a beaucoup vanté le relief de ces peintures, que l'artiste a voulu faire saillir de la muraille ; mais n'est-ce pas au contraire le premier défaut d'une peinture décorative, qu'elle paraisse percer, renverser les murs, au lieu de conserver aux surfaces leur plénitude, à l'architecture sa tranquillité, sa dignité, par un modelé discret, par l'effacement des ombres portées ?

Après neuf ans de séjour en Espagne, Tibaldi revint à Milan chargé d'honneurs, riche, dit-on, de cent mille écus, et anobli par Philippe II, qui, érigeant en marquisat la terre où avait pris naissance le pauvre maçon, père de Pellegrino, le fit seigneur de Valsolda, avec le titre de marquis. On ne sait au juste en quelle année mourut le peintre bolonais. Selon Baglione, ce fut au commencement du pontificat de Clément VIII, ce qui veut dire ici dans les premières années, puisque ce pape, dont l'exaltation est de 1592, occupa le siége de saint Pierre pendant treize ans. Il y a tout lieu de croire que la mort de Tibaldi se place vers 1595, et en tous cas avant 1598, s'il est vrai qu'il mourut à l'âge de soixante-dix ans. Quoi qu'il en soit, on peut regarder cet habile homme, tout surfait qu'il a été par ses contemporains, comme un type de l'école bolonaise, dont il représente à merveille les qualités sages, les vertus moyennes et le génie de seconde main.

Catherine Meaux.

RECHERCHES ET INDICATIONS

Il n'existe aucun ouvrage de Pellegrino Tibaldi dans le musée du Louvre.

BOLOGNE, dans le musée dit la Pinacothèque, le *Mariage de sainte Catherine*, et un tableau provenant de San Michele in Bosco, et qui représente les pharisiens se moquant des disciples de Jésus-Christ.

On trouve des fresques de la main de Tibaldi à Santa Maria de' Servi, à San Giacomo Maggiore, dans la sacristie de San Martino Maggiore, à San Petronio, à l'Institut de Bologne, dont nous avons dit les peintures et dans les palais Lambertini Marescalchi, Buoncompagni et Grabinski. Ce dernier palais appartenait autrefois à la famille Ruini, et au commencement de ce siècle au prince Félix Bacciochi. D'autres peintures lui sont attribuées dans l'église San Vitale. Comme architecte, il est l'auteur du palais de l'archevêché, de l'église de la Madona, près Saint-Celse et d'une autre dédiée à la Vierge.

ANCÔNE. On y montre aux étrangers la Fontaine del Calamo, les décorations du palais Ferretti et celles de la loggia de Mercanti, deux édifices très-remarquables dont Tibaldi fut l'architecte.

FERRARE. Tibaldi acheva les peintures commencées par Girolamo da Carpi, dans le réfectoire des moines Olivetains ; mais il ne paraît pas que ces peintures existent encore, non plus que le monastère : il n'en est pas fait mention dans le *Guida per Ferrara*, publié en 1844.

GÊNES. La maison professe des jésuites et leur église, si riche en magnifiques marbres, est l'ouvrage de Pellegrino, et son plan, où il a tiré parti d'un terrain très-irrégulier et bordé de rues étroites, fait l'admiration des architectes.

MILAN. Outre les travaux du Dôme qu'il dirigea longtemps, Tibaldi a construit dans cette ville l'église Saint-Laurent, à coupole octogone, et l'église des jésuites. On a de beaux dessins de lui à la Bibliothèque Ambrosienne.

ROME. Vasari attribue à Tibaldi des fresques qu'il aurait faites à Saint-Louis-des-Français en concurrence avec Jacopo del Conte et Siciolante da Sermoneta. Mais il doit y avoir dans cette assertion une erreur, car l'église Saint-Louis-des-Français, fondée par Catherine de Médicis en 1589, ne put être ornée de peintures par Tibaldi, qui était alors en Espagne, et qui, depuis, ne paraît pas être retourné à Rome, d'autant que Vasari mentionne ces peintures de Saint-Louis comme étant des œuvres de la jeunesse du peintre, puisque c'est la première chose de lui dont il parle.

FLORENCE. La Galerie des offices contient, parmi les portraits des peintres, celui de Tibaldi peint par lui-même. Il est gravé dans l'ouvrage de Zanotti et dans la seconde édition de Malvasia.

PAVIE. Le Palais de la Sapienza est l'œuvre de Tibaldi.

ESPAGNE. Nous avons dit les considérables peintures de Tibaldi à l'Escorial et dans quels livres on en trouve la description.

PARIS. — IMP. JULES LE CLÈRE ET Cⁱᵉ, RUE CASSETTE, 29.

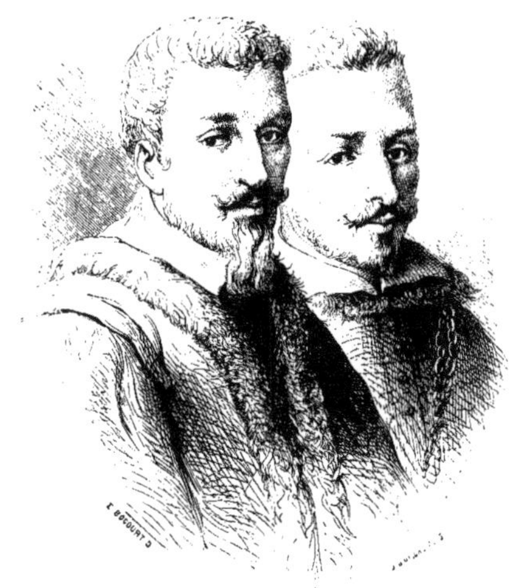

Ecole Italienne.
Histoire.

LES PROCACCINI

CAMILLE PROCACCINI
NÉ EN 1546. — MORT EN 1626

JULES-CÉSAR PROCACCINI
NÉ VERS 1560? — MORT EN 1626

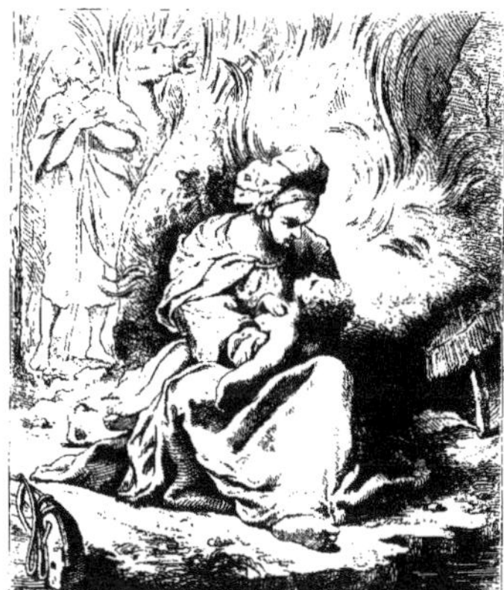

Cinq peintres de la même famille ont porté le nom de Procaccini; mais deux d'entre eux seulement ont conservé une réputation historique : Camille et Jules César. Ils étaient les fils d'Ercole Procaccini, de Bologne, en qui le renom de cette famille commença, et qui était né en 1520. Lomazzo, contemporain d'Ercole — on l'appelle Hercule l'Ancien pour le distinguer d'un de ses petits-fils — le représente comme un heureux imitateur du Corrége; mais Lanzi, qui a mérité le surnom de *judicieux* par la manière éclairée et impartiale dont il a jugé les peintres italiens, Lanzi a mieux caractérisé le talent d'Hercule Procaccini. « Il me semble, dit-il, qu'il est un peu minutieux dans son dessin et un peu flasque (*fiacco*) dans son coloris, que l'on pourrait assimiler à celui des Florentins; défaut tellement commun à tous ses contemporains, que je ne conçois pas comment on a pu lui en faire un reproche particulier. Du reste, il est gracieux, appliqué, exact, et il l'emporte en cela sur la plupart des peintres de son temps. Peut-être sa méthode de finir avec soin et sa lenteur excessive lui ont-elles fait du tort dans une ville où dominait le pétulant Fontana; mais du moins, elles l'ont préservé du maniérisme, dans lequel on tombait déjà, et l'ont rendu propre à devenir un bon professeur, car le principal devoir de celui qui enseigne est de mettre un frein à l'indocilité et aux entraînements de la jeunesse. Aussi vit-on sortir de son école d'excellents élèves, tels qu'un Sacchini, un Sabatini, un Bertoja. Il instruisit dans son art ses trois fils, Camillo, Giulio-Cesare et Carlo Antonio, lequel fut le père d'Hercule Procaccini, dit le Jeune, et ceux-ci à leur tour enseignèrent la jeunesse milanaise. »

Camillo Procaccini, l'aîné de ces trois frères, était né en 1546. Il leur donna l'exemple d'abandonner la manière sèche de leur père, et de s'en former une plus souple, plus libre, mais aussi moins naturelle. Autant le père avait été scrupuleux dans son dessin et attentif à la vérité, autant le fils était enclin à dessiner de pratique et à suppléer par une certaine fantaisie à l'observation de la nature, sous prétexte d'éviter les minuties d'une imitation servile. Du reste, il avait un fonds de science, et avant de tomber dans une convention qu'il prenait pour le style, on l'avait vu, sous la discipline paternelle, assujetti à des études sérieuses. Quelques biographes disent qu'il fit le voyage de Rome, et ils ajoutent qu'il y étudia Michel-Ange et Raphaël : à vrai dire, on ne s'en aperçoit guère. Le seul maître dont il subit évidemment l'influence fut le Parmesan; il imita de loin ses airs de tête, et ces désinvoltures qui, après avoir été si nouvelles et si fières chez Michel-Ange, devinrent, du vivant même de ce grand homme, affectées et convenues, mais conservèrent, dans les ouvrages du Parmesan, une élégance aimable et de haut goût. La sveltesse héroïque du Parmesan, la distinction de ses figures préoccupèrent Camille Procaccini, qui n'avait, lui, pour tout génie, qu'une facilité rare et une ingénieuse abondance; aussi reconnaît-on dans ses peintures comme dans ses eaux-fortes un élément d'emprunt qu'il ne sait pas marier avec ses facultés propres. Ses figures ont fréquemment les jambes et les bras trop longs, ce qui naturellement fait paraître trop court le reste du corps. Au lieu de se terminer par des pieds déliés et par des mains longues, les personnages de Camille Procaccini présentent des extrémités grosses et lourdes. Souvent il lui arrive de ne pas les dessiner tous à la même échelle, en un même tableau, de sorte que les uns paraissent trop petits et les autres démesurés. On en voit un exemple dans l'église du collége d'Espagne, à Bologne, où il représenta les prophètes qui ont prédit l'Incarnation, vis-à-vis d'une *Nativité*, dans laquelle les bergers sont d'une si haute taille qu'ils donnent l'apparence de nains aux figures de Moïse et d'Isaïe peintes en face de cette *Nativité*[1]. Au surplus, il ne manquait pas d'expression, et il avait de belles rencontres quand il ne se laissait pas entraîner par le caprice à l'incorrection, ou, selon le mot qu'emploient quelquefois les Italiens, à *l'arbitraire*

La facilité qui lui était naturelle et que le travail avait encore développée, Camillo Procaccini en abusa; il la promena de ville en ville et d'église en église, remplissant la Lombardie de son nom et de ses ouvrages, faisant à lui seul la besogne de dix peintres. Une telle fertilité, à moins qu'elle ne soit la marque du génie, n'engendre ordinairement qu'une sorte de faconde pittoresque et vide par laquelle commence, dans toutes les écoles, la décadence de la peinture : c'est la rhétorique substituée à l'éloquence. Camillo, cependant, vivait encore trop près des grands maîtres pour n'avoir pas de temps à autre quelque inspiration généreuse. Parmi les quatorze tableaux qu'il fit dans les églises de Plaisance, tableaux dont plusieurs se composaient de figures colossales, il en est deux ou trois qu'on ne croirait pas de la même main, tant ils sont supérieurs aux autres par la vivacité de l'expression et par une certaine grandeur de manière qui rappelle les derniers beaux temps de l'art. On cite la *Mort de la Vierge*, peinte par lui à la cathédrale, comme étant d'une incontestable beauté, malgré l'injure des restaurateurs. Bien qu'à moitié perdue, cette toile, quand un rayon de soleil la ravive, laisse voir un ange qui descend du ciel une couronne à la main, et dont le raccourci, dessiné avec une heureuse audace, perce la toile et la creuse. La *Peste de Milan*, fresque

[1] Fece anche loro talora certe mani così eccedenti, piedi così esorbitanti, che notabilmente discordano dall'altre tanto belle particolarità; sì come l'istesso succede d'altra parte in certi pastori adoranti il nato Redentore, che di troppo smisurata statura, fanno parer più nani, di quell'anche in effetto sono, quel Mosè, e quel Isaia, che nel opposta facciata si vedono... Malvasia, *Felsina pittrice*, in-Bologna, 1678, tom. V, p. 277.

de Camillo Procaccini, exécutée dans l'église Saint-Augustin, à Plaisance, est aussi un morceau fort remarquable. Saint Charles y est représenté au moment où il assiste une femme qui meurt de la peste en serrant son enfant dans ses bras. Une petite fille, *fanciullina*, tend les mains vers sa mère avec une douleur naïve et involontairement gracieuse. A terre gît une autre moribonde. « Avec quelle énergie, dit un vieux *Guide de Plaisance*, sont exprimées par le peintre les angoisses d'une mort imminente[1]! »

Dans cette même cathédrale de Plaisance, Camille Procaccini avait peint le *Couronnement de la Vierge* au

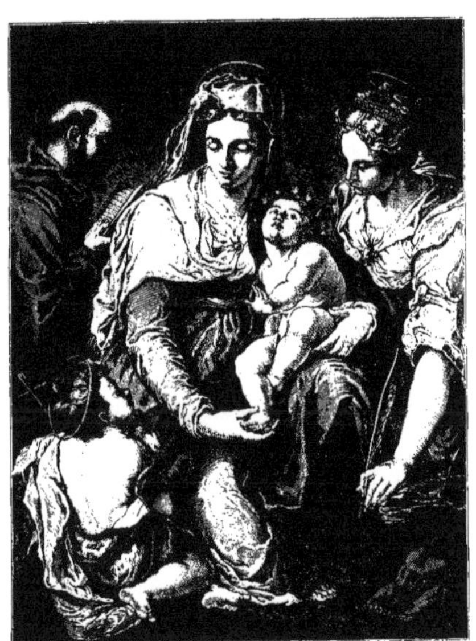

VIERGE ET JÉSUS (Musée du Louvre).

milieu d'une gloire d'anges, et cela en concurrence avec Louis Carrache. Celui-ci était chargé de faire un pendant au *Couronnement* : il peignit les apôtres groupés autour du sépulcre vide de la Vierge, et frappés de stupeur, et au-dessus, des anges pleins de grâce qui balançaient des encensoirs. Selon le sentiment des plus habiles connaisseurs, Camillo fut complétement vaincu par Louis Carrache. Sa gloire d'anges paraît monotone et languissante à côté de celle que Louis avait inventée. L'originalité de Carrache fit ressortir ce qu'il y avait de peu recherché dans les figures de Procaccini ; mais ce dernier du moins eut le mérite d'avoir lutté avec un des plus grands artistes de son pays. Ce fut le duc de Parme qui lui fit cet honneur de lui donner pour rivaux les deux peintres les plus illustres de l'école bolonaise, Louis et Annibal Carrache. Déjà il s'était

<hr>

1. Quanto sù questi volti sono espressi i lividi tratti d'una morte imminente! *Le Pubbliche Pitture di Piacenza*, MDCCLXXX.

mesuré avec Annibal dans l'église San-Procolo de Reggio, où il avait exécuté une des plus belles fresques de la Lombardie, au jugement de Lanzi, *Saint Roch secourant les pestiférés*, ce morceau qui inquiétait Annibal lorsque ce grand peintre s'occupait d'en faire le pendant, *Saint Roch distribuant son bien aux pauvres*. Il va sans dire, toutefois, que le Procaccini n'était pas homme à l'emporter sur un rival de cette force ; mais leur émulation, en surexcitant la verve d'Annibal Carrache, lui inspira une œuvre encore supérieure à celle de Camillo.

Ne pouvant soutenir la concurrence des Carraches, Camillo Procaccini alla s'établir à Milan avec ses frères, et il y ouvrit une école, bientôt florissante : c'était vers la fin du seizième siècle. La fameuse Académie fondée par Léonard de Vinci n'existait plus ; les grands élèves de ce grand homme étaient tous morts. Camillo n'eut pas de peine à prendre le premier rang et à introduire un goût nouveau dans une ville d'où l'ombre de Vinci avait disparu. L'émigration des Procaccini à Milan eut encore une autre cause. Le frère cadet de Camillo, Giulio-Cesare, avait reçu quelques leçons des Carraches dans leur Académie des *Incamminati* (acheminés). Annibal, qui était naturellement rude en son langage et prompt aux railleries amères, ayant un jour offensé Giulio-Cesare par une parole mordante, celui-ci s'emporta jusqu'à frapper son ancien maître. Cette circonstance décida les frères Procaccini à quitter Bologne pour se fixer à Milan. Jules-César, que l'on dit né en 1548 — cette date n'est moins rien que certaine — avait commencé par être sculpteur ; mais voyant son frère réussir dans un art matériellement moins pénible, il avait abandonné la sculpture et s'était fait peintre. A l'exemple des Carraches, il s'attacha tout d'abord de préférence à la manière corrégesque. Tandis que Louis et Annibal songeaient à combiner tous les styles dans cet éclectisme qui fut leur rêve, Giulio-Cesare, séduit pour toujours, resta fidèle au Corrége. Il fut même regardé en Italie comme un de ceux qui avaient imité de plus près ce peintre inimitable. Influencé pourtant par la doctrine des Carraches, qui recommandaient constamment à leurs disciples le choix et le mélange des meilleurs modèles, Giulio-Cesare imagina d'ajouter à la grâce du Corrége un élément de vigueur, et ne croyant pas trouver en lui-même cet élément, il l'alla chercher dans les diverses écoles de l'Italie.

Il fit le voyage de Rome, probablement avec son frère, et il y étudia, comme Michel-Ange ; mais n'étant guère capable de s'élever d'emblée jusqu'aux idées sublimes du maître, il ne les vit qu'à travers les traductions, pour ainsi dire, qu'en avaient données des interprètes tels que Sébastien del Piombo, par exemple ; aussi dirons-nous tout de suite que la Vierge du Louvre rappelle un peu la manière de ce robuste peintre, pendant que les autres figures du même tableau, sainte Catherine, saint Augustin et l'Enfant Jésus, font penser, l'une à Véronèse, l'autre au Corrége, la troisième à l'afféterie des derniers successeurs de Léonard. En effet Giulio-Cesare, après son voyage à Rome, était allé à Venise étudier Véronèse et Tintoret, qui étaient les Vénitiens qu'il aimait le plus, espérant leur emprunter, à Tintoret surtout, l'énergie qui lui paraissait manquer à la perfection du Corrége. De ce voyage de Jules-César à Venise, il reste une trace dans le livre de Zanetti, *Della Pittura veneziana*, où il parle à la page 361 d'un Giulio-Cesare Lombardo qui n'est, dit-il, connu à Venise que par de belles fresques sur la façade de deux palais qu'il indique. Il est plus que probable, en effet, que ce Lombard portant le prénom assez rare de Jules-César, n'est autre que notre Procaccini.

Ce fut sans doute à la suite de ces pérégrinations que les deux Procaccini s'établirent à Milan et y fondèrent leur école. Ils avaient amené avec eux leur plus jeune frère Carlo-Antonio, qui se distinguait dans un genre de peinture très-peu cultivé en Italie, le paysage et la nature morte. Camillo et Jules-César trouvèrent à Milan non-seulement beaucoup d'élèves à instruire, mais beaucoup de travaux à faire. On compte dans les églises de cette ville environ soixante grands tableaux de Camillo Procaccini, et quarante au moins de Jules-César. Celui-ci, presque aussi fécond que son frère, avait de plus une qualité qui s'allie rarement avec l'abondance. Il était appliqué, studieux, correct dans son dessin, sévère dans ses draperies ; il évitait avec soin les banalités et les redites, cherchant toujours à s'élever, aspirant toujours au mieux. Aussi les élèves qui s'attachèrent particulièrement à lui, Daniele Crespi et Federigo Bianchi, furent-ils supérieurs aux disciples de Camillo autant que Jules-César était supérieur à son frère aîné. Celui-ci,

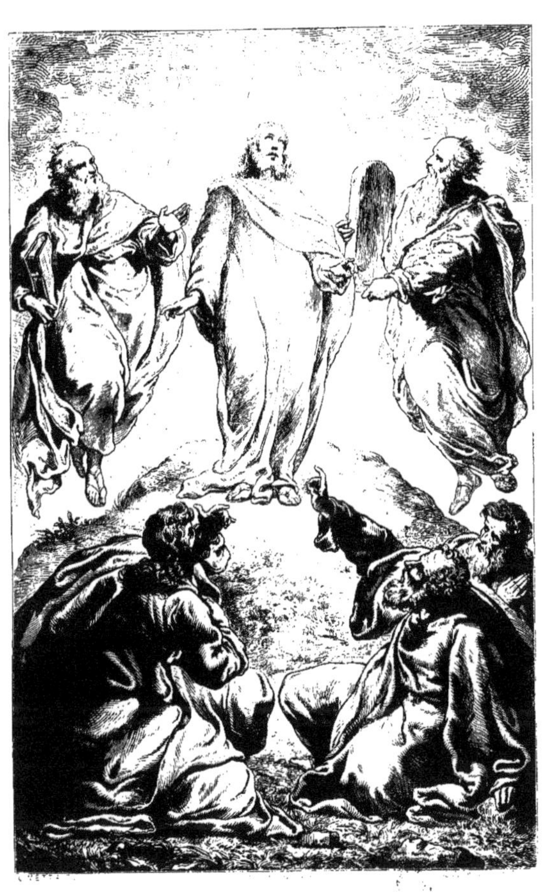

LA TRANSFIGURATION. A Milan.

disons-nous, était maniéré, peu réfléchi, peu difficile pour lui-même; celui-là, au contraire, méditait ses compositions, châtiait ses figures, et préférant être bizarre que d'être vulgaire, il mettait de l'imprévu dans ses inventions et ses mouvements. Mais il faut dire que le style coulant de Camillo Procaccini, sa facilité inépuisable et cette vraisemblance qui séduit souvent les yeux du monde beaucoup plus que la vérité même, n'étaient pas moins appréciés que les talents de son frère, si l'on en juge du moins par les innombrables peintures qui furent demandées à l'un et à l'autre, et plus encore à Camillo qu'à Jules-César. Malvasia, qui s'est étendu avec tant de complaisance sur tous les peintres sortis de l'école bolonaise, a renoncé lui-même à décrire les ouvrages des deux Procaccini qui existaient de son temps dans la seule ville de Milan, et il s'est borné à citer le *Catalogue des Peintures de Milan* publié par Santagostini, et le livre de Soprani sur les artistes génois. Ce qui est essentiel, du reste, pour les amateurs qui nous lisent, c'est de bien connaître les mérites et les défauts de chaque peintre, et par quelle nuance il se distingue de l'école ou du groupe dont il fait partie. Quant à énumérer des centaines de tableaux qui représentent sans cesse les mêmes sujets, les mêmes saints, la même Madone et le même *Bambino*, et les Annonciations et les Nativités et l'éternelle Adoration des Mages, ce serait pour le lecteur une fatigue sans profit, et pour nous, par conséquent, une peine sans récompense.

Nous devons le confesser, au surplus, pendant les quelques jours que nous avons passés à Milan, en l'année 1856, toute notre admiration s'étant concentrée sur Luini, Gaudenzio Ferrari, Cesare da Sesto et le divin Léonard, il nous resta peu de loisir pour regarder aux peintures des Procaccini, qui peut-être, dans un autre milieu, nous auraient frappé. Il nous souvient, en effet, qu'étant à Gênes et visitant la magnifique église de l'Annonciade, nous fûmes attiré et captivé par une grande toile, de huit ou dix mètres de large, placée au-dessus de la porte, et représentant la *Cène*, qui nous parut être de grande manière, d'une couleur solide et d'une exécution savoureuse. Parmi le nombre des peintures médiocres qui remplissent cette église, toute resplendissante d'or et de marbres, le tableau de Giulio-Cesare Procaccini faisait une fort belle figure, et il nous est resté cette impression qu'au moment de quitter l'Italie, nous avions devant nous le dernier des maîtres italiens. Depuis, nous avons eu la satisfaction de lire dans l'*Abecedario* de Mariette : « Le chanoine Carlo Torre, en parlant de Giulio-Cesare Procaccini, appelle cet excellent peintre un nouveau Corrége, *nuovo Antonio da Correggio*, et tout ce que j'ai vu de ses ouvrages, entre autres un tableau merveilleux de la *Cène*, dans l'église de l'Annonciade, à Gênes, m'en a laissé la même idée. Je n'ai rien vu de si bien peint. »

Un nouveau Corrége! c'est beaucoup dire, et un tel éloge semblera surtout exagéré à ceux qui ne connaissent de Jules-César que son tableau du Louvre : la Vierge, un genou en terre, entre saint François d'Assise et sainte Catherine d'Alexandrie, tient l'Enfant Jésus, devant lequel est assis par terre le petit saint Jean, qui porte une croix et un agneau. L'imitation du Corrége y est en effet peu sensible, et ce que nous y voyons, encore une fois, c'est d'abord une réminiscence de Véronèse dans la sainte Catherine, blonde et forte fille aux beaux bras, aux épaules vénitiennes, qui fréquente les noces et les banquets du grand maître; c'est ensuite un ressouvenir, involontaire peut-être, de Sébastien del Piombo, dans la figure de la Vierge, dont les draperies serrées recouvrent et accusent des formes amples et fermes. Quant à l'Enfant Jésus, sa tête renversée en arrière et le mouvement contracté de ses membres présentent un raccourci recherché et un caractère d'affectation qui tiennent plutôt de l'école raffinée de Léonard que du Corrége, si naïf, si tendre, si adorable quand il peint l'Enfant Jésus. Un tableau où l'imitation du Corrége est flagrante, c'est la *Madone* que nous avons vue à Dresde, et qui a été si bien gravée. L'Enfant s'y manière avec une grâce aimable, et tout son corps, par une hardiesse singulière, forme un arc de cercle, une douce courbe heureusement rachetée par la jambe qu'il plie sur les genoux de sa mère. La tête amoureusement penchée

---

[1] Basterà solo il dire che venne egli in Genova circa l'anno 1618, ricevovi dalla liberalità del signor Gio-Carlo Doria, in casa del quale habitò, e colorì molte tele con certa franchezza di stile, che l'autenticò per il più raro, e prattico pennelleggiatore di quanti n'habbia prodotti il secolo nostro. Soprani, *Pittori genovesi*

de la Vierge, son cou dégagé, ses traits délicats empruntés de la nature vivante, ses mains fines, ont de la
distinction et du charme. Des anges sourient à l'Enfant, et il est impossible au spectateur de ne pas
sourire, lui aussi, à cette scène d'amour, humainement divine.

Il y a dans les ouvrages de Giulio-Cesare Procaccini un parfum d'honnêteté et de dignité, une sorte de
dévotion à la religion de l'art. On peut dire que l'artiste y a peint son caractère, qui était celui d'un homme

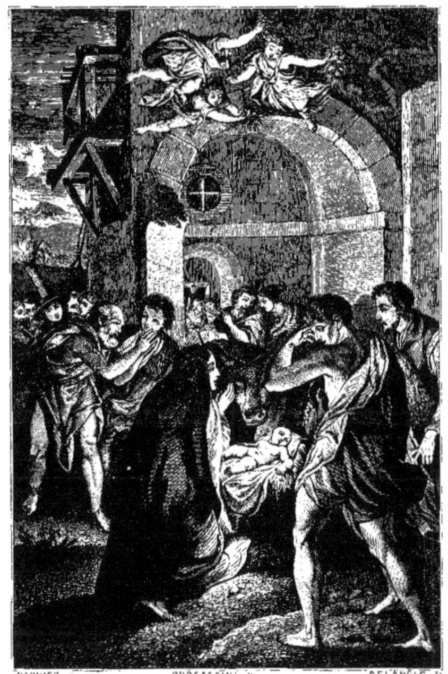

NATIVITÉ (Pinacothèque de Bologne).

de bien. Il se signala, dit le chanoine Carlo Torre, par des prodiges de charité envers les pauvres, jusqu'à
se dépouiller de ses habits pour les en revêtir. Il n'avait lorsqu'il mourut que cinquante ans, selon le même
auteur, et comme il parait certain que Giulio-Cesare mourut la même année que son frère, en 1626, et en
tous cas postérieurement à 1618, qui est l'année de son arrivée à Gênes, il faudrait placer sa naissance vers
1560 ou vers 1565 plutôt qu'en 1548, d'autant plus que si cette dernière date était la vraie, Giulio-Cesare
aurait été plus âgé de sept ans et de neuf ans que les Carraches, et il serait dès lors peu probable qu'il eût été un
des membres de leur Académie *degli Incamminati*, en d'autres termes, un de leurs élèves. Quoi qu'il en
soit, les seules certitudes que nous possédions en fait de date sur la vie des Procaccini, c'est que l'aîné fut

reçu dans la confrérie des peintres bolonais le 23 mars 1571, et que le puîné, Jules-César, fut appelé, en 1618, à Gênes, par le sieur Jean Charles Doria, qui le logea chez lui, peut-être avec son frère Camillo, dont on voit quelques tableaux dans cette ville, notamment au palais Balbi, à Saint-François et à Sainte-Brigide des religieuses.

Bien que les deux Procaccini ne soient pas dépourvus de couleur, surtout le plus jeune, et que leur manière soit onctueuse et d'un agréable empâtement, on peut se faire une idée de leurs talents par la gravure, qui conserve, en somme, ce qu'ils ont eu de meilleur, la science du dessin et le tour plus ou moins ingénieux de la composition. Camille a gravé lui-même à l'eau-forte des dessins de son invention, au nombre de cinq. Ce sont des *Repos en Égypte*, un *Saint François* recevant les stigmates, et une *Transfiguration*, qui reproduit la peinture exécutée par Camille à San Fedele de Milan, non sans rappeler un peu les deux groupes supérieurs du tableau si fameux de Raphaël. La *Transfiguration* de Procaccini est gravée d'une pointe facile, sûre et libre, et si le peintre l'a fait mordre inégalement, c'est avec l'intention de laisser dans le vague la figure du Christ, qui s'élève au ciel entre Élie et Moïse. Pour mieux donner à cette figure le caractère d'une apparition miraculeuse, l'artiste l'a exprimée seulement avec des points, évitant ainsi la précision qu'auraient eue des contours suivis et nettement mordus. Les figures de Moïse et d'Élie, plus franchement traitées, sont modelées toutefois sommairement, au moyen de tailles suffisamment espacées pour qu'elles restent lumineuses, mais assez fermes pour faire ressortir, par la différence du travail, la légèreté, le vaporeux, le *sfumato* de la principale figure. Le Christ paraît ainsi près de s'évanouir dans les régions éthérées. Les autres estampes de Camillo Procaccini sont gravées avec plus de chaleur et de saveur, plus nourries, plus colorées, particulièrement un des *Repos en Égypte*, celui où saint Joseph, assis sur le premier plan, montre du doigt l'Enfant Jésus, que sa mère entoure de caresses. On y voit que le peintre savait déjà manier la pointe et s'entendait à la morsure. La Vierge, coiffée d'un turban, ne manque pas de grâce. Le paysage, indiqué avec esprit, se creuse de lui-même, pour ainsi dire, et se termine dans l'œil du spectateur; mais le geste de Joseph est insignifiant, banal : sa tête semble grosse; sa main est aussi un peu lourde et présente la même disproportion que plusieurs autres figures de l'artiste. En général, les qualités et les défauts d'un peintre ne sont jamais plus clairement visibles que dans les eaux-fortes qu'il a gravées à ses moments perdus. Son génie s'y montre en déshabillé; ce qu'il y a de plus intime en lui, et de plus personnel, s'y trahit toujours.

Du vivant des Procaccini, leurs dessins, ce qu'on appelle en Italie leurs pensées, *pensieri*, étaient fort recherchés. Camillo en a fait en très-grand nombre; Malvasia nous apprend que des amateurs en emportèrent en Espagne des caisses entières. Quelques dessins de Camillo, tracés à la plume et légèrement lavés de bistre, ont été gravés en fac-simile. Ils sont encore plus maniérés que ses peintures. On y retrouve ces accents de convention que des maîtres allemands de cette époque ont imités, entre autres Goltzius. Aux attaches des membres, on remarque des virgules, des paraphes ou des traits rompus, sans caractère, et qui ne sont pas même une allusion à l'insertion des muscles. Cette façon de dessiner, ou plutôt d'écrire les figurines d'une composition sur papier, avait son principe dans les charmants croquis du Parmesan; mais elle est devenue, chez Camillo Procaccini, une sorte d'habitude calligraphique, qui a été plus tard systématisée par un grand faiseur, Lucas Cambiaso.

Les dessins de Jules-César, tant à la plume qu'à la pierre noire, ont plus de prix que ceux de son frère, non-seulement parce qu'ils sont plus rares, mais parce que la grâce y est unie à la correction. A son égard, on peut accepter comme fort juste cette observation de Mariette : « On reconnaît dans les dessins des Procaccini qui appartenaient à M. Crozat, un fonds de science bien capable de donner de la jalousie à des peintres aussi clairvoyants que l'étaient les Carraches. » A propos des dessins de Jules-César, Soprani parle de son enseignement, de sa courtoisie, de la bonne foi avec laquelle il recommandait à ses élèves d'étudier les autres maîtres. Lui-même il était fort curieux d'observer les inventions et les manières de ses contemporains, et il se plaisait, non pas précisément à les prendre pour modèles, mais à s'en servir comme de motifs pour chercher, soit une variante de l'ordonnance, soit un mode différent d'exécution. Ayant un jour été frappé d'une fresque d'Ottavio Semino, il en fit, ou plutôt il en refit un tableau si charmant et si noble qu'on l'aurait cru de Raphaël [1]. Graveur, Giulio-Cesare a fait une eau-forte presque entièrement au pointillé, qui représente une Madone avec l'Enfant; sculpteur, il a modelé de jolies têtes de femmes, et c'est lui qui a réduit, en petit, à l'usage des ateliers, le fameux pied qu'on appelle le pied de Michel-Ange; il a modelé aussi une statue pour le Dôme, de Milan, — Malvasia ne dit pas laquelle, — une jolie tête de femme et une fort belle tête de vieillard, qui a été, par quelques-uns, attribuée à son frère Camille, et qui est très-connue en Italie sous le nom de « Vieillard de Procaçcini. »

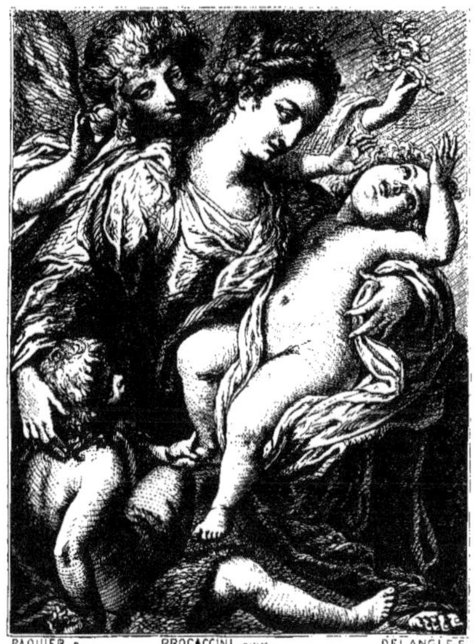

LA VIERGE, JÉSUS, SAINT-JEAN ET UN ANGE

Pour ce qui est de Carlo-Antonio, il doit en partie à la grande réputation qu'eurent ses frères, d'être nommé dans cette histoire. A l'inverse de Camille et de Jules-César, qui avaient beaucoup de chaleur et un génie abondant, il était réservé, froid et timide, si ce n'est pour chanter, car il avait un timbre de voix des plus suaves. Bornant son ambition au paysage et à ce que nous appelons aujourd'hui la nature morte (les Italiens appellent ce genre la bagatelle, *la frasca*) il sut la peindre avec beaucoup de franchise et d'habileté. « Il n'y

[1] Stimava in oltre, e commandava il valore degl' altri maestri, l'opre de' quali andava curiosamente osservando; et s'imbattendosi un giorno à vederne una fatta a fresco da Ottavio Semino, ne formò tal concetto, che la credette di Raffaele d'Urbino. *Soprani. Pittori genovesi.*

avait pas une maison à Milan, dit Malvasia, où l'on ne voulût posséder, sur toile ou sur la muraille, quelque tableau de fruits ou de fleurs peint par Carlo-Antonio. Plusieurs morceaux de sa main achetés par les gouverneurs du Milanais, qui appartenait alors au roi d'Espagne, furent portés à Madrid pour être offerts à Sa Majesté Catholique et ornèrent les résidences royales, où déjà l'on possédait en grand nombre des peintures de Camille et de Jules-César. « Nous avons vu il y a deux ans, à l'Escurial, des tableaux de fruits, *fruteros*, et divers paysages catalogués sous la rubrique *escuela italiana* (école italienne), que nous ne savions à quel artiste attribuer et qui sans doute sont précisément ceux de Carlo-Antonio, à en juger par le faire, qui n'est ni flamand ni espagnol, et qui trahit à la fois l'école et l'époque dans laquelle ce peintre dut les exécuter.

Quant à son fils, Ercole Procaccini le jeune, quoique venu en un temps de décadence, il s'y est relativement distingué. Son talent pour la musique, la bonne grâce de ses manières et la gloire de sa famille lui valurent une estime qui, selon le sentiment de Lanzi, surpassait peut-être son mérite. C'est de lui que Malvasia tenait les renseignements qu'il a donnés sur les Procaccini. Ercole connaissait à fond l'histoire de ses oncles, les aventures arrivées à leurs tableaux et le nom des possesseurs; il savait raconter, comme il le fit à Malvasia, la vie magnifique et généreuse qu'avaient menée Camille et Jules-César, les palais qu'ils avaient bâtis, leur table toujours ouverte, les équipages et les serviteurs qu'ils avaient entretenus. Il disait comment ils s'étaient brouillés avec le pointilleux Annibal Carrache (*piccoso*), au sujet de leurs dessins d'après le modèle, faits à l'Académie, et avec quelle vigueur ils savaient au besoin se faire respecter dans les disputes, bien qu'ils fussent, après tout, d'un caractère affable et d'une politesse accomplie. Ercole eut de la facilité, la main prompte, et il fit, dans une manière faiblement renouvelée du style corrégesque de Giulio-Cesare, quantité de peintures à Milan, à Lodi, à Bergame et à Turin, chez le duc de Savoie, qui, l'ayant payé généreusement, lui offrit encore une chaîne d'or du poids de deux cents écus, semblable à celle qu'il avait déjà offerte à Giulio-Cesare pour son tableau de *Samson pris par les Philistins*, que l'on disait d'une beauté rare. Il travailla aussi pour le marquis de Carracena, gouverneur de Milan, qui, retournant en Espagne, y porta des peintures d'Ercole qui lui valurent, au peintre et à lui, beaucoup de remerciements et d'honneurs, *infiniti onori*. Ercole Procaccini le jeune, qui avait continué à Milan l'enseignement de ses oncles, en ouvrant dans sa maison une académie de dessin, mourut en 1676, à l'âge de quatre-vingts ans, laissant deux élèves qui lui ont fait honneur, Carlo Vimercati et Antonio Busca. En lui s'éteignit sa race, car le graveur Andrea Procaccini, qui de reste, n'a point marqué, ne paraît pas avoir appartenu à la même famille. Pour avoir une opinion très-favorable des deux frères, qui ont seuls mérité de survivre, il faudrait oublier les grands maîtres qui les ont précédés et les maniéristes incorrigibles qui les ont suivis. L'un fut le Zuccaro, ou, si l'on veut, le Vasari de la Lombardie; l'autre eut parfois de beaux reflets du Corrége. Tous deux, par leurs talents, qui jetèrent de l'éclat, par l'époque où ils florissaient, et même par leur lutte inégale avec les Carraches, ils tiennent un rang des plus honorables, le dernier surtout, entre la souveraine grandeur de l'art italien et le mouvement prononcé de sa décadence.

CHARLES BLANC.

RECHERCHES ET INDICATIONS

CAMILLO PROCACCINI.

Camillo Procaccini a gravé à l'eau-forte cinq pièces qui ont été cataloguées par Bartsch, et dont voici la description sommaire :

1° *Repos en Égypte*, où la Vierge, assise sous un palmier, contemple l'Enfant, couché sur ses genoux : pièce in-fol.

2° Autre *Repos en Égypte*, où la Vierge, assise sous un palmier, allaite l'Enfant; pièce in-fol. en travers.

3° Autre *Repos en Égypte*, où saint Joseph est assis à terre, ayant le bras appuyé sur le bât de son âne; pièce in-fol. en travers.

4° *Saint François recevant les stigmates*, portant la date de 1592; grande pièce in-fol. Juste Sadeler a gravé le même sujet.

5° La *Transfiguration du Sauveur*, grande pièce en deux planches, difficile à trouver belle épreuve, attendu que l'eau-forte n'a pas bien mordu sur la planche supérieure.

Nota. — Nous avons dit comment cette légèreté de la morsure dans la partie supérieure de la *Transfiguration* avait été voulue par le peintre-graveur. Cependant, il est certain que la planche n'a pas été bien mordue, même dans l'intention de l'auteur, qui voulait donner l'aspect d'une apparition à la figure du Christ transfiguré.

Il s'en trouve une grande quantité à Milan, à Gênes, à Paris, à Plaisance, à Reggio, à Bologne, à Ravenne.

Il n'existe aucun tableau de Procaccini au Musée du Louvre.

MILAN, SAN BARNABÉ. — Le grand autel peint à fresque.

SAN FEDELE, la *Transfiguration du Christ*. C'est le tableau que le maître lui-même a gravé à l'eau-forte.

SANTA MARIA DELLA CONCEZIONE, la *Conception de la Vierge* et *Saint François*; dans une chapelle de la même église, *Saint François recevant les stigmates*.

SANTA MARIA DELLA NATIVITA, la *Nativité de la Vierge* et un *Saint Michel*.

SAN STEFANO, dans la chapelle des Trivulce, le *Martyre de saint Théodore*.

SAN GIOVANNI DELLA TRINITA, la *Sainte Trinité*, *Saint Jean-Baptiste devant Hérode*, *Saint Jean-Baptiste en prison*.

SANTA MARIA MADDALENA, une *Madone avec saint Pierre*, *Saint Pierre* et *Saint Antoine abbé*.

SANTA ALLESSANDRO, dans une chapelle, le *Christ*, la *Vierge* et *saint Jean*; dans une autre chapelle une *Luconetta*.

SANTA CATTERINA, la *Conversion de saint Augustin*, la chapelle de l'Annonciation, un tableau de la *Décollation de sainte Catherine* au maître-autel.

SAN LORENZO, la chapelle voisine du cimetière peinte à fresque.

SANTA MARTA, la *Résurrection de Lazare*, au maître-autel du côté de l'Evangile.

SAN FRANCESCO, église des pères conventuels. Toute la chapelle de la *Conception*, sauf les tableaux déjà faits par Léonard de Vinci.

SANTA MARIA DEL CASTELLO, les *Douze Apôtres*, à côté du maître-autel; dans une chapelle, *Saint François recevant es stigmates*.

SANTA MARIA DELLA ROSA, dans une chapelle, *Saint George à cheval combattant le Dragon*.

SANTA MARIA SECRETA, le chœur peint à fresque. *Jésus enfant* et l'*Histoire de la Vierge* : au maître-autel, deux tableaux latéraux, l'*Annonciation* et la *Visitation de la Vierge*.

SAN VITTORE AL CORSO, les *Impostes de l'orgue*.

Camillo a fait encore des tableaux à Santa Maria del Carmine, à San Simpliciano, dans la chapelle des Saints de la Cité à la Piazza dei Mercanti; dans le Giardino, église des Carmes, à Santa Maria della Nonciata, à San Marco des Augustins;

Dans la Bibliothèque Ambrosienne, on voit de lui : une *Déposition de croix* et un dessin de la Trinité.

Dans la galerie de l'Archevêque, douze têtes d'apôtres, un dessin en clair-obscur du *Christ mort*, un autre du *Sacrifice d'Abraham*, une grisaille de la *Résurrection de Lazare*, un tableau de *Caïn et Abel*, un dessin au clair-obscur des *Saints Nazaire et Celse*, une bannière avec la Madone et plusieurs anges et autres morceaux.

Dans la galerie Settala, un *Daniel*.

VENISE. — A Saint-Nicolas dei Tolentini, *Saint Charles en chasuble avec des anges*; plus deux tableaux représentant des miracles du saint.

BOLOGNE. — Dans la galerie de peinture, une *Nativité*.

PLAISANCE. — Dans le Dôme, la *Mort de la Vierge*, gâtée par des restaurations; l'*Assomption de la Vierge* au milieu d'une gloire d'anges; dans le sanctuaire, le *Couronnement de la Vierge*, en regard de plusieurs peintures de Louis Carrache; la *Visitation* et la *Venue du Saint-Esprit*.

A Sant'Agostino, le *Christ en croix*, avec plusieurs saints, *Saint Charles secourant les malades*.

A Santa Maria di Campagna, *Saint François d'Assise* et deux peintures latérales représentant *Sainte Barbe et saint Sébastien*; le *Sauveur guérissant un infirme*; un *Saint François*.

A San Sesto, le *Massacre des Innocents*.

Aux Capucines, *Saint Charles priant pour les pestiférés*.

A Sant' Ilario, *Saint Elegio, évêque*.

A San Tommasus, le saint titulaire avec *Saint Charles et Saint François*.

MADRID. — Dans le musée royal, une *Sainte Famille*. l'Enfant tient une grappe de raisin.

GIULIO-CESARE PROCACCINI.

Le Musée du Louvre possède un seul tableau de ce maître : la *Vierge et l'Enfant adorés par saint Jean-Baptiste, saint François d'Assise et sainte Catherine d'Alexandrie*. La Vierge, un genou en terre, tient dans ses bras l'enfant Jésus assis sur son autre genou. Le jeune saint Jean, accroupi à ses pieds, porte une croix de roseau et un agneau. Saint François d'Assise, à genoux, tenant un livre, et sainte Catherine d'Alexandrie, appuyée sur une roue brisée, sont de chaque côté de la Vierge. Gravé par Henriquez dans le *Musée Français* et par Landon. — Ce tableau, dit la notice de M. Villot, était regardé du vivant de l'auteur comme celui où il avait le mieux imité la manière du Corrège.

Nous croyons que M. Villot fait ici confusion. D'abord l'imitation du Corrège n'est pas sensible dans ce tableau, si ce n'est un peu pour une seule figure, celle de saint Augustin. Ensuite, nous voyons dans un catalogue dressé par Malvasia, que le tableau, qui se trouvait à l'archevêché de Milan et qui passait pour être une imitation flagrante du Corrège, représentait la Vierge assistant au mariage de l'Enfant avec sainte Catherine : *Un quadro con la Madonna*, «

il Bambino, che sposa santa Catterina, che nel colorito ha imitato il famoso Correggio.

Le *Trésor de la Curiosité* ne nous fournit aucun renseignement relatif à Jules-César Procaccini, mais on y trouve mentionnés deux tableaux de Camille :

VENTE PEILHON. 1763. *Le Songe de saint Joseph*, tableau sur bois, seize pouces sur cinq. Il vient du cabinet du chevalier de la Roque, 775 liv.

VENTE LEBRUN, 1810. *La Nativité au moment de l'adoration des anges*, sur cuivre, gravé dans le recueil de Lebrun, n° 70, au tome Ier, 799 fr., Henry.

MILAN. — Dans le Dôme : un *Enfant qui tombe dans le Tessin est sauvé par l'intercession de saint Charles.*

Guérison miraculeuse d'une religieuse par saint Charles.
Guérison d'un infirme.

A San Fedele, église des Jésuites, *saint François Xavier au pied d'un Christ en croix*, du Figino.

A Santa Prassede, église des Capucins, la *Flagellation du Christ*, en regard d'un tableau du *Couronnement d'épines*, par Cerano.

A Sant' Antonio Abbate, église des Théatins, dans la seconde chapelle, l'*Annonciation* et les peintures latérales et la voûte, qui sont les merveilles du pinceau de Jules-César Procaccini, dit Santagostini.

A San Celso, église des Chanoines de Saint-Sauveur, une *Transfiguration*. C'est la première peinture que fit Giulio-Cesare quand il abandonna l'art du sculpteur pour celui du peintre.

A San-Tomaso, *Saint Charles* et trois de ses *Miracles*.

A la chapelle des Saints de la Cité, place des Marchands, *Saint Barnabé* et *Saint Sébastien*.

A Sant' Angelo, église des PP. Zoccolanti. le *Christ mort soutenu par des anges*, dans un des cloîtres.

Dans le Giardino, église des Zoccolanti réformés, une *Adoration des Mages*, dans une chapelle, et *Saint François recevant les stigmates.*

A San Giuseppe, un grand tableau de la *Mort de saint Joseph.*

Au Soccorso, église des Enfants, un tableau du *Christ mort* et d'autres encore.

Dans la chapelle du collège de Dettura, cinq niches peintes par Jules-César Procaccini.

Dans la galerie de l'Archevêché, un tableau de *Sainte Madeleine.*

Un tableau représentant la *Vierge et l'Enfant qui épouse sainte Catherine*. C'est le morceau où Procaccini a le plus imité le coloris du Corrége, et que nous croyons avoir été confondu avec le tableau du Louvre.

Saint Jean avec un ange, plus une *Tête* fort belle.

Le fameux tableau (le Catalogue ne dit point lequel) qui a été peint par lui conjointement avec le Morazzone, Cerano et autres peintres.

Dans la galerie Settala, une *Madeleine* et le sujet de la *Femme adultère.*

Bellotti ajoute encore quelques tableaux à cette liste : Dans la galerie souterraine qui va du Dôme à l'Archevêché, le *Christ en prière au Jardin des Oliviers* ; une *Pietà*, peinte à fresque, sur le mur cintré du collège Helvétique ; deux demi-lunes dans la Chiesa Muggiore de Marino, un *Massacre des Innocents*, dans le palais de la marquise Stampa.

TURIN. — Une *Vierge glorieuse entre Saint François-d'Assise et Saint Charles Borromée.*

GÊNES — Dans l'église de l'Annonciade, le chef-d'œuvre du maître, la *Cène.*

A l'église Saint-François. *Saint Charles dans une gloire d'anges*, morceau fameux du maître.

Dans le palais Jacques Balbi, une *Sainte Madeleine* et deux *Têtes.*

Au palais Doria, sur la place Garibaldi, une *Sainte Famille*, regardée comme un excellent morceau.

Dans l'église Saint-Barthélemy, le martyre du saint, tableau d'une couleur forte et agréable, dit le guide de Gènes, et bien conservé.

Dans le palais Cambiaso, près de Saint-Cyr, la *Vierge, l'Enfant et saint Jean.*

Dans le palais Spinola, l'ébauche de la *Cène* qui est à l'église de l'Annonciade.

Dans l'église de Carignano, la *Vierge, saint François et saint Charles*, tableau qui a souffert.

Dans l'église Saint-Dominique, une *Circoncision*, grandement composée et d'un beau caractère, mais qui a noirci.

PLAISANCE. — A Sant' Antonio, une *Nativité de la Vierge*, qui avait été par erreur attribuée à Camille Procaccini.

MADRID. — Dans le musée royal, *Samson brisant les Philistins avec une mâchoire d'âne.*

Jules-César a gravé, nous l'avons dit, une seule pièce au pointillé que Bartsch n'a point connue, mais qui est indiquée dans le *Manuel* de Huber et Rost.

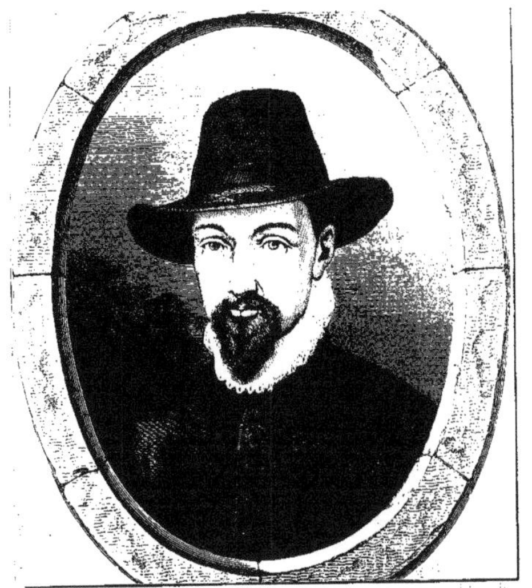

LOUIS CARRACHE

NÉ EN 1555 — MORT EN 1619.

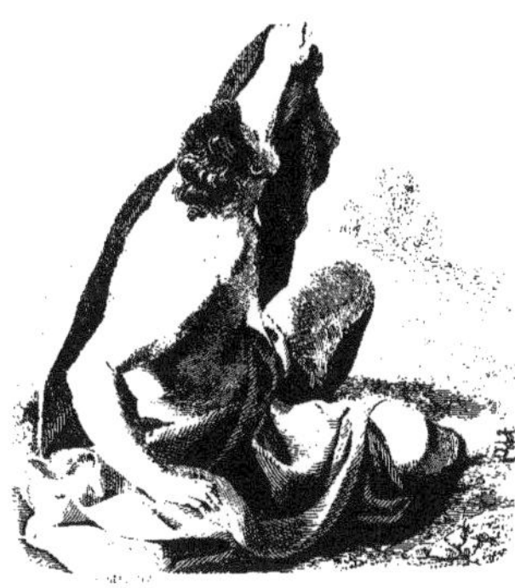

Vers 1580, à l'époque où Louis Carrache, un peu plus âgé que ses cousins Augustin et Annibal, commençait à attirer sur ses essais l'attention publique, l'Italie avait perdu les derniers représentants du beau siècle. Survivant seul à cette noble race, Michel-Ange avait pu voir d'indignes héritiers s'affubler des dépouilles de son génie et précipiter l'art vers sa ruine. Seize ans s'étaient écoulés depuis la mort du grand artiste; mais depuis près d'un demi-siècle la peinture n'avait plus à Florence ou à Rome, à Milan ou à Parme, que l'importance d'une industrie en vogue. Les hommes qui maniaient le pinceau semblaient ne vouloir lutter entre eux que d'activité : c'était à qui improviserait en moins de jours un tableau ou une fresque, à qui escamoterait le plus lestement le succès. A Venise seulement, l'école, bien que défaillante déjà, gardait une attitude plus digne

Titien, il est vrai, venait de mourir ou plutôt il avait depuis longtemps cessé d'exister pour l'art que sa main déplorablement affaiblie s'obstina pourtant à pratiquer jusqu'au dernier moment; mais Paul Véronèse et le Tintoret vivaient encore, et leurs œuvres, à défaut de signification sublime, avaient au moins une vraie magnificence, une rare vigueur pittoresque. Partout ailleurs une sorte de grâce fade remplaçait dans les tableaux l'élégance et la finesse, comme dans les peintures monumentales l'exagération parodiait la verve et le pédantisme le savoir; partout on acceptait comme des témoignages de progrès ces signes fastueux de décadence, et, en face de tant d'artistes et de productions débiles, chacun pensait de la meilleure foi du monde n'avoir affaire qu'à des talents de premier ordre et à des chefs-d'œuvre.

Les Carrache eurent le mérite de prendre jusqu'à un certain point le parti de la raison contre cette démence universelle. Par aversion pour la facilité excessive et les effronteries de la manière, ils adoptèrent une méthode toute de calcul et de réserve; aux cris d'admiration qui accueillaient les extravagances ou les routines actuelles, ils répondirent par une protestation en faveur du passé. Malheureusement en voulant faire revivre les exemples anciens, les Carrache s'attachèrent moins à interpréter des principes qu'à reproduire des formes d'exécution, et Louis à qui appartient l'honneur d'avoir protesté le premier, croyait assurer la régénération morale de l'art lorsqu'il réussissait tout au plus à en restaurer les surfaces. Après avoir anatomisé pour ainsi dire les œuvres de tous les grands artistes qui l'avaient précédé, il prétendit guérir le mal présent par sa seule expérience technique; il voulut amalgamer les différents éléments du beau et les qualités contradictoires des maitres en empruntant à chacun de ceux-ci sa physionomie particulière et son excellence partielle; il choisit, classa et détermina une fois pour toutes les types qu'il s'agissait de coordonner sans en modifier sensiblement aucun. Selon lui, enfin, il ne pouvait être permis de composer, de dessiner et de colorier un tableau que les yeux fixés sur certains modèles correspondant chacun à l'une des conditions de l'art.

Proclamer une pareille doctrine c'était interdire implicitement toute originalité, toute inspiration personnelle; c'était professer, au mépris du sentiment, la religion du pastiche et le culte de l'assimilation passive : « Quiconque, disaient les Carrache dans un sonnet qui a été conservé et qu'Augustin, le plus lettré des trois, avait composé en manière de programme esthétique, quiconque veut devenir bon peintre doit suivre la voie terrible tracée par Michel-Ange, modeler son style sur le style pur et souverain de Corrège, l'ordonnance de ses tableaux sur les belles et symétriques compositions de Raphaël. » Les Carrache en donnant cet avis à leurs élèves et en leur recommandant par surcroît « le naturel de Titien, la force d'invention du Primatice, etc., » et même « un peu de la grâce du Parmesan, » oubliant de pressentir la difformité d'un ouvrage où viendraient se heurter des beautés de nature si diverse. Qu'ils aient voulu profiter des découvertes antérieures et combiner, en les reliant par l'unité du goût, des fragments d'ailleurs sans homogénéité très-apparente; qu'ils aient eu la pensée de créer en peinture une sorte d'ordre *composite*, rien de mieux : mais lorsqu'ils prescrivaient aux artistes la recherche simultanée de qualités qui se démentent, faisaient-ils autre chose que d'installer le doute et d'introduire dans l'art un élément négatif sous prétexte de conciliation et de progrès? L'erreur de Louis et de ses cousins est de n'avoir su envisager les œuvres de l'imagination qu'au point de vue de la correction extérieure et, pour ainsi parler, de la grammaire; leur grand tort à tous trois, leur tort impardonnable, est d'avoir circonscrit l'art dans les limites de la reproduction littérale et par là d'avoir, à leur manière, achevé de la matérialiser. Encore s'ils n'avaient appliqué ce principe de l'imitation à outrance qu'à la représentation de scènes sans grande portée morale; mais c'était le plus souvent en traitant des sujets religieux qu'ils entendaient sacrifier l'instinct et l'invention à des habitudes de compilation formelle. Est-il besoin d'insister sur les points erronés d'une pareille doctrine, et faut-il remonter à Giotto, à Fra Angelico, à Léonard, à tous les peintres religieux par excellence pour restituer au sentiment sa place dans la traduction des sujets sacrés? Il suffira d'opposer à ces décevantes théories l'autorité d'un homme que l'on n'accusera pas d'avoir fait en général à la science une part trop étroite. Qu'on se rappelle les paroles de Michel-Ange : « Pour peindre en quelque partie l'image vénérable de Notre-Seigneur, disait-il, ce n'est pas assez qu'un maitre soit grand et habile; je soutiens qu'il lui est nécessaire d'être saint afin que le Saint-Esprit puisse inspirer son entendement [1]. « Lequel des deux avait raison, lequel concevait l'idée la plus haute de l'art et de sa fonction — ou de Michel-Ange faisant descendre l'inspiration du ciel — ou de Louis se contentant de la chercher dans les tableaux et s'appropriant pièce à pièce, à grand renfort de patience, les témoignages de la piété et du génie des autres ?

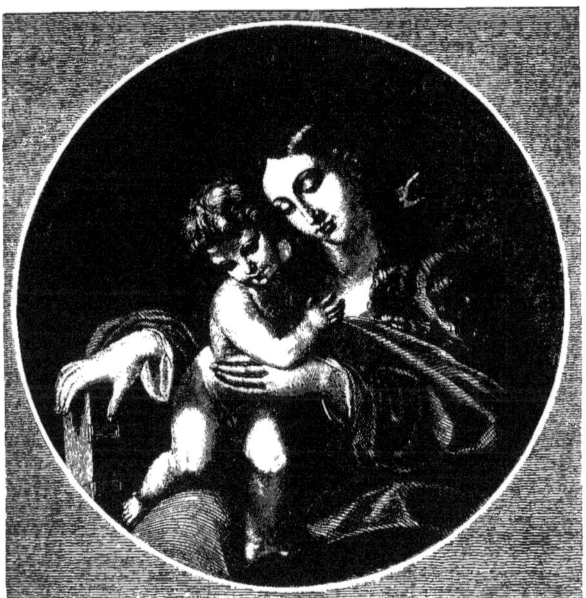

LA VIERGE ET L'ENFANT JÉSUS.

Louis Carrache était né a Bologne en 1555. Il avait eu d'abord pour maître Prosper Fontana, peintre médiocre, autrefois aide de Vasari dans quelques-uns de ses innombrables travaux et qui, en souvenir de cette mince gloire, contrefaisait de son mieux la manière florentine.

Entouré d'élèves auxquels il transmettait les pernicieux enseignements qu'il avait reçus, Fontana était en pleine possession de la renommée et du pouvoir d'un chef d'école, lorsque Louis Carrache entra dans son atelier. Il va sans dire qu'en accueillant ce nouveau disciple, le maître ne croyait se donner qu'un complice de

[1] Voyez ce curieux discours de Michel-Ange sur la peinture religieuse dans les *Dialogues* de François de Hollande, publiés par M. le comte de Raczynski en tête de son savant ouvrage : *les Arts en Portugal* ; Paris, Jules Renouard et Cⁱᵉ.

plus; aussi, sans même interroger les dispositions de celui-ci, se mit-il, suivant la coutume, à lui prêcher l'immoleration dans le faire, l'impétuosité pédantesque du style et les extravagances de toute sorte dont il s'était fait une religion. Cependant, soit répulsion, soit maladresse, Louis semblait prendre le contrepied de ces leçons. Au lieu de chercher à improviser des figures, conformément à la méthode qu'on le pressait de suivre, il étudiait timidement la nature, n'arrivait à la reproduire qu'à force de temps, d'application, de labeur, et justifiait de plus en plus le surnom de *bœuf* que lui avaient donné ses camarades, peu accoutumés à de pareilles lenteurs. Fontana s'aperçut bientôt qu'il perdait sa peine auprès d'un élève si mal doué, « plus propre, disait-il, a broyer les couleurs qu'à les étendre sur la toile » et, désespérant d'en faire jamais un peintre, il lui conseilla de retourner à la boutique de Vincent Carrache, son père, qui exerçait l'état de boucher. Repoussé par Fontana, Louis se rendit à Venise et fut admis dans l'école du Tintoret. A ne considérer que le mérite du maître, c'était passer en de meilleures mains, mais c'était aussi s'exposer à des méprises et à des humiliations nouvelles. Ce que l'imitateur de Vasari avait qualifié à Bologne d'inaptitude et de lourdeur d'intelligence, parut au peintre vénitien tout aussi peu rassurant; il n'y eut de changé que les formes du jugement, et le Tintoret, en se servant de termes un peu plus courtois, n'en donna pas moins à entendre qu'il était, quant au fond, du même avis que Fontana.

Le pauvre Louis jouait de malheur. Après avoir échoué auprès d'un homme qui faisait profession d'enseigner le dessin et le style « héroïques », il venait de s'entendre condamner par un des plus habiles coloristes de l'époque. Le seul parti qui lui restât à prendre était de s'adresser à quelqu'un qui n'eût voué de culte exclusif ni à la convention académique, ni à la couleur. Le voilà donc en route pour Florence et bientôt installé dans l'atelier de Passignano. Cette fois du moins ses espérances ne furent pas trompées. Passignano savait par expérience combien il est difficile, au début, de se révéler tout entier et de démêler nettement soi-même les conditions qu'on sera le plus propre à remplir. Lui qui, au sortir de la boutique de libraire où son père le retenait en apprentissage, avait inutilement essayé de satisfaire Jérôme Macchietti, lui qui demanda successivement des conseils à Battista Naldini, à Frédéric Zucchero, à Paul Véronèse, devait mieux que personne comprendre les hésitations de Louis et en même temps cette persévérance à chercher sa voie malgré les découragements et les obstacles. A en juger d'ailleurs par ses œuvres mêmes, Passignano se tenait en garde aussi bien contre les abus du dessin *michelangesque* que contre les excès du pinceau[1]. La prudence d'un tel maître répondait à merveille aux dispositions de Louis Carrache, et, bien que Passignano fût un peu plus jeune que son élève, il n'en exerça pas moins sur celui-ci une influence considérable, influence que, du reste, il avait soin de subordonner aux leçons puisées en commun dans l'étude assidue des chefs-d'œuvre. Jusque-là Louis n'avait guère fait qu'entrevoir ceux que recommandent surtout la simplicité et la grace. Ni Fontana, ni le Tintoret n'étaient hommes à se soucier beaucoup de qualités de cet ordre; encore moins auraient-ils permis à leur disciple de copier des ouvrages en désaccord si formel avec le caractère de leurs propres travaux. Maintenant, les conditions étaient tout autres; un commerce familier avec Raphaël, Léonard, Andrea del Sarto, bien loin de sembler inutile ou dangereux, était prescrit comme le plus sûr moyen de progrès. Louis passa plusieurs années à reproduire ces incomparables modèles de précision et de finesse. Une fois en veine d'imitation, il ne s'arrêta plus. La science qu'il avait acquise en étudiant les dessinateurs les plus purs, il voulut la compléter par des études tout opposées, par des emprunts faits à la fois aux dessinateurs énergiques comme Jules Romain, aux coloristes suaves comme Corrège, ou vigoureux comme Titien. Dans ce but, il quitta Florence pour visiter Mantoue, Parme, Padoue, en un mot chaque ville d'Italie — Rome exceptée — où quelque grand peintre avait laissé trace de son génie, cherchant la perfection dans le mélange de tous les styles, et travaillant à résumer en lui les maîtres de toutes les écoles. Calcul faux, nous l'avons dit, et qui, sous une apparence de hardiesse, n'était au fond qu'un aveu d'impuissance ou l'ambition de la médiocrité.

---

[1] Les spécimens de la manière modeste mais non sans charme de Passignano sont très-nombreux en Italie. Nous citerons seulement *les Funérailles de saint Antonin*, peintures murales qui ornent l'église du couvent de San Marco à Florence, pour caractériser par un exemple principal le genre d'habileté de l'artiste.

De retour à Bologne, Louis Carrache, qui n'avait pas consumé moins de huit années en investigations de toute espèce et en travaux préparatoires, entreprit enfin de se révéler dans quelques œuvres qu'il pourrait signer de son nom, tout en restant fidèle à son système d'imitation universelle ; mais ces tentatives pour remettre en honneur l'étude des grands maîtres ne rencontrèrent d'abord à Bologne ni encouragement, ni

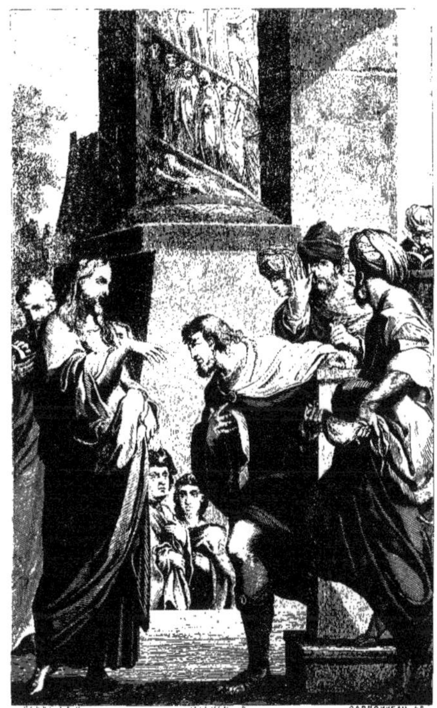

VOCATION DE SAINT MATTHIEU.

crédit. Il est vrai qu'un des premiers tableaux de Louis offrait le bizarre assemblage de trois figures traitées l'une dans le style de Raphaël, l'autre dans celui de Titien, le troisième dans le goût de Corrège, et l'on pouvait au moins s'étonner du procédé choisi par le réformateur pour afficher ses doctrines. Louis Carrache ne perdit pas courage ; il comprit toutefois qu'en s'obstinant à lutter seul il courait grand risque de se morfondre dans des efforts éternellement stériles. Ce fut alors qu'il appela à son aide ses cousins Augustin et Annibal, et, les animant tous deux de sa pensée, il les associa bientôt à ses succès.

Les peintures du palais Fava, premier et éclatant témoignage de cette association, justifient mieux que beaucoup d'autres ouvrages des Carrache la gloire qui s'est attachée aux noms des trois artistes. Sans doute cette suite de compositions sur *l'Expédition de Jason* et sur *le Voyage d'Énée* ne porte pas l'empreinte du génie. On pourrait y noter, au point de vue de l'invention et du sentiment, bien des incertitudes, bien des faiblesses; mais aussi on ne saurait y méconnaître une certaine élévation dans le style, une rare habileté d'exécution et refuser à Louis, auteur principal et directeur responsable du travail, une supériorité très-grande sur les artistes de l'époque. Quand on rapproche ces sages peintures des œuvres désordonnées qui avaient eu jusque-là le privilége de passionner la foule, il est facile de comprendre la sympathie que dut éveiller chez des juges plus délicats un retour si formel au bon sens et à la mesure. Louis Carrache eut d'abord pour lui les modérés; puis de nouveaux efforts tentés par le peintre pour concilier l'imitation littérale de la nature avec l'imitation non moins exacte des maîtres achevèrent de le mettre en faveur. Certain tableau de sainteté où il avait introduit les portraits de deux moines et de deux religieuses parut à la fois un chef-d'œuvre de style et un chef-d'œuvre de vérité; bref, la cause était désormais gagnée, et l'enthousiasme saisissant jusqu'aux hommes élevés dans des principes tout contraires, l'atelier des Carrache se remplit de jeunes gens avides d'oublier auprès de ces régénérateurs du goût les leçons des Fontana et des Calvart. On sait qu'au nombre des transfuges se trouvaient l'Albane, le Guide et le Dominiquin.

À partir de ce moment jusqu'à la fin de sa vie, Louis ne marcha plus qu'environné des hommages et de l'admiration de tous. Bien qu'il ne sortît de Bologne qu'à de rares intervalles et seulement pour aller travailler dans quelque ville voisine, il vit la réputation qu'il s'était acquise dans son pays natal s'étendre jusqu'aux extrémités de l'Italie. De Rome, de Milan, de Naples on lui écrivait pour solliciter quelque ouvrage de sa main. Il n'était évêque ni prieur qui n'aspirât à posséder dans sa cathédrale ou dans son couvent un spécimen de cette manière à qui l'on attribuait tous les mérites, y compris — ce qui est pour le moins contestable — une grande force d'expansion religieuse. De leur côté, les amateurs profanes, les écrivains galants et les poëtes ne marchandaient au peintre ni l'encens — d'ailleurs un peu banal en Italie — des sonnets, ni les hyperboles épistolaires. Tandis que Ferrante Carlo lui écrivait pour le plaisir, à ce qu'il semble, d'épaiser en son honneur tout le vocabulaire de la flatterie, le cavalier Marin, dans une lettre minaudière comme sa poésie, lui disait à propos d'une *Salmacis* dont il s'agissait de différer l'envoi : « Gardez-la, je vous prie, très-prudemment, afin qu'elle n'aille pas encore opérer quelque métamorphose, parce que je sais que les tableaux de *Salmacis* ont le pouvoir de changer les hommes en statues par l'étonnement merveilleux qu'ils causent à ceux qui les regardent. » Après quoi le chantre d'*Adonis* se rejette sur les éloges du caractère de Louis, qu'il traite à bout portant « d'Aristide » et de « nouveau Bularis. » Sur ce point du moins, le cavalier Marin n'avait tort que dans la forme. Si inattendus que puissent être ici de pareils noms, l'idée de probité qu'ils impliquent n'est pas en désaccord avec la vie de l'homme à qui cette lettre s'adresse. Peu d'artistes en effet ont autant que Louis Carrache fait preuve de désintéressement, de modestie et de droiture. Il suffit de parcourir sa correspondance dans Bottari pour se convaincre de sa bonne foi en toutes choses et de son invariable équité. Tantôt on le voit refuser une somme d'argent qu'il juge trop considérable pour le travail à rétribuer; tantôt il s'extasie devant les œuvres de l'Albane, du Guide, de Spada même. Il met le Dominiquin au premier rang des peintres contemporains, et cela en 1617, à une époque par conséquent où peu de gens eussent été d'humeur à se montrer si justes envers la victime de Lanfranc. Dira-t-on que les louanges de Louis Carrache cachent une arrière-pensée de chef d'école, et qu'en vantant ainsi des talents formés par lui, il spécule à son profit sur les hommages qui leur sont dus? Qu'on lise le jugement, bien désintéressé cette fois, qu'il porte quelques mois plus tard sur le Guerchin et ses premiers ouvrages : « Il y a ici un jeune homme de Cento qui peint avec un extrême bonheur d'invention. Il est grand dessinateur et très-heureux coloriste. Il est fort laid; mais d'un autre côté c'est un miracle de la nature : il étonne ceux qui regardent ses tableaux. Je n'en dis pas assez : il rend stupides les premiers peintres. » Enfin il n'est pas jusqu'à Michel-Ange de Caravage, dont le radicalisme farouche est bien opposé, on en conviendra, à la méthode tempérée de Louis, il n'est pas jusqu'à Ribera, emporté si souvent et si loin par son amour de la réalité, qu'il ne se plaise à qualifier de « peintres excellents. »

Le maître bolonais, on le voit, n'appliquait pas seulement à l'étude des œuvres anciennes ses principes de tolérance illimitée et d'analyse impartiale. Ici encore il admettait toutes les formes du talent sans en préférer ouvertement aucune; mais par cette impartialité même il courait grand risque d'entretenir l'erreur absolue chez les uns, le scepticisme chez les autres. C'est à ce double résultat que devait aboutir et qu'aboutit en effet l'insuffisante réforme des Carrache. Lorsque Louis mourut, en 1619, dix-huit ans après Augustin, dix ans

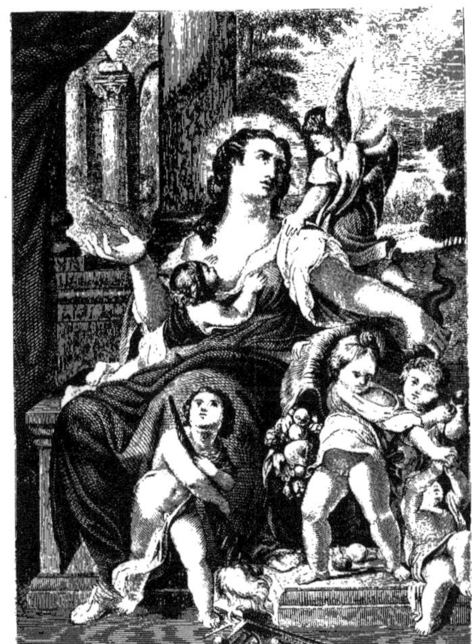

après Annibal, il tomba sans avoir vu s'amoindrir sensiblement son autorité ni sa gloire. Le vide de ses doctrines commençait pourtant à se faire sentir : la foi dont il était l'apôtre s'éteignait dans tous les cœurs, ou plutôt les croyances négatives qu'il avait popularisées faisaient place déjà à un vague besoin de certitude, à je ne sais quelles velléités d'audace. Triste audace d'ailleurs et qui, s'encourageant de l'impunité, de la faveur même, allait sous peu dégénérer en cynisme! Les Carrache avaient eu raison pour un moment de l'esprit d'aventure et des outrecuidances du pinceau; mais le remède apporté par eux ne fut et ne pouvait être qu'un palliatif. Encore quelques années, et le mal dont ils n'avaient pas su extirper les racines reparaissait plus violent, plus détestable que jamais. L'art italien venait de reprendre sous leur main une apparence de vie : après la mort de Louis il entre dans une période d'épuisement ou d'agitation convulsive qui n'accuse même plus le regret du passé, et qui ne devait avoir pour terme qu'une agonie sans éclairs de mémoire, une mort sans retours de grandeur.

HENRI DELABORDE.

RECHERCHES ET INDICATIONS.

La plupart des ouvrages importants peints par Louis Carrache se trouvent à Bologne, et c'est seulement en visitant les églises et les palais de cette ville qu'on peut juger en connaissance de cause d'un talent assez mal représenté même dans les Musées d'Italie. Aussi Reynolds, qui professait la plus grande admiration pour ce talent, regrettait-il que les jeunes peintres de son temps ne fissent que passer là où ils auraient pu, suivant lui, trouver des exemples aussi utiles pour le moins qu'à Florence ou à Rome : « Il est malheureux, dit-il dans ses *Discourses on painting*, que les productions de Carrache, dont je crois l'étude si profitable aux élèves, ne se rencontrent guère hors des murs de Bologne. *Le Saint François*, *la Transfiguration*, les fresques du palais Zampori, etc., mériteraient de fixer l'attention des artistes, et je pense que ceux qui voyagent devraient prolonger plus qu'ils ne le font ordinairement leur séjour dans cette ville. »

Indépendamment des travaux mentionnés par Reynolds, Bologne possède encore de la main de Louis :

À la Galerie : *la Conversion de saint Paul*, *Saint Matthieu* et plusieurs autres tableaux de sainteté ; — à la cathédrale : *l'Annonciation*, l'un des derniers ouvrages de l'artiste, et *Saint Pierre pleurant la mort du Christ* ; — à l'église Saint-George : une autre *Annonciation* et *la Piscine probatique* ; — à Saint-Barthélemy *di Reno* : *la Circoncision* et *l'Adoration des mages* ; — à Saint-Léonard : *le Martyre de sainte Ursule*, tableau formellement inspiré par l'étude des maîtres vénitiens, et *Sainte Catherine en prison*, composition ingénieuse où l'on voit que la sainte confond l'empereur et la femme de Maxence, atterrés par la force de ses raisonnements que par son attrayante douceur ; — à Saint-Jacques-Majeur, *la Mort de saint Roch* ; — à Saint-Martin-Majeur : *Saint Jérôme en prière* ; — à Saint-Grégoire : *Saint George* ; — à l'église du *Corpus Domini* : *le Christ apparaissant à la Vierge* et *les Apôtres ensevelissant la Vierge* ; — à Saint Paul : *le Paradis* ; — à Saint-Dominique : *Saint Raymond traversant la mer sur son manteau* et *la Flagellation du Sauveur* ; — à Saint-Barthélemy *di porta Ravegnana* : *Saint Charles* ; — à Saint-Michel *in Bosco* (hors la ville) : quelques fresques complétement ruinées ; — enfin aux palais Fava, Magnani, Grassi et Marescalchi : diverses peintures à fresque exécutées, ainsi que nous l'avons dit, en société d'Augustin et d'Annibal.

Parmi les autres ouvrages de Louis Carrache que l'on voit en Italie, nous citerons comme ayant une valeur principale :

À Parme, dans la cathédrale : d'importantes peintures murales, où l'artiste a cherché à imiter les fresques peintes par Corrège au dôme et dans l'église de Saint-Jean-des-Pères, et un *Saint Martin* ;

À Plaisance, dans la Galerie ducale : *la Translation du corps de la Vierge* et *les Apôtres ouvrant son tombeau*. Nous tenons toutes ces données dans la cathédrale de Plaisance et qui tiennent aussi sous l'empire par les tableaux du Musée du Louvre ;

À Florence (Musée des Offices) : *Éliézer et Rebecca* ;

À Milan (Musée Bréra) : *la Cananéenne* ;

À Modène (Galerie du palais Ducal) : *Vénus, l'Amour et Flore*, l'un des rares tableaux mythologiques de Louis, qui, si ce n'est dans ses peintures à fresque, ne traita guère que des sujets religieux ;

À Rome (Galerie du Capitole) : *Saint Sébastien* ;

À Naples (Musée Bourbon) : *la Vierge auprès du Christ déposé de la croix*.

Le Musée du Louvre a cinq tableaux de Louis, dont les deux plus remarquables représentent *le Christ mort sur les genoux de la Vierge* et *l'Apparition de la Vierge et de l'Enfant Jésus à saint Hyacinthe*.

Bien que les tableaux de Louis aient été reproduits par le burin moins souvent que les œuvres d'Annibal, le nombre des graveurs qui travaillèrent d'après lui ne laisse pas d'être assez considérable. Les plus habiles d'entre eux sont : Guillain, Michel Lasne et Mariette en France ; en Italie, Trabattesi, Bricci, Mitelli et Dominique Cunego. Louis Carrache lui-même grava au burin ou à l'eau forte quelques-unes de ses compositions, et l'on peut citer comme spécimen de son talent — talent fort inférieur du reste à celui d'Augustin et même au talent d'Annibal), à ne considérer les trois artistes que comme graveurs — une *Thèse* avec les armes de la maison Bonfigliovoli, un *Frontispice* pour les poésies de César Rinaldi et plusieurs *Saintes Familles*, dont l'une, portant la date de 1604, ne manque ni de largeur ni de fermeté.

Nous trouvons dans quelques catalogues de ventes les prix suivants :

VENTE CARIGNAN, 1743. — *La Mort de saint Joseph*, 140 francs ; — *la Vierge au chardonneret* (avec une *Sainte Famille* de Shedone), 729 francs.

VENTE CONTI, 1777 — *La Vierge au chardonneret*, 6,701 francs.

VENTE RANDON DE BOISSET, 1777. — *Le Christ à la colonne* (dessin à la plume lavé au bistre), 46 francs ; — *la Vierge et l'Enfant*, dessin à la plume, 48 francs.

VENTE DENON, 1826. — *Sainte Famille* croquis à la plume, 250 francs.

VENTE ÉRARD, 1833. — *La Vierge, l'Enfant et saint Jean-Baptiste*, 3,810 francs.

VENTE . . . . . . 1850. — *Sainte Famille*, 1,900 francs.

Nous reproduisons ci-dessous les signatures de Louis Carrache qu'on trouve au bas de ses gravures.

Lodovicus Carraccius Lo. C.
M. f.
Lod. Carr. in. f. 1602

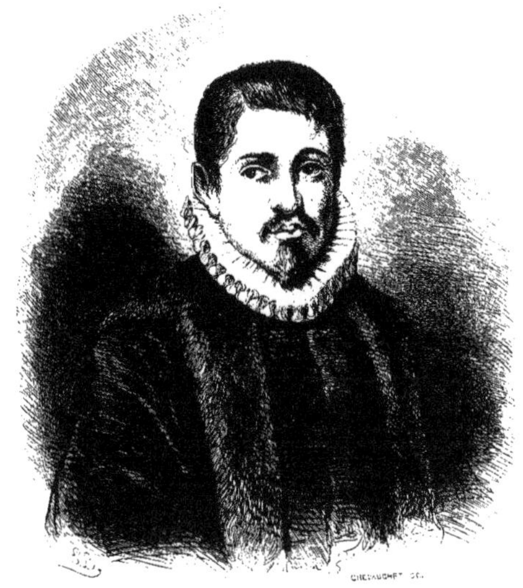

AUGUSTIN CARRACHE

NÉ EN 1557. — MORT EN 1602.

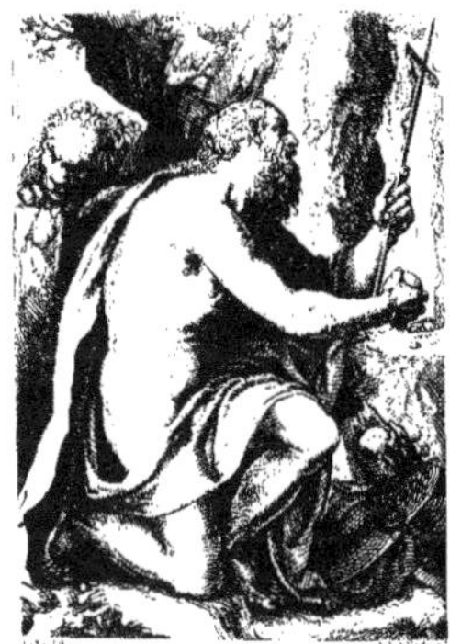

Pour juger Augustin Carrache et lui assigner sa vraie place dans l'histoire de l'art italien, il serait insuffisant de consulter uniquement les ouvrages qu'il a laissés. Il faut encore lui tenir compte de certaines facultés que l'on rencontre rarement réunies chez un seul homme, et apprécier l'étendue de son intelligence, son savoir universel, aussi bien que les témoignages matériels de son talent : il faut, en un mot, examiner ce qu'il a fait en se souvenant de tout ce qu'il a voulu faire. Envisagé à ce double point de vue, Augustin Carrache représenterait dans l'art l'érudition plutôt que le progrès, l'activité de la pensée plutôt que sa puissance, et l'éparpillement des dons reçus caractériserait en même temps chez lui un genre de supériorité et une faiblesse.

Si l'on considère en effet la diversité des tendances d'Augustin, le nombre et la variété de ses aptitudes, il est impossible de ne pas admirer cette facilité singulière à tout comprendre, depuis les spéculations de la philosophie, de l'astrologie même, jusqu'aux conditions et à la pratique de la peinture, de la statuaire, de l'architecture, de la gravure, de la musique. Il est difficile de s'expliquer comment l'artiste qui mourut à quarante-trois ans, laissant tant de tableaux, d'estampes et d'écrits techniques, avait trouvé le temps d'être par surcroît un peu médecin, un peu poète, très-habituellement professeur, et d'enseigner publiquement l'histoire et l'anatomie, la géographie et la rhétorique, l'esthétique et la perspective. Pourtant, en dépensant ainsi ses talents au jour le jour, il ne faisait qu'escompter la gloire et se compromettre dans l'avenir. Avec ses inclinations multiples, ses goûts un peu superficiels et sa curiosité en toutes choses sans préférence spéciale, Augustin n'a ni l'unité de physionomie, ni l'importance formelle d'un savant ou d'un artiste; il nous apparaît plutôt comme un *dilettante* universel, s'appropriant tour à tour les divers objets qui le séduisent, et visant moins, dans ses inconstantes recherches, à rencontrer la perfection qu'à satisfaire sa fantaisie.

On a vu ailleurs que ces dispositions d'Augustin s'étaient manifestées de très bonne heure, et qu'avant même de quitter la boutique où son père l'avait mis en apprentissage, il se livrait à des études assez peu compatibles en apparence avec l'état d'orfévre, auquel on le destinait. Les sciences exactes et les lettres faisaient le fond de ces études; mais lorsque Louis eut placé son cousin dans l'atelier de Fontana, le futur peintre laissa de côté les livres et la plume, afin de poursuivre sans distraction sa nouvelle tâche. Une fois dans cette voie, il ne s'arrêta même pas aux limites imposées par la volonté de Louis. C'était peu de dessiner et de peindre sous les yeux de Fontana, un peu plus tard sous les yeux de Bartolommeo Passerotti; Augustin se mit à étudier la sculpture et l'architecture sous la direction du Bolonais Minganti, la gravure auprès de Domenico Tibaldi, et, à Venise, auprès de Corneille Cort.

Cependant le moment était venu pour lui de choisir, entre toutes les carrières qu'il s'était ouvertes, celle qui lui vaudrait les succès les plus sûrs, et nous ajouterons les bénéfices les plus prochains; car, au milieu de ses occupations sans nombre, Augustin trouvait moyen de consacrer beaucoup d'heures à ses plaisirs, et ces heures ainsi employées avaient abouti à d'assez graves embarras d'argent. A l'instigation de Corneille Cort, il se décida d'abord pour la gravure; il reproduisit un nombre considérable de tableaux des écoles lombarde et vénitienne, plusieurs planches de Marc-Antoine, et quelques-unes de ses propres compositions, le tout au grand avantage de sa réputation et de sa fortune. Rien de mieux mérité d'ailleurs que ce double succès. Les estampes gravées par l'élève de Cort se recommandent par une grande fermeté de dessin, un faire large et savant et quelque chose de cet ample sentiment qui donne aux œuvres de Marc-Antoine une si imposante beauté. Malheureusement, en s'inspirant des exemples de son célèbre compatriote, Augustin eut le tort de ne s'en pas borner là encore. On sait la publication à laquelle avaient participé de concert avec l'Arétin, Jules Romain et Marc-Antoine; la suite de pièces connues en Italie sous le titre de *Lascivie di Carracci*, rappelle très-expressément, quant à l'intention et au style, cette publication honteuse. Carrache seulement, en spéculant à son tour sur l'immoralité publique, ne s'était pas choisi d'associé, et l'entreprise n'eut, cette fois, d'autre résultat que d'augmenter le bien-être, on dirait presque la considération de celui qui l'avait tentée. De pareilles estampes ne se vendaient pas ostensiblement dans les boutiques, mais le graveur qui les avait faites s'en était constitué l'éditeur, et, moyennant quelques précautions contre une publicité un peu trop vaste, il les débitait de sa main, sans scrupule comme sans danger, à des curieux qui, cela va sans dire, ne marchandaient pas sur le prix.

Tandis qu'Augustin Carrache déshonorait ainsi son burin, en dépit des réprimandes sévères que lui adressait Louis, Annibal commençait à justifier hautement les espérances du chef de la famille. Déjà même Louis humiliait son expérience devant ce jeune talent et déclarait par surcroît que l'aîné de ses cousins avait, comme lui, trouvé son maître. L'aveu n'était pas de nature à plaire beaucoup à Augustin, que ses instincts, nous l'avons dit, n'inclinaient pas vers la modestie. Bien loin de se reconnaître surpassé par son frère, il prétendait mettre en relief sa propre supériorité, et, comme pour défier Annibal, il renonça à la gravure, reprit ses pinceaux et peignit la *Communion de saint Jérôme*, que l'on voit aujourd'hui au musée de Bologne; tableau estimable, mais absolument dépourvu d'originalité, et que devait faire oublier quelques années plus tard le tableau du Dominiquin, sur le même sujet.

Augustin, considéré comme peintre, n'a que des titres assez peu sérieux et une valeur tout à fait secondaire. Le rang qu'il occupe parmi les graveurs est beaucoup plus honorable, et si, au lieu de perdre son temps et son talent à traiter des sujets licencieux ou frivoles, il eût plus souvent consacré l'un et l'autre à des travaux de l'ordre auquel appartiennent le *Saint Jérôme dans le désert*, le *Saint François d'Assise* ou la *Pietà*

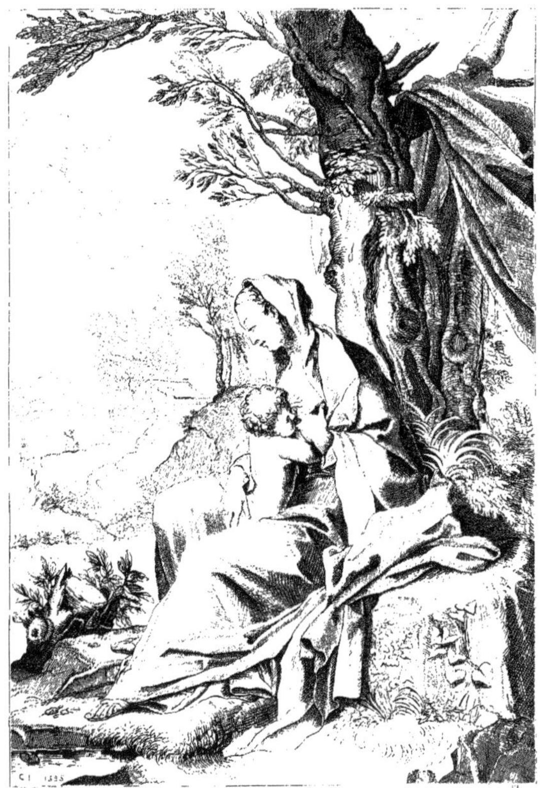

LA VIERGE ET L'ENFANT JÉSUS (d'après une gravure du maître).

d'après Michel-Ange, l'œuvre gravé par lui serait digne de figurer non plus à côté, mais au-dessus des œuvres de Buonasone, du Mantouan et autres bons élèves ou imitateurs de Marc-Antoine. Les regrets qu'inspire une disparate si choquante entre les deux parties de cet œuvre, Augustin au surplus les éprouva le premier, puisqu'il se repentit amèrement, vers la fin de sa vie, des éclatantes erreurs de sa jeunesse. A Parme, où l'avait appelé le duc Rannecio Iᵉʳ, frère du cardinal Farnèse, il ne traduisit plus sur la toile ou sur le cuivre que des compositions d'un caractère pieux; et lorsque la mort le surprit dans le couvent de Franciscains où il s'était retiré, il s'occupait, au milieu des exercices de la plus sévère pénitence, à dessiner une suite de scènes religieuses qu'il se proposait de graver, en expiation des fantaisies plus que profanes où s'était autrefois égaré son burin.

Singulier revirement dans la destinée des deux frères! L'un, après bien des années d'une existence austère et courageuse, succombe à une blessure d'amour-propre et dément tout son passé par le caractère au moins imprévu de sa fin; l'autre, longtemps indifférent à ce qui n'intéresse pas directement sa gloire, fort peu scrupuleux sur l'emploi des moyens de succès, meurt en rachetant, par le sérieux de ses derniers travaux et la piété de ses derniers jours, les légèretés ou les hontes anciennes. Et cependant la plupart des écrivains qui se sont occupés d'Augustin et d'Annibal semblent beaucoup moins édifiés de la conversion du premier qu'attendris par les faiblesses du second. Ils se lamentent sur les malheurs d'Annibal et ne se font pas faute de vouer le nom du cardinal Farnèse à l'exécration de la postérité. A quoi bon ces gémissements et ces colères? Si le cardinal Farnèse a mal agi envers Annibal — ce que nous n'entendons nullement contester — était-ce une raison pour que celui-ci prît la chose si fort à cœur qu'il se désespérât jusqu'à en mourir? Si, d'un autre côté, les dernières estampes d'Augustin, si les fresques inachevées qu'il a laissées au palais ducal, à Parme, attestent une réforme très-heureuse dans son sentiment et dans sa manière, il serait à propos de le faire au moins remarquer et de nous rappeler ainsi une fois de plus que la dignité du talent va de pair avec la dignité de la vie. Les progrès d'un artiste ne sont peut-être que l'expression de son perfectionnement moral, et les anciens, on le sait de reste, se servaient du même mot pour désigner la force de l'intelligence et la vertu.

HENRI DELABORDE.

RECHERCHES ET INDICATIONS.

Les pièces gravées par Augustin sont environ au nombre de trois cents. Portraits, sujets de piété, paysages, sujets mythologiques et de fantaisie, tous les genres sont représentés dans l'œuvre gravé de l'artiste; toutefois, sans parler de certaines sur lesquelles il est regrettable d'y voir donner, on comblé le fait qu'Augustin eut choisi moins habituellement pour modèles les tableaux de Sannecium, Lorenzo Sabbatini, Jules et Antoine Campi, ou les fades peintures de Frédéric Baroche; mais à côté de ces planches dont toute l'habileté du graveur ne réussit pas à déguiser l'insuffisance originelle, on en trouve heureusement plusieurs autres d'après Baldassare Peruzzi, Raphaël, le Corrège, Paul Véronèse et Andrea del Sarto. La pièce d'après Annibal connue sous le titre du *Cordon de saint François*, le grand *Saint Jérôme* agenouillé à l'entrée d'une caverne, — estampe traitée avec une vigueur de sentiment et une sûreté de pratique si remarquables, — plusieurs *frontispices*, *armoiries* et *vignettes*, classés sous la dénomination collective d'*inventions de Carrache*, sont des ouvrages dignes de fixer l'attention des curieux et des artistes et assurent à Augustin une des premières places parmi les graveurs italiens de la fin du XVIᵉ siècle.

Quant aux peintures d'Augustin Carrache, nous citerons, indépendamment des travaux exécutés avec Louis et Annibal aux palais Fava, Magnani et Zamperi, ou, au palais Farnèse, avec Annibal seulement:

A LA GALERIE DE BOLOGNE. — *La Communion de saint Jérôme*, tableau que l'on s'accorde à regarder comme le chef-d'œuvre du peintre et que louent à l'envi, mais non sans quelque exagération, Baldinucci, Lanzi et, en général, les historiens de la peinture italienne.

EGLISE SAINT-BARTHÉLEMI DE RENO. — Une *Nativité*.

PALAIS TANARA. — *Le Bain de Diane*, composition gracieuse en dépit d'un peu de recherche et de lourdeur dans l'exécution.

PARME DANS LA GALERIE DUCALE — *La Vierge allaitant l'Enfant Jésus*, joli tableau d'une impression douce et traité plus délicatement que les tableaux d'Annibal sur le même sujet.

L'ancien palais ducal, aujourd'hui *Palazzo di Giardino*, est encore orné de fresques auxquelles travaillait Augustin lorsque la mort le surprit. Ces peintures, supérieures, à notre avis, aux œuvres précédentes de l'artiste, sont restées inachevées, le duc Rannecio Iᵉʳ n'ayant pas voulu qu'une autre main profanât, en essayant de le compléter, le travail d'Augustin. Il ordonna que, dans le compartiment qui restait à décorer, une inscription fût placée pour rappeler les talents de l'artiste et la réserve de son protecteur. Les compartiments peints par Augustin représentent *l'Amour céleste*, *l'Amour terrestre* et *l'Amour vénal*.

Le musée du Louvre ne possède pas de tableaux d'Augustin Carrache.

Ses tableaux, qui ne paraissent pas souvent dans les ventes, ont été quelquefois adjugés à des prix insignifiants; nous citerons cependant à la VENTE DU PRINCE DE CONTI, en 1777, *l'Enfant Jésus tenant un chardonneret*, vendu 3,700 francs.

Voici les monogrammes qu'on trouve au bas de ses nombreuses gravures :

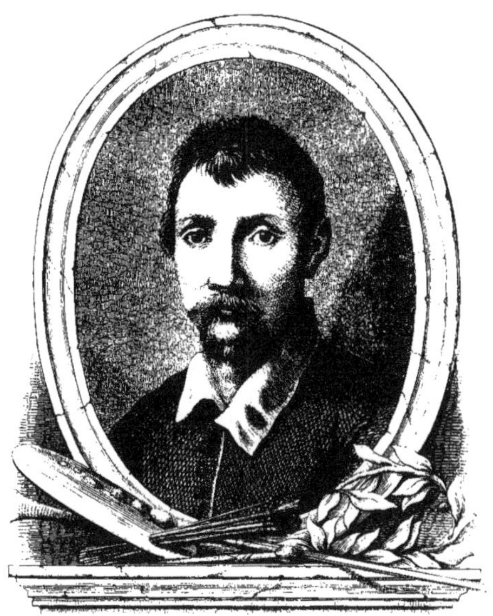

ANNIBAL CARRACHE

NÉ EN 1560.   MORT EN 1609.

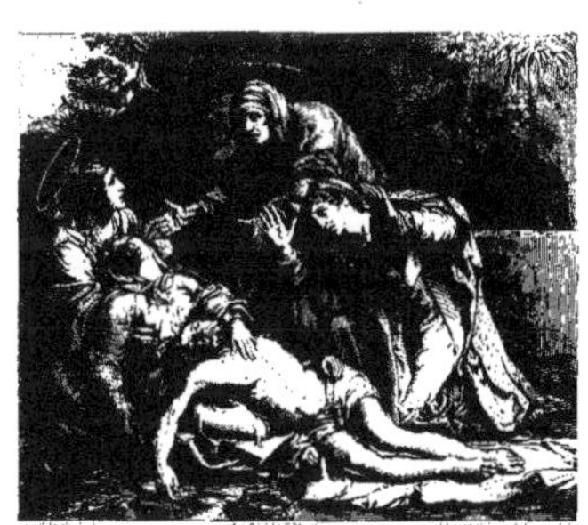

L'usage de confondre les trois Carrache dans une égale estime s'est si bien et si généralement répandu que, même en face de leurs œuvres, on ne songe guère à distinguer entre eux. Qu'une peinture à fresque ou un tableau soit de la main de Louis, d'Augustin ou d'Annibal, peu importe; le nom de la famille suffit et nous dispense d'autres informations. Il semble que les Carrache, comme autrefois les Della Robbia, aient voulu abriter leur responsabilité personnelle sous une sorte de raison sociale, ou que, par anticipation sur les mœurs littéraires de notre temps, ils n'aient su se mettre à la besogne que côte à côte, à portée de se prêter secours et de se surveiller mutuellement. Rien de moins juste pourtant. L'analogie est grande entre les travaux de Louis et ceux de ses cousins; tous trois obéissaient à des doctrines identiques, à un système pittoresque conçu et élaboré en commun; mais ils ne le pratiquaient ni avec un succès pareil, ni avec une même décision. Annibal, par exemple, en dépit de ses efforts pour s'anéantir dans l'imitation, reproduit-il toujours ses modèles avec la froide abnégation de Louis ou avec les partis pris un peu pédantesques d'Augustin? Il n'a pas, j'en conviens, beaucoup plus d'indépendance que l'un, beaucoup plus de simplicité que l'autre; mais son style, bien que travaillé la plupart du temps avec un soin pénible, s'échappe par moments en hardiesses involontaires, et ne manque alors ni de force ni de grandeur. Louis et Augustin ne se départent guère de leurs habitudes de professeurs, et semblent disserter jusque dans leurs tableaux; l'attitude d'Annibal a moins de prétention et de contrainte. Si elle accuse la volonté de soutenir un rôle, elle décèle aussi une certaine envie de s'abandonner. C'est à ce fonds de franchise incomplètement dissimulée, c'est à une apparence d'originalité sans éclat, mais non sans prix, que le plus jeune des trois Carrache doit sa supériorité sur ses aînés. Classé comme eux parmi les peintres de second ordre, il mérite d'occuper à ce rang une des premières places; son nom, le dernier de la race, à ne consulter que la chronologie[1], semble, au point de vue de l'art, le plus digne d'être mentionné d'abord, et celui qu'il convient surtout d'honorer.

La galerie du palais Farnèse à Rome, et, en général, les ouvrages peints par Annibal vers la fin de sa vie, sont les meilleurs spécimens de ce talent, en qui l'on peut distinguer sinon deux manières formellement dissemblables, au moins des inspirations de deux ordres différents. Au début de sa carrière, alors qu'il s'agissait de prêter main-forte à Louis et d'arborer hardiment le drapeau de la réforme, Annibal ne craignit pas de pousser jusqu'à leurs conséquences extrêmes les principes en vertu desquels on prétendait régénérer l'école. Il y a à ce moment, dans ses efforts pour s'assimiler le faire des grands peintres, une espèce d'ostentation, un zèle qui accuse moins l'amour du progrès que le goût de la provocation et du défi : « Mettons toute notre attention à nous approprier la belle manière du Corrège, » écrivait-il en 1580 de Parme à son cousin. « C'est là notre principale affaire, afin de pouvoir mortifier un jour toute cette canaille.... » Et, pour rendre la mortification complète, il croyait devoir s'approprier aussi les exemples de la nature vulgaire, reproduire, en haine du faux *idéalisme* à la mode, tous les détails de la réalité; en un mot, quels que fussent ses modèles — tableaux des maîtres ou êtres vivants — il ne voulait ou ne savait envisager partout que les côtés extérieurs et les caractères palpables. De là, au point de vue moral, l'insuffisance, souvent même la nullité absolue des sujets religieux traités par Annibal dans sa jeunesse. Les tableaux de ce genre que possède le musée du Louvre appartiennent pour la plupart soit à une époque où l'artiste commençait à abandonner son premier style, soit à l'époque finale où il l'avait entièrement réformé; ils ne peuvent donc être invoqués à l'appui de nos critiques. Mais les *Saintes Familles*, les *Pietà*, les diverses scènes évangéliques qu'Annibal peignit avant les quinze dernières années de sa vie, et que l'on voit en si grand nombre dans les églises et les musées d'Italie, sont de nature à les justifier. Ici nulle trace de recueillement, nul indice d'aspirations pieuses. S'agit-il de peindre l'*Adoration des bergers* : Annibal parodie tout uniment la célèbre *Nuit* du Corrège et ne voit dans ce sujet sacré qu'un prétexte à effets de lanterne. Est-ce un épisode de la *Fuite en Égypte* qu'il se propose de représenter : il copie une fois de plus la villageoise aux formes épaisses qu'il a fait poser si souvent pour ses *Madeleine au désert*, et dans les bras de cette lourde fille il place un enfant aussi peu propre qu'elle à nous faire rêver du ciel. Entraîné par son amour pour les vérités matérielles, Annibal supprime même les signes qui d'ordinaire personnifient et consacrent ses saints modèles, et il n'est pas jusqu'à la tête de l'enfant Jésus qu'il ne dépouille de l'auréole : faute secondaire si l'on veut, mais qu'il y a lieu cependant de noter, parce qu'elle achève de donner au groupe une signification familière et un intérêt banal.

L'ensemble des œuvres d'Annibal peut donc se diviser en deux parts. L'une ne contient guère que des témoignages d'affectation et d'ambition impuissante, une série de travaux en contradiction violente et

---

[1] Nous ne parlons ici que des trois artistes en qui l'on a coutume de résumer l'histoire de la famille des Carrache, Louis, Augustin et Annibal. Il faut toutefois ajouter que cette famille compte encore deux peintres appartenant à la même génération, Paul Carrache, frère de Louis, et François, frère d'Augustin et d'Annibal. Enfin un sixième Carrache, Antoine, fils naturel d'Augustin, est auteur du tableau représentant *le Déluge* que possède le Musée du Louvre.

systématique avec les travaux de l'époque : il n'est que juste de tenir peu de compte de ces essais ayant à la fois pour principes l'imitation servile de la nature et l'imitation superficielle de quelques maîtres. L'autre moitié, bien qu'elle rappelle encore cette manie de copie littérale, laisse voir du moins plus de goût, plus de respect pour la pensée. Envisagée dans cette seconde période, la manière d'Annibal acquiert une valeur

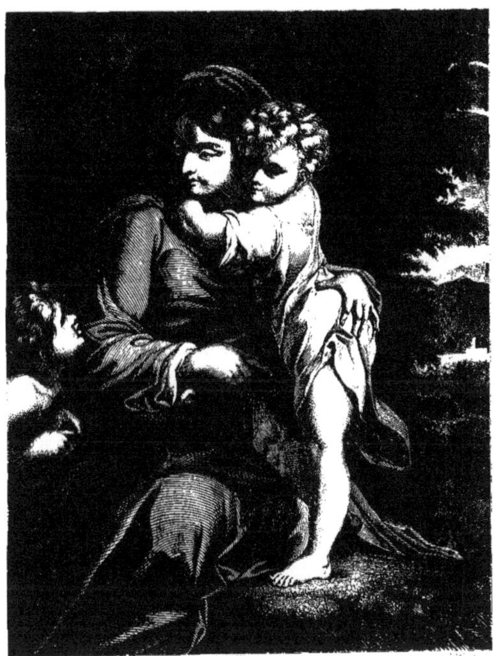

LA VIERGE ET L'ENFANT JÉSUS.

sérieuse; elle a de la vérité sans bassesse et de la force sans excès. Comment le troisième Carrache réussit-il à se transformer ainsi? C'est ce que nous essaierons d'indiquer en esquissant la vie de l'artiste : vie à deux faces comme son talent, mais où les événements se produisent en raison inverse des phases de ce talent même; brillante et facile quand Annibal n'est encore que le pâle imitateur du Corrège, pleine d'humiliations et de traverses à partir du moment où il a trouvé sa voie et lorsqu'il mériterait d'y être suivi par les encouragements de tous.

On a vu que Louis Carrache, un peu déconcerté par l'accueil fait à ses premiers essais de réaction, avait eu hâte de s'attacher ses cousins Augustin et Annibal. En s'adressant à eux, il ne faisait au reste que spéculer sur l'avenir, les deux frères n'étant nullement en mesure de lui prêter un secours immédiat. L'aîné, mis en apprentissage dans la boutique d'un orfévre, avait eu occasion, il est vrai, d'acquérir quelques notions du dessin. En outre Augustin était doué d'une facilité rare pour les genres d'étude les plus opposés. Les sciences mathématiques, la philosophie même l'occupaient aussi bien que la poésie et la musique. Il se passionnait pour toutes choses; il savait juger et parler de tout, et — dispositions précieuses dans les circonstances actuelles — il ne manquait ni d'excessive confiance en soi ni de malveillance instinctive pour les opinions ou le talent des autres. — Pour Annibal, il était de tous points l'opposé de son frère. Complètement illettré et s'accommodant à merveille de son ignorance, il prenait en pitié les inclinations studieuses d'Augustin et ne savait répondre aux railleries ou aux excitations détournées de celui-ci que par l'injure formelle et la colère. De là entre les deux jeunes gens une sorte d'inimitié que devait entretenir et augmenter plus tard la communauté des travaux, mais que remplaçait une amitié très-vive aussitôt que les occupations de l'un laissaient l'autre dans l'isolement. Annibal avait passé dans la boutique d'Antoine Carrache, son père, les années durant lesquelles Augustin venait de mener de front les tâches que lui imposait son métier, ses premières études d'art et ses études littéraires. Antoine Carrache était tailleur. En retenant auprès de lui son second fils, il avait cru prendre le parti le plus conforme aux dispositions de celui-ci, et pendant quelque temps en effet, les travaux de l'aiguille parurent suffire pleinement aux besoins modestes de cette intelligence. Le retour de Louis à Bologne vint tout compromettre et bientôt tout changer. Annibal, qui ne pardonnait pas à son frère de prétendre au titre de savant, ne put voir sans une ardente sympathie les efforts tentés par son cousin pour prendre rang parmi les peintres; il s'émut à son tour d'une ambition pareille, et laissant de côté l'aiguille et les ciseaux, il s'arma d'un crayon en attendant qu'il lui fût loisible de manier le pinceau. La résolution n'était pas de nature à plaire beaucoup à Antoine Carrache, assez étonné d'ailleurs des aspirations intellectuelles de sa famille; mais Louis, qui y trouvait son compte, encouragea de son mieux la vocation soudaine d'Annibal, et il entreprit de vaincre les répugnances paternelles. Antoine finit par être à peu près persuadé; il se laissa enlever ce second fils comme il avait déjà consenti à se séparer de l'aîné. Annibal, né en 1560, était alors âgé de seize ans.

Tandis qu'il poursuivait son apprentissage dans l'atelier de Louis, deux jeunes artistes se préparaient. L'un à Naples, l'autre à Rome, il jouer aussi, mais chacun dans un sens différent, ce rôle de réformateur qu'il allait bientôt prendre avec plus d'autorité que personne. Annibal, Michel-Ange du Caravage et le Josépin étaient à peu près du même âge. Tous trois personnifient les tendances rivales qui divisèrent l'école italienne vers les premières années du dix-septième siècle, et bien que la guerre ne fût pas encore déclarée à l'époque qui nous occupe, elle était cependant assez près d'éclater pour que nous en examinions dès à présent le principe et les effets.

Michel-Ange Amerighi de Caravage, que l'on range quelquefois parmi les élèves des Carrache quoiqu'il n'ait reçu que très-accidentellement les conseils de ceux-ci, n'était pas homme à se satisfaire de leur méthode toute de tempéraments et de concessions. Pour lui l'art n'avait qu'un but : la reproduction brute du fait; le mot de beau n'avait de sens qu'autant qu'il s'appliquait à l'imitation rigoureuse de l'extrême réalité. Le système à outrance d'Amerighi et la singulière puissance avec laquelle il le pratiquait rallièrent de nombreux partisans. Les *naturalisti* — c'était le nom de la nouvelle secte — triomphaient déjà à Rome lorsque réunissant les débris du vieux parti, le Josépin entreprit de disputer le terrain aux vainqueurs. La cause qu'il s'agissait de soutenir était celle de l'*idéalisme* : ou plutôt on ne visait à restaurer sous ce titre pompeux que les doctrines surannées de l'école académique. Le replâtrage de ces doctrines par le Josépin et ses adhérents n'en eut pas moins l'importance d'une découverte. Nombre d'esprits dégoûtés de la nature par le naturalisme d'Amerighi se laissèrent prendre aux décevantes théories de son adversaire, et l'on accepta comme une haute inspiration de l'art ce qui n'était que le résultat du savoir-faire et l'expression d'idées artificielles. Annibal allait donc avoir à lutter, à côté de son cousin et de son frère, contre les derniers représentants de la tradition michelangesque ou *héroïque* en même temps qu'il lui faudrait tenir tête aux excès de la faction naturaliste et déjouer les intrigues réactionnaires nouées à Rome par le Josépin.

Cependant, sans connaître précisément tous les ennemis auxquels il aurait affaire et ne songeant pour le moment qu'à s'aguerrir par l'étude des maîtres, Annibal se rendit à Rome où il copia tout ce qu'il put des peintures du Corrège, puis à Venise où le Tintoret l'accueillit avec plus de bienveillance qu'il n'en avait autrefois témoigné à Louis. Conformément aux prescriptions de son cousin, Annibal en voyageant ainsi avait dessein non de s'inspirer des chefs-d'œuvre, mais de dérober à chacun d'eux sa part d'excellence pour

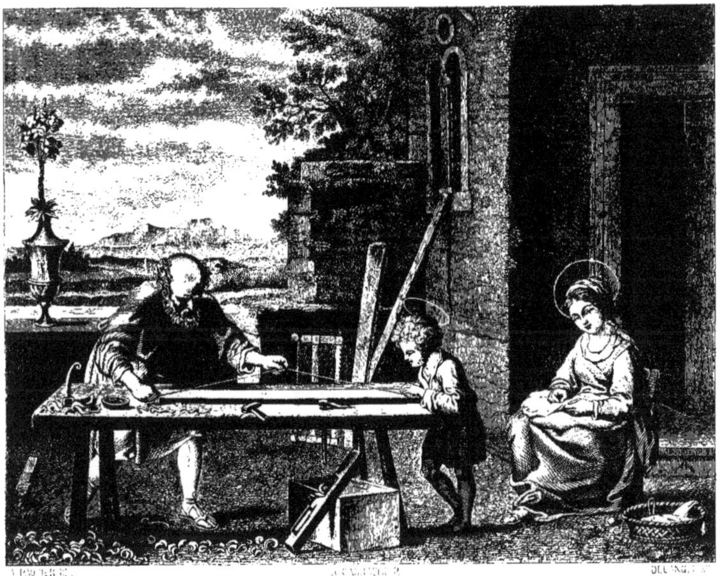

SAINTE FAMILLE. de Raphaël

combiner ensuite ses larcins et mettre en œuvre tous ses souvenirs. Ce n'est pas que certaines velléités d'indépendance ne vinssent de temps à autre se mêler à ce parti pris d'abnégation et peut-être inquiéter quelque peu Louis sur la docilité de son élève : « Je dois, lui écrivait celui-ci, dire à votre seigneurie mon sentiment sur tout ce que je vois, ainsi que nous en convînmes avant mon départ. Mais je vous avoue que cela m'est difficile, tant mes idées sont encore confuses.... Corrège, Titien, je vous chérirai toujours. Qu'on dise ce que l'on voudra de leurs tableaux, ce sont là de véritables peintures; je le reconnais et je déclare que vous avez grandement raison. Pourtant je confesse que je ne pénètre pas bien le fond de votre pensée et que je ne souscris pas encore tout-à-fait à vos principes. La simplicité et la pureté qui sont vrais sans être vraisemblables me plaisent ; c'est la nature sans art et sans contrainte.... Je ne puis bien m'exprimer, mais je sais ce que j'ai à faire et cela suffit. » Et il ajoutait un peu ironiquement : « Augustin saura bien tirer la quintessence de ceci et en parler selon les règles. » Mais ces moments d'hésitation étaient rares, et il ne paraît pas qu'Annibal, surtout dans les ouvrages appartenant à sa première manière, ait eu d'autre souci que l'imitation absolue des peintres lombards et vénitiens : imitation que complique sans la corriger la reproduction de la nature dans son acception purement matérielle.

Annibal de retour à Bologne trouva Louis et Augustin, qui lui aussi avait voyagé, en mesure d'associer leurs efforts aux siens pour opérer enfin dans l'art cette révolution si patiemment méditée. Bientôt les fresques du palais Fava vinrent mettre en lumière les noms des trois Carrache. D'autres travaux exécutés soit en commun, soit isolément, par les nouveaux maîtres confirmèrent ce premier succès. Vainement les artistes jusque-là en crédit essayèrent-ils de protester et d'accuser les entraînements de la foule ; au bout de quelques années les Carrache régnaient à Bologne avec une autorité qu'on ne songeait déjà plus à contester et, pour achever la ruine de leurs adversaires, Annibal, à l'instigation de Louis, les ridiculisait dans des caricatures : genre de productions où il excella, soit dit en passant, et où il se montre, assez contrairement à ses habitudes, plein de *brio*, de résolution et d'entrain. Augustin de son côté ne se faisait pas faute d'employer ses armes familières et se répandait en discours, en raisonnements, en explications scientifiques pour entretenir ou réchauffer le zèle des convertis.

Tout allait donc au mieux, à ne considérer que le moment présent : mais aussi tout pouvait être compromis dans l'avenir si l'on ne prenait soin d'attacher solidement au parti la génération qui s'avançait, en ajoutant à l'influence des exemples muets l'influence pour le moins aussi sûre des enseignements directs. D'ailleurs, si l'on avait eu raison de l'esprit de routine et de ses résistances à Bologne, on se trouvait déjà en face d'un nouveau danger. Les tentatives des naturalistes et des idéalistes commençaient à prendre faveur dans un pays voisin ; il fallait opposer une digue aux envahissements possibles des doctrines que l'on professait à Rome ou en démontrer l'insuffisance avant qu'elles aient eu le temps de pénétrer ailleurs et d'y séduire personne. Les Carrache en gens prudents résolurent d'administrer, pour ainsi dire, l'opinion qu'ils avaient préalablement conquise. Dans ce but, ils ouvrirent une Académie où ils se proposaient de commenter publiquement les œuvres de leurs pinceaux et les anciens chefs-d'œuvre ; ils voulurent, en vertu de leur système éclectique, enseigner aux jeunes peintres à démêler le bien sous toutes ses formes et les guider par la parole dans la voie mixte où ils marchaient eux-mêmes, côtoyant en même temps le sentier abrupt tracé par Michel-Ange et la route facile où s'ébattaient le Josépin et sa troupe. Les prétentions de cette école que de nos jours on aurait peut-être appelée une « école du bon sens » s'abritèrent d'abord sous un nom plus modeste. Pour exprimer leurs regrets du passé et leurs espérances actuelles, les Carrache intitulèrent leur Académie *Accademia degli Desiderosi* ; puis, un peu plus tard, *degl'Incamminati*, lorsqu'ils la virent en marche vers le succès. Quand la partie fut définitivement gagnée, ils mirent de côté l'humilité et les façons, et l'école qu'ils avaient fondée se nomma tout uniment l'*Académie des Carrache*.

La méthode d'enseignement adoptée n'était pas seulement une nouveauté au point de vue de la doctrine : il y avait encore dans l'emploi des moyens, dans la forme même des leçons, quelque chose de radicalement contraire à tous les précédents. Jusqu'alors le mode d'études pour les jeunes gens qui se destinaient à la peinture ne différait presque pas du genre d'éducation que reçoivent aujourd'hui les ouvriers. Le maître ayant à ses côtés l'élève que fort souvent il logeait et nourrissait chez lui, l'initiait progressivement par l'exemple continuel de son propre travail aux secrets du métier. Les Carrache ne voulurent pas que leurs disciples passassent, suivant la coutume, par les divers degrés de cet apprentissage. Prenant les choses de haut, ils remplacèrent les conseils à huis clos par des leçons publiques, l'influence familière du patron par la majestueuse autorité du professeur ; Bologne eut ainsi une sorte de faculté des arts où tout ce qui de près ou de loin se rattachait à la peinture était exposé, démontré et commenté en chaire. Louis gardant son attitude de chef avait la haute main sur les études ; Annibal s'occupait exclusivement de développer les règles du dessin et du coloris, de guider le crayon ou le pinceau des débutants. Quant à Augustin il dissertait sur tout, il enseignait tout depuis l'histoire universelle jusqu'à la perspective, depuis la philosophie de l'art jusqu'aux noms et à l'office des muscles et des os. Auteur d'un traité d'anatomie, d'un traité d'architecture et de bien d'autres traités en prose, sans compter les petits poëmes et les sonnets, il lisait ce qu'il avait écrit, y ajoutait des aperçus nouveaux : ou bien, à propos de telle œuvre qui venait de se produire, il donnait carrière à sa veine critique. S'agissait-il d'initier le public aux progrès des élèves, d'organiser des expositions, d'y attirer les hommes en situation de protéger l'Académie, Augustin se chargeait de ces soins et réussissait à tout mener à bonne fin, y compris les distributions de prix auxquelles assistaient les personnages les plus considérables de la ville et où il proclamait lui-même les noms des vainqueurs, non sans quelque accompagnement de poésie et de musique de sa façon.

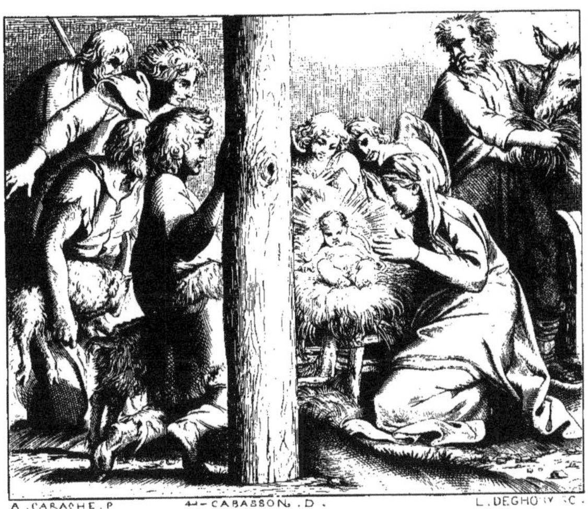

L'ADORATION DES BERGERS (d'après une gravure du maître).

Comment au milieu des occupations de toute espèce que leur imposait leur rôle de professeurs, les Carrache trouvèrent-ils le temps de peindre un si grand nombre d'ouvrages : c'est ce qu'il est difficile de s'expliquer. La fécondité d'Annibal surtout est véritablement surprenante, quand on songe que les tableaux qu'il fit à Bologne — tableaux de grande dimension pour la plupart et qui se comptent par centaines — ont été exécutés dans l'espace de dix-sept années au plus, sans compter plusieurs autres travaux en société de Louis et d'Augustin. Nous avons parlé des fresques du palais Fava : celles du palais Magnani, représentant l'histoire de Romulus et de Rémus, méritent au moins d'être mentionnées, et si, comme l'affirme Bellori, le plus jeune des Carrache eut une part principale à l'exécution de cet important ouvrage, il est juste de lui restituer l'honneur d'une entreprise dont on attribua dans les premiers temps tout le mérite à Louis. Celui-ci, toutefois, ne chercha jamais à détourner sur lui-même l'estime que devaient inspirer les talents d'Annibal, et lorsque le cardinal Odoard Farnèse lui proposa de venir à Rome décorer le palais qu'avaient construit Antoine San Gallo, Vignole et Michel-Ange. Louis, jugeant qu'il n'était pas le plus digne d'une si haute tâche, envoya son élève à sa place, quitte à lui apporter plus tard des encouragements ou des conseils. Annibal d'ailleurs n'avait accepté le travail que sous cette condition expresse, et lorsque, au bout de deux années, les esquisses furent faites, il les soumit à Louis, venu tout exprès à Rome (1602) pour rassurer à la fois le peintre et le cardinal Farnèse.

Annibal en arrivant à Rome allait y trouver quelques protecteurs puissants au premier rang desquels il faut citer Monsignor Agucchi, prélat lettré, grand ami des arts et des artistes, et que son origine bolonaise intéressait particulièrement à la gloire des Carrache. Mais, en regard de ces éléments de succès, bien des périls semblaient menacer le nouveau client des Farnèse, bien des gens se tenaient tout prêts à le dénigrer de leur mieux. Il va sans dire que Michel-Ange de Caravage et le Josépin se trouvaient sur ce point parfaitement d'accord. Le premier, il est vrai, avait fait d'abord grand bruit de ses sympathies et s'était écrié devant un tableau d'Annibal : « Grâce à Dieu, j'ai donc rencontré un peintre; » ce qui ne l'empêchait pas, fort peu après, de reléguer ce vigoureux soutien de l'art parmi « les impuissants et les cuistres. » Le second, essayant le rôle que Lanfranc continuerait vingt ans plus tard pour perdre le Dominiquin, allait travailler, par ses intrigues auprès des grands, à se débarrasser d'un dangereux rival [1]. Enfin le Guide qui, à ce moment, n'était pas encore à Rome, mais qui y avait envoyé quelques tableaux, le Guide comptait déjà assez de partisans pour que ce jeune talent inquiétât le talent d'Annibal et nuisît à sa popularité. Le nouveau venu avait donc fort à faire pour triompher des préventions qui existaient déjà ou des obstacles qu'on ne manquerait pas de lui susciter. Il accepta résolument la lutte, et, après quelques tableaux de sainteté peints par ordre du cardinal, il entreprit la décoration de la galerie et de plusieurs chambres du palais Farnèse : œuvre immense qu'il mena à fin en huit années avec l'aide seulement de son frère, et, par moments, de deux ou trois élèves.

D'ailleurs, en associant Augustin à ses travaux du palais Farnèse, Annibal songeait moins à s'assurer le concours d'un pinceau habile que l'assistance d'un esprit cultivé. Les deux frères, on s'en souvient, avaient, en dehors de l'art même, une instruction fort inégale. Nourri des écrivains de l'antiquité, poète par surcroît, et se piquant en matière littéraire comme en toutes choses de goût pur et d'expérience, l'aîné possédait un fonds de connaissances qui manquait presque absolument au second. Or, les sujets dont le cardinal Odoard Farnèse et Monsignor Agucchi avaient rédigé le programme étaient tous tirés de la mythologie : car suivant la mode du temps, les hommes d'église eux-mêmes s'étaient fait des *Métamorphoses* d'Ovide une sorte d'évangile de l'art. Le moyen pour Annibal de satisfaire aux conditions de la tâche en commentant seulement par l'étude des statues antiques le thème pittoresque qu'il s'était chargé de développer? Au palais Fava, et ensuite au palais Magnani, il avait été l'interprète de la pensée des autres; en traitant sous les yeux de son cousin et de son frère des sujets empruntés à la fable, il se liait à ses compagnons de travail du soin de respecter les textes. Ici, c'était à lui de prouver ce respect, et pour être bien sûr de ne pas s'en écarter, pour se raffermir au moins dans sa volonté d'exactitude, il recourut à Augustin qui, en sa qualité d'archéologue et de savant, était plus propre que personne à diriger ses efforts. Au surplus, est-ce bien de direction qu'il s'agit, et l'intervention d'Augustin en tout ceci n'est-elle pas en somme assez secondaire? Qu'il ait, comme on le dit, et comme il ne manqua pas de le dire bien haut lui-même, donné aux détails des compositions ce caractère ingénieux et érudit qui sert en quelque sorte de vernis à la magnificence de l'ensemble; qu'il ait même çà et là, dans le *Triomphe de Galatée*, par exemple, travaillé seul, il n'y a rien là que de très-admissible. Qu'importe, après tout? Le *Triomphe de Galatée* est une

[1] Parfois cependant le Josépin recourait à des moyens plus directs : ainsi rencontrant un jour Annibal qui s'était égayé sur l'un de ses ouvrages, il parla de duel et mit tout d'abord l'épée à la main. Annibal ne se souciait pas de jouer sa vie pour si peu. En réponse au défi de son adversaire, il prit des pinceaux et des crayons et les présentant au Josépin : « Voilà, dit-il, nos vraies armes à vous et à moi. Laissons le fer aux gentilshommes et battons-nous, comme il convient à des gens de notre métier, en faisant assaut de talent. » Le Josépin sentit que sur ce terrain il courait grand risque de perdre la partie et ce fut lui qui, à son tour, déclina le combat.

réminiscence flagrante de la fresque de Raphaël sur le même sujet, et ne prouve pas qu'Augustin fût si fort en fonds d'imagination qu'il pût en prêter beaucoup à son frère. Ensuite, est-ce parce que les inscriptions latines, les emblèmes et les intentions littéraires abondent dans les peintures du palais Farnèse que le tout a, comme œuvre d'art, une valeur considérable? Disons enfin qu'Augustin mourut longtemps avant l'achèvement du travail, et que, à force de trancher du professeur avec son frère il s'était rendu si insupportable qu'Annibal avait cru devoir le congédier au bout d'une année.

Les fresques du palais Farnèse appartiennent donc en propre et quoi qu'on ait pu dire à Annibal. On a coutume de les citer comme le chef-d'œuvre des Carrache : il est plus équitable de n'y voir que le chef-d'œuvre

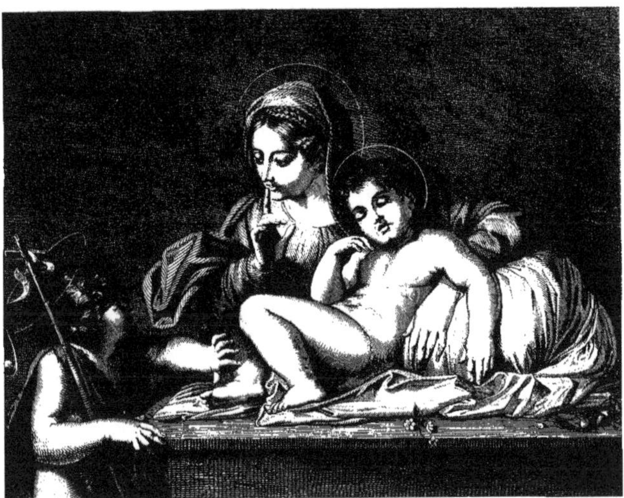

LA VIERGE AU SILENCE.

de l'un d'eux. Nous ne prétendons pas toutefois, pour le plaisir d'immoler Augustin, exagérer le mérite, encore moins l'originalité de son frère. Il n'y a que justice à signaler, même dans les meilleurs morceaux de la galerie Farnèse, bien des emprunts, bien des témoignages de déférence pour les maîtres poussée jusqu'au renoncement de soi. Ainsi, dans *Mercure et Pâris*, la figure du berger rappelle trop directement le goût de dessin et certaines attitudes un peu tourmentées du Corrège; la tête est une reproduction de la tête de l'amour peinte par Raphaël à la Farnésine. La *Vénus* devant laquelle Anchise s'agenouille semble copiée d'après la *Fornarina* du palais Barberini. On pourrait aisément multiplier les remarques de ce genre et montrer qu'en voulant établir une sorte de compromis entre le beau antique, la grâce du Corrège et la vigueur de Raphaël à l'époque de sa troisième manière, Annibal n'a fait trop souvent qu'ajuster sans modification sensible des pièces de rapport et inventorier les mérites d'autrui. Mais ce péché d'habitude est racheté ici par des qualités toutes nouvelles, par une ampleur et une fermeté d'exécution inaccoutumées. Annibal, du reste, allait à son tour trouver des imitateurs, et le temps n'était pas loin où l'on ne remonterait guère au delà de ses ouvrages pour chercher des modèles de grand style et de peinture monumentale. En Italie, les vastes et innombrables *machines* peintes par Luca Giordano, Pierre de Cortone et autres artistes plus ou moins habiles de la fin du XVII° siècle ; en France, les plafonds de Romanelli au palais Mazarin et au Louvre, la galerie du palais de Versailles et en général les travaux de décoration qu'ont laissés Lebrun, Mignard et leurs contemporains, tout n'a-t-il pas pour point de départ et pour origine manifeste la galerie du palais Farnèse? Le style que, sous le règne de Louis XIV, on appelait « le style romain » et que les chefs de l'école préconisaient à l'académie comme ils travaillaient à se l'approprier dans leurs œuvres, était-il autre chose que le style d'Annibal ? Il faut même ajouter qu'en cherchant à reproduire cette manière, les peintres français ne sont arrivés parfois qu'à en exagérer le principe. Le faste excessif de Lebrun, par exemple, est en germe dans le goût opulent de Carrache ; mais là où le premier peintre du roi semble afficher la pompeuse magnificence d'un financier, le peintre italien a pour ainsi dire la libéralité sans ostentation d'un grand seigneur. Au lieu d'éblouir il impose, et si les peintures du palais Farnèse ne peuvent, comme les œuvres excellentes, inspirer une sympathie profonde, elles commandent au moins le respect.

Il ne paraît pas qu'au temps d'Annibal beaucoup de gens aient reçu cette impression. Quant au cardinal il n'y eut rien d'équivoque dans sa conduite, rien qui pût laisser le moindre doute sur le degré d'estime où il tenait le travail et l'artiste lui-même. Conseillé par quelques ennemis de celui-ci, et, entre autres, par un certain Juan de Castro, gentilhomme espagnol sans titre officiel mais non sans influence dans le palais, il fit venir Annibal, supputa en sa présence, outre les dix écus de rétribution mensuelle, le pain et le vin qui lui avaient été fournis pendant huit années, puis, l'addition faite, il tira de sa cassette cinq cents écus d'or destinés à acquitter sa dette et à compléter le salaire. Annibal n'attachait en général aux questions d'argent qu'une médiocre importance ; mais le procédé du cardinal et l'indifférence insultante avec laquelle on accueillait le fruit de si longs efforts le blessèrent mortellement[1]. Il cessa, bien entendu, de servir ce parcimonieux Mécène et refusa même de travailler pour quelques hommes qui, à l'exemple de Monsignor Agucchi, cherchaient à le dédommager de l'injustice qu'il venait de subir. Retiré dans une petite maison sur le Quirinal, il y vécut plus d'une année seul, oisif, et se nourrissant de son chagrin. Il reprit cependant ses pinceaux quelque temps avant de partir pour Naples, où il espérait trouver une solitude plus complète encore et s'ensevelir pour jamais dans l'obscurité. C'est de cette triste époque que datent le *Christ mort sur les genoux de la Vierge*, aujourd'hui au Musée du Louvre, plusieurs tableaux du même conservés à Rome et où l'on reconnaît, même sans consulter la date, quelque chose de plus profondément senti, de plus sincère et de plus ému qu'il n'appartient à ce peintre d'ordinaire si peu religieux. Naples ne donna pas à Annibal le sombre repos qu'il était allé y chercher. Plus inquiet, plus navré que jamais, en proie à cette langueur agitée que le Tasse appelle énergiquement « un trépas continuel, » il revint à Rome et se réfugiant dans l'excès des plaisirs il mourut, à quarante-neuf ans, de la mort de Raphaël auprès de quelque Fornarine de bas étage[2].

Par les soins de Monsignor Agucchi et d'Antoine Carrache, fils naturel d'Augustin, Annibal fut inhumé dans l'église Sainte-Marie de la Rotonde, à quelques pas du tombeau où les restes de ce même Raphaël avaient été déposés près d'un siècle auparavant : étrange rapprochement, et que ne justifient certes pas, quoi qu'en dise l'inscription tumulaire[3], les œuvres et la gloire inégale des deux artistes. Si habile que se

[1] Si l'absence de toute convention pécuniaire avant d'entreprendre les peintures du palais Farnèse n'était pas, de la part d'Annibal, une preuve suffisante de désintéressement, on en trouverait une autre dans l'abandon qu'il fit à l'Albane d'une somme considérable versée entre ses mains en paiement des fresques de l'église Saint-Jacques des Espagnols. Ces fresques avaient été peintes, il est vrai, par l'Albane, mais d'après les cartons d'Annibal, et celui-ci ne voulut rien toucher d'un prix dont cependant la moitié au moins lui revenait bien légitimement.

[2] Voir la lettre de Monseigneur Agucchi au chanoine Dulcini, à Bologne, 15 juillet 1609.

[3] *Annibal Carracius Bononiensis hic est Raphaeli Sanctio Urbinati ut arte, ingenio, famâ, sic tumulo proximus*, etc. Cette inscription composée par Carlo Maratte, fut gravée sur la tombe d'Annibal en 1674.

soit montré Annibal, si honorables qu'aient été ses efforts vers les dernières années de sa vie pour ne plus s'en tenir à la méthode tout extérieure qu'il avait pratiquée jusqu'alors, une estime sérieuse est le seul tribut que l'on doive à ce talent fort imprudemment assimilé au génie. Annibal Carrache n'est rien moins qu'un inventeur, quoique bon nombre d'artistes venus après lui l'aient choisi pour modèle; il a seulement épargné à ses imitateurs la peine de remonter aux sources où il avait puisé lui-même. Rien de plus juste que de lui

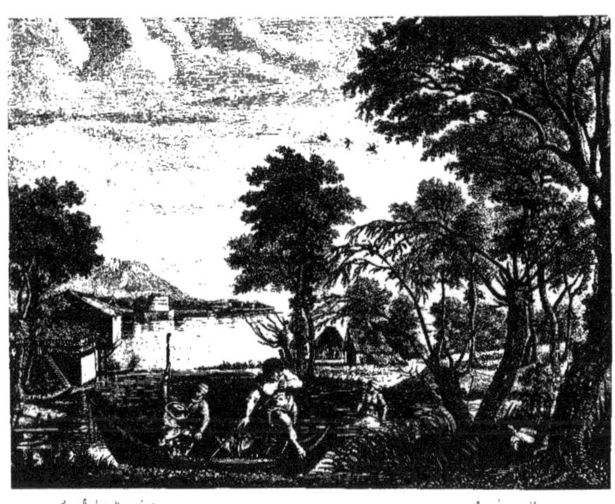

PAYSAGE.

savoir gré de ses investigations et, jusqu'à un certain point, du parti qu'il en a tiré : mais aussi rien de plus légitime que de voir en lui un disciple plutôt qu'un maître, un talent avant tout bien informé, et de ne lui reconnaître, faute d'originalité principale, que l'intelligence studieuse des diverses traditions.

HENRI DELABORDE.

Bien qu'Annibal Carrache ait vécu moins longtemps que Louis, et que, dans les dernières années de sa vie, il ait presque complètement cessé de travailler, ses peintures à fresque ou sur toile sont plus nombreuses encore que celles de son cousin. — Nous n'essaierons donc pas de cataloguer les innombrables œuvres qu'a laissées Annibal; il suffira d'indiquer celles qui semblent les plus propres à donner une idée exacte de sa manière et à établir la supériorité de l'élève de Louis sur son maître et sur son frère.

GALERIE DE BOLOGNE. — *Sainte Catherine et sainte Claire*, l'un des plus célèbres tableaux du peintre.

ÉGLISE SAINT-GRÉGOIRE. — *Le Baptême du Christ*, œuvre de la jeunesse d'Annibal. Il peignit cette toile à son retour de Venise avec un entrain et une vigueur de pinceau qu'on ne retrouve qu'à un moindre degré dans la plupart des tableaux qu'il produisit ensuite à Bologne.

ÉGLISE SAINT-NICOLAS ET SAINT-FÉLIX. — *Jésus crucifié, la Vierge et saint Pétrone, saint François et saint Bernard.*

ÉGLISE DE LA PRÉSENTATION DE LA VIERGE. — *Sainte Véronique*, petit tableau peint avec plus de délicatesse qu'il n'appartient d'ordinaire à Annibal.

PALAIS FAVA. — Nous avons dit que les peintures qui décorent ce palais furent exécutées en commun par Louis, Augustin et Annibal. Quelques-unes cependant sont attribuées exclusivement à celui-ci, et Baldinucci cite comme étant entièrement de la main d'Annibal : *les Harpies* et le *Polyphème poursuivant la flotte troyenne.* Annibal a peint encore au palais Fava les arabesques d'un petit salon, l'*Enlèvement d'Europe* et quatre *Paysages.*

Dans la GALERIE DU PALAIS ZAMBECCARI. — Quelques tableaux dont les sujets sont tirés de l'Ancien Testament et dans les palais Magnani (aujourd'hui Guidotti), Zampieri et Marescalchi, diverses peintures à fresque exécutées sous la direction de Louis.

ROME, GALERIE DU CAPITOLE. — Un *Portrait.* — Nous ne parlons pas de la *Sainte Barbe*, souvent attribuée à Annibal, mais qui très-probablement est l'œuvre de Dominiquin.

PALAIS DORIA. — Un *Putti* et plusieurs *Paysages.*

PALAIS FARNÈSE. — Les peintures à fresque qui ornent ce palais sont le spécimen le plus important du talent et de la manière d'Annibal. Elles ont été gravées nombre de fois. Une des suites les plus anciennes et la plus répandue peut-être, est la *Galerie Farnèse*, gravée par Le Febure, éditée par Le Blond, peintre du Roi, qui dédie l'ouvrage à « l'illustre Monseur Lebrun. » « J'ai fait graver, dit-il dans la dédicace, la Gallerie de l'incomparable Annibal Carrache, pour l'utilité de ceux qui veulent estudier le bel art de peinture et de sculpture. J'ai cru ne leur pouvoir rien donner de plus intelligent pour profiter en peu de temps. » D'autres ouvrages d'après les peintures du palais de Farnèse ont été gravés par Carlo Cesio, Jacques Belly, élève de Vouet, et Pietro Aquila. (Cette dernière suite avec un frontispice et un portrait dessinés par Carle Maratte). Malheureusement, ces diverses publications sont loin d'être satisfaisantes. Les planches de Jacques Belly notamment sont traitées avec une inconcevable négligence et ne peuvent servir tout au plus qu'à donner un aperçu des compositions, tant le dessin et le style d'Annibal sont ici étrangement défigurés. C'est ce qu'on peut dire aussi des pièces gravées en 1663 par Joseph-Marie Mitelli, d'après les fresques du palais Fava. — En général, les principales œuvres d'Annibal sont précisément celles que le burin a le plus infidèlement retracées. Il faut regretter que des graveurs comme Poilly, Étienne Baudet, Gérard et Karle Audran, Chasteau, Daret, Bloëmaert, Rousselet et Étienne Picart aient presque toujours choisi pour objets de leurs travaux les tableaux les plus faibles de Carrache, tandis que les meilleurs ouvrages de celui-ci, la *Galerie Farnèse* et les *Paysages* par exemple, étaient abandonnés à l'ignorant burin d'un Jacques Belly, d'un Massé, d'un Rousseau et autres artistes de cette force. Ajoutons, toutefois, que depuis le commencement du siècle, Annibal a trouvé en France des interprètes beaucoup plus habiles et que les planches gravées par MM. Richomme et Forster contrastent heureusement avec tant d'œuvres maniérées ou insuffisantes. Annibal lui-même a gravé à l'eau-forte quelques-unes de ses compositions, et son œuvre, composé d'environ vingt pièces, atteste une rare intelligence des ressources du procédé.

MILAN, MUSÉE BRERA. — *La Samaritaine.*

FLORENCE, MUSÉE DES OFFICES. — *La Vierge, l'Enfant Jésus et saint Jean-Baptiste*, une *Sainte Famille*, et, dans la Tribune, une *Bacchante*, peinte savamment, mais sans pédantisme de pinceau.

MODÈNE, GALERIE DU PALAIS DUCAL. — *Pluton et d'autres divinités.*

NAPLES, MUSÉE BOURBON. — *La Vierge et l'Enfant Jésus endormi, Hercule hésitant entre le vice et la vertu*, une *Pietà.*

MUSÉE DU LOUVRE. — La Galerie italienne au Louvre est fort riche en toiles d'Annibal; elle n'en possède pas moins de vingt-six. Nous avons mentionné déjà *Le Christ mort sur les genoux de la Vierge*, la *Résurrection* et l'*Apparition de la Vierge à saint Hyacinthe*. A côté de ces tableaux religieux, les meilleurs peut-être en ce genre qu'ait peints Annibal, il faut citer plusieurs beaux *Paysages* et un petit tableau d'une grande fermeté de dessin et de modelé : *Hercule au berceau étouffant les serpents.*

Nous mentionnerons quelques exemples des prix auxquels les tableaux d'Annibal Carrache ont été adjugés dans les ventes.

VENTE CARIGNAN, 1743. *Mort de saint François*, 1,310 fr. — *Sainte Catherine*, 1,600 fr. *Sainte Famille*, 850 fr.

VENTE DU PRINCE DE CONTI, 1777. *Saint François recevant les stigmates*, 1,200 fr. — *La Vierge aux cerises*, figure à mi-corps, 5,660 fr.

VENTE MONTCALM, 1850. *Mise au tombeau*, 1,100 fr.

VENTE GUILLAUME II, 1850. *Le Christ*, 4,935 fr. — *La Vierge et l'enfant*, 3,225 fr.

Les ventes Randon de Boisset, Julienne, Sommariva, etc., contenaient encore quelques tableaux de ce peintre, dont les prix sont insignifiants.

Un des tableaux d'Annibal qui est au Louvre porte l'inscription : ANNIBAL CARACTIUS F. M. D. XCII. Ses gravures sont souvent signées comme ci-dessous.

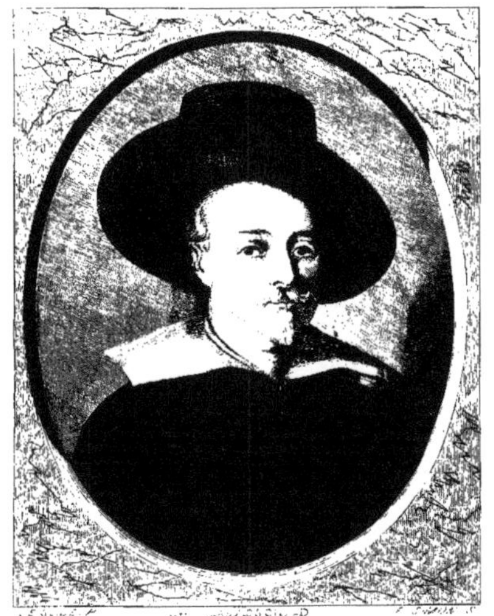

LE GUIDE (GUIDO RENI)

NÉ EN 1575 — MORT EN 1642

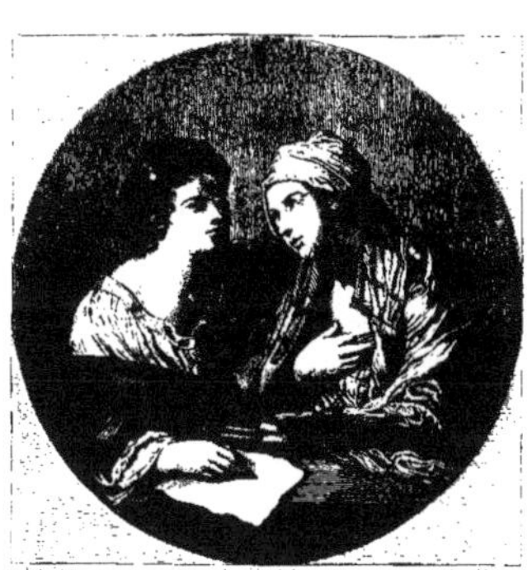

Parmi les peintres célèbres qui composent l'ensemble des écoles italiennes, il est au moins légitime de faire un choix et de ne pas confondre dans une admiration banale les vrais maîtres avec les artistes seulement habiles, les poètes avec les rhéteurs ou les initiateurs souverains avec les novateurs momentanément influens. Le temps où nous vivons autorise du reste mieux qu'aucun autre ces distinctions entre les gloires justement consacrées et les réputations un peu surfaites. Ce que l'on acceptait autrefois de confiance semble aujourd'hui sujet à révision et nous nous sommes accoutumés à contrôler par l'examen même des œuvres la notoriété de leurs auteurs. Certains noms classés d'abord à côté de plus grands noms et maintenus depuis à cette illustre place par irréflexion ou par habitude, certains talens traditionnellement exhaussés au niveau du génie ont cessé de paraître inviolables à mesure que le cercle des études s'est agrandi. La renommée du Guide par exemple n'a-t-elle pas perdu beaucoup de son prestige depuis que l'histoire de l'art nous est devenue plus familière et que toutes les variations des écoles anciennes n'ont plus à nos yeux l'apparence nécessaire du progrès? En connaissant mieux les belles époques de la peinture en Italie, nous avons appris à être sévères pour cette période qualifiée de seconde renaissance qui ne fut au fond qu'une des phases de la décadence. L'âge d'argent qui s'ouvrit à Bologne laisse un éclat incomparable à l'âge d'or que Florence, Rome, Venise même avaient vu : en un mot, tout en rendant hommage à l'habileté du Guide et de quelques autres disciples des Carrache, il est permis d'accuser la fausse grandeur de leur manière et l'insuffisance de leurs doctrines. L'école à laquelle ils appartiennent — la dernière des écoles italiennes par la date comme par le mérite — ne compte pour ainsi dire que des peintres beaux-esprits au lieu de peintres sincèrement inspirés; elle acheva en somme d'énerver l'art qu'elle prétendait régénérer, en substituant partout les spéculations systématiques aux suggestions du sentiment et les raffinements matériels aux hardiesses de la pensée.

D'où vient donc la popularité immense qui s'est attachée depuis deux siècles au nom du Guide? Le rôle que s'attribua ce prétendu réformateur et l'attitude de chef qu'il sut prendre presque au début pouvaient jusqu'à un certain point faire illusion aux contemporains; mais fallait-il que la méprise se prolongeât indéfiniment, et que, sur la foi de juges intéressés comme le bolonais Malvasia ou trop peu difficiles comme Lanzi, on s'obstinât à transformer en émule des grands maîtres un peintre qui n'a d'importance véritable que relativement au temps où il vécut? Est-il équitable d'ailleurs de résumer, comme on le fait d'ordinaire, toute l'histoire de l'école bolonaise dans l'époque des Carrache et du Guide, sans tenir compte de quelques peintres qui ont honoré une époque plus ancienne? Il ne nous appartient pas de venger ici ces talents injustement mis en oubli. Nous ne pouvons que mentionner en passant Francesco Francia de qui Raphaël ne dédaigna pas d'étudier les ouvrages; Lorenzo Costa qui pour la fermeté du dessin et la précision du style soutiendrait presque la comparaison avec les florentins du quinzième siècle; enfin Niccolo ou dell'Abate et Pellegrino Pellegrini qui importèrent le goût de la méthode italienne, l'un avec le Primatice à la cour de François Iᵉʳ, l'autre en Espagne sous le règne de Philippe II¹. Ces réserves une fois faites sur les antécédents de l'école bolonaise et sur la part de gloire qu'il convient de mesurer au Guide, nous n'entendons nullement contester la prééminence de celui-ci sur la plupart des artistes ses contemporains; encore moins aurait-on le droit de méconnaître l'aisance et la facilité de sa pratique. Qualité négative, dira-t-on, et qui dans bien des cas n'est qu'un attribut de plus de la médiocrité, mais souvent aussi elle s'ajoute aux autres avantages du talent, et la fécondité même du Guide, cette fécondité à la fois heureuse et stérile, achève de déterminer la place intermédiaire qu'il occupe. On ne saurait voir en lui l'égal de ces artistes d'élite aux mains desquels l'habileté matérielle n'est qu'un auxiliaire de la pensée; il n'y aurait guère moins d'injustice à le reléguer parmi ceux qui n'envisagent dans l'art que les ressources du métier, et le mieux est de ne confondre le genre de talent qui lui est propre ni avec la toute-puissance des uns, ni avec la vulgaire dextérité des autres.

Le Guide ou plutôt Guido Reni était fils d'un musicien de Bologne qui jouissait, à ce qu'il semble, d'une certaine réputation puisqu'on l'appela à Rome en 1575 pour les fêtes du jubilé. Ce fut à l'époque de ce voyage que le Guide vint au monde, et quelques années s'étaient à peine écoulées que déjà il apprenait à jouer du clavecin sous la direction de son père. Ses goûts toutefois l'entraînaient vers d'autres études. Les biographes se gardent bien à ce propos de passer sous silence l'anecdote accoutumée sur les premiers essais de tout peintre célèbre; seulement, au lieu de livres de classe barbouillés de figures à l'encre, il ne s'agit ici que de cahiers de musique. A cela près, rien ne manque aux détails ordinaires du récit, ni le mécontentement du

---

¹ S'il fallait, dans la classification des artistes par écoles, avoir égard avant tout au lieu de leur naissance, Costa, Pellegrini et Niccolo dell'Abate ne devraient pas être rangés parmi les peintres bolonais, puisque le premier naquit à Ferrare, le second à Valdelsa dans le Milanais et le troisième à Modène. Mais comme ils vinrent tous trois se former à Bologne, qu'ils y séjournèrent longtemps et qu'ils y produisirent leurs principaux ouvrages, ils appartiennent à l'école bolonaise de même que Philippe de Champagne appartient, en dépit de son origine flamande, à notre école.

père déçu dans ses projets, ni la surprise du maître qui intervient et qui se hâte de prendre sous son patronage cet enfant promis à la gloire. Malheureusement le patron du jeune Guido n'était autre que Denis Calvart et l'on sait de quelle étrange façon il exerçait son autorité sur les élèves qui lui étaient confiés. Le pauvre Dominiquin battu et chassé de l'atelier pour avoir copié une estampe d'Augustin Carrache ne devait pas être sa seule victime : des traitements du même genre attendaient le fils de Daniele Reni, et l'événement justifia de reste les hésitations de celui-ci en face des séduisantes promesses de Calvart qui s'engageait à faire de son nouvel élève « un grand artiste » en moins de dix années. Daniele se décida pourtant ; il renonça à

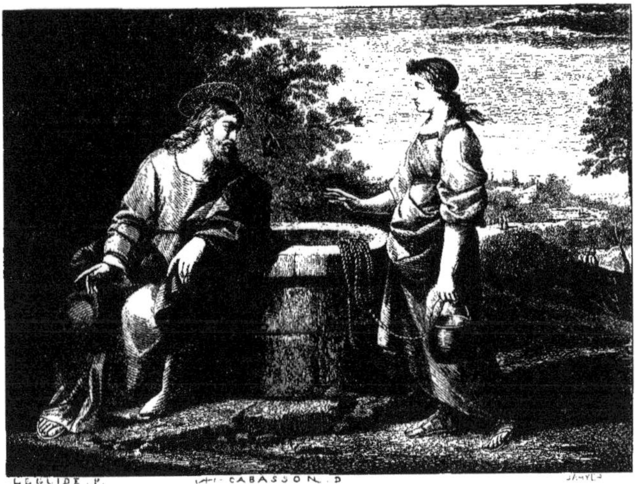

LA SAMARITAINE.

l'ambition de léguer à son premier-né ses propres talents et sa place de musicien de la Seigneurie ; à peine se réserva-t-il le droit de diriger sur le clavecin une heure par jour ces doigts qui désormais allaient tenir le pinceau. Pour tout le reste, il s'en remit aux soins du maître : voilà donc Guido, qui n'avait pas plus de neuf ans, devenu l'élève ou plutôt l'apprenti, le *garzone* de Denis Calvart.

L'école dans laquelle Guido se trouvait admis à sa grande joie était alors la plus accréditée de Bologne et les noms des peintres qui en sont sortis ont perpétué sa célébrité jusqu'à nos jours. Pourtant n'est-il pas permis au moins de s'étonner que ce soit précisément l'infidélité des disciples qui ait fait la gloire du maître? Comment concilier l'influence qu'on lui prête avec l'empressement de tous à se dérober à son joug? Depuis Augustin Carrache jusqu'à l'Albane, depuis le Dominiquin jusqu'au Guide, aucun des peintres qu'il passe pour avoir formés ne s'est contenté de ses leçons. Tous au sortir de cette école embrassent la cause des réformateurs et prennent parti par cela même contre Calvart qui ne faisait guère que continuer la manière surannée de Fontana et de Sabbatini. Le maître, dit Lanzi, a vu se succéder dans son atelier cent trente-sept artistes distingués : rien de mieux, mais il serait à propos d'ajouter que les plus éminens d'entre eux accusent fort peu leur origine, et que s'ils empruntèrent quelque chose à Calvart, ce ne fut pas à coup sûr le respect de la tradition.

Quoi qu'il en soit, les choses se passèrent d'abord à souhait entre Guido et son maître. Celui-ci n'avait pas trop présumé des heureuses dispositions d'un enfant qui, au bout de quatre ans, se trouvait plus avancé qu'aucun de ses condisciples, et qui exerçait déjà sur eux assez d'empire pour faire accepter de bonne grâce ses remontrances ou ses avis. Calvart l'avait institué son suppléant en quelque sorte. Il lui laissait le soin de surveiller les travaux en son absence, de donner aux nouveaux venus les premières notions du dessin, et ce fut ainsi que le Dominiquin et l'Albane, tout en ayant Calvart pour chef nominal, furent soumis pendant quelque temps à la seule autorité de Guido. On conçoit l'orgueil de ce professeur imberbe et les avantages que procurait au professeur en titre une pareille économie de temps. Calvart au reste n'était pas homme à se contenter de ce seul profit. Bientôt il engagea Guido à s'essayer dans des compositions originales, et la tentative ayant réussi, il retoucha quelque peu les ouvrages de son élève, les vendit comme siens et oublia bien entendu d'en partager le prix avec l'auteur anonyme. La mémoire, il est vrai, lui revint un peu plus tard ou plutôt il craignit quelque fâcheux éclat et, pour acheter le silence de Guido tout en continuant l'entreprise, il consentit à payer dorénavant quelques écus ce qu'il devait revendre, sous son propre nom, à des prix vingt fois plus élevés. Tout alla bien pendant plusieurs années. Les deux associés se tinrent religieusement parole, l'un ne révélant rien comme il l'avait promis, l'autre soldant le travail dans la mince proportion convenue : mais un jour vint où Guido proposa de modifier cette répartition inégale ; ajoutons que les succès de Louis Carrache commençaient dès lors à préoccuper le jeune peintre et qu'il inclinait déjà vers le parti de la réforme. Rien ne pouvait plus déplaire à Calvart que de semblables dispositions; la demande si humble qu'elle fût, d'une augmentation de salaire était moins que tout le reste de nature à le laisser calme : aussi, dès les premiers mots, se mit-il à jeter les hauts cris, à accuser cet excès d'ingratitude et d'audace. Ce fut bien pis quand il apprit quelques jours plus tard que Guido suivait en secret un des cours ouverts à l'académie des Carrache et qu'il était résolu à ne plus peindre désormais de tableaux que pour son propre compte. Les injures ne lui suffirent pas cette fois. Il souffleta vigoureusement son élève, et celui-ci courut tout droit se réfugier dans l'atelier de Louis Carrache d'où il ne sortit plus, quelques instances que fît Calvart pour l'attirer encore auprès de lui.

Une fois sous la direction de Louis, Guido s'appliqua surtout à s'approprier la manière du nouveau maître ; manière un peu effacée, nous l'avons dit ailleurs, mais dont l'indécision même était une sorte de protestation contre les abus du style héroïque et la marque d'un goût difficile. Guido avait acquis déjà une expérience assez grande de l'art, mais il ne s'était guère occupé jusque là que de satisfaire à certaines conditions techniques, sans étudier la nature de fort près, sans interroger son propre sentiment. Maintenant encore, il avait le tort d'attacher une importance principale aux procédés et il n'aurait fait, à vrai dire, que changer de pratique en changeant de maître, si Louis ne s'était efforcé de l'éclairer sur les dangers d'une si entière abnégation. Il y avait loin sans doute de ces conseils désintéressés au despotisme de Calvart; mais pour qu'ils pussent être pleinement profitables à l'élève, il eût fallu que celui-ci fût mieux en fonds d'imagination et de qualités personnelles. Aussi qu'arriva-t-il? En cessant d'imiter Louis, Guido n'en devint pas pour cela un artiste beaucoup plus original. Il se laissa séduire par les exemples bien peu attrayants pourtant de Michel-Ange de Caravage qui avait envoyé de Rome quelques-uns de ses tableaux ; il travailla à contrefaire cette manière farouche, quitte à se démentir ensuite et à prendre précisément le contrepied de la méthode inaugurée par le chef des *naturalisti*. Le plus étrange en tout cela est l'enthousiasme persévérant des artistes et du public à Bologne en face de tant de tergiversations et de rétractations successives. Jamais les applaudissements ne font défaut aux œuvres de Guido, quels que soient d'ailleurs leur caractère et leur apparence contradictoires; jamais on ne songe à opposer la foi qu'il proclamait la veille à ses convictions du jour. De lui tout vient à point, tout plaît, tout réussit; heureux homme à qui son scepticisme même sert de passeport pour entrer de plain-pied dans la gloire et qui, sans

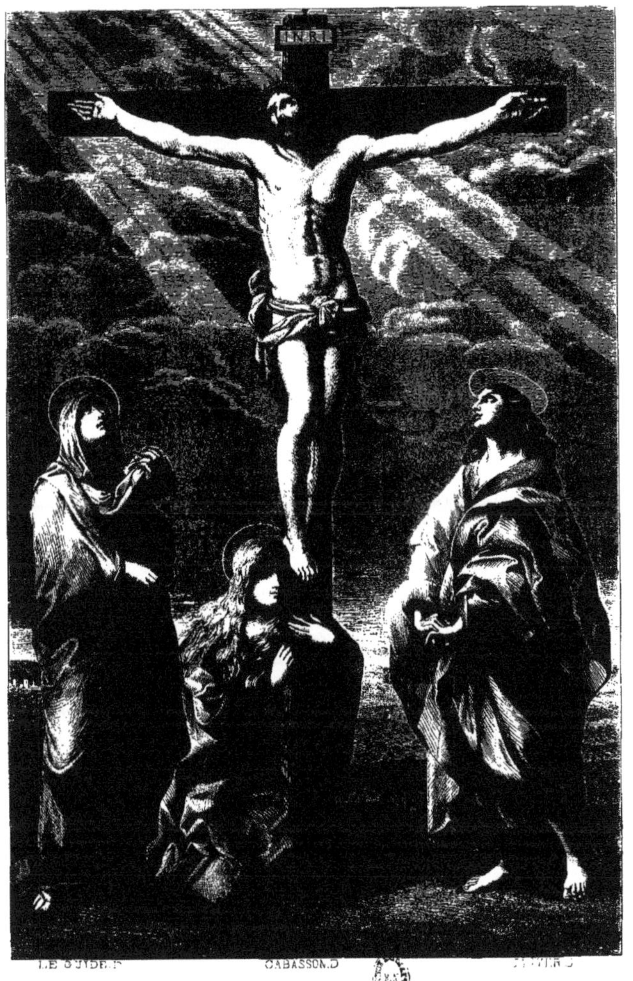

LE GUIDE P.   CABASSON.D   SEVERS J

LE CHRIST EN CROIX

prendre la peine de déguiser ses emprunts, fait croire pourtant à la richesse inépuisable de ses ressources.

Le Guide, dès les premières années de sa jeunesse, avait donc conquis à Bologne une popularité assez grande pour marcher de pair avec les Carrache eux-mêmes et pour leur disputer la faveur lorsqu'il s'agissait d'importants travaux à exécuter dans les églises ou dans les palais. Louis et Annibal n'avaient vu d'abord dans les succès obtenus par leur élève qu'un hommage indirect de l'opinion à l'excellence de leurs propres doctrines ; ils ne tardèrent pas à trouver qu'à force d'être détourné, l'hommage prenait peu à peu le caractère d'une injustice, et Annibal surtout se repentit d'avoir trop efficacement servi un artiste qu'on faisait mine déjà de lui opposer en rival. C'était lui qui avait le plus contribué à accroître la réputation du Guide en le pressant de n'étudier les tableaux de Michel-Ange de Caravage qu'afin de se créer un système d'exécution absolument contraire. Le Guide, nous l'avons dit, s'était attaché à reproduire les effets outrés, les parti-pris violents du Caravage : en haine de celui-ci et pour faire ressortir les vices de sa méthode, Annibal prescrivit au jeune peintre l'exagération dans le sens opposé. Les *naturalisti* procédaient par masses d'ombre vigoureuses et opaques ; le mieux était de supprimer en quelque sorte les ombres ou, au lieu de ces vives lumières circonscrites entre des parties d'un noir intense, de répandre partout une lumière argentine. Cette lueur diffuse séduirait sans doute le regard ; on arriverait ainsi à avoir raison des vérités brutales auxquelles chacun commençait à s'accoutumer et l'on arrêterait pour jamais les progrès d'une école qui, même à Bologne, menaçait de faire fortune. Le Guide se le tint pour dit. Dans les tableaux qu'il peignit à partir de ce moment, tous les objets ont l'apparence de corps plâtreux ; les couleurs qu'il emploie semblent préparées à la gouache ; la lumière est si uniformément distribuée que l'effet existe à peine ou ne résulte que de la faible diversité des tons et, pour choisir entre mille quelques spécimens de cette manière plutôt fade qu'harmonieuse, nous indiquerons trois sujets de genres différents que possède le Musée du Louvre : l'*Annonciation*, l'*Union du Dessin et de la Couleur* et cet *Enlèvement d'Hélène* qui eut le privilège de suggérer aux poètes italiens plus de sonnets et de stances que n'en inspirèrent jamais les chefs-d'œuvre des grands maîtres.

Le Guide au reste devait être assez blasé sur ces effusions littéraires dont ses contemporains saluaient l'apparition de chaque tableau qu'il avait signé. Le cavalier Marin surtout ne se fit faute en aucune occasion de saisir un si bon prétexte pour se donner carrière et épancher en prose ou en vers de toute mesure sa veine de *concettiste* inépuisable. Voit-il pour la première fois le *Massacre des Innocents*, aujourd'hui au Musée de Bologne et d'ailleurs l'un des meilleurs ouvrages du peintre ; le voilà qui feint de se scandaliser et qui crie à la cruauté en des termes dignes des poétants du *Malibran* : « Qu'as-tu fait, Guido, qu'as-tu fait ! La main qui d'ordinaire retrace les formes angéliques s'est plu à peindre cette scène de sang ! Mais ne vois-tu pas, barbare, qu'en rendant la vie à ces pauvres enfants pour les faire massacrer sous nos yeux, tu leur donnes une seconde fois la mort ? [1] » Le reste à l'avenant, et l'on pourrait sans chercher ailleurs que dans les œuvres du cavalier Marin, trouver des témoignages nombreux de l'admiration moitié sincère, moitié affectée que les beaux esprits du temps prodiguaient au Guide. Mais revenons aux travaux même du peintre et à cette époque de sa vie où il n'avait pas encore perdu l'amitié des Carrache.

Bien qu'Annibal n'eût pas très-exactement pressenti les effets de la réaction contre les doctrines du Caravage, il n'en savait pas moins gré au Guide d'avoir si ponctuellement suivi ses conseils et de s'être, au profit de toute l'école, déclaré l'ennemi de la faction *naturaliste*. Que la réputation du champion qu'il avait choisi eût grandi dans la lutte au delà de ses prévisions, le fait pouvait être regrettable ; mais, après tout, il n'y avait pas là un motif suffisant de rupture. D'ailleurs, tout n'était pas fini encore entre Annibal et l'homme dont il faisait profession de détester la personne autant que les ouvrages — ce Michel-Ange de Caravage auprès de qui il se trouvait maintenant à Rome et qu'il importait plus que jamais de déposséder du rang où il se prélassait insolemment. Le peintre du palais Farnèse commençait à peine ses immenses travaux : il fallait par conséquent attendre plusieurs années encore avant de voir pâlir devant un éclatant succès la gloire usurpée du Caravage. A quel lieutenant déléguer provisoirement l'autorité, à qui confier le soin de préparer les voies

[1] G.-B. Marino. — *Istoria*, N. 1.

et d'éclairer dès à présent l'opinion? Annibal consulta l'Albane et, sur l'avis de celui-ci, il s'adressa au Guide comme à un homme en état de servir sa vengeance sans inquiéter fort sérieusement son ambition : calcul faux, car le Guide n'était pas d'humeur à s'accommoder d'une situation subalterne. En entrant en lice, il entendait bien faire ses propres affaires et prendre ouvertement à son compte le succès qu'un autre espérait détourner à son profit. Annibal s'aperçut bientôt qu'il paierait les frais de ses avances, et qu'en voulant s'attacher un auxiliaire, il n'avait réussi qu'à se donner un antagoniste. Une fois à Rome, le Guide ne se souciait nullement de retourner à Bologne et de renoncer à la brillante carrière qui s'ouvrait devant lui. Appuyé d'abord par Annibal, puis introduit auprès du pape et des grands par le Josépin qu'il devait à son

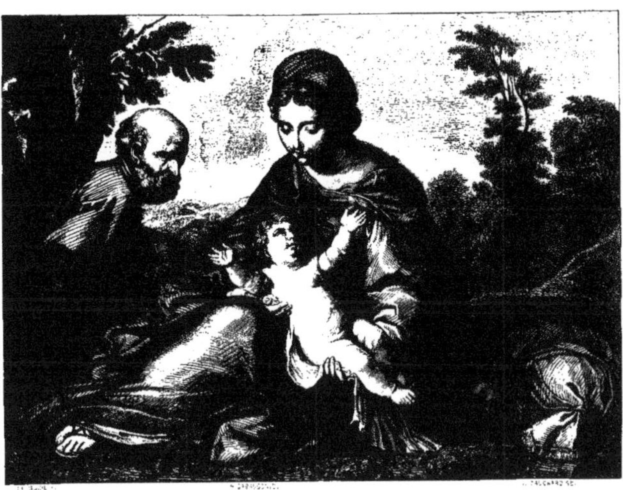

SAINTE FAMILLE.

tour supplanter, il avait déjà un commencement d'importance et de crédit. La faveur publique ne pouvait manquer de lui venir, et elle accueillit en effet les ouvrages qu'il exécuta successivement à Rome, depuis sa fresque de *Saint André*, dans l'église Saint-Grégoire, jusqu'à ces tableaux tant de fois gravés de la *Fortune* et de la *Madeleine en prière*. Le moyen de se débarrasser d'un si redoutable concurrent? Annibal n'eut d'autre ressource que d'essayer contre lui ce qu'il avait espéré accomplir avec son aide, et pour perdre du même coup le Guide et le Caravage, il recourut au Dominiquin. On sait les tristes résultats de cette nouvelle tentative et la déconvenue que Carrache eut à subir de ce côté encore. Le Dominiquin prouva de reste la supériorité de son talent : toutefois, on ne voulut voir dans cette manière relativement très-forte que ses apparences un peu pénibles, et les innombrables partisans du Guide s'autorisèrent du contraste pour exalter d'autant plus la souplesse et la facilité de son pinceau.

Certes, on ne saurait s'associer aujourd'hui à une si injuste préférence, et le rapprochement entre les deux artistes ne peut amener qu'un résultat tout contraire aux décisions de leurs contemporains. Il ne faudrait pas cependant qu'en réformant à bon droit le jugement porté sur les œuvres rivales du Dominiquin et du Guide, on sacrifiât également celui-ci aux autres élèves des Carrache ou même aux peintres qui représentaient alors les principales écoles d'Italie. Si faible au fond que soit le sentiment d'un artiste qu'on a surnommé « le doux, » en confondant à son sujet la douceur avec la mollesse, il n'en est pas moins vrai que ce sentiment un peu tiède n'est dépourvu ni de charme, ni d'une certaine grâce placide qui repose des prétentions fougueuses ou de la science pédantesque qu'affichent pour la plupart les tableaux de l'époque. Comparée à la grâce suprême de Léonard ou de Raphaël, la sérénité du Guide n'est qu'inanimation et langueur ; mais en regard de l'affectation de Lanfranc, de l'*idéalisme* affairé du Josépin ou des gentillesses de l'Albane, elle acquiert une sorte de puissance et une apparence de majesté. Les meilleurs ouvrages du peintre, le *Massacre des Innocents* et la *Madonna della pietà*, à Bologne, l'*Aurore* du palais Rospigliosi, à Rome, n'attestent, il est vrai, ni une imagination très-poétique, ni un goût très-pur : Quelle noblesse pourtant, quelle élévation de style dans ces compositions, si on les rapproche des grossiers tableaux du Caravage ou même des tableaux peints par le Guerchin! Le Guide, il faut le répéter, n'appartient pas à la famille des vrais maîtres. Il n'eut à tous égards qu'une organisation et des talens secondaires, mais à considérer seulement le milieu où il vécut, il est juste de lui tenir compte de son habileté supérieure et de lui accorder une des premières places parmi les peintres de la décadence.

Il va sans dire qu'il ne se serait guère accommodé, quant à lui, de cette estime tempérée, et que là où nous voyons aujourd'hui des signes du déclin de l'art en Italie, il croyait avoir surabondamment prouvé le progrès et assuré sa propre gloire. Le Guide n'était rien moins que modeste. En attendant qu'on le proclamât le plus grand peintre de son temps, il se regardait préalablement comme tel et, peu après son arrivée à Rome, il avait agi en conséquence : tranchant du protecteur avec les artistes qui le protégeaient la veille, se familiarisant avec les grands, avec le pape lui-même qui venait le voir souvent dans son atelier et à qui il persuada sans beaucoup de peine qu'un Guide était fait pour honorer le règne d'un Paul V tout aussi bien que Raphaël avait illustré le règne de Léon X. En fait de peinture et de beaux-arts en général, Paul V, on le sait, avait plus de passion généreuse que de clairvoyance. Les encouragements qu'il prodigua aux artistes chargés par lui de décorer les murs du Vatican et du Quirinal ou d'élever la façade de Saint-Pierre, ne paraissent guère en rapport avec la valeur réelle des œuvres, et l'on conçoit qu'il ait pu aisément se laisser abuser par la décevante habileté du Guide. Quoi qu'il en soit, l'illusion fut complète, si complète même que le Guide étant parti secrètement pour Bologne après quelques démêlés avec le trésorier du palais pontifical, le pape crut devoir renouveler auprès du fugitif les démarches que Jules II avait autrefois tentées pour ramener Michel-Ange. Un légat chargé de négocier les conditions du retour se rendit à Bologne, et, ces conditions une fois réglées, non sans beaucoup de difficultés d'une part et de larges concessions de l'autre, le peintre consentit à revenir à Rome lorsqu'il aurait terminé deux tableaux pour l'église Saint-Dominique et ce *Massacre des Innocents* dont nous avons parlé. Le jour venu, les cardinaux envoient leurs carrosses hors des murs de la ville, suivant le cérémonial en usage pour l'entrée des ambassadeurs ; des officiers de la maison du pape attendent le Guide à Ponte-Molle pour le complimenter et lui faire cortége ; peu s'en faut que le Souverain-Pontife n'aille lui-même au-devant du grand artiste qui, prenant les choses de haut, reçoit sans sourciller ces hommages et ne voit rien là qui ne lui revienne de droit. Quelques jours après, Paul V permet au Guide de rester la tête couverte en sa présence, et comme on félicitait l'artiste d'une si haute marque de faveur : « Le pape a bien fait de m'accorder ce privilége, répond-il, car sans sa permission je me le serais attribué moi-même. » Puis il part de là pour prévenir l'assistance qu'il mérite tout autant de considération que les souverains. S'il n'a voulu jusqu'ici travailler pour aucun roi, ni prince, c'est à cause de certaines lois d'étiquette auxquelles il ne serait pas digne de lui de s'astreindre, — l'obligation, entre autres, de tenir son chapeau à la main en face de gens qui ne songeraient peut-être pas, avec autant d'à-propos que le pape, à rétablir le niveau entre le génie et la grandeur. Une autre fois, c'est un cardinal qui vient le visiter et qu'il refuse de reconduire jusqu'à la porte, attendu, dit-il, que le talent de peintre a plus de prix que la pourpre romaine, et qu'il ne lui convient pas, à lui maître sans rival, de s'humilier devant des hommes ayant des égaux. On ne finirait pas d'enregistrer les puérilités, pour ne rien dire de plus, auxquelles la vanité entraîna le Guide. Même dans ses habitudes de travail, il y avait encore de la jactance et un apparat ridicule. Jamais il ne se mettait devant son chevalet que somptueusement vêtu et la poitrine décorée d'une chaîne d'or dont Charles de Médicis lui avait fait présent. Le maître une fois armé de sa palette, les élèves se rangeaient autour de lui, attendant en silence le moment de lui présenter les couleurs ou les pinceaux qui pouvaient lui être nécessaires. Chacun d'eux avait ses fonctions dont il devait s'acquitter conformément au règlement ou plutôt au cérémonial établi. Ceux qui n'étaient pas chargés de soins directement relatifs au travail faisaient l'office de chambellans et introduisaient les visiteurs; c'était entouré de cette espèce de cour que le Guide

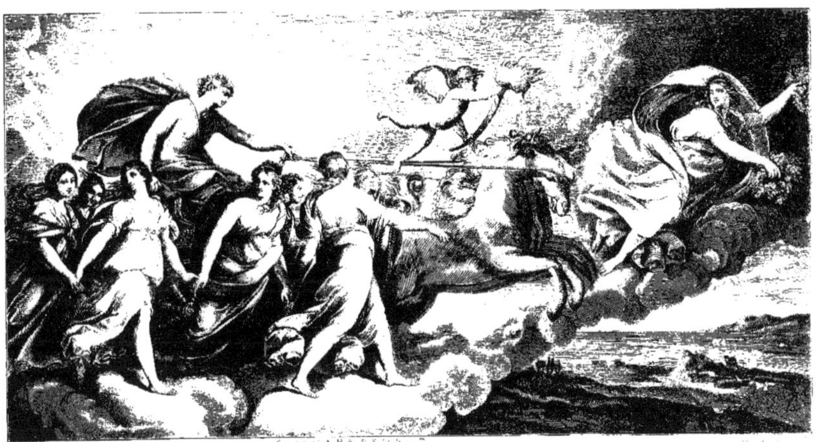

L'AURORE

apparaissait aux regards des gens qui venaient admirer un tableau récemment achevé ou solliciter la promesse de quelque ouvrage : promesse difficile à obtenir, car le nombre des demandes augmentait en raison des brillants succès de l'artiste, et celui-ci, malgré sa facilité prodigieuse, ne pouvait arriver qu'à grand'peine à contenter la moitié de ceux qui s'adressaient à lui.

Qui se serait douté alors que ce talent si universellement fêté tomberait bientôt dans le mépris? Encore quelques années et l'abandon va succéder à ces empressements, la misère à ce bonheur presque sans exemple dans l'histoire de l'art. L'existence du Guide peut se diviser en deux phases : l'une offre une succession continue de triomphes et les circonstances les plus heureuses où, depuis Raphaël peut-être, aucun peintre italien se soit trouvé; l'autre n'est qu'une suite d'infortunes aussi extrêmes et, il faut l'avouer, beaucoup moins imméritées que ces longues prospérités en tout genre. On peut assigner pour point de départ aux malheurs qui remplirent cette seconde partie de la vie du Guide l'époque où il se rendit à Naples pour y peindre la chapelle de saint Janvier.

Rien jusque-là n'était venu présager un revirement dans l'opinion, ni compromettre en quoi que ce fût ce bonheur obstiné. En quittant Rome pour se réinstaller à Bologne, le Guide n'avait fait que retrouver ses anciens admirateurs ou en recruter de nouveaux : le tout au détriment de Louis Carrache qui n'était déjà plus que le chef honoraire de l'école et en quelque sorte un des clients de son ancien élève. Un peu plus tard, l'artiste privilégié recevait, à son entrée à Ravenne, où l'avait appelé le cardinal Aldobrandini, une ovation assez semblable à celle qu'on lui avait autrefois décernée à Rome, et lorsqu'il découvrit ensuite les peintures qu'il était venu exécuter dans la cathédrale, les artistes du pays s'inclinèrent sans arrière-pensée de jalousie devant ce talent supérieur. A Naples, malheureusement les choses devaient se passer d'une tout autre façon. On a vu dans la vie du Dominiquin les abominables moyens employés par Bélisaire Corenzio et ses pareils pour défendre contre le maître bolonais ce qu'ils appelaient leurs prérogatives et se réserver le monopole de la décoration des monuments publics. En procédant ainsi, ils n'en étaient plus à s'essayer dans la voie des perfidies. Le système d'intimidation qu'ils poursuivaient pour se débarrasser du Dominiquin, ils l'avaient pratiqué tour à tour, et toujours avec succès, contre le Josépin, le Guide et un élève de celui-ci, Francesco Gessi, qui un moment prétendit recueillir l'héritage de son maître. Les ardentes convoitises, les sourdes menées, les tentatives criminelles auxquelles donne lieu la possession des travaux dans cette chapelle de saint Janvier sont de curieux épisodes de l'histoire de l'art italien au dix-septième siècle. Rien ne manque — ni les bouffonneries, ni les circonstances tragiques — à la série d'aventures qu'ouvrent les haines furieuses de Ribera et de Corenzio et que Lanfranc clôt à son profit avec une insidieuse habileté. Pour ne parler que de ce qui a trait au Guide, tantôt ce sont des coups de bâton donnés au maître sur les épaules d'un de ses *garzoni*, qui reçoit, avec ce châtiment, la recommandation expresse d'en expliquer le véritable sens à qui de droit; tantôt on entraîne deux élèves sur une galère, sous prétexte de la visiter : puis l'ancre est levée et les deux jeunes gens disparaissent pour ne plus revenir. De tels faits donnèrent fort à penser au Guide. Il n'était ni d'humeur ni de force à retourner contre ses adversaires les armes dont ceux-ci pouvaient au premier jour se servir directement contre lui, et laissant à Gessi le soin de continuer, si bon lui semblait, la lutte, il s'enfuit à Bologne sans regretter beaucoup une tâche dont l'accomplissement exigeait les mœurs d'un spadassin autant pour le moins que les aptitudes d'un peintre.

Le Guide n'avait pas encore cinquante ans lorsqu'il revit, pour ne plus la quitter, sa ville natale. A cet âge son talent ne pouvait avoir faibli : aussi la faveur publique accueillit-elle, comme de coutume, les premiers ouvrages que le peintre produisit après son retour de Naples. Cependant les toiles qui sortaient ne paraissaient déjà plus dignes des œuvres anciennes. Jamais la manière du Guide n'avait été ni fort châtiée, ni fort délicate : mais à ces négligences assez peu apparentes en somme succédaient maintenant l'incorrection flagrante et l'abus excessif de la facilité. D'où venait l'avilissement de cette manière, et comment un artiste habitué à tenir le premier rang descendait-il ainsi au rang des praticiens vulgaires? Le déclin du talent trahissait ici les progrès d'une passion à laquelle le Guide était livré déjà pendant son séjour à Rome, mais qui avait fini par le posséder à tel point qu'il oubliait pour elle son art et jusqu'à ses vieilles habitudes de vanité. Le temps est loin déjà où il lui suffisait d'être recherché par les grands, de trôner au milieu de ses élèves ou de se parer de magnifiques habits. Que lui importent aujourd'hui ces fades jouissances? Le seul plaisir dont il soit avide, c'est l'émotion que donne un coup de dés; ce qu'il convoite à l'exclusion de tout le reste, c'est assez d'or pour risquer un enjeu et essayer de réparer ses pertes de la veille. De là ces tableaux achevés à la hâte et qu'il livre à qui veut les prendre sans se soucier d'autre chose que du prix auquel il les vend; de là ces innombrables répétitions, bien ou mal faites, des sujets qu'il a déjà traités : ces figures de *saint Sébastien*, entre autres, que l'on rencontre en Italie dans les moindres galeries ou dans les plus pauvres églises. Le Guide n'a ni le loisir ni la volonté de méditer ses ouvrages; encore moins a-t-il le temps d'attendre qu'on se présente pour les lui acheter. Lui-même va les offrir de palais en palais, de boutique en boutique, quitte à se voir repoussé par des gens qui le suppliaient naguère, ou à faire profiter de sa détresse quelque avare spéculateur. Ce n'est pas tout : l'atelier du Guide restait encombré d'une multitude de toiles dès longtemps ébauchées et payées par les amateurs auxquels elles devaient appartenir, soit en proportion du travail déjà exécuté, soit en raison de leur valeur future. L'usage était alors en Italie de donner ces sortes d'arrhes aux artistes, et ceux-ci s'obligeaient en retour à terminer dans un certain délai l'œuvre commencée. Comment éviter les poursuites ou tout au moins les reproches qu'autorisaient de si longs retards? Afin de tenir à peu près ses engagements, le pauvre Guide, réduit à emprunter le secours d'une main étrangère, n'en vit

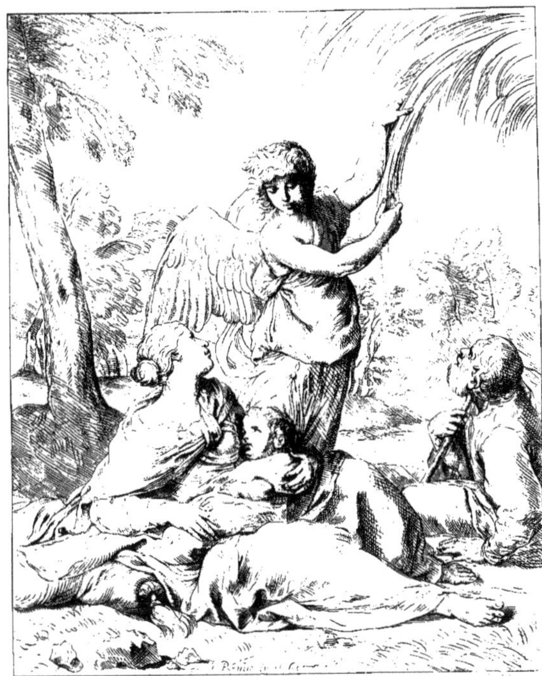

LE REPOS EN ÉGYPTE (d'après l'eau-forte du maître).

pas pour cela ses affaires en meilleur train. Un neveu qu'il avait autrefois recueilli et dont il eut l'idée de faire son aide, travailla, il est vrai, de concert avec lui à compléter nombre de tableaux ; mais avant que ces tableaux sortissent de l'atelier, le digne garçon en faisait préalablement des copies qu'il vendait en secret sous le nom du maître et pour son propre compte, dût la valeur des originaux en être dépréciée d'autant. On conçoit le déshonneur qui rejaillissait sur le Guide de cet acte de mauvaise foi et le rôle de complice qu'il jouait dans des manœuvres dont il était en réalité la première victime. Près de quinze années se passèrent au milieu de ces agitations, de ces misères, de ces tristes et inutiles expédients. Enfin, dénué de toutes ressources, le Guide en vint à échanger non plus des ouvrages terminés, mais ses heures mêmes de travail contre un peu d'argent qu'il allait perdre le soir dans d'infimes tavernes hantées par ses compagnons de jeu. Un certain Saül Guidotti conclut avec lui un marché par lequel l'ancien favori de Paul V, le peintre naguère le plus renommé de l'Italie vendait chacune de ses journées au prix de quelques écus, et s'obligeait à peindre au moins un tableau par semaine sur tels sujets qui lui seraient donnés : pitoyable spectacle, dit Baldinucci, que de voir ce malheureux vieillard succombant à la peine et n'osant pas même se reposer quelques instants de peur d'être réprimandé ou chassé par l'homme qui lui avait fait la grâce de le prendre ainsi à loyer. Abandonné de ses amis, sans cesse harcelé par des créanciers qu'il tâchait de frauder pour se ménager quelque moyen de tenter encore la fortune, le Guide traîna jusqu'en 1642 une existence aussi discréditée que sa jeunesse avait été honorée et brillante. Sa mort émut cependant ceux-là mêmes qui depuis longtemps n'avaient plus pour lui que de l'indifférence ou du mépris. On oublia la honte des dernières années pour ne se rappeler que les anciens titres de gloire, et, l'enthousiasme se réveillant une dernière fois, le corps du Guide fut transporté en pompe à l'église San Domenico de Bologne, où on l'inhuma en présence des députés de la Seigneurie, des magistrats et d'une foule immense de peuple[1].

Si l'on compare le Guide aux autres peintres de l'école bolonaise, ou même à tous les peintres italiens du dix-septième siècle, nul doute qu'il ne paraisse un des plus dignes d'estime, le seul même après le Dominiquin et les Carrache, dont les ouvrages protestent encore contre l'abaissement du goût et le culte des réalités grossières. Mais si, au lieu de tenir compte avant tout des entraînements de l'époque, on considère ce talent en lui-même et relativement aux conditions générales de l'art, il est impossible de ne pas sentir ce qu'il a d'insuffisant, de défectueux à beaucoup d'égards et, pour tout dire, de foncièrement inutile. Le propre des maîtres est de personnifier quelque heureux effort accompli dans un sens imprévu, quelque découverte ajouter aux conquêtes antérieures. Leur importance dans l'histoire de la peinture est telle qu'on ne saurait supprimer un seul d'entre eux, sans rompre du même coup l'ordre nécessaire et comme un des chaînons du progrès. Au contraire, que les travaux du Guide viennent à disparaître : on sera privé d'œuvres non sans mérite assurément, mais la trace d'aucun progrès essentiel ne sera effacée pour cela. Quel élément nouveau l'élève de Denis Calvart et des Carrache a-t-il introduit dans l'art? sous quel aspect inaperçu avant lui a-t-il envisagé la nature? Le sentiment qui le dirige sans être, si l'on veut, vulgaire, n'a cependant ni cette précision, ni cette originalité qui appartiennent aux peintres de haute race. Le Guide ne fut, à tout prendre, qu'un très-habile et très-fécond praticien. Ce titre suffit sans doute pour assurer une certaine célébrité à son nom et à ses ouvrages; mais il limite en même temps l'admiration que ces ouvrages méritent et le respect que l'on doit à ce nom.

On ne saurait donc accepter sans réserve les éloges que les écrivains italiens des deux derniers siècles ont prodigués aux travaux du Guide. Encore moins est-il permis de croire ces panégyristes sur parole, lorsqu'ils célèbrent à l'envi les heureux effets de l'influence exercée par le maître sur la peinture bolonaise et sur l'art italien en général. Baldinucci, Malvasia, Lanzi, bien d'autres biographes encore enregistrent pieusement les noms de tous les élèves sortis de cette école et ne font pas difficulté d'immoler quelquefois les Carrache eux-mêmes à ce chef par excellence, en qui ils saluent « le restaurateur de la grâce » et le véritable « créateur

---

[1] Vingt-trois ans plus tard (1665), le tombeau du Guide se rouvrait pour donner asile aux restes d'une jeune femme que ses dons et sa fin tragique rendaient, aux yeux des contemporains, digne d'un tel honneur, et qui semblait avoir hérité du maître cette grâce et cette douceur de pinceau auxquelles il avait dû ses succès. — Élisabeth Sirani, morte à vingt-six ans, empoisonnée, dit-on, par des envieux, et fille d'André Sirani, de qui elle était aussi l'élève. C'est à tort qu'on la classe assez ordinairement parmi les élèves du Guide, puisque, à l'époque où mourut celui-ci, elle n'avait encore que trois ans; mais elle mérite d'être mise au nombre des plus habiles imitateurs de sa manière. Considérée, soit comme peintre, soit comme graveur à l'eau-forte, Élisabeth Sirani ne le cède guère aux artistes qui reçurent directement les leçons du Guide. Elle-même tint une école où elle forma plusieurs élèves de son sexe, ses deux sœurs entre autres et Lucrèce Scarfaglia, Geneviève Cantofoli, Vincenza Fabri et Véronique Franchi.

de la manière moderne » Assez triste bienfait en vérité. Cette manière efféminée, dont le peintre de l'*Annonciation* légua la tradition à ses disciples, devait se dépraver encore aux mains de ceux-ci et de leurs successeurs, et envahir si bien l'école entière que toute aspiration virile serait comprimée à l'avance, toute velléité de réaction paralysée. Partout la mollesse ou la pauvreté du style se substituera à une simplicité choisie, partout l'expression doucereuse va remplacer l'expression délicate, et le goût des fadeurs anéantir

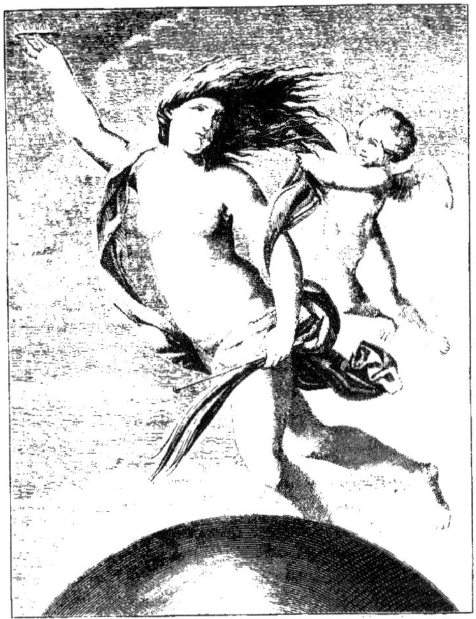

LA FORTUNE

l'instinct de l'élégance. Il ne serait pas juste sans doute d'imputer formellement au Guide les torts de tous les artistes survenus après lui ; la langueur, la béate inertie du florentin Carlo Dolci, par exemple, ou, un peu plus tard, la facilité prétentieuse de Carle Maratte ne sont, à vrai dire, qu'en germe dans les tableaux du peintre bolonais. Pourtant, n'est-on pas en droit de lui reprocher d'avoir ouvert la voie à ce débordement d'œuvres sans portée et sans fonds, et n'a-t-il pas en quelque sorte autorisé, par le caractère un peu négatif de son talent, les franches nullités qui allaient se produire d'un bout à l'autre de l'Italie? A ne parler d'ailleurs que des peintres directement formés par lui, il en est peu dont l'obéissance empressée n'ait activé le mouvement qui entraînait déjà l'art vers sa ruine. Les plus habiles d'entre eux, Simone Cantarini, dit le

Pesarese, Francesco Gessi, Semenza, Andrea Sirani, tous ceux, en un mot, qui passent pour avoir le mieux profité des leçons du maître, ne semblent-ils pas s'être assimilé sa manière en vue, non de poursuivre un progrès, mais de propager une mode? Cette tâche facile, les Vasari, les Allori, tant d'autres imitateurs de Michel-Ange, se l'étaient proposée dès le siècle précédent, et l'on sait les innombrables contrefaçons des peintures de la Sixtine qui s'étalèrent, à Florence ou à Rome, sur les murs des palais et des églises. Michel-Ange toutefois ne s'était pas dissimulé les funestes conséquences de cette manie, et loin d'encourager l'abnégation de ses séides, il avait déclaré « incapable de s'enrichir du bien d'autrui quiconque ne possédait pas un fonds de ressources personnelles ». En se reprochant d'avoir engendré la race qu'il laissait après lui, il opposait d'avance un désaveu aux excès qui allaient être commis en son nom : le Guide, au contraire, se garda bien de désavouer aucun de ses copistes, parce qu'il espérait sans doute que ces travaux inspirés par lui augmenteraient encore sa popularité. Calcul dangereux en ce sens qu'à force de se multiplier, les spécimens de « la manière moderne » pouvaient lasser l'admiration et diminuer d'autant la part de mérite attribuée au maître. Le style qu'avait inauguré celui-ci ne devait-il pas perdre son apparence de supériorité et sa signification originale, alors que tant de gens réussissaient si parfaitement à s'en approprier les formes? Il n'en fut pas ainsi cependant. Tout en applaudissant aux œuvres de Gessi ou de Semenza, tout en honorant Sirani du surnom de « second Guide », on n'en persévéra pas moins dans l'enthousiasme qu'avait d'abord inspiré le Guide lui-même et ce qui aurait pu ruiner, ou, pour le moins, compromettre sa gloire, ne servit en réalité qu'à l'affermir.

Rien, du reste, de plus facile à concevoir que l'influence exercée par un maître de cet ordre, rien de moins surprenant que le nombre de ses imitateurs. Fra Angelico, Léonard, ou Raphaël avant sa troisième manière, seront rarement et surtout malaisément imités, parce que, chez eux, le mode d'expression est inhérent au sentiment même et que dans leurs œuvres la perfection du style résulte de l'élévation de la pensée; il faudrait d'abord pour peindre comme eux avoir reçu du ciel les instincts auxquels ils obéirent, ou plutôt un artiste doué d'une organisation assez délicate pour perpétuer de tels exemples ne les continuera qu'après les avoir involontairement tranformés suivant ses inspirations et ses propres tendances. En revanche, les peintres dont les qualités sont expressément techniques, les talents qui n'arrivent, pour ainsi dire, qu'à formuler les surfaces d'un sentiment, les hommes comme le Guide, en un mot, éveilleront autour d'eux l'esprit d'imitation avec d'autant plus de puissance qu'ils décourageront moins les organisations faibles ou secondaires. De là ont engendré les succès de la médiocrité qui suivirent à Bologne les succès des Carrache et de leurs principaux élèves; mais si l'art acheva de se matérialiser ainsi après eux, l'origine du mal n'est-elle pas dans le caractère de leurs œuvres mêmes, et lorsqu'il n'y a que justice à condamner les copistes, sera-t-il moins juste de réprouver aussi ceux qui leur ont fourni un texte déjà vicié et des modèles d'une autorité suspecte? Le Guide, et, en général, les peintres bolonais de la fin du seizième siècle ou du commencement du dix-septième, ne dominent pas leur époque, puisqu'ils s'associent à ses entraînements et que, à bien des égards, ils s'inspirent de son faux goût. Au lieu d'arrêter la décadence de la peinture, ils n'ont fait en réalité que la diriger. Leurs œuvres comme leurs doctrines purent emprunter aux circonstances une valeur relative et une sorte d'utilité : mais considérées en elles-mêmes, elles demeurent insuffisantes ou stériles. Bien plus, malgré le nombre immense de leurs élèves, ni les Carrache, ni le Guide n'ont, à vrai dire, fondé une école, s'il faut entendre par ce mot un ensemble d'artistes animés d'une foi profonde et travaillant pieusement à confirmer un progrès. Le progrès d'ailleurs était-il bien sûr? la foi qui allait manquer aux disciples n'avait-elle pas déjà manqué aux maîtres? et les croyances négatives de ceux-ci, leur système d'éclectisme et de tempérament en toutes choses pouvaient-ils enfanter rien de plus qu'un art sans physionomie distinctive, une école sans tradition féconde? A ne tenir compte que de la quantité d'œuvres produites et du succès qui les accueillit, la réforme bolonaise est un fait très-important dans l'histoire de la peinture italienne; mais si l'on examine avant tout les titres des réformateurs, si l'on pèse leur mérite, au lieu de se laisser éblouir par l'éclat du rôle qu'ils ont joué, il est au moins douteux qu'une telle épreuve tourne au profit de leur gloire. Le Guide, en particulier, ne gagnera pas à être envisagé ainsi. Tout en rendant hommage à son incontestable habileté, on ne se méprendra pas sur la faiblesse de son sentiment, et l'on ne confondra pas cette manière superficielle avec l'expression d'une pensée recueillie, ces agréments ou ces facilités de pinceau avec les sérieuses beautés des vrais maîtres, en un mot, le talent qui procède seulement de l'esprit avec le talent qui vient de l'âme.

HENRI DELABORDE.

RECHERCHES ET INDICATIONS.

Les tableaux du Guide se rencontrent en fort grand nombre dans tous les musées de l'Europe, et en Italie seulement on en compterait peut-être plusieurs centaines. Nous nous contenterons de citer les plus importants :

À BOLOGNE, dans la galerie.—La *Madonna della pieta*, toile justement célèbre, et le *Massacre des Innocents*, que l'on peut regarder comme un des chefs-d'œuvre du peintre; le *Christ agonisant* et le *Samson victorieux*, tableau plus énergiquement conçu et dessiné qu'il n'appartient d'ordinaire au Guide.

ÉGLISE SAINT-MATHIAS. — Une *Vierge apparaissant à saint Hyacinthe*, peinte par le Guide à l'âge de vingt-trois ans, peu de temps par conséquent après son admission dans l'école de Louis Carrache.

ÉGLISE SAN DOMENICO.—Une peinture à fresque représentant la *Réception de l'âme de saint Dominique par le Christ et la Vierge*, ouvrage moins célèbre que les tableaux de la galerie de Bologne, ou l'*Aurore* du palais Rospigliosi, et qui mériterait pourtant d'être cité parmi les meilleurs spécimens de la manière du peintre.

PALAIS TANARA. — Une *Vierge allaitant l'enfant Jésus*.

PALAIS BIAGI. — Un *plafond* peint par le Guide avec l'aide de plusieurs de ses élèves. Un autre plafond, représentant *les Harpies* infestant la table d'Énée, se voit au palais Bianchi.

MILAN, MUSÉE BRERA. — *Saint Pierre et saint Paul*.

VENISE, GALERIE DU PALAIS MANFRINI. — Une *Lucrèce*, et dans le palais Grimani un *petit Amour*.

PADOUE, ÉGLISE DEGLI EREMITANI. — *Saint Jean-Baptiste dans le désert*.

PIEVE, près de Cento. — L'*Assomption*. Ce tableau, qui orne le maître-autel de l'église, devait être emporté en 1797, mais le bruit de son enlèvement suscita dans le peuple un tel mécontentement que, pour éviter une émeute, on fut obligé de le laisser en place.

FLORENCE, GALERIE DES OFFICES. — Le *portrait du Guide* peint par lui-même.

COUVENT DES CAPUCINS, près de Faenza. — Un tableau représentant la *Vierge et saint Jean*, enlevé à la fin du dernier siècle pour être expédié à Paris, puis déposé à Milan et enfin replacé dans l'église du couvent à l'époque de la restitution des œuvres d'art conquises par la France.

RAVENNE, CATHÉDRALE. — *Le Miracle de la manne*, une des meilleures compositions du Guide.

CESENA, ÉGLISE SAINT-JÉROME. — Une *Conception*.

FANO, ÉGLISE SAINT-PIERRE. — *David*.

NAPLES, PALAIS DU ROI. — *Hippomène et Atalante*.

ROME, GALERIE DU VATICAN. — *Le Crucifiement de saint Pierre*. La célèbre *Fortune* du Guide qui ornait autrefois cette galerie a cessé d'y figurer depuis 1826, à cause de ses nudités.

GALERIE DU CAPITOLE. — Un *portrait du Guide* et *Saint Sébastien*.

ÉGLISE SAINT-GRÉGOIRE. — *La Flagellation de saint André*, peinture à fresque en regard du *Saint André adorant la croix* du Dominiquin, et très-inférieure de tous points à l'œuvre qu'on n'hésita pourtant pas à lui sacrifier, ainsi que nous l'avons dit.

ÉGLISE DE LA TRINITÉ DES PÈLERINS. — Une figure du *Père éternel*.

GALERIE SCIARRA. Deux *Madeleines*, et au palais Doria une *Vierge*.

PALAIS PONTIFICAL DU QUIRINAL. — Une chapelle peinte à fresque par le Guide possède aussi de sa main une *Annonciation* au-dessus du maître-autel.

PALAIS ROSPIGLIOSI. — L'*Aurore*, une des compositions les plus ingénieuses et les plus agréables du Guide. On sait que le même sujet fut traité par le Guerchin, et que l'*Aurore* peinte par celui-ci orne une des salles du palais Ludovisi. L'œuvre du Guerchin a plus de mouvement que celle de son rival; elle est plus riche de coloris, plus expressément pittoresque, mais le style, chez le Guide, a plus de grâce et de distinction.

PALAIS BARBERINI. — *Andrea Corsini*.

PALAIS SPADA. — *Portrait du cardinal Spada*, le meilleur peut-être des portraits peints par le Guide.

PALAIS CORSINI. — *Hérodiade portant sur un plat la tête de saint Jean Baptiste*.

LUCQUES, SANTA MARIA IN CORTE LANDINI. — Un *Christ en croix et deux saints*, et la *Madone* dite *della neve*.

AU PALAIS DUCAL. — *Sainte Cécile*, demi-figure traitée dans le goût énergique qui caractérise la première manière du peintre.

GÊNES, PALAIS BRIGNOLE. — *Saint Sébastien*. Un autre *saint Sébastien* du Guide se voit au palais Spinola.

ÉGLISE SAINT-AMBROISE. — Une *Assomption*, l'un des tableaux les plus travaillés et les plus corrects du Guide.

LA GALERIE DE DRESDE contient dix tableaux du Guide, et entre autres : la *Vierge contemplant l'enfant Jésus pendant son sommeil*, le *Christ au roseau*, *saint Jérôme*, *Bacchus enfant*, *Vénus sur un lit de repos donnant une flèche à l'Amour*. On y voit aussi un *saint François d'Assises* (pastel).

AU MUSÉE DE MADRID. — Quatorze tableaux : *Cléopâtre*, la *Mort de Lucrèce*, l'*Assomption*, et les divers sujets de piété que le peintre a si souvent répétés.

AU MUSÉE DE BERLIN. — *Saint Paul et saint Antoine dans le désert*, la *Fortune*, la *Vierge de douleur*, la *sainte Trinité*.

AU MUSÉE DE TURIN. — Treize tableaux, parmi lesquels on peut citer : *Samson au camp des Philistins*, *Apollon et Daphné*, *Hercule et Antée*, *Apollon et Marsyas*, *la Renommée*.

À MUNICH, ancienne GALERIE DE DUSSELDORF. — Un enfant jouant avec un oiseau, *Saint Jérôme*, *Saint Pierre*, l'*Assomption de la Vierge*, tableau de 9 pieds sur 6, peint sur toile.

AU MUSÉE DE COPENHAGUE. — Le *Combat des géants* et quelques sujets de piété.

AU MUSÉE DE STOCKHOLM. — Une *Calliope* et sept sujets de piété.

AU MUSÉE D'AMSTERDAM. — *Marie Madeleine*.

À LONDRES, GALERIE DE BRIDGEWATER. — *Assomption de la Vierge*, *Jésus enfant tenant sa croix* (provenant de la galerie d'Orléans). — Galerie de lord Ashburton, un *Ecce Homo*. — Galerie de Grosvenor, *Saint Sébastien*, etc.

MUSÉE DU LOUVRE. — Les deux manières du Guide sont représentées au Louvre par vingt tableaux. Ceux qui remontent à l'époque où il se préoccupait surtout des exemples de l'Ange de Caravage et des Carrache, sont : *David vainqueur* [illegible], [illegible], *Hercule* [illegible], le *Combat d'Hercule et d'Achéloüs*, *Hercule sur l'hydre de Lerne* et l'*Enlèvement de Déjanire*. Nous avons cité plus haut quelques toiles appartenant à sa seconde manière ; il suffira d'ajouter aux toiles déjà mentionnées la *Purification de la Vierge* et *Jésus-Christ donnant les clefs de l'Eglise à saint Pierre*.

On voit souvent les tableaux du Guide passer dans les ventes publiques ; mais ces nombreux tableaux, soit à cause de leur infériorité, soit par manque d'authenticité, n'atteignent pas toujours des prix qui méritent d'être mentionnés ; nous citerons seulement quelques prix tirés des catalogues de ventes célèbres.

VENTE JULIENNE, 1767. — *Jésus et saint Jean*, 1,100 fr. — *Saint Roch*, 300 fr.

VENTE LEMPEREUR, 1773. — *Sainte Véronique*, 1,100 fr.

VENTE RANDON DE BOISSET, 1777. — *Saint Pierre* (en buste), 600 fr. — *Saint Jean l'Évangéliste* (en buste), 901 fr.

VENTE DU PRINCE DE CONTI, 1777. — *Psyché et l'Amour endormi*, 3,606 fr. — *Sainte Famille* vendue avec un tableau de Cantarini, 16,000 fr. — *Sainte Véronique*, 812 fr. — *La Mort d'Abel*, 2,400 fr.

VENTE DU BARON MASSIAS, 1825. — *Saint François en prières*, 1,225 fr. — *Lucrèce*, 450 fr.

VENTE SOMMARIVA, 1839. — *La Fortune*, 1,300 fr. — *La Charité romaine*, 3,020 fr.

VENTE DE LAS MARISMAS, 1843. — *Sainte Famille* (21 sur 27 centimètres), 5,820 fr. — *Tête de saint Jean-Baptiste*, 600 fr.

VENTE GUILLAUME II, 1850. — *Saint Joseph*, 4,085 fr.

VENTE LOUIS-PHILIPPE, 1853. — *Saint Jacques*, 17,750 fr.

Les peintures du Guide ont été maintes fois reproduites par le burin. Les graveurs qui ont le plus souvent travaillé d'après lui sont : Simone Cantarini, plus connu sous le nom du Pesarese, Curti, Sirani, Carlo Cesio, Lucca Ciamberlano, Flaminio Torre, parmi les Italiens ; Bloëmaert, C. Wischer, Vorsterman, Van Kessel, Vermeulen, parmi les artistes des Pays-Bas, et, parmi les Français, Rousselet, Picart, Poilly, [illegible], Gérard Audran [illegible], soit d'après ses propres tableaux, soit d'après Annibal Carrache et d'autres peintres de la même époque.

Les tableaux du Guide qui sont au Louvre ne sont pas signés. Nous reproduisons le monogramme et la signature qu'on trouve sur quelques-unes de ses eaux-fortes.

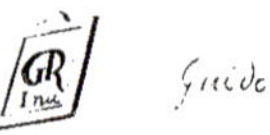

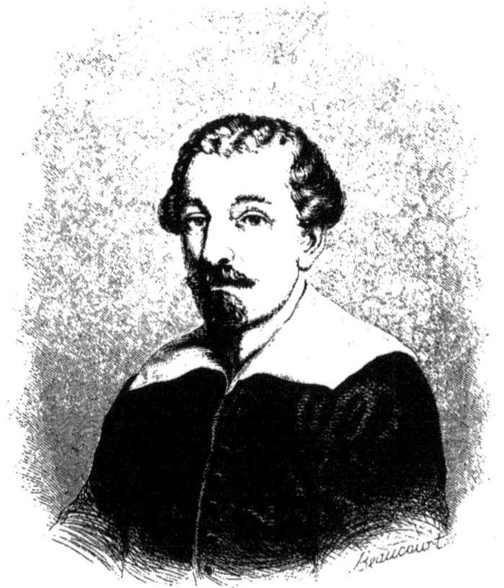

FRANÇOIS L'ALBANE

NÉ EN 1578. — MORT EN 1660.

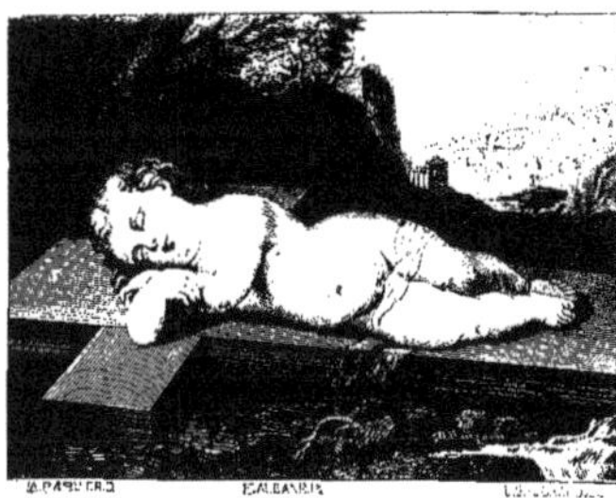

Les tableaux de l'Albane sont une preuve singulière de l'importance du sujet en peinture. Pour avoir peint la beauté, la grâce et l'amour, il s'est fait un nom que les livres ont consacré; il a plu aux hommes d'esprit, aux hommes de lettres. On lui a su gré de fournir matière à quelques pages élégantes, et sans mettre dans ses tableaux plus de talent que d'autres n'en mirent à traiter des sujets moins aimables, il a conquis une réputation peut-être au-dessus de son mérite. Car il faut bien le dire, ce ne sont pas les artistes, ce sont les écrivains qui ont surfait la renommée de l'Albane.

Il était né, du reste, avec un penchant décidé pour la peinture; mais, comme il arrive si souvent, son père, marchand de soieries à Bologne, l'avait d'abord appliqué au commerce, s'autorisant de l'exemple de certains petits peintres qu'on voyait mourir de faim, pour s'être trompés sur leur vocation. Cependant le père de l'Albane étant mort en 1590, son fils qui se sentait tout-à-fait impropre au négoce, abandonna cette carrière pour entrer dans l'atelier du Flamand Denis Calvart. Il y fut présenté par un camarade d'enfance, Guido Reni.

un peu plus âgé que lui et beaucoup plus avancé, qui se chargea de corriger ses dessins et de diriger ses premières études. L'Albane n'avait alors que douze ans, et le Guide, son instituteur volontaire, n'en avait que quinze. Les deux condisciples se lièrent d'une étroite amitié et devinrent inséparables, si bien que le Guide ayant quitté l'école de Calvart pour entrer dans celle des Carrache, l'Albane ne tarda pas à l'y suivre, enchanté d'ailleurs de rompre avec un maître grossier, qui journellement le rudoyait. Dans l'école, ou, comme on disait alors, dans l'*Académie* des Carrache, l'Albane se fit bientôt remarquer par l'aménité de son humeur et par le caractère de son talent, qui était la grâce. Aussi, dès qu'il fut en état de travailler seul, lui vit-on choisir les données les plus gracieuses, aussi bien dans la religion que dans la fable.

Son premier ouvrage marquant fut une *Assomption* de la Vierge, et voici à quelle occasion il le peignit : le Guide ayant été chargé d'orner de figures allégoriques un catafalque élevé sur la place publique de Bologne, à la mémoire du pape Clément VIII, l'Albane, qui sentait déjà dans son cœur une pointe de rivalité à l'endroit du Guide, fit sa cour à un certain Rognoni, chapelier dont la boutique donnait sur la place, et obtint de peindre à fresque sur le mur, au-dessus de cette boutique, une *Assomption* qui devait ainsi faire face aux allégories du Guide. Le seul honneur d'être le compétiteur d'un peintre connu à Bologne pour le meilleur élève des Carrache, valut à l'Albane des travaux importants, notamment dans l'église de San Bernardo, dans le vestibule du beau palais des comtes Zani, et dans l'oratoire de San Colombano, où il peignit saint Pierre pleurant la faiblesse qui lui avait fait renier Jésus; enfin à San Michele in Bosco, où en face d'un saint Eustache du Guide il représenta le *Noli me tangere*. Il faut croire que le génie de l'Albane était heureusement aiguillonné par l'émulation, car ce fut pour balancer la réputation du Guide, qu'il fit un de ses meilleurs tableaux, *la Naissance de la Vierge*, dans l'église de la Madona del Piombo, déjà ornée de peintures murales par son concurrent. Quelques voyageurs, Cochin entre autres, ont pris cette belle composition pour un ouvrage des Carrache, tant on y retrouve leur grande manière, leur pantomime, leurs airs de tête. C'est un tableau en hauteur, divisé en deux scènes par un escalier à riche balustrade. En haut, le peintre a exprimé le maternel ravissement de sainte Anne, couchée sur le lit où elle vient de mettre au monde la Vierge; elle est servie par des femmes et visitée par des anges. En bas, ce sont les matrones occupées à baigner la fille nouveau-née et à l'envelopper de ses langes. L'Albane a heureusement tempéré ici la fierté d'Annibal Carrache par la douceur et la grâce de Louis.

La précoce amitié de Guido Reni et de l'Albane commença, dit-on, à se refroidir quand les deux écoliers, devenus maîtres, aimant à se disputer l'admiration du public et les travaux que pouvaient leur commander les églises et les riches amateurs de Bologne. Toutefois, le sombre et vil sentiment qu'on appelle jalousie ne put entrer dans les âmes de l'Albane et du Guide, et comme l'affirme un biographe italien, Baldinucci, ce ne fut entre eux, dans le principe du moins, qu'une généreuse rivalité, profitable à leur gloire. Malvasia, auteur malicieux, avoue lui-même que les deux rivaux ne parlaient jamais l'un de l'autre qu'avec respect, et bien que l'on s'aperçût de l'attiédissement de leur amitié, ils eurent soin néanmoins d'en conserver les dehors.

Il y parut bien, lorsque Annibal Carrache eût été mandé à Rome par le cardinal Farnèse. L'Albane ayant résolu d'aller rejoindre son maître à Rome, en fit part au Guide qui accepta avec joie la proposition de l'accompagner dans ce voyage et ne demanda que le temps de finir certaines peintures commencées, de sorte qu'en attendant son ami, et sans doute aussi pour se faire un pécule, l'Albane se mit à improviser des petites madones qu'il vendait aux habitants de Reggio pour une pistole chacune, *una doppia*, et qui ne lui coûtaient qu'une demi-journée de travail. Les deux camarades partirent donc ensemble et arrivèrent à Rome sous le pontificat de Paul V. Ce dut être vers l'année 1607 ou 1608, et non comme le dit Passeri, vers 1611[1]. L'Albane avait alors environ trente ans, et le Guide trente-trois. Dès leur arrivée, nos deux voyageurs furent reçus par leur confrère le cavalier Josépin, et ce fut peut-être par son entremise qu'ils obtinrent du cardinal Sfondrato, un logement dans le couvent de Sainte-Praxède. Là, pendant quelques jours, ils demeurèrent sans travaux et

---

[1] Cette dernière date est évidemment erronée, puisque Annibal Carrache, sous les yeux duquel l'Albane travailla assez longtemps, à Rome, mourut au mois de juillet 1609.

passèrent le temps à jouer aux cartes pour échapper à l'ennui. Mais bientôt les visiteurs arrivèrent, et les commandes. Cependant l'Albane s'aperçut qu'il était traité avec moins d'égards que le Guide, et qu'à son compagnon s'adressaient de préférence les démonstrations de l'obséquiosité italienne. Il lui parut même que le Guide en était devenu fier et le prenait avec lui sur un ton de supériorité. Ajoutez que l'Albane fut obligé dans les commencements de travailler avec le Guide, mais en sous-ordre. Il n'en fallut pas davantage pour désunir les deux camarades, et cette fois ils se séparèrent sans aucun esprit de retour.

Une des premières démarches de l'Albane, à son arrivée à Rome, avait été d'aller voir son maître, Annibal Carrache. Il le trouva malade, abattu et plongé dans la plus noire mélancolie. Ce grand homme, après avoir achevé la galerie Farnèse, avait été chargé par le S. Henri Herrera de peindre à fresque l'église Saint-Jacques-des-Espagnols. Mais se sentant hors d'état de poursuivre son ouvrage, il en abandonna l'exécution à l'Albane,

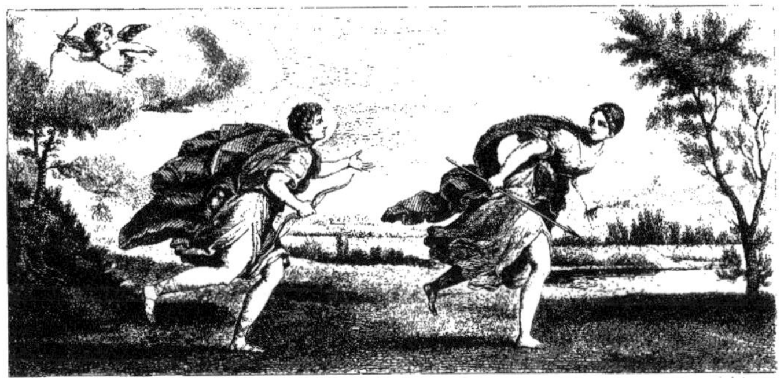

qui l'acheva d'après les dessins et sous les yeux de son ancien maître. Il restait à peindre dans la petite coupole deux morceaux dont Annibal avait dessiné les cartons. L'un représentait les malades venant en pèlerinage au tombeau de saint Jacques, et l'autre le même Saint prêchant l'évangile en présence de saint Jérôme et de saint Jean-Baptiste. L'Albane exécuta ces peintures, et deux autres encore qui retraçaient des épisodes touchants de la vie du Saint. Quoi de plus touchant, en effet, que ces traits de la légende du bienheureux Jacques? Un jour qu'il était allé secrètement porter son pain à des pauvres, il fut surpris par le père gardien du couvent qui se préparait à le réprimander, lorsque tout-à-coup saint Jacques, ouvrant son manteau, lui fit voir qu'il ne portait que des roses. Et une autre fois, se voyant entouré de malades qui l'avaient poursuivi de leurs gémissements jusqu'au pied de l'autel de la Vierge, il prit l'huile d'une lampe qui brûlait devant l'autel, et avec cette huile il rendit la vue aux aveugles, redressa les boiteux, et guérit les infirmes en présence d'une multitude de peuple frappée de stupeur... Que ces peintures soient de la main de l'Albane, on n'en peut douter, malgré le dire contraire de certains biographes, puisque Passeri tenait le fait de la bouche du Dominiquin, ancien condisciple et ami de l'Albane. Le Dominiquin avait vu peindre son camarade dans cette église Saint-Jacques-des-Espagnols, et disait même lui avoir tenu compagnie un jour que l'Albane avait ajouté à sa fresque le mur et la porte du couvent de Saint-Jacques et des loges vues en perspective.

Dans les premiers temps de son séjour à Rome, l'Albane avait fait la connaissance d'une certaine veuve nommée Silvia Gemelli, dont la fille unique avait en dot quatre mille écus, y compris quelques maisons dans les environs de Saint-André *delle fratte*. Le peintre ayant demandé la jeune fille en mariage, elle lui fut accordée avec le consentement du père Frascati, de l'ordre de Saint-François-de-Paule, parent de la veuve. Une fois marié, l'Albane s'établit à Rome. Il devait y passer dix-huit ans de sa vie. De tous les ouvrages qu'il y fit durant ce long espace de temps, à plusieurs reprises, quelques-uns existent encore, par exemple les peintures qu'il exécuta pour les sieurs Rivaldi, dans l'église de la Paix. L'Albane peignit à fresque toute la voûte, et fidèle à ses goûts, il y enleva une *Assomption de la Vierge*, sans doute pour avoir l'occasion d'y faire jouer dans les régions de l'air, autour de la madone radieuse, ces doux anges, ces tendres chérubins qu'il créait d'une main si facile, toujours gracieux, souriants et impondérables. Ensuite, au-dessus de l'autel, tout resplendissant d'une gloire au sein de laquelle était représenté le trône de Dieu, il figura sur un fond d'azur, la Paix et la Justice, non plus comme de froides allégories reconnaissables à leurs attributs consacrés, mais sous la forme de deux belles déesses, se tenant embrassées et se donnant le baiser de paix.

En marge du *Microcosme* ou *Traité de peinture* de Scanelli, l'Albane écrivit lui-même les diverses circonstances de sa vie que ce biographe avait omises, et rectifia ce qu'il avait mal présenté. Nous savons par ces notes rapportées dans la *Felsina pittrice* de Malvasia, que le peintre fut appelé à Bassano, à vingt-cinq milles de Rome, pour y orner une galerie, et qu'il la décora de sujets mythologiques, dont le principal était la chute de Phaëton. Les données de la Fable convenaient du reste au riant génie de l'Albane beaucoup mieux encore que les tableaux d'église. Il était plus propre à traduire Ovide qu'à mettre en lumière l'Évangile. Sans doute il suffisait à l'expression de la gaieté et aux images d'un bonheur facile ; mais exprimer les douleurs de la Vierge, les tristesses, les pressentiments, l'agonie du Christ, il n'y pouvait atteindre. Son âme légère s'arrêtait à la surface de l'art. A son retour de Bassano, il fut chargé de peindre le plafond d'une petite galerie dans le palais Verospi (aujourd'hui le palais Torlonia), et il y représenta les planètes, les saisons, les heures du jour sous les traits de déités aériennes et gracieuses, toutes gouvernées par Apollon, qui parcourt les signes du zodiaque sur un char traîné par quatre chevaux. L'Aurore, le Jour, le Crépuscule, la Nuit remplissent les divers compartiments de ce beau plafond. La Nuit y déploie ses ailes ténébreuses et porte dans ses bras deux petits enfants endormis. Ingénieux motif, qui de nos jours a été imité par le célèbre sculpteur danois Thorwaldsen, dans un bas-relief du palais Quirinal à Rome.

Cependant l'Albane avait perdu sa femme, qui était morte fort jeune, lui laissant une petite fille de deux ans, et il songeait à se remarier. Il y était sollicité d'ailleurs par ses deux frères, Augustin et Dominique, qui le rappelaient à Bologne. Il n'y fut pas plutôt retourné qu'on lui proposa divers partis et qu'il épousa en secondes noces une jeune fille de la famille de Fioravanti, nommée Doralice. Moins riche en dot que sa première femme, celle-ci lui apportait du moins, avec l'intelligence des choses domestiques, une beauté rare et, ce qui était un trésor pour un peintre comme lui, de la grâce. L'Albane eut de cette femme jusqu'à douze enfants, qui étaient les plus beaux que l'on pût voir. Ainsi entouré, il se livra bientôt à sa prédilection pour les figures de femmes et d'enfants et pour les sujets où ces figures devaient entrer. Voulant nourrir son esprit des riantes images de la fable antique, il se faisait lire souvent les anciens poètes traduits en langue vulgaire, regrettant de n'avoir pas appris le latin quand il était jeune, et de ne pouvoir savourer la poésie des métamorphoses dans la langue d'Ovide. Aussi avait-il un goût prononcé pour le Tasse. Et lorsqu'il avait ainsi échauffé son imagination, et qu'il y avait vu passer tous ces Amours, toutes ces déesses, et la cour lascive de Vénus et les nymphes surveillées de Diane, il se mettait à l'œuvre, et aussitôt ses propres enfants lui servaient de modèles. Sa femme, qui posait elle-même en Vénus, prenait soin de les lui disposer en mille attitudes différentes, tantôt les lui apportant nus et endormis, comme une image du sommeil de l'Amour, tantôt les tenant suspendus avec des bandelettes, de façon que le peintre pût les dessiner en l'air, volant et se jouant dans les nuages. Et comme il fallait un encadrement à ces fables charmantes, l'Albane passait la belle saison à ses campagnes de Medola et de Querciola, qu'il appelait son Belvédère, sa villa Mondragone, ses délices Tiburtines, et il trouvait là, comme préparés tout exprès pour ses fonds de paysages, de beaux bouquets d'arbres, des rochers pittoresques, des prés, des fleurs, de jolies fabriques, des fontaines jaillissantes qu'il avait fait construire à grands frais, et d'agréables points de vue qu'il s'était lui-même ménagés.

Il n'eût rien manqué au bonheur de l'Albane, si son frère Dominique ne lui eût fait connaître toute l'amertume

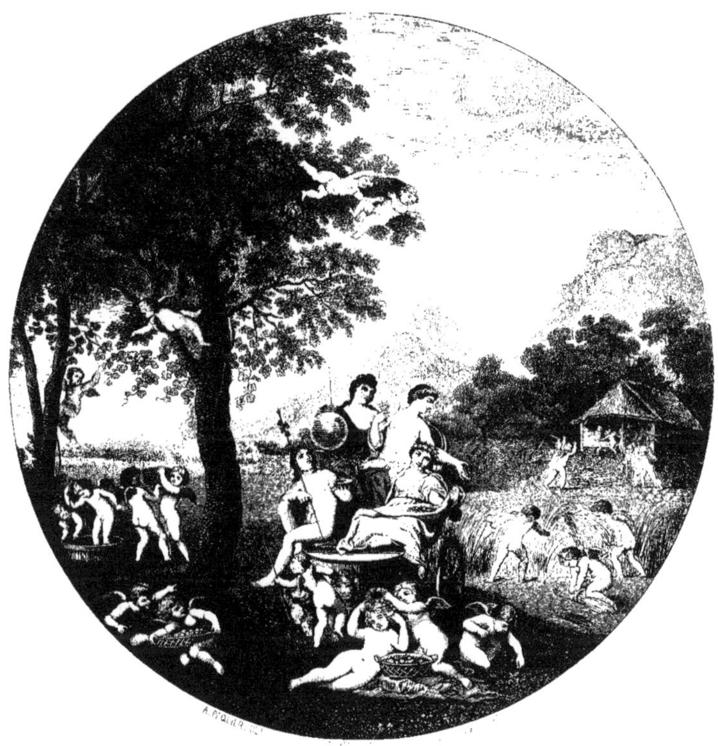

LA TERRE.

des querelles domestiques. Au dire de l'Albane, ce Dominique usait sans aucune discrétion de la fortune que son frère avait acquise par un travail sans relâche, et le peintre, qui avait à supporter de si lourdes charges, lui reprochait d'être prodigue d'un argent que, lui François, il avait tant de peine à gagner. De son côté, Dominique, resté célibataire et feignant pour ses futurs héritiers une extrême sollicitude, accusait l'Albane et sa femme de négliger l'éducation de leurs enfants, de les entretenir dans une noble paresse, comme s'ils eussent été vraiment des petits dieux de l'Olympe. Ainsi ce peintre aimable, qui était aussi le plus aimable des hommes, trouvait sa part de tourments dans cette même vie de famille d'où lui venaient toutes ses joies. Mais, du moins, au dehors il jouissait d'un grand crédit. Sa réputation avait tellement grandi à Bologne que beaucoup de gens allaient jusqu'à le placer au-dessus du Guide, et qu'il s'était formé dans le monde des amateurs deux camps rivaux, les *Guidisti* et les *Albanesi*, les partisans du Guide et ceux de l'Albane. Mettre ces deux peintres sur la même ligne, c'était faire à l'Albane beaucoup plus d'honneur qu'assurément il n'en méritait, et la postérité, plus équitable, reconnaîtra que le Guide eut toutes les qualités de l'Albane, mais que l'Albane n'eut pas, il s'en faut bien, toutes les qualités du Guide.

Dans l'année de l'exaltation d'Urbain VIII, en 1623, l'Albane fut rappelé à Rome par un procès que lui fit la mère de sa première femme et qui lui causa de grands chagrins. Pour comble, il arriva que le malheureux peintre ayant cautionné son frère Dominique pour une somme considérable, celui-ci vint à mourir, et l'Albane dut rembourser alors plusieurs milliers d'écus à des créanciers rigoureux qui le poursuivirent à outrance. Réduit aux extrémités, il eut beau travailler nuit et jour, faire des tableaux à tout prix, demander des travaux à tout le monde, prier ses amis, ses élèves même de lui en procurer, il ne put dessécher, comme il disait, cet océan de dettes. Il se résolut donc à vendre la Medola, et il en distribua le prix à ses créanciers. A travers tous ces tourments, l'Albane avait pourtant conservé, sinon la sérénité de son âme, du moins l'affabilité de ses manières, et sa peinture présentait toujours des idées riantes, un aspect flatteur. Le prince Borghèse lui ayant commandé quatre tableaux ronds d'égale grandeur, il y peignit *les Quatre éléments*, et mit tant de poésie dans ses inventions et tant de charme, que ces peintures, placées d'abord à la villa Pinciana, y furent l'objet d'une tentative de vol et durent être transportées, pour plus de sûreté, au palais Borghèse. Le duc de Mantoue, qui en entendit parler, en voulut avoir des répétitions, et l'Albane les exécuta sur de nouveaux dessins; il eut même la constance de les peindre une troisième fois pour le duc de Savoie, qui les lui fit demander à Rome, en 1625, par le cardinal son frère, et l'artiste sut trouver encore, dans son intarissable imagination, les plus heureuses variantes.

Ce fut à la même époque, suivant toute apparence, qu'il composa pour le S. Paolo Falconieri, demeurant à Rome dans la rue Julie, ces jolis tableaux que l'on voit maintenant au Louvre et qui forment comme les divers chants du poëme de Vénus et d'Adonis. L'Albane y montra un beau sentiment du paysage, et, chose étrange! il y mit du caractère, lui qui en mettait fort peu dans ses figures. La végétation de son paysage est riche, mais intermittente; ses arbres ont des tournures héroïques, et il se plaît à les faire courir des flancs d'un rocher ou à les faire servir de couronnement à des collines escarpées et arides. Les fabriques dont il orne ses fonds, les palais qui fuient en perspective dans le lointain, sont très-heureusement choisis. Par exemple, lorsque Vénus fait sa toilette, servie par ses dames d'atours, qui sont les Grâces, et par de frais Amours dont l'un lui présente un miroir tandis que l'autre d'une main délicate lui chausse le cothurne, il est agréable de voir ce gracieux tableau s'encadrer dans une vue de la mer, de se rappeler que l'écume des flots fut le premier berceau de Vénus, et d'apercevoir le temple de Gnide qui s'élève au milieu des ondes comme une île enchantée, portée sur des colonnades élégantes et peuplée de statues. Ces mêmes Amours, nous les retrouvons autour de la forge de Vulcain, maniant dans leurs mains potelées les lourds instruments de la forge et charmants à voir ainsi. Celui-ci, par un effort gracieux, enfle le soufflet des Cyclopes, celui-là tourne la roue du rémouleur, un autre raffermit la cambrure de son arc. Dans le fond, la troupe des sagittaires s'exerce à percer un cœur, et l'un d'eux vient montrer à Vénus les preuves de son adresse. Couchée sur un lit voluptueux, à l'ombre de grands arbres, la reine du plaisir sourit à leurs jeux, qui intéressent aussi le vieux Vulcain, couché auprès de Vénus. Ici la déesse s'est endormie tout exprès pour être surprise par Adonis dans l'attrayante beauté du sommeil. Là les Amours s'étant eux-mêmes endormis sous la lune, les nymphes de Diane leur coupent les ailes, leur dérobent flèches et carquois, et se vengent ainsi des traits qui les atteignirent. Le paysage est magnifique; il est digne du Poussin, et l'on n'est pas surpris qu'il ait tenté le burin d'Étienne Baudet.

Plus sensible aux infidélités de la gloire qu'à celles de la fortune, l'Albane s'inquiétait surtout de sa renommée. En le comparant aux peintres de son temps, on lui trouvait moins de science qu'au Guide, moins d'expression qu'au Dominiquin, moins de vigueur dans le coloris qu'au Guerchin, moins de résolution dans le pinceau qu'à Lanfranc. C'était le bien juger. Au fond, l'Albane n'est qu'un reflet des Carrache. Il représente leur école sous une forme affadie, et quant au Guide, dont on le disait l'émule, il lui est bien inférieur dans ce qui constitue, à proprement parler, le peintre. Son coloris sans finesse, son dessin pensif et d'un faible

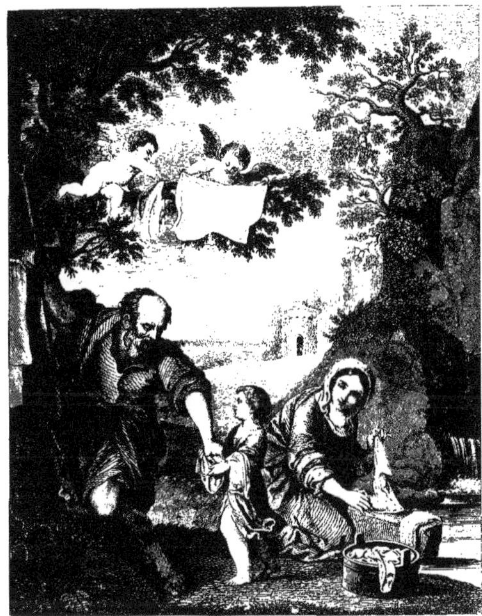

SAINTE FAMILLE.

caractère l'eussent fait oublier, je crois, s'il en eût revêtu des idées moins gracieuses, et c'est pour avoir été mis sous la protection de Vénus que son nom n'a point péri dans le naufrage de tant de réputations. Au milieu de ses douze enfants, qui tout jeunes servirent de modèles, non-seulement à lui, mais aux fameux sculpteurs l'Algarde et François Flamand, l'Albane vécut jusqu'en 1660. Il atteignit donc l'âge de quatre-vingt-deux ans, et jusqu'au dernier terme de sa vieillesse anacréontique, il ne cessa de peindre l'Amour.

CHARLES BLANC.

L'Albane a beaucoup peint à fresque, et celles de ses peintures en ce genre que le temps a respectées, se trouvent à Bologne et à Rome. Voici ses principaux ouvrages :

BOLOGNE. — Dans l'église San Bartolomeo di Porta, une *Annonciation* dite du bel Ange, et deux tableaux ornant les deux côtés de la chapelle. L'un représentant la *Naissance de J.-C.*, l'autre l'*Ange avertissant Joseph de fuir en Égypte*.

Dans l'église de la Madona di Galiera. — L'*Enfant Jésus recevant les instruments de sa Passion*. — Aux Jésuites, un *Noli me tangere*. — A la Madona del Piombo, dans l'oratoire, la *Naissance de la Vierge*, une des meilleures compositions du maître. — Au palais Pavi, une frise. — A San Colombano, un *Saint Pierre pleurant*, cité par Malvasia. — Au Musée : le *Baptême de Jésus-Christ*. — *La Vierge sur un trône*. — *La Vierge dans une gloire*.

ROME. — Au palais Verospi (aujourd'hui Torlonia) se voient peints à fresque les *Quatre Saisons*. — *Apollon sur son char*. — *Les Planètes*. — *Les Heures du Jour*. — Au Capitole : *Une Madeleine*. — *La Naissance de la Vierge*.

A Saint-Jacques-des-Espagnols. — Dans la chapelle du Saint (San-Diego), la lanterne et la coupole sont peintes à fresque par l'Albane, d'après les cartons d'Annibal Carrache. — Dans l'église de la Pace, il a peint également à fresque toute la tribune. A Bassano, près de Rome, la galerie de la Vigne-Justinienne fait voir, de ce maître, la *Chute de Phaëton* et des figures de *Neptune*, de *Galathée* et de *Nymphes*.

REGGIO en Lombardie. — Dans l'église de Saint-François, le *Baptême de Notre-Seigneur*.

FLORENCE. — Dans la galerie de ce nom, l'*Enlèvement d'Europe*, avec une répétition en petit. — *Saint Jean* groupé avec un agneau. — *Une Danse d'Amours*.

Dans la galerie Pitti, — *Une Sainte Famille avec deux anges*. — *L'Apparition de Jésus à la Madeleine*. — *Saint Pierre délivré*.

Le Musée de Turin est très-riche en tableaux de l'Albane ; on y remarque : la *Naissance de Vénus*. — *Éole enchaîne les vents*. — *Les Forges de Vulcain*. — *Cérès, Junon et Flore*. — *Salmacis*. — *Le Triomphe de Bacchus*, etc.

MUSÉE DE L'ERMITAGE. — On y compte jusqu'à vingt-deux tableaux de l'Albane, y compris quelques répétitions. Les plus remarquables sont les quatre que ce peintre avait composés pour le sieur Paolo Falconieri, qui les fit graver par Baudet. — 1° *La Toilette de Vénus*. — 2° *Le Repos de Vénus et de Vulcain*. C'est le tableau dont nous avons parlé plus haut. — 3° *Les Amours désarmés*. — 4° *Adonis conduit près de Vénus*. Ces quatre tableaux sont célèbres. Ils viennent, ainsi que la plupart des autres, de la collection de Louis XIV.

PINACOTHÈQUE DE MUNICH. — *Vénus* repose sur un lit superbe. Adonis, conduit par l'Amour, s'approche d'elle. — *Vénus endormie* est épiée par le dieu Mars. Paysage charmant, petites figures. — *Sainte Ursule* tient une bannière dans la main, demi-figure.

GALERIE DE DRESDE. — *Adam et Ève, chassés du paradis terrestre*. — *La Création d'Ève*, tableau rond. — *Une Sainte famille*. — *Le Triomphe de l'Amour*. Des génies dansent autour de sa statue ; quelques-uns portent les trophées de ses victoires, la fourche de Pluton, les clés de l'Olympe. — *Diane et ses nymphes au bain*. Actéon s'enfuit, les cornes au front. — *Vénus*. Elle est assise dans une conque attelée de dauphins. — *Galathée*. Elle est entourée de génies et traînée par des dauphins sur une coquille.

MUSÉE DE BERLIN. — Huit tableaux représentant le *Christ* — la *Vierge* — *Saint-Pierre* — et cinq autres saints.

GALERIE BRIDGEWATER, à Londres. — *Salmacis et Hermaphrodite*. Ce tableau provient de la galerie d'Orléans. — *Sainte famille*. La Vierge est assise avec l'Enfant dans un paysage ; deux anges l'adorent ; saint Joseph s'appuie sur un piédestal. Même provenance.

GALERIE GROSVENOR. — *Le Triomphe de Vénus*. — *Sainte famille*. La Vierge tient un livre. Ce n'est qu'une étude de la femme et d'un des enfants de l'Albane.

On voit encore des tableaux de ce maître dans les musées de Naples, de Milan, de Vienne, de Madrid, de Bruxelles, de Stockholm, etc.

Les élèves de l'Albane sont André Sacchi, Carlo Cignani, Filippo Menzani, qui l'assista au lit de mort ; Ercole Graziani, qui l'a fort bien imité, et Jean-Baptiste Viola, qui devint son parent par son mariage avec la première belle-mère de l'Albane.

« L'Albane, dit d'Argenville, ne donnait ses dessins à personne ; il en avait refusé au cavalier Marini, qui le voulait louer dans ses vers. Ils sont rares. La plupart sont à la plume, lavés au bistre ou à l'encre de la Chine, quelquefois relevés de blanc ; d'autres sont entièrement à la plume, avec des contours et des têtes pointillées. »

Les graveurs de l'Albane sont : Villamène, Corneille Bloemaert, Pietro-Santi Bartoli, Bonavera, Hainzelman, Étienne Baudet, Jean et Benoît Audran, Picart le Romain ....., etc. Son œuvre est d'environ soixante morceaux.

Les tableaux qui passent, dans les ventes, et même ceux qui sont conservés dans les musées sous le nom de l'Albane, ne sont pas toujours d'une parfaite authenticité, ce maître ayant eu de nombreux imitateurs.

VENTE CARIGNAN. 1743. — *La Vierge et l'Enfant*, 1,000 fr. — *L'Assomption*. — *La Vierge et Saint François*, les deux ensemble, 2,050 fr.

VENTE PRINCE DE CONTI. 1777. — *Mercure et Apollon*. On remarque dans le haut de la composition une assemblée des dieux. — 32 pouces sur 37. 3,720 liv. Ce tableau s'était précédemment vendu, à la vente Ladvocat, 4,000 liv.

Diane hors du bain. 28 pouces sur 34. 2,401 liv. — Le même morceau était monté dans la vente Ladvocat à 5,200 liv.

VENTE DUCHESSE DE BRISSAC. 1777. — *Neptune et les Tritons de la mer réunis pour contribuer au triomphe de Vénus*. — Composition de 16 figures peintes sur cuivre, 3,000 livres. — *La Vierge assise*, tenant l'Enfant Jésus. Saint Joseph est auprès d'eux, qui regarde. — Petit tableau sur cuivre. 1,500 liv.

VENTE POULLAIN. 1780. — Le tableau qui précède fut encore vendu le même prix, 1,500 liv. — Le tableau de *Mercure et Apollon*, provenant du cabinet du prince de Conti, n'alla cette fois qu'à 1,305 livres.

VENTE ROBIT. 1801. — *Diane et ses nymphes* désarmant les Amours endormis. Composition de douze figures, se détachant sur un beau fond de paysage. 56 centimètres sur 68. 1,200 fr. — Une *Sainte famille* avec deux anges. L'Enfant Jésus dort sur l'épaule de la Vierge. 660 fr.

VENTE GRANDPRE. 1809. — La *Madeleine prosternée devant Jésus-Christ*, dans le moment qu'elle vient visiter son tombeau, et apportant des parfums. A droite du sujet, sont deux anges assis sur le tombeau. 28 pouces sur 35. — 760 francs.

VENTE ERARD. 1832. — *Repos de la Sainte Famille*. 1,801 fr. Dans la même vente ont paru quatre petits tableaux sur cuivre, les *Quatre Saisons*, sur la mise à prix de 40,000 fr. — Ce prix élevé n'a pas été couvert, et les tableaux ont été retirés.

VENTE DE LAS MARISMAS. 1843. — Un *Berger enlevé par une Divinité de l'air*. 2,050 fr.

Les tableaux de l'Albane sont quelquefois signés des initiales FR. A ou F. A. P. (*Fr. Albani, pinxit*.)

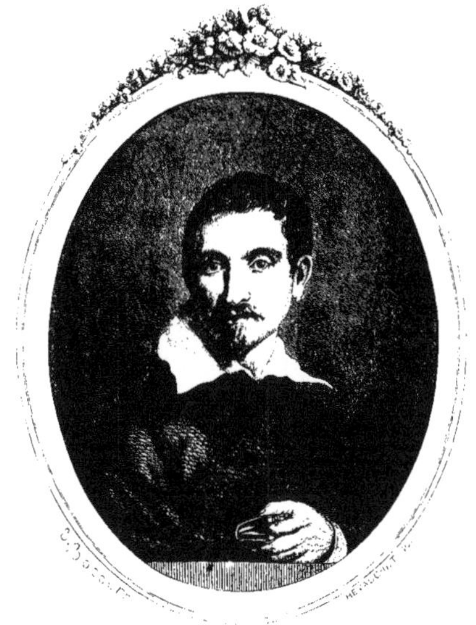

LE DOMINIQUIN (DOMENICO ZAMPIERI)

NÉ EN 1581. — MORT EN 1641

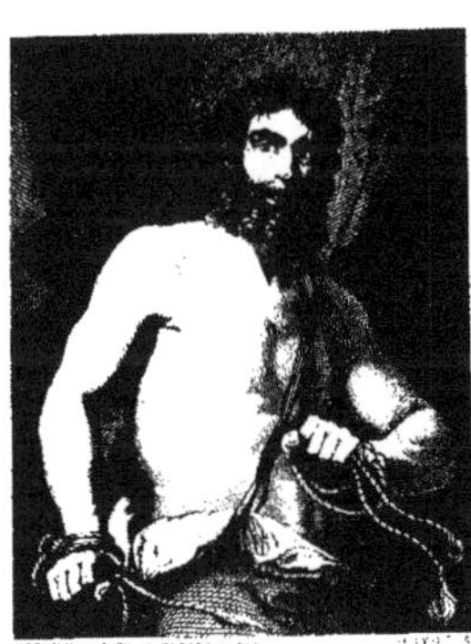

Il y a parfois dans les écoles qui finissent de grands talents dépaysés en quelque sorte : talents de haute lignée et de saine constitution viciés par une atmosphère insalubre, et qui, au lieu de s'épanouir pleinement, n'aboutissent qu'à un développement incomplet, à une efflorescence maladive. Le Dominiquin appartient à cette classe d'artistes en même temps puissants et débiles. Issu de la forte race des maîtres, mais né mal à propos, pourrait-on dire, il laisse seulement pressentir sa vigueur originelle dans des œuvres qui participent à beaucoup d'égards des faiblesses de l'époque. Aussi, éprouve-t-on autant de regret que d'admiration en face de ces témoignages d'un beau génie faussé et comme appauvri par les exemples contemporains. Il est impossible de méconnaître ce que le sentiment même du Dominiquin a en soi de tendre et de profondément naturel : on ne saurait confondre les inspirations de cette pensée sincère avec la verve factice ou la fécondité stérile des peintres italiens de la décadence ; mais on ne saurait non plus fermer les yeux à des imperfections qui attestent de tristes influences trop aisément subies, un joug bien docilement accepté. Pourquoi faut-il que le peintre de *Saint Jérôme*, du *Martyre de sainte Agnès* et de tant d'autres ouvrages où l'émotion du cœur ne se trahit que sous les lourdes formes du style, pourquoi faut-il que ce croyant des premiers âges ait vécu au sein même du scepticisme et aux derniers moments de l'art italien? Dans un autre milieu, au temps et sous les yeux des Fra Angelico par exemple, il eût été peut-être l'un des plus purs représentans de la peinture ouvertement spiritualiste. Fourvoyé parmi les élèves des Carrache, il reste supérieur par le sentiment à ses maîtres et à ses condisciples, mais il devient le complice de leurs impardonnables erreurs. Il nous apparaît, en un mot, comme une sorte de Lesueur perverti, comme une intelligence d'élite se mésalliant en dépit d'elle-même et se compromettant dans des aventures de pinceau dont le chaste peintre de *Saint Bruno* n'a jamais eu ni la tentation, ni le goût.

Doit-on au surplus s'étonner que le Dominiquin ait adopté si complaisamment une fausse méthode, et n'y a-t-il pas lieu plutôt d'admirer le reste de courage avec lequel il a résisté à certains entraînements de l'école? L'opinion publique ne favorisait pas, tant s'en faut, ces essais d'indépendance, et la postérité seule devait en tenir compte. Il y avait donc une hardiesse relative à interroger ainsi sa conscience, alors que le respect absolu de la convention était l'unique condition du succès. Contraste singulier! Ce fonds de naïveté qui donne aujourd'hui aux travaux du Dominiquin une valeur principale, ces qualités instinctives qu'on est heureux de démêler au travers des ornements de rencontre qui les voilent, lui vivant, on les lui reprocha amèrement. On accusait ses tendances rétrogrades, ce culte secret qu'il vouait encore à un art anéanti par le prétendu progrès; ce qu'on louait en lui était précisément ce qu'il importe le plus de réprouver, et si l'on faisait bon marché de son imagination ingénue, on applaudissait hautement à ses défauts acquis, aux blâmables exagérations de sa manière. Je me trompe: sur ce point même, les éloges qu'il obtint furent rares et de courte durée. On essaya bien un moment de l'opposer au Guide, mais, immolé presque aussitôt à ce rival indigne de lui, il passa le reste de ses jours loin des regards de la foule et connu seulement de quelques lâches persécuteurs. Triste vie que celle de cet homme qui achète une célébrité éphémère au prix des dons reçus en naissant et qui, après ce grand sacrifice, a pour toute récompense les mépris de ceux qui le lui ont imposé! Victime deux fois digne de pitié, qu'on voit se débattre d'abord contre les inclinations de son génie, et tomber par une succession d'infortunes inouïes aux mains perfides de Lanfranc et de Ribera, aux mains meurtrières peut-être d'un Bélisaire Corenzio!

À peine les outrages qui ont prodigué au dernier descendant des grands maîtres lui suscitent-ils quelques défenseurs. Bientôt l'indifférence succède à ces velléités de zèle et une disgrâce complète à cette douteuse faveur. Le Dominiquin n'avait pas atteint sa cinquantième année que personne pour ainsi dire ne songeait plus à s'enquérir de lui ni de ses travaux: ou si l'on s'arrêtait quelquefois devant les œuvres qu'il avait signées, c'était pour mieux s'initier par la comparaison aux beautés des œuvres voisines. Ainsi, la *Flagellation de saint André* placée dans l'église de Saint-Grégoire, à Rome, en face d'une peinture du Guide, ne servait, assurait-on, qu'à relever le prix de celle-ci. Seul, un artiste alors inconnu, un Français du nom de Poussin ne craignait pas d'avoir un avis contraire. Il étudiait le crayon à la main cette *Flagellation* que, autour de lui, on honorait à peine de quelques regards, et, s'irritant de plus en plus des injustices de l'opinion envers le Dominiquin, il alla ensuite jusqu'à proclamer la *Communion de saint Jérôme* « l'un des trois plus beaux tableaux de Rome. » Les deux autres étaient la *Transfiguration* de Raphaël et la *Descente de Croix* de Daniel de Volterre.

La postérité, il faut le dire, a ratifié ce jugement un peu à la légère et sans se préoccuper autrement des motifs qui l'avaient dicté. En prenant au pied de la lettre des éloges où il entre sans doute plus de noble indignation que d'exacte équité, on oublie que le mot de Poussin est surtout un démenti donné aux détracteurs du Dominiquin et une condamnation implicite des ouvrages contemporains en renom. La *Communion de saint Jérôme* se recommande par la justesse des expressions, par la simplicité des attitudes et un caractère d'onction fort rare dans les tableaux italiens du dix-septième siècle; c'est, si l'on veut, un chef-d'œuvre, eu égard aux compositions que l'on improvisait alors à Rome, mais ce n'est ni un chef-d'œuvre absolu, ni même le chef-d'œuvre du peintre. Autant ou plus qu'ailleurs, l'élève des Carrache reproduit ici le style négatif de ses maîtres; il dessine mollement comme eux et enchérit sur les pesanteurs de leur coloris; il laisse voir dans le choix des formes, des ajustements, des détails d'architecture, un goût ou tout à fait nul, ou défaillant : le moyen de rapprocher une toile à ce point défectueuse de deux morceaux qui expriment l'un l'accord parfait de toutes les qualités dans l'art, l'autre une fermeté de dessin irréprochable et la plus sévère grandeur? Poussin, certes, savait mieux que personne ce qui rend cette assimilation impossible; mais révolté de tant de dénigrement et d'oubli, il

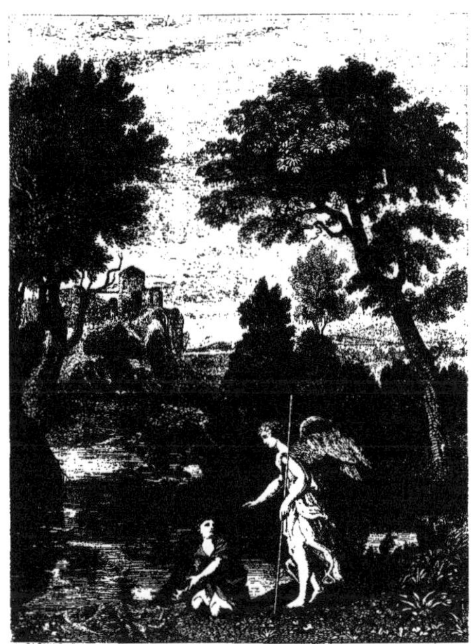

exagéra pour ainsi dire la vengeance et devint partial par excès de justice. Qui sait d'ailleurs si en rendant hommage à ce grand talent méconnu, il ne consultait pas aussi ses sympathies pour une noble misère et des souvenirs tout personnels? On raconte qu'un jour où il dessinait à Saint-André della Valle, seul comme de coutume, en face des fresques du Dominiquin, il fut abordé par un homme qui lui témoigna sa surprise de le voir choisir des modèles si unanimement dédaignés. Poussin croyant avoir affaire à quelque nouvel ennemi du maître, se mit à justifier vivement ses propres prédilections et à définir le mérite de la peinture qu'il avait entrepris de copier. L'étranger l'écoutait d'un air d'attendrissement et de bienveillance; puis, lorsque le jeune peintre eut cessé de parler, il l'embrassa en le remerciant avec effusion, et s'éloigna triste et reconnaissant à la fois.

Cet homme était le Dominiquin qui, s'étonnant de trouver encore un admirateur, avait puisé dans les paroles de celui-ci un peu de consolation et de courage. Le courage! avait-il besoin toutefois qu'on le lui enseignât? Que nous montre à tous les moments cette existence passive et recueillie sinon la lutte, l'isolement et la souffrance, mais une lutte sans cris, un isolement sans colère, une souffrance sans désespoir? La vie entière du Dominiquin se résume en un seul mot — résignation, — et si l'on a le droit de reprocher beaucoup aux œuvres de l'artiste, à coup sûr, ses infortunes si longues et si patiemment supportées ne peuvent inspirer que la commisération et le respect.

Le Dominiquin, ou plutôt Domenico Zampieri, était fils d'un cordonnier de Bologne. Né en 1581, à l'époque même où Louis Carrache — secondé par ses cousins Augustin et Annibal — entreprenait cette réforme de l'art qui n'était au fond qu'un symptôme de plus de sa décadence, il grandit en entendant vanter jusque dans la boutique de son père l'opportunité de l'entreprise et la puissance des réformateurs. Qu'on ne se scandalise pas de ces conférences esthétiques ouvertes dans un si humble lycée. Au delà des Alpes, les simples artisans demeurent rarement indifférents à la poésie, à la musique, à la peinture même, et par un privilége de l'instinct national, ils se passionnent à tort ou à raison, mais ils se passionnent pour des questions qui ailleurs n'émeuvent guère que quelques intelligences choisies. Il n'y avait donc rien que de fort naturel à ce qu'un cordonnier bolonais du seizième siècle eût son opinion en matière d'art et causât aux heures du repos de ce qui aujourd'hui encore intéresse les gens de sa classe en Italie. Le père de Domenico néanmoins ne voyait pas avec autant d'enthousiasme que ses amis les tentatives des *incamminati*, titre modeste sous lequel les Carrache abritaient leurs arrière-pensées orgueilleuses et leur immense ambition. Il tenait pour Denis Calvart, médiocre artiste d'ailleurs établi depuis longtemps à Bologne, et ce fut chez ce Flamand italianisé qu'il crut devoir placer son fils lorsque celui-ci fut en âge d'étudier la peinture.

Il va sans dire que le choix d'un pareil maître contrariait assez les inclinations de Domenico Zampieri. A ses yeux, Denis Calvart représentait l'art immobilisé dans la routine, tandis que la froide magnificence et les bruyantes prétentions des Carrache lui apparaissaient comme l'expression suprême du progrès. Ce sont les jeunes esprits, on le sait, qui se font le plus volontiers clients des novateurs de cette sorte. Pour savoir distinguer, en peinture comme en poésie, l'emphase de la force et l'ostentation de la réalité des justes formes du vrai, il faut une clairvoyance et un goût qui manquent d'ordinaire à l'âge des admirations faciles et des rapides entraînements. Domenico, à quinze ans, devait donc croire de tout son cœur aux décevantes nouveautés que popularisaient les Carrache; il y eut si bien, même dans l'atelier de Calvart, que celui-ci, le surprenant un jour en contemplation devant une estampe d'Augustin, mit sans marchander son élève à la porte en l'accablant d'injures par surcroît. Comment après cet esclandre se montrer dans la maison paternelle et s'exposer à de nouveaux reproches, peut-être à un pire traitement? Le soir venu, le pauvre enfant se glisse furtivement au logis et va se cacher dans un grenier où il passe quelques heures mourant de crainte et de faim. Vaincu enfin par le désespoir de sa mère, dont il entendait les gémissements du fond de sa retraite, il descendit, quitte à subir les rudes effets de la colère du vieux Zampieri[1]. Ces premiers moments une fois passés — et passés comme Domenico l'avait prévu, — il fallut bien aviser au moyen de continuer l'apprentissage commencé. Grâce à la recommandation d'Augustin, qui lui devait bien ce dédommagement, l'élève de Calvart fut admis parmi les élèves de Louis Carrache, et il se vit ainsi libre d'avouer la foi qu'on l'avait contraint de dissimuler jusque-là. Malheureusement des tourments d'une autre sorte l'attendaient dans l'atelier de Louis. Timide à l'excès, chétif de corps — ce qui lui valut ce surnom maintenant consacré de *Domenichino*, — presque toujours silencieux et mécontent de soi, le nouveau disciple de Carrache était naturellement prédestiné à ce rôle douloureux qu'impose dans toute réunion de jeunes gens ou l'extrême modestie ou la faiblesse. Les camarades du Dominiquin n'eurent garde de manquer à la coutume et de se montrer indulgents envers lui. A en juger par les détails que nous ont transmis quelques écrivains contemporains, on ne lui épargnait ni les sarcasmes ni les outrages, et loin de se laisser désarmer par sa patience, on s'enhardissait

[1] Malvasia. — *Felsina pittrice.* — Bologne, 1678.

de cette résignation même pour se donner plus largement carrière : méchant jeu et doublement honteux

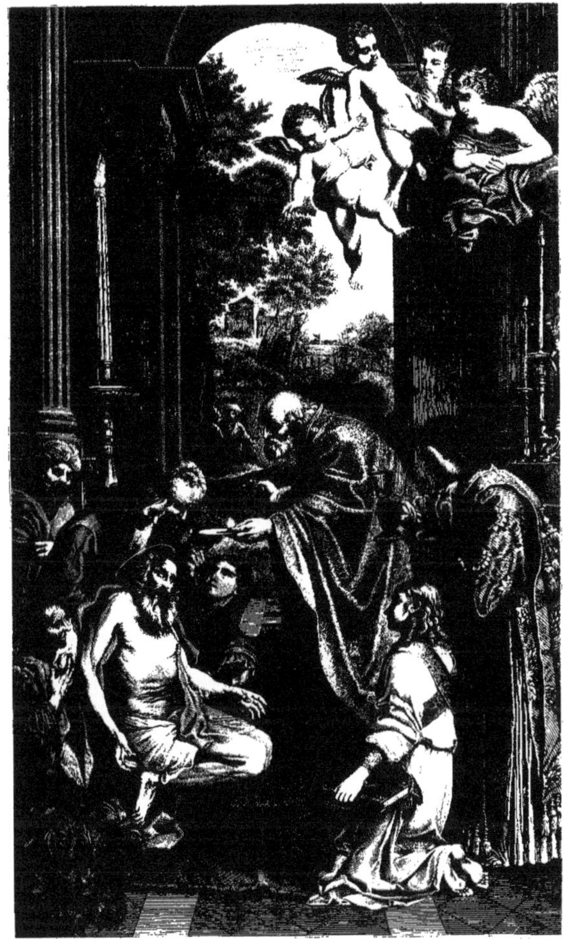

COMMUNION DE SAINT JÉRÔME

pour ceux qui s'y livrent lorsqu'à la douceur de la victime se joignent comme ici les promesses du talent

Cependant le Dominiquin, mieux doué et plus laborieux qu'aucun de ses condisciples, avançait chaque jour dans la voie où ceux-ci le croyaient à peine entré, et lui-même doutait encore de ses progrès qu'il était déjà mûr pour la gloire. Mais pour mettre en lumière un mérite qui s'ignore à ce point, il faut que les occasions naissent d'elles-mêmes. Celles que rencontra d'abord le Dominiquin ne lui valurent rien de plus que quelques obscurs travaux, quelques avares encouragements. Un concours ouvert à Bologne entre les jeunes peintres, et dans lequel il obtint le prix réservé à l'auteur du meilleur ouvrage, vint, il est vrai, révéler ce talent et lui donner une sorte de crédit. Qu'était-ce pourtant qu'un si mince succès auprès des triomphes du Guide et de la pompeuse notoriété qu'il avait conquise dès le début dans sa ville natale et au dehors? Tandis que l'un végétait à Bologne dans l'isolement et la détresse, l'autre, comblé de richesses qu'il prodiguait au jour le jour comme les œuvres de son faux génie, parcourait l'Italie au milieu des applaudissements et des hommages. En ce moment il était à Rome; mais fort heureusement pour le Dominiquin, l'Albane et Annibal Carrache s'y trouvaient aussi, c'est-à-dire les deux hommes qu'importunait le plus la renommée croissante du Guide. Il s'agissait de susciter un rival à ce peintre si universellement admiré : sur la proposition de l'Albane, Annibal fit venir à Bologne l'élève de son cousin Louis.

A ne considérer que le mérite de l'artiste, c'était faire un choix excellent; mais il n'y avait pas lieu de compter qu'avec un caractère de cette trempe on réussirait en s'aidant de la cabale et de l'intrigue. Annibal toutefois s'y employa de son mieux. Il avait des amis puissants qu'il essaya d'intéresser à sa vengeance, et il transforma à peu près en protecteurs du Dominiquin les cardinaux Odoard Farnèse et Scipion Borghèse, tandis que de son côté l'Albane s'entremettait activement auprès de monsignor Agucchi, frère du cardinal de ce nom. *La Flagellation de saint André*, dont nous avons parlé plus haut, les sujets tirés de la vie de saint Nil à Grotta Ferrata, d'autres ouvrages à fresque qui subsistent encore dans quelques églises de Rome ou des environs sont le fruit de cette protection passagère et justifient de reste la faveur qui les accueillit, — faveur bien passagère aussi, puisqu'elle ne résista pas, après la mort d'Annibal, aux premières attaques dirigées contre le Dominiquin par les partisans du Guide. Sans autre appui désormais que l'amitié fidèle mais impuissante de l'Albane, le pauvre maître expiera ses succès d'un jour par des souffrances continuelles, et il n'aura plus à opposer aux violentes agressions de ses ennemis qu'une défense désarmée, son propre génie et le silence.

Les peintures à fresque exécutées par le Dominiquin au commencement de son séjour à Rome et dans les années qui suivirent sont les spécimens principaux de sa manière. Sans doute, ici même, cette manière a quelque chose de théâtral; elle se ressent beaucoup trop des influences combinées de Louis et d'Annibal Carrache, et il n'est que juste d'accuser un système de composition procédant en grande partie de la convention académique, un coloris parfois insuffisant et des erreurs de goût qui, sous prétexte de vérité matérielle, surchargent la forme ou la déshonorent. Mais à côté de ces graves défauts, quel riche fonds de sentiment! Que d'inspiration personnelle sous cette apparence empruntée! Le Dominiquin a beau vouloir suivre littéralement ses modèles et sacrifier, conformément aux doctrines de l'école, les suggestions de l'instinct à je ne sais quelles spéculations éclectiques, bien souvent l'expression gracieuse ou pathétique d'une tête, le geste imprévu d'une figure viennent démentir les efforts où il s'obstine pour respecter la méthode traditionnelle. En exécutant des tableaux, il avait le temps de s'appesantir sur son œuvre, de réviser ses intentions premières et pour ainsi dire de se condamner lui-même. Lorsque au contraire il peignait à fresque, les conditions particulières de ce genre de travail lui interdisaient heureusement les rétractations et les ratures. Voilà pourquoi, nous le croyons, ses peintures murales l'emportent en général sur ses autres ouvrages. C'est là ce qui explique, en dehors de certaines inégalités purement techniques, cette différence entre le caractère des intentions formulées par le même pinceau. Dans *la Communion de saint Jérôme*, par exemple, rien de spontané, rien qui trahisse l'émotion involontaire, la révélation subite : tout accuse les hésitations et comme les défiances d'une pensée qui, à force d'analyse, aboutit à la froideur. En revanche, voyez les fresques de Grotta Ferrata, celles de Saint-André della Valle, ou bien, à Saint-Louis des Français, *Sainte Cécile distribuant des aumônes aux pauvres*. Cette pensée, qui tout à l'heure semblait craindre de se laisser entrevoir, se manifeste ici clairement et avec une incontestable autorité. Plus de ces ménagements excessifs qui compromettent le sentiment et ôtent à l'œuvre son accent moral:

plus de tergiversations ni de scrupules exagérés. Soit qu'il montre dans *le Miracle de saint Nil* la puissance et les effets mystérieux de la foi, soit qu'il représente dans la *Sainte Cécile* des enfants se disputant les aumônes ou essayant — le rire sur les lèvres — des vêtements trop larges pour leurs petits corps, le Dominiquin ose nous faire part de ses impressions à propos des objets qu'il a entrepris de retracer. Il interprète avec une originalité parfois saisissante la nature, qu'il n'étudie ailleurs qu'à travers les enseignements de l'école et de regrettables préoccupations. Libre malgré lui en quelque sorte et forcé de vivre de sa propre vie, il renonce, en vertu des nécessités immédiates de la tâche, aux longues méditations, aux subtilités du raisonnement;

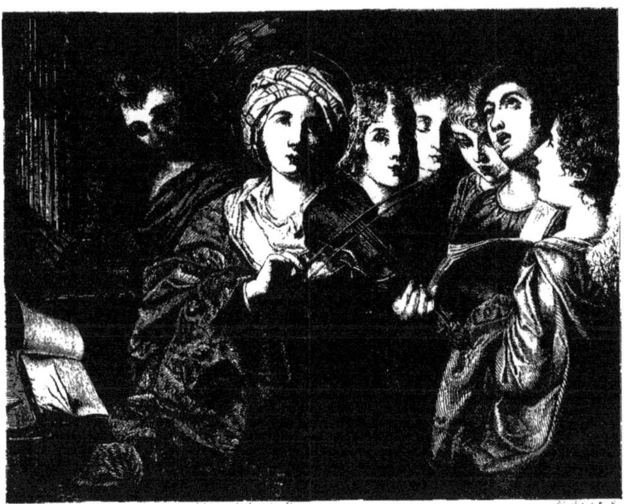

SAINTE CÉCILE

il traduit en hâte sur cette chaux qui aura séché tout à l'heure les affections actuelles de son âme, et cette précipitation même tourne au profit de l'expression. C'est dans ces moments d'épanchement et de verve soudaine que le Dominiquin doit être vu. C'est alors qu'il donne sa mesure et qu'il marque sa place. En un mot, si le peintre de *Saint Jérôme* a ses proches parmi les peintres de la décadence, l'auteur des fresques de Grotta-Ferrata et de Saint-Louis appartient par la force et l'élévation du sentiment à la famille des vrais maîtres.

Au dix-septième siècle, en Italie, on jugeait tout autrement de ces peintures murales qui semblent aujourd'hui les titres les plus sérieux du Dominiquin. Celles qu'il exécuta d'abord obtinrent, nous l'avons dit, quelque succès; mais les fresques qu'il peignit à l'époque où Annibal Carrache n'était plus là pour lui recruter des admirateurs, furent accueillies à mesure qu'elles parurent par d'amères critiques et des iniquités de toute espèce. Nous ne parlons pas de l'incroyable modicité des salaires que recevait le Dominiquin. A quoi bon d'ailleurs renouveler à propos de lui et des hommes qui payaient si chétivement ses plus beaux ouvrages, les lamentations et les anathèmes auxquels l'aventure vraie ou fausse du Corrège sert communément de prétexte? Insister sur de pareils détails ce serait transformer les spécimens de l'art en curiosités commerciales, et le mieux est de rappeler une fois pour toutes que la plupart des œuvres marquées au coin du génie portent aussi l'auguste sceau du désintéressement. Paul Véronèse ne se doutait guère qu'un jour on le plaindrait beaucoup de n'avoir vendu ses *Noces de Cana* que trois cent vingt ducats, et le Dominiquin en acceptant quelques centaines d'écus pour ses immenses travaux de Saint-André della Valle ne songeait probablement pas à accuser l'injustice ou l'avarice humaines; en revanche, que dut-il penser des étranges fureurs, c'est le mot, qui se déchaînèrent contre lui lorsqu'il eut découvert ces mêmes fresques de Saint-André? On criait au scandale, à la profanation ; il fallait châtier l'impie qui outrageait ainsi la majesté du sanctuaire, dénoncer au souverain Pontife ces peintures où l'on ne savait ce qui devait révolter le plus de l'ignorance du peintre ou de son audace. Les plus indulgens proposaient tout uniment de les détruire, et Lanfranc qui avait ses raisons pour qu'on s'arrêtât à ce dernier parti, insistait fort sur la nécessité de les faire au moins retoucher par une main plus savante et plus pure. Il va sans dire que cette main était la sienne.

Quelle pouvait être cependant la cause de tant d'injures et de colères? Lorsqu'on examine à Saint-André della Valle soit les figures d'évangélistes qui ornent quatre pendentifs, soit les sujets tirés de la vie du saint, et qu'on les rapproche par la pensée des peintures religieuses de l'époque, il est difficile de s'expliquer autrement que par la mauvaise foi ou l'ineptie la violence des reproches dont on accabla le Dominiquin. Croirait-on par exemple qu'on l'accusa sérieusement d'avoir manqué au respect du saint lieu en représentant, dans le *Martyre de saint André*, un des bourreaux qui tombe en tirant une corde et provoque par sa chute les moqueries de ses voisins? L'épisode est, je le veux bien, quelque chose de plus qu'inutile, mais attribuer à cette erreur de goût la signification d'un blasphème, c'était la calomnier étrangement. En France, du moins, lorsque cinquante ans plus tard on blâmait en pleine Académie cette figure de bourreau « donnant sujet de rire aux autres qui se moquent de lui par des gestes trop grossiers[1], » on ne parlait qu'au nom de l'art et des convenances pittoresques. « Il faut, disait le rapporteur, que les expressions des figures particulières qui ne sont que pour accompagner la principale soient simples, judicieuses et ayent un rapport honneste à la figure qui sert comme de corps à l'ouvrage dont les autres sont comme les membres. » Cette loi, le Dominiquin l'avait peut-être méconnue ici; mais en général il l'observe avec une attention peu commune chez les peintres de son temps, et même sans sortir de l'église de Saint André, on trouverait plus d'un exemple du soin qu'il apportait à établir une concordance intime entre toutes les parties de ses compositions.

Malgré l'indignation qu'elles avaient suscitée, les fresques de Saint-André ne furent ni détruites ni même retouchées, comme l'avait conseillé Lanfranc. Celui-ci réussit seulement à évincer le Dominiquin pour les peintures qui restaient à faire, et le maître, forcé de céder la place à ce nouvel usurpateur, ne chercha même pas à obtenir ailleurs quelque travail. Bien plus, il voulut renoncer absolument à un art qui ne lui avait valu que des déceptions et des outrages. Il quitta le pinceau pour l'ébauchoir; il essaya même de l'architecture et remplit sous le pontificat de Grégoire XV les fonctions, peu importantes à ce moment, d'architecte du palais apostolique. Puis ces tentatives diverses n'ayant abouti qu'à de nouveaux dégoûts, il reprit la palette non pour continuer dans de vastes compositions une lutte désormais impossible, mais pour demander à un genre de peinture plus humble des succès que ses prétendus rivaux dédaigneraient peut-être de lui disputer. Le Dominiquin abandonna donc pour un temps les sujets religieux et la fresque. Après un voyage à Bologne où il avait été peindre *la Vierge du Rosaire* et le *Martyre de sainte Agnès*, après avoir terminé dans l'église de Saint-Charles d'*Catinari*, à Rome, les quatre pendentifs des Vertus cardinales, il ne fit plus que des tableaux de chevalet, mythologiques pour la plupart, et ces tableaux de paysage qui tiennent dans son œuvre une place trop considérable pour qu'il suffise de les mentionner en passant.

Si l'on rapproche les paysages du Dominiquin des paysages peints en Italie vers la fin du seizième siècle, il est

---

[1] *Conférences de l'Académie royale de Peinture et de Sculpture*, 1667.

facile de reconnaître dans les uns et les autres une entière conformité de principes et le même mode d'exécution. Les Carrache et leur élève sont, à vrai dire, les créateurs du genre, puisque avant eux les champs, la mer, les arbres n'entraient qu'à titre d'*accessoires* dans la composition d'un tableau : les premiers ils imaginèrent de

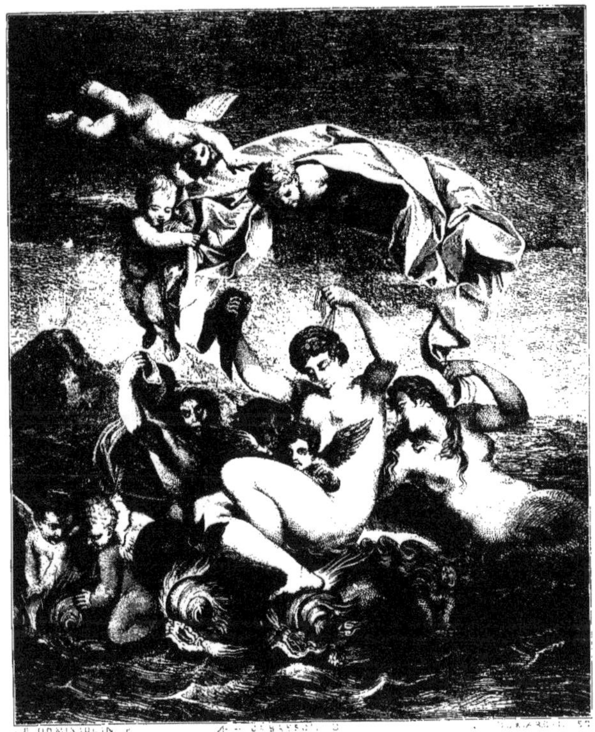

LE TRIOMPHE DE GALATÉE

représenter les scènes de la nature pour elles-mêmes et comme objet d'intérêt principal. Suit-il de là qu'ils aient pleinement réussi, et faut-il considérer leurs ouvrages comme des modèles empreints d'une beauté parfaite? Il serait plus juste de n'y voir qu'un exemple utile donné aux peintres qui allaient venir et de réserver aux paysagistes français du dix-septième siècle la gloire d'avoir nettement déterminé toute la portée de l'art nouveau. Sans doute Poussin et Claude le Lorrain ont emprunté beaucoup à Annibal Carrache et au Dominiquin. Eux-mêmes ne faisaient pas difficulté d'avouer « qu'ils travaillaient à l'italienne, » et sans attenter au génie de ces grands maitres, on peut dire que leur manière rappelle directement la manière des peintres de Bologne. Mais il est facile de démêler sous cette identité matérielle bien des dissemblances intimes, bien des intentions originales sous ces dehors d'imitation. Les paysages italiens n'expriment que la majesté, et la nature n'y apparaît guère que comme élément décoratif. L'œil contemple ces lignes si solennelles, si exactement balancées; l'esprit ne pressent rien au delà de cette pompe un peu aride et de cette beauté muette pour ainsi dire. Dans les tableaux des artistes français, le pinceau a la même fierté; mais il laisse la vie se mouvoir là où l'école bolonaise l'immobilise ou la supprime. Ici tout est apaisé; rien du moins n'est en suspens. La lumière, l'air circulent sans agitation mais non sans force, et si la disposition des sites ou le choix des détails impliquent avant tout des idées d'ordre et de calcul, un vif sentiment de la réalité se faisant jour à travers ces combinaisons savantes vient donner à l'ensemble un sens et un charme profonds. C'est ce mélange de science et de simplicité, ce sont ces aspirations également sincères vers l'idéal et le pur vrai qui assurent à notre école de paysage au dix-septième siècle la supériorité sur l'école d'où elle procède. Les paysagistes italiens n'éveillent qu'une sympathie assez bornée, parce que à force de se préoccuper du style noble, ils en viennent à prendre des formes d'apparat pour l'expression de la grandeur et un extérieur épique pour le fonds même de la poésie. L'admiration qu'inspirent les œuvres de Claude ou de Poussin est au contraire féconde et nous fait remonter jusqu'au principe invisible du beau, parce que ces œuvres ont une âme.

Les qualités qui manquent aux paysages du Dominiquin sont donc précisément celles qui donnent le plus de prix à quelques-uns de ses tableaux d'histoire et à la plupart de ses fresques. Plus de ces éclairs de sentiment qui illuminent ailleurs certaines parties et rejettent dans l'ombre celles où le peintre s'est laissé influencer par l'esprit de système; plus de ces contrastes inattendus ni de ces heureuses inégalités qui annoncent la victoire de l'instinct personnel sur les habitudes de l'école. Tout dérive d'une inspiration uniforme, tout accuse le respect absolu de la manière académique et la crainte de s'écarter des règles. Faut-il attribuer cette réserve excessive aux efforts du Dominiquin pour expier les licences qu'on lui reprochait d'avoir prises autrefois, ou bien en imprimant aux scènes de la nature ce cachet de tristesse et de monotonie traduisait-il ses propres souffrances et la mélancolie qu'il portait en soi? Bien des faits viendraient à l'appui de cette dernière supposition. Depuis que le Dominiquin avait renoncé aux grandes *machines*, il n'avait réussi pour cela ni à déconcerter l'envie ni à se faire oublier de ses anciens rivaux. L'ordre de sujets qu'il choisissait, la dimension restreinte de ses toiles témoignaient assez de son désir de s'effacer devant les hommes qui avaient eu raison de son génie; mais le talent qu'il montrait encore suffisait pour importuner ceux-ci au milieu même de leurs succès, et ils s'employaient de tout leur cœur soit à décrier ce talent auprès des rares protecteurs qui lui étaient restés, soit à prêcher une sorte de croisade publique contre les envahissements d'un genre subalterne, indigne, disaient-ils, des glorieux précédents de l'école.

À ces haines infatigables, à ce système de persécution organisée s'ajoutaient, pour accabler le Dominiquin, de cruels chagrins de famille. C'était peu des longs procès et des contestations financières qu'il avait eu à subir à la suite de son mariage avec Marsibilia Barbetti. Sa femme elle-même, sans prendre ouvertement parti contre lui à la façon de la femme d'Andrea del Sarto, ne lui épargnait pas, à ce qu'il semble, les tracasseries et les inquiétudes de plus d'une sorte. Elle n'était âgée que de dix-sept ans lorsqu'elle épousa le Dominiquin, qui en comptait déjà trente-huit. Fort belle — au dire de Malvasia, qui ne la connut toutefois qu'à une époque où elle approchait de la vieillesse — et assez peu faite pour s'accommoder d'une vie sérieuse et cachée, elle fatigua son mari de ses ennuis, de ses reproches; peut-être même lui infligea-t-elle d'autres supplices. C'est du moins ce que permet de conjecturer une lettre du Dominiquin à l'Albane, lorsque après la mort de ses deux fils, il raconte à ce confident habituel de ses peines les nouveaux malheurs qui lui surviennent ou qui le menacent : « J'ai pour ennemis, dit-il, mes proches mêmes, et la guerre m'est déclarée par ceux qui devraient être les plus empressés à me défendre. Les choses en sont arrivées à ce point que je n'ai plus personne à qui me fier .... Quant à ma chère petite fille, mon unique enfant puisque Dieu m'a repris mes deux fils, c'est d'elle seule que me viennent les consolations, et pourtant je vis à son sujet dans mille transes et dans des chagrins continuels. On a l'œil sur elle à cause de ce peu de bien que je lui laisserai en héritage et dont on espère profiter. C'est pour cela qu'on désire ma mort et qu'on me la donnera peut-être. Il n'en faut pas moins remercier le Très-Haut : j'ai mérité mon sort par mes péchés, etc. » On n'oserait sans doute s'autoriser de ces plaintes du Dominiquin sur *ses proches* pour porter contre sa femme une accusation formelle. Peut-être concernent-elles seulement les deux beaux-frères de l'artiste, que leur sœur avait installés dans sa maison et qui prétendaient tout régenter, à commencer par la chétive fortune du ménage. Mais n'est-il pas étrange qu'en parlant des défiances que les membres de sa famille lui inspirent, il ne fasse exception que pour sa fille, et le silence qu'il garde sur la mère de celle-ci ne permet-il pas au moins le soupçon ?

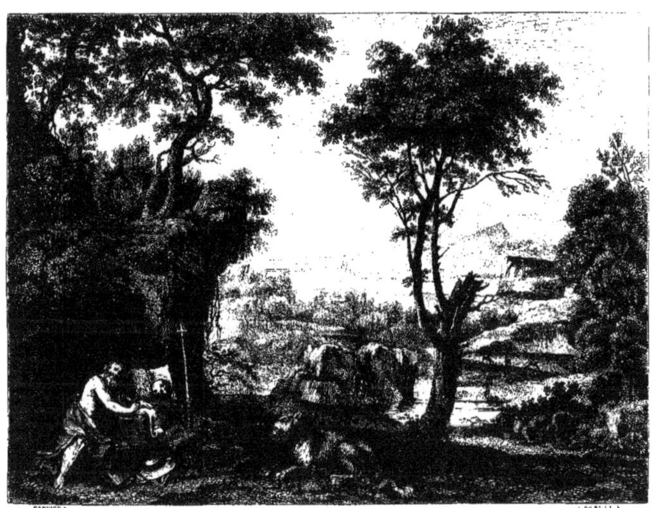

SAINT JÉRÔME AU DÉSERT.

Quoi qu'il en soit et de quelque côté que lui soient venus les maux qui torturèrent la fin de son existence, le Dominiquin les supporta avec une patience inaltérable. Accoutumé depuis longtemps à souffrir, il se résigna aux tourments qui l'assaillirent sous son propre toit comme il s'était résigné aux dédains de la foule et aux misères de sa vie d'artiste. Jamais en effet les injustices dont il avait été victime n'avaient pu le rendre injuste à son tour ni même l'aigrir un moment; jamais il n'essaya d'opposer la médisance à la calomnie et de se venger des rivaux qu'on lui donnait en critiquant amèrement leurs ouvrages. Ces ouvrages, si inférieurs aux siens, il était au contraire le premier à les étudier, à les louer de bonne foi, et le Guide, qui il est vrai ne le persécuta pas directement, mais dont le nom plus qu'aucun autre servit de prétexte et d'enseigne aux persécuteurs, le Guide put compter le Dominiquin parmi ses admirateurs les plus sincères : « Je viens de voir les peintures du Guide à San Domenico et à San Michele in Boschi, écrivait le maître à Francesco Poli lors de ce voyage à Bologne dont nous avons parlé. On les croirait de la main d'un ange. Oh! quel reflet du paradis, quelle expression de tendresse! Oh, voilà un peintre! etc. » Il fallait, soit dit en passant, que le Dominiquin songeât bien habituellement au paradis pour le pressentir jusque dans les mondains tableaux du Guide; mais il fallait aussi un bien rare désintéressement pour s'humilier à ce point devant un artiste envers qui la sévérité eût paru d'autant plus de mise qu'elle eût été une revanche légitime et une sorte de prêté-rendu.

L'extrême indulgence avec laquelle le Dominiquin jugeait les autres, son peu de confiance dans ses propres forces ou plutôt une disposition naturelle à se croire toujours justement blâmé, tout avait contribué au succès de la ligue formée contre lui à Rome. Les menées de Lanfranc ayant achevé de lui faire perdre un reste de crédit, plusieurs années s'étaient écoulées sans que le peintre de *Saint Nil* et de la chapelle de *Sainte-Cécile* sortît, même pour un moment, de l'obscurité où il était rentré. A peine savait-on s'il existait encore. Aux inimitiés dont il s'était vu entouré avait succédé une indifférence absolue; mais — cela est triste à dire — cette indifférence semble presque un bienfait au prix de ce qui allait suivre, puisque le nom du Dominiquin, remis un instant en lumière, ne devait servir qu'à rallier de plus lâches haines et de plus cruels ennemis.

En se rendant à Naples, où il était appelé pour décorer la chapelle de saint Janvier, dite du Trésor, le Dominiquin au reste n'ignorait pas qu'il y retrouverait Lanfranc, et, celui-ci n'en étant plus à faire ses preuves, il fallait s'attendre de ce côté à une reprise d'hostilités, à de nouveaux témoignages de méchanceté et de bassesse. Toutefois, croyant n'avoir affaire qu'à ce seul ennemi, et rassuré d'ailleurs par les mesures préalables prises par le vice-roi, le maître avait saisi avec empressement cette occasion inespérée de reparaitre dans un travail digne de lui. Au commencement, les choses se passèrent au mieux. On avait interdit sous les peines les plus sévères les menaces et les outrages : tout mauvais traitement envers le Dominiquin devait être puni de l'exil. Lanfranc qui n'était pas homme à mépriser l'avertissement, garda quelque temps le silence et se contenta de nourrir dans l'ombre, en attendant de meilleurs jours, ses projets de vengeance et sa haine. Or, il y avait à Naples deux artistes qui de leur côté ne rêvaient qu'aux moyens de perdre le nouveau venu dans l'esprit du vice-roi, mais qui, moins patients ou plus malhabiles que Lanfranc, se hasardaient déjà à laisser percer leur rage secrète et leurs vénimeux désirs. L'un était Ribera, talent vigoureux mais sans élévation, caractère grossier et brutalement envieux; l'autre se nommait Bélisaire Corenzio, talent superficiel et négligé jusqu'au ridicule, âme cupide pour qui l'art n'avait de prix qu'autant qu'il procurait la richesse. L'appel fait au Dominiquin avait enlevé à Corenzio une tâche importante et par conséquent l'espoir d'un gain considérable : il fallait donc ou déterminer le vice-roi à revenir sur sa décision ou empêcher l'accomplissement de cette tâche en décourageant celui qui en était chargé. Telle était aussi la pensée de Ribera, blessé dans sa vanité de chef d'école par la faveur accordée à un autre artiste que lui. Poussés par leurs passions diverses, ces deux hommes s'unirent donc dans un même ressentiment, et sans accuser ouvertement le Dominiquin, ils tentèrent d'abord, en parlant de sa lenteur habituelle, d'effrayer le prince sur la durée probable du travail. Il est vrai que pour mieux justifier les craintes à ce propos, des mains inconnues effaçaient la nuit ce que le Dominiquin avait peint dans la journée ; que, d'autre part, la chaux dont se composaient les enduits se trouvant mêlée de cendre, la peinture une fois sèche était sillonnée de gerçures et qu'il fallait jeter bas le tout pour enduire le mur de nouveau. Le vice-roi n'en persistait pas moins à attendre la fin d'une œuvre dont Ribera et Corenzio n'avaient réussi encore qu'à entraver la marche; une circonstance imprévue vint en aide aux deux conjurés et permit enfin à Lanfranc de jouer utilement son rôle dans cette criminelle intrigue.

Le Vésuve vomit tout à coup des torrents de flammes, un tremblement de terre ébranle la campagne de Naples : le peuple de se précipiter aussitôt dans les églises pour implorer l'intercession de saint Janvier, et afin de se le rendre favorable par un témoignage éclatant de vénération, on exige que les peintures en l'honneur du patron de la ville soient immédiatement découvertes. C'était Lanfranc qui avait suggéré ce moyen de satisfaire la piété publique, et, comme on le pense, Ribera et Corenzio n'eurent garde de le trouver inopportun. L'aspect de ces fresques inachevées devait choquer la foule et l'impressionner en sens inverse de ses espérances : car il s'en faut de beaucoup qu'à Naples on comprenne à demi-mot les œuvres de la peinture, et le petit nombre de maitres nés dans le midi d'Italie prouve de reste que l'instinct de l'art est bien plus exceptionnel là qu'à Florence ou à Rome. On ne vit donc dans le travail incomplet du Dominiquin qu'un résultat de son impéritie.

Lanfranc d'ailleurs et ses complices signalaient hautement au mépris ces peintures « vulgaires et triviales » : c'est ainsi qu'on les qualifiait dans des écrits distribués par leurs soins aux portes mêmes de l'église. Au bout de quelques jours, le peintre de la chapelle du Trésor passait à Naples pour un audacieux ignorant, et l'espèce d'émeute suscitée contre ses ouvrages menaçant jusqu'à sa personne, le Dominiquin se réfugia à Rome, d'où

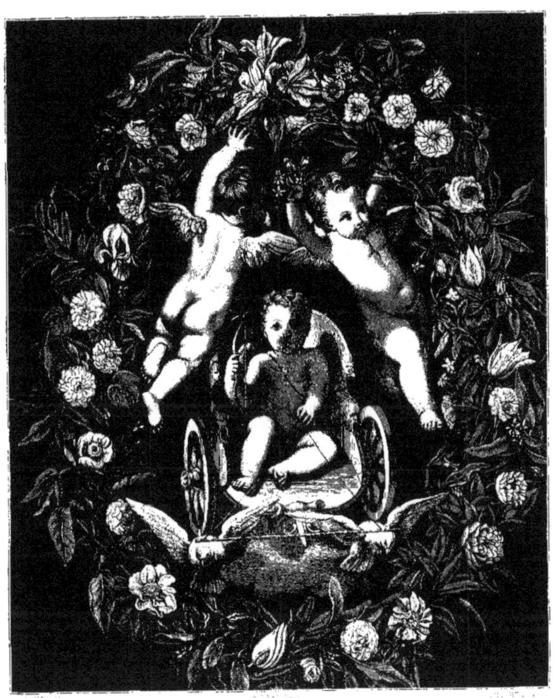

LE TRIOMPHE DE L'AMOUR.

il ne revint qu'au bout d'un an, sur l'ordre formel du vice-roi. Celui-ci cependant commençait à prêter l'oreille aux dénonciations violentes formulées par Ribera et Corenzio, aux calomnieuses insinuations et aux plaintes hypocrites de Lanfranc. Il hésitait encore à se prononcer lorsque la mort du Dominiquin vint tout simplifier et tout résoudre, — mort sinistre et mal expliquée, qu'on peut attribuer, il est vrai, aux chagrins qui depuis si longtemps minaient les forces du malheureux maître, mais qui fut hâtée peut-être par des moyens auxquels Corenzio, dit-on, n'était pas incapable de recourir. Quoi qu'il en soit de ce soupçon, les précautions prises par le Dominiquin dans les derniers temps de sa vie prouvent du moins qu'il croyait, alors comme a l'époque où il s'était enfui de Naples, à la possibilité d'un attentat direct. Il préparait ses aliments lui-même, et s'il fut en effet empoisonné, ce dut être, suivant des témoignages contemporains[1], dans l'eau dont il avait coutume de boire quelques gorgées chaque matin avant de s'en servir pour se laver. — Le Dominiquin mourut en 1641, à peine âgé de soixante ans. Deux années plus tard, Corenzio le suivait dans la tombe sans avoir recueilli l'héritage qu'il avait si ardemment convoité. Lanfranc fut plus heureux ou plus habile : il réussit à obtenir du vice-roi que la plus grande partie des peintures de la chapelle du Trésor fut détruite ; il se fit adjuger l'entreprise au détriment de Ribera, qui comptait bien en être chargé ; enfin il eut le talent de vivre assez non-seulement pour substituer ses ouvrages à ceux de son ancien ennemi, mais aussi pour supplanter partout son ancien complice.

Ainsi s'épuisaient dans les cabales, dans une fécondité impuissante, dans les jongleries de l'esprit et du pinceau, les forces vives de l'art italien ; ainsi la médiocrité trônait là où pendant plus de trois siècles avait régné le génie. A Naples Lanfranc, à Florence Pierre de Cortone, à Rome et à Venise Sassoferrato et Pietro Ricchi ; tels étaient les hommes que l'on proclamait les dignes successeurs des grands maîtres. Hélas ! cette noble race, dont Giotto est le chef et le Dominiquin le dernier descendant, était à tout jamais éteinte. Encore quelques années, et l'agitation même qui tenait lieu de progrès va cesser. Le Dominiquin mort, que reste-t-il des écoles italiennes ? Un passé incomparablement glorieux et des chefs-d'œuvre désormais sans postérité. Après lui on comptera quelques praticiens adroits, quelques talents faciles ; mais les ouvrages qui se produiront n'émaneront plus que de la main au lieu de procéder de la pensée. Le Dominiquin a donc eu le mérite de retarder quelque peu cette invasion définitive de l'esprit matérialiste dans le domaine de la peinture italienne. Qu'il ait lui-même subi à bien des égards la mauvaise influence de son époque, que ses qualités si mélangées de défauts accusent à tout prendre un art déjà en décadence, c'est ce que l'on ne saurait nier. Ne faut-il pas pourtant lui savoir gré d'avoir conservé, au milieu des aberrations et des préjugés de l'école, le respect, volontaire ou non, de ses propres instincts ? Peut-on méconnaître en lui une inclination singulière vers les vérités morales, une recherche bien souvent heureuse de l'expression, une rare faculté d'émouvoir au moyen du geste, de la physionomie, de tout ce qui n'est pas l'imitation de la réalité inerte ? C'est par là qu'il se rattache véritablement à la famille des grands artistes et qu'il doit inspirer une vive sympathie, à défaut d'une admiration sans réserve. En dépit des faiblesses de son style, de son faux goût, de ses nombreuses erreurs, le Dominiquin mérite une place parmi les maîtres, par cela seul qu'il a su mettre une part de son âme là où tant d'autres n'ont montré que leur habileté technique. Tant il est vrai que, dans les beaux-arts, le sentiment est l'agent principal, l'impression morale l'objet essentiel, et que là même où la forme est imparfaite, l'élévation de la pensée peut suffire pour assurer aux œuvres une signification profonde et une durable autorité.

HENRI DELABORDE.

[1] Malvasia. — *Felsina pittrice.*

RECHERCHES ET INDICATIONS.

Malgré la lenteur avec laquelle il composait et les difficultés de toute sorte qui l'arrêtaient dans l'emploi des procédés matériels, le Dominiquin a laissé des ouvrages presque aussi nombreux que ceux des maîtres les plus renommés pour la facilité de leur pratique. Il n'est guère en Italie de collection publique ou particulière qui ne possède une ou plusieurs productions de ce laborieux artiste, et bien des toiles sorties de son atelier sont disséminées aujourd'hui dans les galeries de tous les pays d'Europe. Au musée du Louvre seulement on compte treize tableaux du Dominiquin, et l'on trouve dans certains musées de province — dans celui de Toulouse par exemple — soit des œuvres probablement originales, soit des copies assez bien faites pour qu'on puisse croire que le maître y a mis la main. Sans nous arrêter toutefois à ces toiles d'une authenticité plus ou moins suspecte, nous nous contenterons d'indiquer parmi celles qui excluent le doute quelques ouvrages capitaux ; tels sont :

Au Musée du Louvre : — les paysages historiques provenant de la collection de Louis XIV et représentant l'un *Hercule et Cacus*, l'autre le *Combat d'Hercule et d'Achelous* ; le *Triomphe de l'Amour*, charmant tableau de chevalet d'une exécution beaucoup plus fine et plus souple qu'il n'appartient d'ordinaire au Dominiquin et qui, par la grâce des idées aussi bien que par la délicatesse du faire, mérite d'être mis au nombre des chefs-d'œuvre du maître ; il est juste d'ajouter qu'une part de ces éloges revient à Mario dei Fiori, auteur du joli encadrement de fleurs au milieu duquel se groupent les figures ; ce sujet a été heureusement reproduit par M. Quartley dans l'*Histoire des Peintres*, sur le dessin de M. Cabasson ; *la Punition d'Adam et d'Ève*, *le Ravissement de saint Paul*, une *Sainte famille*, — tableaux auxquels on peut reprocher une certaine froideur dans le coloris et de la mollesse dans le dessin, mais qui se recommandent au moins par la gravité des intentions, sinon par l'élévation du style. — La *Sainte Cécile* et surtout *David jouant de la harpe* sont des morceaux inférieurs à la plupart des ouvrages du Dominiquin, et l'on comprend difficilement aujourd'hui le goût de Louis XIV pour de si faibles compositions, — goût si vif, dit-on, que lors même qu'il quittait Versailles, le grand roi ne voulait pas perdre de vue ces deux toiles, et que par son ordre on les transportait à l'avance à Marly ou à Fontainebleau, de façon à ce qu'en arrivant il les trouvât suspendues aux murs de son appartement. — *Timoclée amenée devant Alexandre*, tableau de forme ovale, qui faisait aussi partie de la collection de Louis XIV, et dont l'exécution soignée a quelque analogie avec le faire de l'Albane.

Le Musée de Bologne contient trois des œuvres principales du maître : *le Martyre de saint Pierre dominicain*, qui rappelle par la disposition générale de la scène le tableau du Titien sur le même sujet, mais où l'expression a une force et une vérité particulières ; *la Madone du Rosaire*, composition abondante et traitée dans une manière simple et large ; enfin *le Martyre de sainte Agnès*, le meilleur tableau peut-être du Dominiquin. La figure tout entière de la sainte est d'une rare justesse de mouvement : le visage rayonne d'espérance et de foi, et les autres parties du tableau seraient dignes d'encadrer cette admirable figure si quelques fautes de goût, quelques traces d'affectation ne venaient çà et là amoindrir la majesté de l'ensemble et en altérer la signification.

Le Musée Brera, de Milan, possède une *Vierge, saint Pétrone* et d'autres saints.

A Fano, il existe dans la cathédrale quelques peintures à fresque du Dominiquin et au collége Nolfi un tableau représentant *David*, sujet qu'affectionnait le maître et qu'il a traité nombre de fois, mais rarement avec un plein succès.

Musée des Offices, à Florence. — Le *Baptême de Jésus-Christ*, la *Prédication de saint Jean-Baptiste* (paysage) et le *Portrait du cardinal Aguechi*, frère du protecteur de l'artiste. Notons en passant que de tous les peintres d'histoire italiens, le Dominiquin est peut-être celui qui a peint le moins souvent des portraits. Sa réserve sur ce point est d'autant plus regrettable que le portrait du cardinal Aguechi donne la mesure de son talent dans un genre de peinture auquel son habileté à surprendre l'expression le rendait d'ailleurs merveilleusement propre.

Musée Bourbon, à Naples. — *L'Ange gardien*, beau tableau, gravement altéré. — Cathédrale. Trois toiles formant dessus d'autel : *Saint Janvier ressuscitant un jeune homme*, la *Décollation de saint Janvier* et la *Guérison des malades*. On voit aussi à la cathédrale quelques fresques dans les voûtes et les lunettes placées au-dessus de la coupole que le Dominiquin avait entrepris de décorer et qui fut, après sa mort, peinte par Lanfranc.

Rome est de toutes les villes d'Italie la plus riche en œuvres du Dominiquin. Nous avons mentionné les fresques qui ornent les églises Saint-Grégoire, Saint-André *della Valle*, Saint-Louis des Français et l'abbaye de Grotta Ferrata. D'autres peintures murales, exécutées par le maître avec une hardiesse inaccoutumée et représentant les quatre vertus cardinales, couvrent les pendentifs de l'église Saint-Charles à Catinari ; enfin la villa Aldobrandini à Frascati, villa construite en partie par le Dominiquin, est décorée de quelques fresques qu'il peignit à un triste moment de sa vie et qui, sous une apparence gracieuse, accusent, il faut le dire, les agitations ou l'épuisement de sa pensée. Cette suite de sujets, tirés de la vie d'Apollon et de Diane, fut exécutée par le malheureux maître alors que, pour échapper à ses persécuteurs, il s'était enfui de Naples et était venu chercher un refuge auprès du cardinal Hippolyte Aldobrandini, — refuge qu'il lui fallut bientôt quitter pour délivrer sa femme et sa fille, retenues en ôtage à Naples, et s'exposer de nouveau à la haine des Ribera et des Lanfranc.

C'est dans la Galerie du Vatican que se trouve la *Communion de saint Jérôme*, peinte par le Dominiquin à l'âge de trente-trois ans. Il est curieux de rapprocher cette composition célèbre de la composition sur le même sujet peinte par Augustin Carrache et gravée par Perrier. Quelque opinion que l'on ait d'ailleurs du mérite relatif des deux ouvrages au point de vue de l'exécution, cette comparaison ne laissera aucun doute sur les emprunts faits par le Dominiquin au travail de son devancier : emprunts un peu trop larges, il faut l'avouer, et qui justifient assez l'empressement avec lequel Lanfranc distribuait aux amateurs romains l'estampe qu'il avait fait graver d'après le tableau de Carrache, à l'apparition du tableau peint par le Dominiquin.

La Galerie du Capitole a *la sainte Barbe* du maître. On voit au palais Borghèse *la Sybille de Cumes*, l'un de ces médiocres ouvrages auxquels la célébrité s'attache on ne sait par quel hasard et dont l'admiration préconçue des touristes perpétue la renommée au détriment d'autres morceaux qui la mériteraient beaucoup mieux. Tel serait, par exemple, dans cette même galerie Borghèse, le tableau de *la Chasse de Diane* où le Dominiquin a fait preuve d'une fraîcheur d'imagination et de style extrêmement remarquable.

Le Palais Doria possède un paysage du Dominiquin et le Palais Rospigliosi un tableau représentant *Adam et Ève*.

Au Musée de Turin nous trouvons seulement une allégorie de l'agriculture, l'astronomie et l'architecture représentées par trois enfants.

Après l'Italie, nous devons encore mentionner sommairement les principales galeries de l'Europe qui contiennent des tableaux de ce maître, en commençant par l'Angleterre :

A la Galerie de Bridgewater, *la Vision de saint François*, un des meilleurs tableaux du maître, faisait partie de l'ancienne galerie d'Orléans. — *La Mort de sainte Agnès*. Le *Christ tenant sa croix*, belle composition qui a appartenu au marquis de Seygnelai et au duc d'Orléans. — Un *Paysage* où l'on voit des pêcheurs ; de l'ancienne galerie d'Orléans. — Un autre *Paysage*.

Galerie de lord Ashburton. — *Moïse et le buisson ardent*.

GALERIE DU MARQUIS DE LANSDOWNE. — *Sainte Cécile* ; *Abraham et Isaac.*

COLLECTION DE SIR CH. MEIGH. — *Circé tenant une coupe.*

MUSÉE DE STOCKHOLM. — *Un Évangéliste : saint Jean et l'ange; les Ermites, la Chasse de Diane.*

MUSÉE DE BERLIN. — *Portrait de Scamozzi, architecte : saint Jérôme ; saint Jacques le Mineur ; saint Jean, saint Thomas ; le Déluge.*

GALERIE DU BELVÉDÈRE, à Vienne. — *La Mort de Lucrèce.*

GALERIE DU PRINCE ESTERHASY, à Vienne. — *David tenant la tête de Goliath ; saint Jérôme ; Loth et ses filles; sainte Madeleine.*

GALERIE DE DUSSELDORF, actuellement à Munich. — *Suzanne au bain surprise par les vieillards.*

GALERIE DE DRESDE. — *L'Amour maternel ou la Charité.*

MUSÉE DE MADRID. — *Saint Jérôme écrivant dans le désert ; le Sacrifice d'Abraham.*

GALERIE DE L'ERMITAGE, à Saint-Pétersbourg. — Des nombreux tableaux qui figurent dans le livret de cette riche galerie sous le nom du *Dominiquin*, quelques-uns ne sont peut-être que des copies ou des imitations. — M. Viardot, dans ses *Musées d'Europe*, ne reconnaît comme tout à fait authentiques à l'Ermitage qu'une figure de l'*Amour* et surtout la *sainte Hélène entourée des instruments de la passion* ; et au palais d'hiver le *saint Jean l'Évangéliste*, tableau célèbre.

Nous citerons sous toutes réserves les prix de quelques tableaux qui ont passé dans les ventes publiques sous le nom de *Dominiquin*, sans que l'authenticité puisse en être toujours bien constatée, car les imitations et contrefaçons de ce maître sont nombreuses comme on l'a déjà fait remarquer.

VENTE JULIENNE, 1768. — *Le Christ portant sa Croix* et *Élévation sur la Croix* ; ensemble 2,012 francs. — *Un Paysage,* 250 francs.

VENTE MARIETTE, 1775. — Huit dessins à la plume, ombrés de Chine, rehaussés de blanc, dont *saint André conduit au supplice* ; ensemble, seulement 100 francs. — *L'Assomption de la Vierge, trois Enfants* et deux grands cartons à la pierre noire, ensemble 359 francs.

VENTE DU PRINCE DE CONTI, 1777. — *Sainte Cécile accompagnée de deux anges,* 430 francs.

VENTE LEBRUN, 1791. — *Sainte Cécile devant l'orgue, chantant les louanges du Seigneur,* 10,000 francs.

VENTE DE FRAYNAYES, 1808. — *La Charité romaine,* 5,300 fr.

VENTE SOMMARIVA, 1839. — *Ravissement de la Vierge.* Petite peinture sur pierre aventurine, 289 francs.

VENTE DU MARQUIS DE LAS MARISMAS, 1843. — *Allégorie de la musique,* 1,105 francs.

VENTE DU MARÉCHAL SOULT, 1852. — *Un Paysage,* 650 fr.

La galerie des dessins au Louvre contient plusieurs grands cartons de compositions importantes dessinés par le Dominiquin à la pierre noire ; on y remarque : *Un évêque bénissant le peuple,* — *une sainte montant au ciel, etc. etc.* Ajoutons que les œuvres du crayon du Dominiquin sont en général inférieures à celles de son pinceau, et qu'on se formerait une bien fausse idée de la manière du maître si on l'étudiait surtout dans les dessins qu'il a laissés. D'ordinaire les grands artistes se manifestent dans leurs esquisses sinon aussi complétement du moins avec plus de verve que partout ailleurs. Le Dominiquin, au contraire, semble, comme Léopold Robert, sans volonté fixe et sans vigueur lorsqu'il trace sur le papier des pensées qui, reportées sur la toile, prendront peut-être l'accent de l'inspiration. Quelques croquis pourtant conservés au *Cabinet des Dessins*, à Florence, ne sont dépourvus ni de naturel, ni d'entrain. Ils paraissent provenir d'un de ces cahiers que le Dominiquin emportait, dit-on, lorsqu'il avait à parcourir les rues de Rome ou de Naples et sur lesquels il avait coutume de crayonner, à l'exemple de Léonard de Vinci, les attitudes ou les physionomies d'une expression caractéristique.

Nous devons mentionner encore quelques dessins qui font partie de la collection de choix formée par M. F. Reiset : une *Tête de saint,* qui a fait partie de la collection Mariette. Une *Fuite en Égypte,* provenant de la vente Barin, 1836. *Dieu porté sur des nuages, entouré d'anges apparaît aux Israélites,* provenant de la collection du général Griois.

Enfin, nous avons vu à Saint-Germain en Laye, dans le riche cabinet de M. Ducastel, un dessin bien précieux et d'un grand intérêt : c'est la première idée du tableau célèbre de la *Communion de saint Jérôme.*

A partir du XVIIe siècle, on a beaucoup gravé d'après le Dominiquin. On a reproduit ses tableaux plus souvent que ses fresques, et comme nous avons eu occasion de le faire remarquer, ce sont les peintures murales du maître qui donnent la plus juste et la meilleure idée de son talent. Ces vastes compositions ne pouvaient malheureusement trouver place dans le cadre restreint de notre *Histoire des Peintres* — Les graveurs qui ont le plus habilement interprété le Dominiquin sont, en Italie : Antonio Pazzi, Pietro Bertini, Pasqualini, Bartolozzi, Venturini et Morghen. En France : Étienne Picart, Poilly, Gérard Audran, Charles Dufresne, Baudet, Chéreau, Perrier, Alexandre Tardieu, Blanchard. En Allemagne : Élie Hainzelmann et Jacob Frey. En Angleterre : Earlom.

Au nombre des plus belles gravures d'après ce maître, il faut citer *la Communion de saint Jérôme* d'Alexandre Tardieu, membre de l'Institut, l'un des artistes qui ont perpétué jusqu'à nos jours un nom depuis longtemps illustré dans les arts. Cette composition a été aussi très-habilement reproduite pour l'*Histoire des Peintres* par M. Cabasson, dessinateur, et exécutée sur bois par M. Quartley.

Les tableaux du Dominiquin ne portent pas de signature.

Impr. Bonaventure et Ducessois, rue Damiette, [illegible].

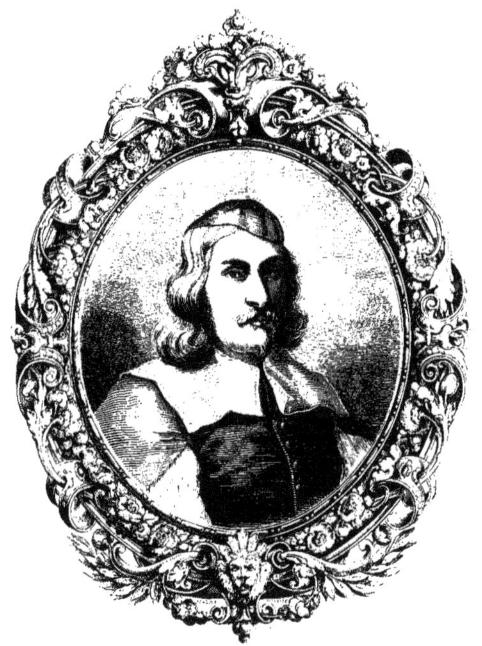

LE GUERCHIN (FRANÇOIS BARBIERI, DIT)

NÉ EN 1590 — MORT EN 1666.

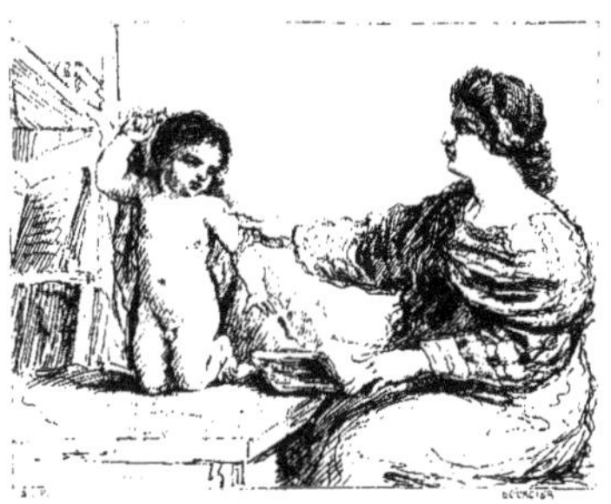

Malvasia, Baldinucci et Jean-Baptiste Passeri ont écrit la vie du Guerchin; mais le premier de ces trois biographes est celui que l'on doit suivre de préférence, parce qu'il écrivait à Bologne, où le Guerchin a longtemps demeuré, et qu'il était le contemporain de ce peintre célèbre. Malvasia eut d'ailleurs en sa possession les manuscrits de la famille de Barbieri, où se trouvaient notés un à un tous les ouvrages que l'artiste avait exécutés durant sa longue et laborieuse vie.

C'est le 2 février 1590 que François Barbieri naquit à Cento, petite ville située entre Bologne et Ferrare. On raconte que dans son enfance, ayant été réveillé en sursaut par un grand bruit, il eut une convulsion de frayeur qui le rendit louche. De là lui vint le nom de *Guercino* que l'histoire lui a conservé. Quel fut son premier maître? on l'ignore; les uns prétendent que ce fut

Cremonini, d'autres assurent qu'il entra fort jeune dans l'école des Carrache; mais le manuscrit en question dit que le Guerchin ne fut élève de personne, si ce n'est d'un méchant peintre à gouache qui ne lui enseigna rien; qu'à l'âge de dix-sept ans il était assez habile déjà pour que son compatriote, Benedetto Gennari, l'associât à ses travaux et en partageât avec lui le salaire. La ville de Cento et ses environs furent d'abord le modeste théâtre de la réputation naissante du Guerchin. Mais vers 1612, ses peintures attirèrent l'attention et excitèrent l'enthousiasme d'un chanoine régulier, le père Mirandola, prieur du monastère du Saint-Esprit à Cento. Tout aspirant à la gloire a besoin d'un prôneur : le bon chanoine se fit le prôneur du Guerchin. Il le vantait à tout propos et en tous lieux, si bien que sur la foi de ses paroles, des peintres vinrent tout exprès de Bologne à Cento pour voir *les Vertus cardinales* que le jeune artiste avait peintes à fresque, en clair-obscur. sur une des façades du monastère, et *le Triomphe de tous les saints*, tableau à l'huile que le général des chanoines réguliers lui avait commandé pour l'église du Saint-Esprit. Mais toujours échauffé du même zèle. le père Mirandola faisait tout pour former une clientèle d'admirateurs à un peintre dont il était fier pour sa petite ville de Cento. Dans la semaine des Rogations de l'année 1615, il se rendit à Bologne, y fit exposer à la procession un tableau de *Saint Matthieu*, qui fut pris par tout le monde pour une œuvre des Carrache. et voulant frapper un grand coup, il ouvrit une exposition publique de tous les dessins de son protégé. dessins de divers genres, figures, animaux, paysages, de nature à montrer le talent du Guerchin dans toute sa variété. C'était, du reste, le meilleur moyen de populariser ce talent fécond, généreux et robuste du peintre ferrarais, que de faire voir ses rapides dessins, la plupart attaqués à la plume avec une vigueur étonnante, poussés à l'effet avec des taches d'encre ou de bistre, hardiment jetées dans les fortes ombres. et reliées à la lumière par des hachures, tantôt fermes comme des coups de burin, tantôt inégales, libres et piquantes comme les morsures d'une eau-forte.

Mais là, aussi bien que dans sa peinture. le Guerchin avait mis ce cachet de trivialité dont toutes ses œuvres ont gardé l'empreinte. Fils d'un pauvre paysan qui faisait métier de porter à Bologne du bois à brûler sur des charrettes attelées de bœufs, ses premiers modèles avaient été des rustres. Il avait habitué son œil à leurs airs de têtes, aux tons que lui offrait leur peau épaisse et basanée, aux plis grossiers de leurs vêtements. et ces impressions premières, qui sont toujours les plus vives, avaient laissé dans son esprit une trace ineffaçable. Cependant, au début de sa carrière, ce qui lui avait ouvert les yeux, c'était un superbe tableau de Louis Carrache, placé dans l'église des Capucins, à Cento, et représentant le Miracle de la Piscine. Mais le Guerchin, fidèle à son tempérament, n'avait vu que l'aveugle, le reflet de cette peinture, le côté noble, lui en avait échappé. Les vrais artistes n'admirent chez les autres que ce qu'ils ont eux-mêmes au fond du cœur.

La manière du Guerchin eut tant de succès qu'il fut amené à fonder une école. Un sieur Fabri lui fit bâtir tout exprès deux ateliers pour l'étude du modèle vivant, et cette académie ne fut pas plutôt ouverte qu'on y envoya de toutes parts des élèves. Il en vint de Ferrare, de Modène, de Reggio, de Rimini et même de Bologne, qui avait pourtant dans son sein la fameuse académie des Carrache. Déjà riche et naturellement libéral, le Guerchin faisait noblement les honneurs de sa fortune et vivait avec ses disciples en père de famille. Un jour ayant eu la visite de trois cardinaux en voyage, il les logea dignement dans sa maison, leur offrit un magnifique festin qui leur fut servi par douze de ses élèves les plus polis, et les traita si bien que ces princes de l'Eglise se félicitaient, en le quittant, d'avoir été reçus comme des rois pourraient l'être. Et la générosité du Guerchin n'était pas celle des vaniteux, qui sont âpres au gain, d'un côté, pour faire, de l'autre. ostentation de leurs biens. Souvent quand il avait achevé un tableau, il s'en rapportait pour le prix à l'estimation de l'acheteur lui-même. C'est ainsi qu'ayant peint à fresque, en une demi-journée, un *Saint Roch* pour la confrérie de ce nom, à Bologne, il s'en remit à l'expertise de Louis Carrache, qui déclara qu'aucune somme d'argent ne pourrait payer une aussi belle peinture : *che non vi era danaro che lo pagasse.*

Cependant le cardinal Ludovisi, qui devint pape sous le nom de Grégoire XV et qui était alors archevêque de Bologne, entendant parler du Guerchin, voulut avoir de ses ouvrages, et c'est pour lui que le peintre fit ce fameux *Miracle de saint Pierre*, ou la Résurrection de Tabithe, tableau d'un clair-obscur étonnant et magique. n'eût-on pour en juger que la magnifique estampe de Corneille Bloemaert, qui est le chef-d'œuvre

de ce graveur et un des chefs-d'œuvre de la gravure au burin. L'art de mettre de l'espace et de l'air dans un
tableau, de faire que l'œil du spectateur tourne aisément autour des figures, de leur donner la rondeur et le
relief qu'elles ont dans la nature même, cet art est proprement la qualité dominante du Guerchin, ainsi que
l'exprimait un jour le cardinal Serra avec toute la vivacité de la pantomime italienne. Se trouvant dans
l'atelier de l'artiste avec d'autres visiteurs, il se mit tout à coup à tourner plusieurs fois autour du chevalet,
et comme on lui en demandait la raison : « Voilà, dit-il au peintre, ce que l'on fait dans tous vos tableaux :
on tourne autour de vos figures comme je viens de tourner autour de vous[1]. »

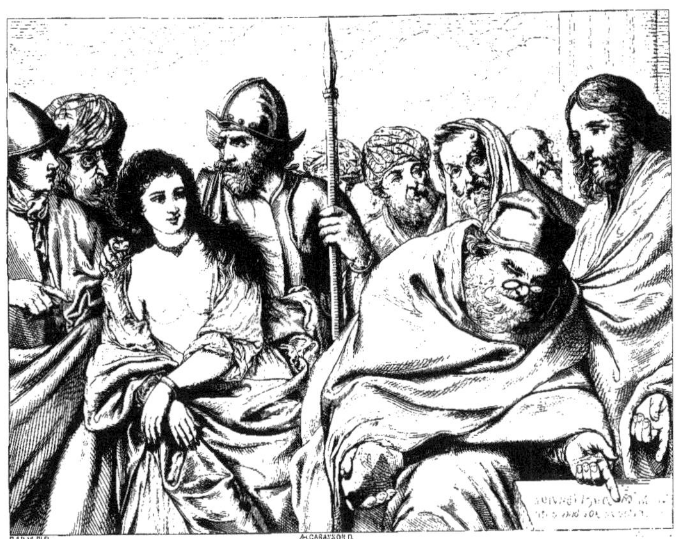

LA FEMME ADULTÈRE.

Ce modelé puissant qui fait fuir les contours et avancer les milieux, cette habile distribution de la lumière
et de l'ombre, par laquelle on enlève les figures sur leur fond, le Guerchin les apportait dans ses moindres
croquis. Toujours les objets lui apparaissaient éclairés, et il ne se bornait point à en saisir la silhouette
aride, même quand il dessinait des têtes, des yeux, des bouches, des pieds et des mains à l'usage des écoliers.
Sur la demande du père Mirandola, il avait composé un livre à dessiner, qu'il lui donna et dont ce protecteur
zélé fit présent à un autre chanoine, le père Pederzani. Ce bon père portait ce livre avec lui dans un voyage
qu'il fit à Venise en compagnie du Guerchin, lorsqu'un jour, en parcourant la ville, ils rencontrèrent le

[1] « ..... Che si può loro girare attorno, com'a voi ho fatto io. » (*Malvasia.*)

peintre Jacques Palma le jeune, auquel le chanoine montra le livre à dessiner comme étant l'ouvrage d'un jeune commençant qui était venu à Venise précisément pour se faire l'élève du Palma. Mais l'artiste vénitien, au premier coup d'œil qu'il eut jeté sur le livre, leur dit en souriant : « Voilà, mes amis, un élève qui en sait beaucoup plus que moi.... Qu'en pensez-vous? » Le modeste Guerchin ayant rougi, le Palma comprit tout de suite qu'il avait à faire à l'auteur, et quand il connut son nom, il le complimenta, et il prit plaisir à le mener voir les peintures vénitiennes, particulièrement celles du grand Titien.

A son retour, le Guerchin eut à satisfaire aux nombreuses commandes qu'on lui adressait de tous côtés. C'était le vice-légat de Ferrare qui désirait une *Suzanne*; c'était le duc de Toscane qui demandait la fable d'*Apollon et Marsyas*; c'était un excellent mosaïste de Cento, Marcello Provenzali, qui voulait avoir un tableau de l'épisode de *Tancrède et Erminie*, dont la scène, si bien peinte par le poëte, ne convenait guère à la rude poésie du Guerchin; c'était enfin le cardinal Serra, légat du pape, qui appelait l'artiste à Ferrare pour lui faire peindre *Samson et Dalila*, un *Saint Sébastien*, l'*Enfant prodigue*, sujets plus conformes à son génie, et dont l'exécution fut si vigoureuse, si saillante et si belle, que le cardinal, ravi, conféra au Guerchin le titre de chevalier. Mais de tous les ouvrages qu'il fit dans ce temps-là, c'est-à-dire vers 1620, le plus remarqué fut le *Saint Guillaume* qui orne la chapelle des Locatelli, à Saint-Grégoire de Bologne. Le bienheureux Guillaume y est représenté recevant l'habit de moine des mains de saint Félix, évêque. Ce célèbre morceau est composé de grande manière. La touche en est plus tendre que celle des autres tableaux du maitre et les ombres n'en sont pas si noires; toutefois il est éclatant de lumière et d'un effet si surprenant qu'il écrase le *saint Georges* de Louis Carrache, placé tout auprès dans la même chapelle. « Je ne redoute rien tant, disait Carrache, que de voir un de mes tableaux dans le voisinage d'une toile de Guerchin, parce que les yeux, une fois fixés sur ses ouvrages, en sont tellement éblouis, qu'ils ne peuvent plus rien regarder. »

Ce fut l'année suivante que le cardinal Ludovisi, Bolonais, fut élu pape sous le nom de Grégoire XV. Arrivé à Rome et voulant faire décorer la loge *della Benedizione*, il se souvint de son compatriote et le fit venir pour peindre cette loge, lui offrant un prix de vingt-deux mille écus; mais la mort du pontife, qui survint peu de temps après, suspendit l'exécution de ce projet et il n'y fut pas donné suite. Le Guerchin cependant était parti pour Rome le 12 mai 1621, et il eut encore le temps, avant la mort de Grégoire XV, de faire pour ce pontife le chef-d'œuvre de sa peinture à l'huile, la *Sainte Pétronille*, et pour les neveux du pape le chef-d'œuvre de sa peinture à fresque, l'*Aurore* de la villa Ludovisi.

On voit aujourd'hui à Saint-Pierre de Rome une superbe copie en mosaïque de la *Sainte Pétronille* qui est placée maintenant dans la galerie du Capitole. Rien ne peut donner une plus brillante idée du génie de Guerchin. En homme qui aime la peinture pour la peinture, il s'est fort peu inquiété des lois de l'unité, des lois du *costume* et des autres convenances: il a voulu produire un puissant effet et pour cela il a fait jouer dans son tableau une lumière invraisemblable mais éclatante; il a inventé un idéal de clair-obscur. La scène représente, sur le premier plan, l'exhumation du corps de sainte Pétronille; beau cadavre que soutiennent délicatement de rudes fossoyeurs à la peau bronzée, auprès desquels on remarque un jeune homme élégant. C'est le fiancé de la morte, ou plutôt de la sainte ressuscitée, car en levant les yeux on retrouve encore son image dans le haut de la composition; on la voit monter sur les nues, vers le Père éternel, entouré d'anges, qui lui ouvrent le paradis. Quelle naïveté de conception! et comme c'est bien là une idée de peintre! Pour nous faire comprendre qu'une âme s'envole aux cieux, le Guerchin ne s'embarrasse point dans les subtilités poétiques : il nous montre ingénument deux fois la même figure : ici morte, là vivante. En bas c'est le corps, en haut c'est l'âme; mais l'âme, aussi bien que le corps, a des formes humaines et s'enveloppe de draperies terrestres; elle est visible à l'œil, sensible au toucher, car il a fallu que le peintre fit passer la peinture avant la poésie. De loin, tout le tableau n'est qu'une masse brune, semée confusément de taches blanches. De près, chaque figure se prononce, chaque objet se modèle et s'accentue, chaque détail se caractérise, une exécution chaleureuse et magique enchante le regard, à ce point que le spectateur n'a pas le loisir de se demander si une telle lumière est possible, si une scène en plein air peut offrir des ombres aussi tranchées, et des clartés semblables à celles d'une lampe dans un tombeau.

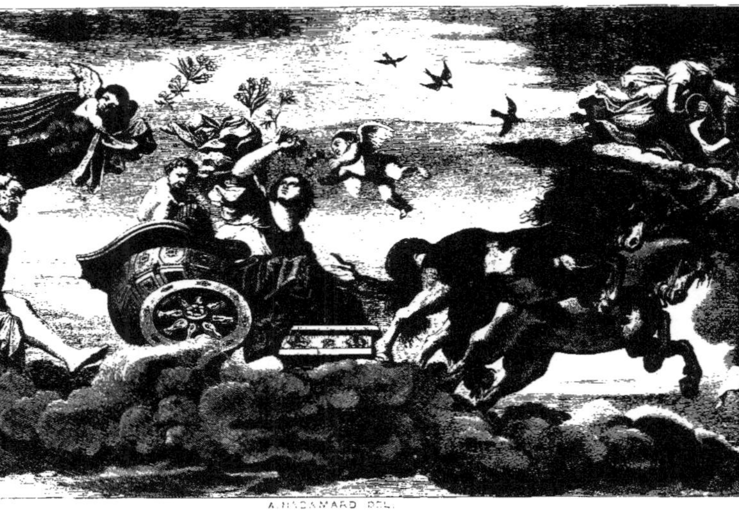

A. HADAMARD DEL.

L'AURORE.

Mais si elle est un peu outrée et *noire* dans la peinture à l'huile, la manière de Guerchin est meilleure dans ses fresques, et ses défauts y deviennent quelquefois des qualités. Je sais que les hommes de style aiment et avec raison les pâleurs de la fresque; ils n'y veulent point ce relief qui perce les murs de l'édifice, en interrompt les grandes lignes et trouble les effets sévères que l'architecte a prévus; mais ceux dont la peinture a les préférences, ne s'offensent point de ces jeux animés du clair-obscur, du moins lorsqu'ils regardent une coupole, parce qu'alors la peinture est censée faire disparaître les pierres, et substituer à la voûte du monument la voûte des cieux. L'*Aurore* de Guerchin est aussi célèbre que celle du Guide, et elle n'est pas moins belle, si elle l'est par d'autres côtés. Le Guide a des intentions plus poétiques, le Guerchin est plus peintre. L'un et l'autre sont au-dessous d'une création qui demandait tant de délicatesse et tant de grâce. On s'attend bien que les grands clairs et les fortes ombres marqueront ici le passage de la lumière aux ténèbres; mais le pinceau du Guerchin est bien brutal, il faut en convenir, pour peindre une divinité aux doigts de rose. Comment s'élever de l'épaisse atmosphère du *naturalisme*, à ces palais de vermeil qu'habite l'enfance du jour, à ces régions éthérées d'où descend le dieu de la lumière, qui est aussi le dieu de la poésie!

Depuis la mort de Grégoire XV, arrivée en 1622, le Guerchin ne songeait plus qu'à retourner à Cento, bien qu'il eût encore dans Rome des amis aimables tels que le cavalier Marin, et des protecteurs puissants tels que les neveux de Grégoire XV, le cardinal Monti, le trésorier du pape, monsignor Patrizzio, et le cardinal Borghèse, pour lequel il venait de peindre un *Saint Jean-Chrysogone* dans le soffite de l'église de ce nom. En cet endroit du manuscrit des Barbieri, cité par Malvasia, il est dit que le Guerchin fut lié (à Rome, sans doute?) d'une étroite amitié avec Michel-Ange de Caravage, et cela est répété dans les *Notices* de Baldinucci. Mais si l'on se rappelle que le Caravage mourut en 1609, après bien des voyages à Malte, en Sicile et à Naples, on verra qu'il est impossible que le Guerchin l'ait connu autrement que par ses ouvrages, à moins de supposer qu'il fit un premier voyage à Rome à l'âge de quatorze ou quinze ans, c'est-à-dire avant que le Caravage eût quitté Rome. Encore ne reste-t-il aucune trace d'un tel voyage dans sa biographie, écrite pourtant année par année, et qui ne présente point de lacune, si ce n'est de 1607 à 1612; mais ce n'est pas dans cet intervalle que le Guerchin a pu connaître le Caravage.

De retour à Cento en 1623, le Guerchin y fut plus recherché, plus employé que jamais. Le registre manuscrit que ses héritiers confièrent à Malvasia, contient la désignation de tous les tableaux qu'il fit dans l'espace de cinquante-quatre ans, avec le nom des personnages auxquels ces tableaux furent livrés. Les chanoines de Reggio, les capucins de Parme, la ville de Brescia, le grand hôpital de Milan, les églises de Ferrare, de Pavie, de Vérone, de Venise, le cardinal Spada, légat de Bologne, les cardinaux Santa Croce, Barberini, Durazzo, Baldeschi, Colonna, Monti, le duc de Savoie, le duc de Modène et tous les riches particuliers, tous les *signori cavalieri* de la haute Italie figurent sur cette liste précieuse qui a déconcerté plus d'un amateur, lorsqu'il y a vainement cherché la mention de tel ou tel tableau du Guerchin qu'il croyait avoir dans sa galerie. Dans le nombre de ces ouvrages, qui, pour les tableaux d'autel seulement, s'élève à cent six, et pour les autres peintures à cent quarante-quatre, et dont l'énumération serait vraiment impossible, nous devons signaler comme un des plus importants et des plus célèbres, la coupole du dôme de Plaisance, qui avait été commencée par le Morazzone, peintre milanais, et où le Guerchin représenta les Prophètes et les Évangélistes groupés avec des anges. Cette coupole fut terminée en six mois, avec une verve, une facilité, une bravoure de pinceau que personne ne porta plus loin que le Guerchin. Et il est remarquable que même lorsqu'il improvisait, ce *magicien de la peinture*, comme on l'appelle, ne se contentait point d'une ébauche mise à l'effet, d'une hâtive et spirituelle indication; il finissait tout, et ses héritiers purent dire avec raison qu'il ne laissa rien d'inachevé, *non lasciò opera veruna imperfetta*. C'est en parlant de cette faculté brillante et rare, que le Tiarini disait au Guerchin : « Vous faites, seigneur, ce que vous voulez; nous faisons, nous, ce que nous pouvons. » Et une autre fois, comme il avait exposé publiquement à Bologne un tableau de la *Mort de Didon* destiné à la reine de France, le Guide qui venait de voir ce tableau en fut tellement ébloui, qu'en rentrant chez lui, il dit à ses élèves : « Vite, vite, laissez-là votre ouvrage, habillez-vous, et courez voir et apprendre comment on manie les couleurs. »

LE GUERCHIN (1590).

Charles Ier et Louis XIII voulurent attirer le Guerchin à leur cour par les offres les plus séduisantes ; mais rien ne put l'arracher au séjour de l'Italie. La considération, la fortune, l'amour de la famille et de la patrie

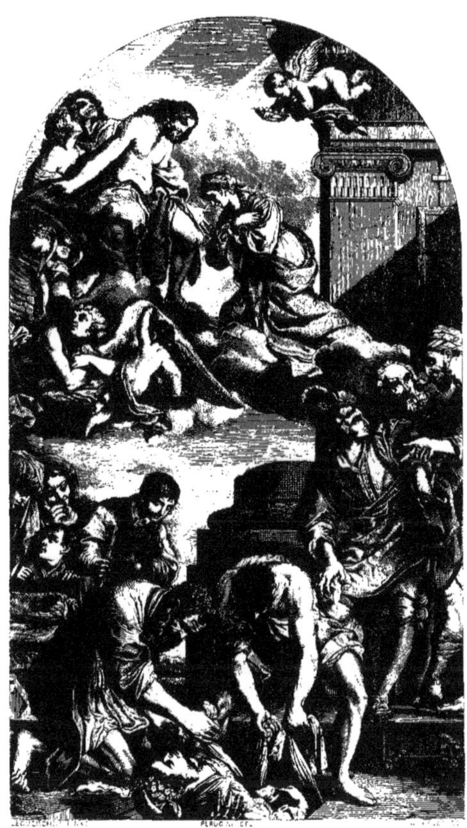

SAINTE PÉTRONILLE.

l'y retenaient. Il était du reste chéri de tout le monde : des pauvres, auxquels il ouvrait sa bourse toute grande ; de ses élèves, qu'il traitait avec une bonté paternelle ; de ses parents, qui disposaient de ses richesses autant que lui-même. Son caractère affable et la gaîté de son esprit, car il était gai comme le son ordinairement les hommes d'un tempérament sanguin, faisaient rechercher sa compagnie, et à son tour il se plaisait, dans son humeur casanière, aux douceurs de l'intimité et à causer peinture avec ses élèves, qui seuls étaient admis à le voir peindre. Il fut pourtant obligé vers 1642 de quitter sa ville natale, menacée par des bruits de guerre, et il se retira à Bologne, où le comte Aldrovandi le logea dans son palais et lui donna la plus magnifique hospitalité : « *ove fù accolto e tenuto alla grande*, » dit Baldinucci. C'est là qu'il reçut un jour la visite de la reine Christine de Suède et que cette femme célèbre lui prit la main, disant qu'elle voulait toucher une main qui avait peint tant de belles choses.

Le Guerchin mourut à Bologne, dans la dévotion et le célibat, le 22 décembre 1666. Il fut inhumé, avec de grands honneurs et en habit de capucin, dans l'église de San Salvatore. Il laissa des élèves qui surent imiter parfaitement son procédé, tels que Fulgenzio Mondini, Cristoforo Serra (de Cesena), Sebastiano Bombelli de Venise ; mais ses disciples les plus fidèles furent son beau-frère Hercule Gennari, et les deux fils d'Hercule, Benedetto et Cesare Gennari, dont l'un, Benedetto, fut peintre du roi d'Angleterre. Bien qu'il eut adopté sur la fin une manière plus douce et plus gaie, c'est-à-dire des ombres moins noires, des tons plus clairs, le Guerchin dut ses grands succès à la manière énergique et tranchée qui lui était propre. Son nom représente tout un côté de l'art, qui est surtout le triomphe du métier. Il a été à Bologne ce qu'était à Rome le Caravage, ce que furent en France le Valentin, en Espagne Zurbaran, à Mantoue le Manfredi, à Naples le Calabrese, qui, du reste, fut aussi un disciple du Guerchin. Ces hommes sont ce qu'on appelle les *réalistes*, et ce nom, qu'eux-mêmes ils se donnent avec tant de complaisance, dit assez que le vol de leur génie ne fait que raser la terre. Toutes les écoles de peinture ont eu des Guerchin et des Caravage ; mais il n'est dans le monde qu'un Léonard de Vinci, un Raphaël.

CHARLES BLANC.

RECHERCHES ET INDICATIONS.

Les ouvrages du Guerchin ne sont pas rares. On en trouve répandus dans toutes les villes de l'Italie et dans toutes les galeries de l'Europe. On voit de ses tableaux ou de ses fresques à Cento, sa patrie, à Ferrare, à Venise, à Ancône, à Forli, à Rimini, à Fanno, à Lucques, à Reggio, à Modène, etc., à Parme, à Naples, à Gênes, mais surtout à Bologne et à l'Église.

Le Musée du Louvre renferme quinze tableaux du maître. Celui de *Loth et ses filles*, mentionné par Malvasia, fut acheté en 1817, de M. De la Hante, avec quatre tableaux flamands, pour la somme de 100,000 francs.

La Galerie de Florence, le Belvédère à Vienne, le Musée de Dresde, la Pinacothèque de Munich, la Galerie Leuchtemberg à Munich, la Galerie nationale de Londres, le Musée del Rey à Madrid, renferment aussi de ses ouvrages.

Le nombre de ses dessins à la plume est incroyable. Il en a laissé dix gros volumes : ils sont pleins d'esprit et pleins de feu.

Le Guerchin a gravé à l'eau forte quelques pièces qui sont dignes d'être recherchées. 1. *Saint Antoine de Padoue*, à mi-corps. *Joan. Fr. Cent.* — 2. *Saint Jean*, de même : ces deux pièces sont in-4°.

Saint Pierre pleurant, fig. à mi-corps. *Joan. Fr. Barbieri f.* — *Saint Jérôme adorant le crucifix*, *Joann. Fr. Barbieri f.* — Buste d'un *Homme* en bonnet, avec barbe frisée, *id. f.* — Buste d'une *Femme* en cheveux frisés, *id. f.* — Buste d'un *Homme* dans le costume oriental. *B. f.* : cinq pièces in folio.

Vente du duc de Tallard, 1756. — *Judith* met la tête d'Holopherne dans un sac que lui présente Abra, sa servante. Fait en 1652 pour Giacomo Zaincone. 811 liv. — *Sainte Claire* recevant entre ses bras l'Enfant Jésus que lui remet la Vierge. Provenant du cabinet Crozat, 781 liv. — *Énée portant son père*, et accompagné de son fils Ascagne. 1102 liv.

Vente Anet, 1766. — *Loth et ses filles*, figures de grandeur naturelle : ce tableau ne paraît pas être le même que celui du Louvre, toile, 6 pieds sur 5 environ. — 940 liv.

Vente Guillaume, 1769. — Le même tableau. — 440 liv.

Vente prince de Conti, 1777. — *Endymion endormi.* Il est assis, vu jusqu'aux genoux sur lesquels sa flûte est posée. Environ quatre pieds sur trois. 900 liv. — *Suzanne et les vieillards*. Petit tableau faisant pendant à un autre, de l'Albane, qui représente Notre-Seigneur et la Samaritaine. Les deux, 1.000 liv. — Les mêmes tableaux n'avaient été vendus que 1.200 liv. à la vente du comte de la Guiche, en 1770.

Vente Grandpré, 1809. — Esquisse terminée du tableau de *Saint Grégoire* (que possédait alors le Louvre). — 405 fr.

Vente Lebrun, 1809. *Saint Laurent* en prières devant la Vierge et l'Enfant Jésus. 1.800 francs. — *Sainte Marie Égyptienne* et sa compagne. — 304 francs.

Vente Villers, 1842. — Le tableau précédent. — 390 fr.

Le prix moyen des dessins de Guerchin dans la vente Mariette, où il s'en trouvait beaucoup, fut d'environ 100 fr.

Les tableaux du Guerchin qui se trouvent au Musée du Louvre ne sont pas signés. Nous donnons ci-dessous son monogramme.

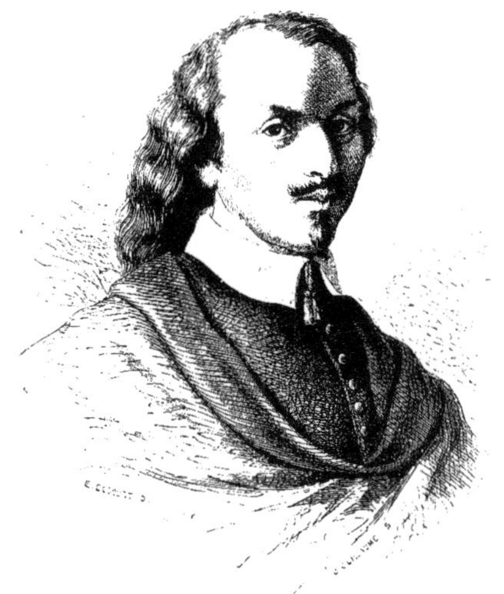

PIER FRANCESCO MOLA

NÉ EN 1612. — MORT EN 1666.

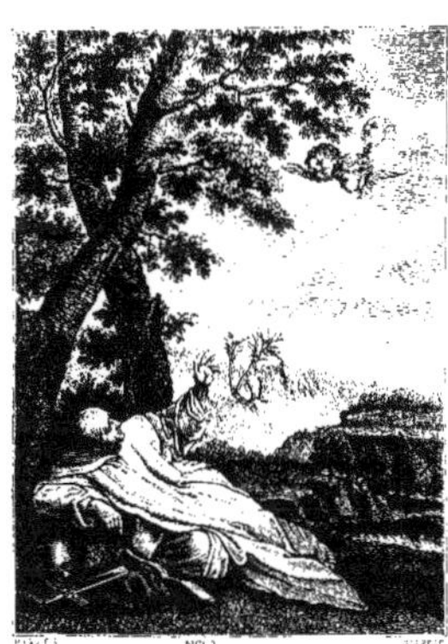

Bien qu'il ait reçu du Josépin les premiers enseignements de son art, et qu'on le range quelquefois, pour cette raison, dans l'École romaine, Pier Francesco Mola est Bolonais par son style, comme il est Milanais par son origine. Né à Coldre, non loin de Suzano, dans la Suisse italienne, en 1621, suivant Pascoli, mais plus probablement en 1612, selon Passeri, il était le fils de Jean-Baptiste Mola, ingénieur et architecte, qui a écrit plusieurs traités sur l'architecture militaire et civile, et sur le bâtiment de Saint-Pierre. Appelé à Rome par le pape Urbain VIII, qui voulait lui faire construire le fort de Castelfranco, sur le territoire de Bologne, Jean-Baptiste Mola amena son fils avec lui, et pendant tout le temps qu'ils demeurèrent à Rome, il lui fit prendre des leçons du Josépin. Déjà il lui avait donné pour professeur de dessin dans son pays Prospero Orsi, dit Prosperino *delle grottesche*. Mais comme le jeune peintre était chaque jour gourmandé par son père, qui le disait incapable de gagner sa vie, Pier Francesco, fatigué de ces reproches, perdit patience et partit brusquement pour Venise. Là, ayant vu les ouvrages de Titien, de Paul Véronèse et des autres coloristes, il changea de manière, et s'en fit une assez semblable à celle du Bassan, qui l'avait particulièrement séduit. Habile, du reste, à copier tous les maîtres, il demeura quelque temps à la solde d'un marchand vénitien, qui exploita son talent de peintre. Pour son compte, Pier Francesco ne travaillait guère qu'en petit, et ne peignait que des demi-figures ou des personnages demi-nature, qu'il encadrait dans de jolis paysages.

Appelé à Milan pour y régler quelques affaires d'intérêt, Mola y demeura le temps nécessaire, et il se rendit ensuite à Bologne, où il se lia bientôt d'une étroite amitié avec l'Albane, dont la grâce lui avait plu. Laissant alors la manière sombre et forte du Bassan, ses effets imprévus de lumière et ses rehauts de couleur, comme il avait abandonné les errements du Josépin, il s'attacha de préférence au style doux, gracieux et clair de l'Albane, mais sans tomber dans le faible et le fade de ce maître, car il montrait déjà un esprit plus vif, un pinceau plus alerte et plus résolu, un coloris plus mâle. Pascoli raconte que l'Albane, ravi des talents de son élève, lui offrit une de ses filles en mariage, et que le Mola refusa poliment ce parti pour aller étudier le Guerchin à Venise[1]. Or, il y a dans le récit de ce dernier fait une étrange étourderie de la part du biographe, car à l'époque où le Guerchin était à Venise, c'est-à-dire en 1618, Mola n'aurait eu que six ans, selon Passeri, et suivant Pascoli lui-même, il ne serait pas né. Il est donc clair que Pier Francesco ne saurait avoir entrepris le voyage de Venise dans le temps où s'y trouvait le Guerchin, et pour le connaître.

Ce qui est également certain, c'est qu'étant allé de Bologne à Rome, Mola fut chargé par le marquis Costaguti de décorer à fresque un appartement de plaisance, et qu'il y peignit la fable d'*Ariane et Bacchus*. Délaissée sur le rivage de Naxos, la fille de Minos paraissait épouvantée par l'apparition du jeune Dieu, qui la rassurait en lui déclarant son amour. Un beau paysage et une mer calme, éclairée par l'aurore, formait le fond de la scène, qu'animaient les jeux et les danses des satyres, des sylvains et des bacchantes. Ces peintures, d'une dimension modérée, ont sans doute péri, car on n'en trouve aucune trace dans les descriptions de Nibby, ni même dans celle, plus ancienne, de l'abbé Filippo Titi. Mais on voit encore dans l'église San Marco, à Rome, la fresque qui lui fut commandée par l'ambassadeur vénitien Sagredo, et qui représente l'archange *Saint Michel terrassant le démon*, et dans la même église, *Deux saints Martyrs livrés aux bêtes* et aux bourreaux. Ce furent là les premiers ouvrages de Mola, ceux du moins qui le tirèrent de l'obscurité et qui lui valurent les bonnes grâces d'Innocent X. Voulant faire retoucher quelques tableaux qui avaient souffert, ce pontife manda le peintre auprès de lui pour lui montrer ces tableaux. Celui-ci les nettoyait et les regardait en présence du pape ; mais comme il ne pouvait soutenir à lui seul une des toiles, qui était plus lourde que les autres, Innocent X lui vint en aide de ses propres mains, et cela fut remarqué à Rome autant que l'on eût été en Allemagne le fait de Charles-Quint ramassant le pinceau du Titien.

La faveur dont Mola jouissait à la cour pontificale continua sous le règne d'Alexandre VII, qui avait succédé à Innocent X. Le nouveau pape, ami des arts et jaloux de la gloire qu'ils procurent aux princes, voulut orner de peintures le palais de Monte Cavallo, et il donna une des faces de la galerie à peindre au Mola, en concurrence avec les peintres les plus renommés de Rome. Piqué d'émulation, Pier Francesco se surpassa dans ce travail. Il y mit de l'invention, de la verve, un jeu de clair-obscur et de couleur tout à fait piquant : ce fut son chef-d'œuvre. Il y représenta *Joseph, vice-roi d'Égypte, adoré par ses frères*. La scène se passe sous le portique d'un édifice dorique, où l'on voit Joseph dans toute la pompe de sa puissance, recevant à bras ouverts ses frères indignes, qui lui demandent pardon à genoux de leurs cruautés. Dans le fond, on aperçoit un paysage orné de temples et de fabriques diverses, et dont la géographie est indiquée par des pyramides. Le plus bel éloge qu'on puisse faire de ce morceau de peinture, c'est qu'il fut gravé à l'eau-forte par Carle Maratte, qui n'eût pas pris une telle peine pour un ouvrage médiocre.

Après avoir terminé cette grande décoration, Mola fut chargé de peindre au Gesù, dans la chapelle des Ravenna, le *Miracle de saint Pierre convertissant les centeniers* et la *Conversion de saint Paul*. Comme toujours, il y montra son amour pour le mouvement pittoresque plutôt que pour l'expression, ses coups de lumière inattendus, ses touches de blanc, dont il avait contracté l'habitude en étudiant à Venise le Bassan, et aussi son goût prononcé pour le paysage, qu'il traitait d'ailleurs en peintre d'histoire. Il est rare que ses

<hr>

[1] Piaceque tanto a lui il talento, la volonta, il costume dello scolare, che gli offerse per moglie una figlia.... Ma egli... modestamente la ricusò, e andò a Venezia a cercar del Guercino. — Pascoli, *Vite de' Pittori.... in Roma.* MDCCXXX.

compositions ne soient pas accompagnées d'un paysage, et placées dans des lieux ouverts. Le cardinal Omodei, qui présidait, en sa qualité de Milanais, la fabrique de l'église milanaise de Rome, Sant' Ambrogio e Carlo, sur le Corso, ayant demandé à son compatriote une peinture relative à la vie de saint Barnabé, Mola représenta le saint apôtre en habits épiscopaux, prêchant l'Évangile au peuple de Milan, et il se donna le plaisir de ménager dans son tableau un joli fond de paysage, accidenté d'un pont sur lequel passent des figures. Le tout était exécuté d'une manière vive et gaillarde, et d'une couleur montée.

Sur ces entrefaites, le prince Camillo Panfili, pour lequel il avait déjà travaillé, lui confia, dans son palais de Valmontone, la décoration d'une chambre où il devait peindre, en concurrence avec d'autres artistes,

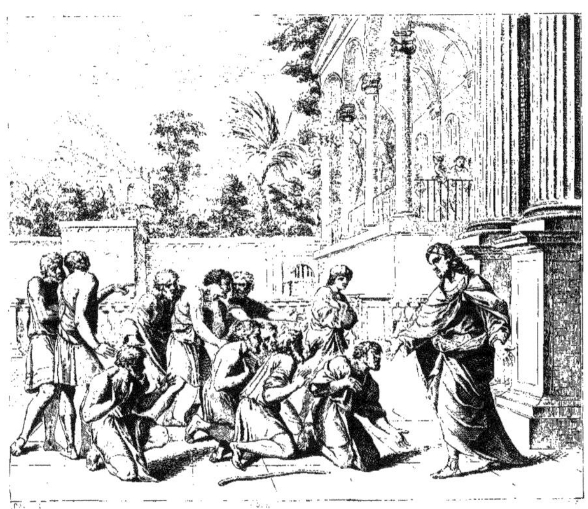

l'un des quatre éléments. Il avait composé les figures qui devaient symboliser l'Air, et sa besogne était avancée, lorsqu'il lui prit fantaisie de ne pas la finir avant d'avoir obtenu du prince le prix qu'il en voulait avoir, c'est-à-dire un millier d'écus. Don Camillo répondit qu'il mesurerait la récompense à la peine, et qu'il entendait bien n'être pas trompé sur l'importance du travail. Là-dessus, le Mola intente un procès au prince, se laissant persuader qu'il sera soutenu par la cour pontificale, qui n'est pas fâchée, lui dit-on, d'humilier un Panfili. Voilà notre artiste aux mains des notaires, des procureurs et des gens de robe, chacun lui soutirant un petit tableau, sous prétexte de faire une démarche qui déciderait du gain de sa cause [1]. Mais pendant que l'instance se poursuivait et traînait en longueur, don Camillo, impatienté, fit jeter à terre la fresque inachevée de Mola et en commanda une nouvelle au chevalier Preti, dit le Calabrèse. Cependant, il n'eut pas plutôt cédé à ce mouvement de mauvaise humeur, qu'il s'en repentit. Quelque temps après, il

---

[1] Li notari, procuratori, giudici, e tutti i mozzorecchia gli carpivano dalle mane molti quadretti con vanità di speranze. *Passeri.*

avouait lui-même à Jean-Baptiste Passeri, le biographe, que Pier Francesco avait été merveilleusement inspiré dans cette peinture, *si era portato divinamente*. Il vantait le groupe de Ganimède enlevé par Jupiter métamorphosé en aigle, et l'expression de l'étonnement et de la frayeur dans les figures des jeunes bergers témoins de l'enlèvement, et la beauté du ciel, et la grâce du paysage, où l'on croyait entendre aboyer les chiens des bergers, aussi effrayés que leurs maîtres. « C'est grand dommage, disait-il à Passeri, que l'impertinence de Mola m'ait poussé à détruire une peinture si charmante, qu'on l'eût dite exécutée avec l'aide d'un ange ; » et la princesse de Rossano, femme du prince Camille, confirmait le témoignage de son mari. Quant au procès, il est plus que probable que Pier Francesco y renonça ou le perdit.

Les dédommagements et les consolations ne manquèrent pas, du reste, au peintre suisse, *svizzero*, comme l'appelle l'abbé Titi, l'auteur des *Pitture di Roma*. Il fut un des artistes les plus honorés, les plus recherchés de son temps. Le prince Chigi, le prince de Sonnino, le Connétable, les Jésuites, les religieuses des Santi Domenico e Sisto lui commandaient à l'envi des peintures décoratives ou des tableaux de dévotion. La reine Christine de Suède, qui habitait Rome, professait pour Mola une estime particulière, lui achetait des tableaux qu'elle lui payait royalement, le pensionnait, et le traitait comme un gentilhomme de sa maison. Un jour qu'il faisait le portrait d'Alexandre VII, et restait debout, nu-tête, le pape voulut que Mola s'assit et demeurât couvert. L'Académie de Saint-Luc le choisit pour son prince ; enfin le roi Louis XIV, ayant vu une *Fuite de Jacob* peinte par Mola, fut tellement enchanté de ce tableau, qu'il donna ordre que l'on fit au peintre les offres les plus brillantes pour l'attirer à la cour de France. Notre ambassadeur lui proposa une pension de six mille écus, qui dépassait de beaucoup ce qu'il aurait demandé, et il lui promit qu'il n'aurait à travailler que six mois de l'année, à ses jours et à ses heures, *di solo sei mesi per voi sarà l'anno e in questi, que' giorni, quell' ore che vi parrà, per lui dipignerete*. Ces ouvertures furent accueillies avec joie par l'artiste, et il se disposait à partir, quand une maladie qu'il couvait depuis longtemps se déclara, qui le contraignit à cesser tout travail et à vendre, comme des originaux de sa main, les copies de ses propres ouvrages exécutées par ses élèves et à peine retouchées par lui. Le mal empira, peut-être à raison des remèdes dont on accablait le malade. S'il en faut croire Passeri, les drogues de tout genre, les décoctions, les infusions, les fomentations, la diète, les bains d'eau douce et les bains de vapeur, *la stufa secca*, l'étuvée sèche, comme l'on dit en Italie, le mirent au plus bas. Il mourut, selon Passeri, en 1668, et selon Pascoli, en 1666. Il fut inhumé dans l'église di San Nicola de Cesarini.

Mola ne s'était point marié, quoiqu'il aimât les femmes, ou plutôt parce qu'il les aimait trop. Il avait une rare intelligence, un naturel affable. Sa parole était libre, abondante et énergique. Passionné pour la chasse, fastueux dans ses habitudes et prompt à dépenser son argent avec ses amis, il ne laissa point la fortune qu'on lui supposait. Il transmit à ses élèves, Giovanni Bonati, Battista Buonenori et Antonio Gherardi, sa manière bolonaise et quelque peu bassanesque, dans laquelle s'ajoutent au mouvement contrasté et pittoresque des figures l'agrément d'une touche vive et des réveillons de lumière et de couleur.

CHARLES BLANC.

RECHERCHES ET INDICATIONS

Le Musée du Louvre renferme sept tableaux de Mola, tous en petites proportions. 1. *Agar dans le désert.* 2. *Repos de la Sainte Famille.* 3. *Saint Jean-Baptiste prêchant dans le désert.* 4. Réduction du même tableau : ce n'en est que la gravure coloriée à l'huile. 5. *Vision de saint Bruno,* achetée en 1685, 660 livres. 6. *Herminie gardant les troupeaux,* acheté en 1685, 800 livres. 7. *Tancrede secouru par Herminie,* acheté en 1685, 1,109 livres. (Voir la notice de M. Villot.)

Les peintures capitales de Mola sont à Rome, et la plus importante est le *Joseph adoré par ses frères,* au palais de Monte-Cavallo.

Dans l'église du Gesù, on voit de lui le *Miracle de saint Pierre* et la *Conversion de saint Paul.*

Dans l'église de San Marco, une *Assomption* et un *Saint Michel archange;* plus *Deux Martyrs livrés aux bêtes.*

Dans l'église des Santi Domenico e Sisto, l'*Image de saint Dominique portée par trois Saintes.*

Dans l'église Sant' Ambrogio e Carlo, la *Prédication de saint Barnabé.*

VENTE RANDON DE BOISSET 1777. — *Le Songe de Joseph,* 1,100 livres.

VENTE PRINCE DE CONTI. — *Sainte Famille,* 1,600 francs.

VENTE AGUADO (1843). — *Agar dans le désert,* 415 francs.

VENTE CARDINAL FESCH. — Le *Triomphe de Judith,* 83 écus romains.

PARIS — IMPRIMERIE POITEVIN, RUE DAMIETTE, 2 ET 4.

APPENDICE

L'histoire des peintres serait interminable si nous devions y donner place à tous ceux dont il est fait mention dans les livres, dans les catalogues de musées, dans les relations de voyage, dans les descriptions de villes et de monuments. Le dictionnaire de Siret contient environ quatorze mille noms de peintres connus : ce chiffre en dit assez. En présence d'une nomenclature aussi effrayante, nous avons dû trier sur le volet et réserver les honneurs d'une biographie, brève ou longue, pour les hommes dont nous connaissions le mérite et pour ceux dont les noms ont le plus souvent retenti aux oreilles exercées, ou qui, ayant touché à de grands évènements, à des personnages célèbres, ont été éclairés par là de quelque intéressant reflet.

Dans l'école bolonaise, en particulier, il nous a été plus difficile de faire un choix et de le restreindre, par la raison que cette école se compose d'artistes qui, sauf une dizaine d'entre eux, ont une valeur à peu près égale, et qui, ne s'étant jamais élevés très haut, n'étant jamais descendus très bas, se sont tous ou presque tous maintenus à un niveau moyen, de telle sorte qu'il serait injuste d'exclure les uns après avoir admis les autres. Pour cette école, sans doute, comme pour celles dont nous avons déjà terminé l'histoire, cet appendice ne sera qu'un triage, mais un triage moins limité que les précédents et moins rigoureux. Quant aux incunables, tels que Franco Bolognese, Vitale, Simone de' Crocefissi, Lorenzo, Jacopo Avanzi, nous avons dit, dans l'Introduction à la présente école, tout ce que nous avons pu savoir sur leur compte, et nous n'y reviendrons plus.

MARCO ZOPPO

NÉ VERS 1430; MORT EN 1498.

Ce serait une lacune regrettable dans la présente histoire des peintres bolonais que l'absence d'une notice sur Marco Zoppo. Il y a vingt-cinq ou trente ans, les biographes l'eussent oublié : nous ne saurions le passer sous silence aujourd'hui, que l'on revient, non sans raison, aux artistes italiens du xvᵉ siècle. Vasari, du reste, a parlé de lui avec considération dans la vie de Mantegna, où il nous apprend que ce grand peintre avait une amitié particulière pour Marco, qui avait été son condisciple, à l'école du Squarcione, avec Dario de Trévise, et qui, par l'émulation qu'il inspirait à Mantegna, fut en partie cause de ses progrès, *gli fu di non piccolo aiuto e stimolo all'imparare*. Mais avant de recevoir à Padoue les leçons du Squarcione, Marco Zoppo avait été l'élève de Lippo Dalmasio, peintre archaïque, confit dans l'ascétisme et hostile à toute nouveauté.

Les enseignements du Squarcione ouvrirent les idées de Marco Zoppo. Squarcione avait voyagé en Grèce ; il y avait dessiné les antiques qui s'y trouvaient alors en grand nombre, et il en avait rapporté toute une collection de statues, de bas-reliefs, d'urnes cinéraires, de monnaies et de médailles. Ce musée était devenu son école, et c'est là que se noua une amitié durable entre Mantegna et Marco Zoppo. Ce dernier était loin sans doute d'égaler Mantegna, mais il n'était pas non plus son imitateur. Il se distinguait de lui en ce que

1

son dessin était moins voulu, moins sec, la cassure de ses plis moins anguleuse, son coloris moins intense et plus harmonieux. D'autre part, il n'avait pas ce grand goût, ce style fier, cette sveltesse élégante qui caractérisaient son ami, et il poussait l'étude du nu jusqu'à l'ostentation, à peu près comme Signorelli, — c'est Lanzi qui le remarque, — finissant tout, figures et accessoires, avec le soin le plus minutieux.

Bien que ses ouvrages soient en fort petit nombre, il en reste assez, cependant, pour qu'on puisse juger de son talent et de la distance qui le sépare de Mantegna. Au musée de Bologne notamment, on voit une Madone de Marco Zoppo, qui ne manque ni de sentiment ni de beauté. C'est une Madone blonde, pensive, et d'une sérénité grave. Mais on peut concevoir des doutes sur l'authenticité de l'attribution ; aussi quelques connaisseurs ont-ils regardé cette Madone comme une œuvre du Bolonais Jacopo Ripande, imitateur du Pinturicchio. Ce qui est beaucoup plus authentique, c'est une figure de sainte Apollonie, peinte en détrempe, qui est aujourd'hui à la Pinacothèque de Bologne et qui provient de l'église des Capucins, située hors la porte Sarragozza. La sainte est en pied, vêtue d'un ample manteau rouge, dont les plis sont cassés dans le style mantegnesque, mais avec plus de naturel et d'une façon moins tranchante. La tête est un peu inerte, je veux dire inexpressive. La peinture est accompagnée d'ornements, qu'interrompent de petits sujets d'histoire, traités avec une exquise finesse. Dans le champ de la toile, on remarque une petite barque à voile, ayant la forme d'un Z, et qui est peut-être le monogramme de Zoppo. Tout au bas de la toile, on distingue les armes de la famille Tancredi.

Vasari fait mention d'une autre peinture que le maître bolonais peignit pour les Observantins de Pesaro, et qui représente la Vierge avec l'Enfant, assise sur un trône entre S. Jean-Baptiste et S. François, S. Paul et S. Jérôme. Elle porte l'inscription MARCO ZOPPO DA BOLOGNA PINXIT MCCCCLXXI IN VENEXIA. Ce morceau a été acheté, il y a quelque trente ans, pour la galerie de Berlin, et il ne s'y trouve pas exposé ; du moins il ne nous souvient pas de l'y avoir vu. M. Anatole Gruyer, en qui l'on peut avoir toute confiance, dit que la Vierge de Pesaro est une de celles où Zoppo « s'est rapproché d'une manière sensible des peintures qui marquent les commencements de Jean Bellin (1) ». Il n'est pas étonnant, du reste, que, peignant à Venise, Zoppo y ait subi l'influence d'un maître aussi considérable que Jean Bellin, le beau-frère de Mantegna. Les judicieux connaisseurs qui ont annoté la dernière édition de Vasari, publiée à Florence, signalent comme le chef-d'œuvre de Marco Zoppo une autre Madone représentée sur un trône, entre quatre saints qui décore la chapelle de l'église attenante au collège des Espagnols, à Bologne. Il y a, disent-ils, dans les têtes, un vif sentiment de la vérité. Le ton des chairs, sans être faux, pèche par un manque de vie, par langueur. Les plis se ressentent de la sécheresse qui distingue tous les élèves de Squarcione, sauf la draperie de S. Jérôme dont l'habit de cardinal est drapé avec dignité et dans un goût plus sobre. Les petites histoires qui sont peintes dans les compartiments inégaux — au nombre de vingt et un — au-dessus du sujet principal et au-dessous, sont très jolies. On y remarque, en bas, *saint Jean* appelé à l'apostolat, *la Vierge et saint Joseph* adorant l'Enfant, *saint Jérôme* au désert ; en haut, la figure du Sauveur entre les deux parties d'une Annonciation, Marie d'un côté, l'ange de l'autre. Sous la peinture, on lit l'inscription : *Opera del Marco Zoppo da Bologna*.

Zoppo est un trait d'union entre Squarcione, qui fut son maître, et Francesco Francia, qui fut son élève. Toutefois, on ne peut pas dire qu'il ait exercé une grande influence sur l'École bolonaise. C'est plutôt à Ferrare qu'il eut des imitateurs, sinon des disciples, notamment dans la personne de Francesco Costa et de Lorenzo Costa. Vasari se trompe lorsqu'il attribue à Zoppo les fresques qui décorent le chapitre des Frères Mineurs à Padoue. Ces fresques (aujourd'hui recouvertes, par parenthèse, d'une couche de badigeon) ont été peintes par Giotto et par ses élèves, selon le témoignage de l'écrivain anonyme, dont les manuscrits ont été publiés par Morelli et que l'on appelle pour cette raison l'*anonimo Morelliano*. Mais une chose que Vasari ne dit point et que nous savons par Malvasia, c'est que Marco Zoppo peignit à fresque des façades de maisons et de palais, à Bologne, quelquefois avec l'aide de Jacopo Forti, son élève, et qu'il existait encore des traces de ces fresques à la fin du XVII⁰ siècle.

---

¹ *Les Vierges de Raphaël et l'Iconographie de la Vierge*, par F.-A. Gruyer. Paris, Renouard, 3 vol. in-8, 1869.

Le musée du Louvre ne possède aucun tableau de Marco Zoppo, ni aucun dessin.

Bologne. — Dans le musée, un petit tableau à trois compartiments. On y voit *la Vierge et son fils, saint Jean-Baptiste* et *saint Augustin*, évêque. Quelques-uns attribuent cette peinture à Pinturicchio, d'autres à un imitateur de Marco, qui serait Jacopo Ripanda, Bolonais. Dans la lunette supérieure, un *Couronnement de la Vierge par le Christ*, petites figures assises qui semblent être d'une autre main. — Don de Mgr le chanoine Nicoli.

Dans la sacristie de l'église San-Giuseppe dei Cappucini, une *sainte Apollonie*, peinte en détrempe. On y distingue les armoiries de la famille Tancredi. Dans la sacristie de l'église, au collège d'Espagne, bâti aux frais du cardinal espagnol Albornozzi, une peinture divisée en vingt et un compartiments de diverses grandeurs. Au milieu, *la Vierge avec l'Enfant* sur un trone ; dans le bas est écrit : *Opera del Zoppo da Bologna*.

Berlin. — Dans la galerie royale, la Madone dont nous avons parlé, et qui est signée et datée de Venise, l'an 1471. Elle provient du monastère des Observantins, de Pesaro.

Venise. — Dans la galerie Manfrin se trouvait une Madone peinte en détrempe; autour d'elle volent de petits anges, dont les mouvements sont gracieux et gais. Ce morceau est signé *Opera del Zoppo di Squarcione*, inscription qui prouve une fois de plus que Zoppo avait été l'élève de Squarcione et s'en faisait gloire.

AMICO ASPERTINI

NÉ VERS 1475; MORT VERS 1555.

Amico Aspertini, homme fantasque et capricieux, artiste fécond et inégal, fut de son temps, à Bologne, le rival de Bagnacavallo, d'Innocenzo da Imola et de Girolamo da Cotignola. Fils d'un peintre dont le nom seul nous est connu, Giovannantonio Aspertini, il suivit de bonne heure les leçons de Francia, mais son humeur vagabonde et inconstante ne tarda pas à le faire sortir de Bologne. Pendant plusieurs années, nous disent ses biographes, on le vit errer à travers l'Italie dessinant sur son cahier de parchemin, au hasard de la rencontre, sans discernement et sans choix, tout ce qu'il voyait sur sa route, en fait de monuments, de statues et de peintures. Il acquit ainsi une habileté de main prodigieuse qui étonna même ses contemporains ; mais plus soucieux de surprendre la foule par la bizarrerie de ses conceptions que de charmer les connaisseurs par la perfection de ses ouvrages, il n'a rien laissé, en définitive, qui assure à son nom une gloire solide et durable. Des fresques innombrables dont Mastro Amico couvrit en quelques années la ville de Bologne, où « il n'y a église ni rue qu'il n'ait barbouillée de sa main (1), » dit Vasari qui ne l'aimait guère, aucune n'a traversé les siècles sans encombre. Les façades des palais Marsili et Cortelli, la frise de San Salvador, paraissent avoir été des œuvres décoratives d'un véritable mérite, dans une manière puissante et chaude, imitée de Giorgione. Il est vrai que l'artiste, railleur et hâbleur, préoccupé sans cesse de ne ressembler à personne, moins à Raphaël qu'à tout autre, ne savait jamais garder jusqu'au bout la gravité convenable dans les sujets les plus austères. A la grande chapelle de San Salvador, sa composition était « si extravagante et si pleine de folies qu'elle faisait éclater de rire ceux qui avaient le plus envie de pleurer ». A San Petronio, en peignant la Résurrection du Christ, il eut l'idée bizarre et irrévérencieuse de représenter les soldats écrasés par la pierre du sépulcre, et se débattant sous cet énorme poids dans les attitudes les plus grotesques, avec des grimaces effroyables et des contorsions insensées. L'incroyable prestesse avec laquelle il expédiait les peintures murales ne lui laissait guère le temps de réfléchir sur la valeur de ses improvisations réalistes et fantasques. On raconte que, chargé de décorer la maison Cortelli, il profita du départ du propriétaire, dont le contrôle incessant irritait ses goûts d'indépendance, pour bâcler l'ouvrage en huit jours; quand Cortelli revint de la campagne, sa maison était coloriée du haut en bas. Il fit mieux encore dans la Via del Pratello, où une journée lui suffit pour orner la façade d'une maisonnette, en y représentant la Course au taureau donnée sur la place de Bologne en l'honneur de Charles-Quint et de Clément VII, avec une multitude de petites figures très amusantes et très vivantes.

Bizarre dans ses œuvres, il ne l'était pas moins dans sa manière d'être; son affectation d'originalité, son goût pour les mystifications, ses théories tranchantes et brutales, son mépris hautement affiché à l'égard des maîtres en renom, en faisaient un type particulier qui nous est bien connu et qui tenait de ce qu'on

---

¹ In somma, non è chiesa ne strada in Bologna, che non abbia qualche imbratto di mano di costui.

nomme aujourd'hui le bohème. Ne refusant jamais aucune commande, il n'était effrayé par aucune étendue de murailles, et il s'emparait en un tour de main des surfaces qui lui étaient offertes, de façon que personne n'y pût venir après lui. « Amico, dit Vasari, peignait des deux mains à la fois, tenant dans l'une le pinceau des clairs, dans l'autre le pinceau des bruns; mais ce qui était plus beau encore et plus risible, c'est qu'il avait autour du corps une courroie toute chargée de pots de couleurs, en sorte qu'il ressemblait vraiment au diable de saint Macaire avec toutes ses fioles. Quand il travaillait ainsi accoutré, avec ses lunettes sur le nez, il eût fait rire les pierres, surtout lorsqu'il se mettait à babiller; car, en bavardant à tort et à travers, il disait les choses les plus étranges du monde, et il était à lui seul un vrai divertissement. Il aimait tellement à jaser et à dire des histoires, qu'ayant rencontré, un soir, au coup de l'*Ave Maria*, un peintre bolonais qui venait d'acheter des choux, il retint le pauvre homme en conférence sous la loggia du podestat, avec tant d'histoires et des histoires si drôles, que sa victime ne put trouver moyen de s'en dépêtrer, et que cela les mena jusqu'à la pointe du jour. Et alors Amico dit au peintre : « Allons, va, mon ami, va cuire tes choux, voici l'heure qui passe. »

La chapelle Saint-Augustin, dans l'église San Frediano, à Lucques, nous donne une idée assez complète de la manière incohérente qui fut, au dire des contemporains, la manière ordinaire de cet artiste extravagant. Si vive et si choquante que soit la première surprise pour le visiteur, dont les yeux, encore enchantés par l'admirable Francia d'une chapelle voisine, tombent tout à coup sur ces fresques au ton sale, au dessin âpre, au style tourmenté, il est néanmoins obligé d'y reconnaître une entente originale de la composition et une force brutale d'expression qui expliquent la renommée d'Aspertini parmi ses contemporains. Aucun, il faut en convenir, ne s'est séparé plus violemment des écoles idéalistes et n'a cherché à se soustraire à l'influence de Raphaël avec plus d'obstination, en reprenant les traditions les plus étroites du naturalisme florentin, qu'il mêlait inégalement avec des imitations directes du réalisme allemand. Squarcione, Mantegna, Lippi, semblent bien avoir été ses modèles préférés, mais il n'a pris d'eux qu'une certaine dureté, rien de la noblesse qu'on trouve chez les premiers, rien du charme qui attire vers le second. Léonard de Vinci l'a frappé évidemment, mais seulement par ses caricatures, et c'est sur ce terrain qu'il engage la lutte avec lui, en cherchant dans la nature les laideurs les plus repoussantes. Il serait difficile, même à un réaliste moderne, d'entasser des types d'une réalité plus grossière, parfois plus hideuse, que ne l'a fait Aspertini dans le premier compartiment de la chapelle Saint-Augustin, où il a représenté une procession nombreuse apportant à l'église le saint découvert, par miracle, au fond de la mer. La plupart des figures sont, dit-on, des portraits de notables Lucquois, et cette tradition ne serait pas à l'éloge de la race, si l'on ne savait combien Amico aimait à faire des caricatures. Le groupe qu'il a brossé avec le plus d'entrain est un groupe de chantres hurlant à plein gosier au milieu de cette foule fanatisée. Le premier vieillard édenté, titubant, l'air abruti, les yeux vagues, psalmodie par habitude et semble une machine inconsciente; devant lui marche un de ses compagnons, plus jeune et frais tonsuré, à la mine louche et sauvage, chantant avec rage, comme s'il avait peur que sa voix fût couverte par celle d'un autre vieillard chauve, qui fait de son côté les efforts les plus grotesques. Un chantre nouveau, adolescent imberbe, s'interrompt pour rire et se moquer de ses amis, tandis qu'un brave petit enfant, encore tout naïf et candide, sans rien comprendre à cette comédie, s'avance en entonnant de toute sa voix, de tout son cœur, le pieux cantique. Le deuxième compartiment, le *Baptême de saint Augustin* à Milan, est exécuté avec plus de sérieux ; cinq ou six figures, portant de longs cheveux et des toques rouges, habillées avec luxe et gantées avec soin, y sont encore des portraits d'après nature, cette fois très intéressants. Les fonds de paysages, fort accidentés, y sont riches et traités avec un sentiment vraiment pittoresque. Dans le troisième compartiment, *les Mages*, et dans le quatrième, *San Frediano détournant une inondation*, Amico revient à son naturalisme. Les groupes, tout à fait grotesques, des baigneurs qui étalent avec complaisance leurs nudités comiques, servent de pendant aux groupes de chantres dont nous avons parlé plus haut. Néanmoins, on trouve d'un bout à l'autre, dans cet ouvrage et dans les peintures moins importantes qui l'avoisinent, en cette même église, un talent réel, un esprit d'observation, une habileté de main qui eussent sans nul doute produit des œuvres plus intéressantes, si l'artiste, moins maniaque et moins préoccupé de paraître original, avait consenti à mettre de côté, dans les sujets graves, son goût pour les bizarreries et les extravagances.

Amico travailla à Bologne, à la chapelle de Sainte-Cécile, probablement sous les ordres de Francia, en compagnie de Lorenzo Costa, de Tamaroccio, de Chiodarolo. Les trois fresques qu'il y peignit sont les premières que l'on trouve en entrant, à gauche les *SS. Tiburce et Valérien* décapités en présence du préfet de Rome, à droite l'*Ensevelissement* de leurs corps et la *Dispute de Ste Cécile avec le Préfet*. C'est aussi à Bologne, dans l'église Saint-Martin, que se trouve son meilleur tableau *la Madone et le Bambino*, entouré d'un saint évêque agenouillé qui regarde le spectateur, de Ste Lucie et de S. Nicolas distribuant des boules d'or à trois jeunes filles sans dot. Il a montré dans cet ouvrage une résolution et une vigueur qui l'ont fait comparer à Giorgione : car « la fermeté des chairs, le naturel des vêtements, l'aisance des attitudes y sont vraiment les mêmes que chez le grand Vénitien, » au dire de Malvasia. Amico Aspertini a laissé un très grand nombre de dessins; il fut aussi de temps en temps sculpteur, et fit en 1526, à San-Petronio de Bologne, un groupe de Nicodème portant le corps du Christ, qu'on y voit à droite en entrant.

La fin de maître Amico fut assez triste. Après avoir amusé de ses extravagances, réelles ou feintes, ses compatriotes pendant un demi-siècle, il devint à l'âge de soixante-dix ans tout à fait fou, fou à lier. Vasari ajoute que la population de Bologne, et en particulier le gouverneur de la ville, le grave historien Francesco Guicciardini, y prenaient le plus grand plaisir. Pour quelques-uns, cette folie n'était qu'une dernière mystification mêlée d'une vraie tristesse; il était arrivé à Amico, dans un accès de délire, de vendre ses biens à un prix tout à fait vil; lorsqu'il revint à la santé, il voulut faire casser le contrat, qui le réduisait à l'extrême misère, mais il ne l'obtint qu'à des conditions assez dures. Aspertini s'était marié vers l'âge de cinquante-cinq ans avec une certaine Smeralda Abati. Il fit son testament, le 3 novembre 1552, laissant pour héritiers trois fils.

Paris. — Deux dessins, dans les collections du Louvre, sont attribués à Amico Aspertini.

Bologne. — A San Martino Maggiore, on montre un tableau d'Amico d'une belle couleur. La Pinacothèque possède de lui un *Jésus-Christ en croix*, une *Vierge avec des Saints*.

Lucques. — C'est à San Frediano, dans la chapelle de la Sainte-Croix, dédiée en 1506 à S. Augustin par Pasquino Cenami, que se trouvent les fresques importantes dont il est parlé ci-dessus. Sur les parois sont représentés divers épisodes de *la Légende du Volto Santo* et de la *Vie de S. Augustin*; dans les lunettes, la *Naissance du Christ*, l'*Adoration des Bergers*, la *Déposition au tombeau*; dans la voûte, le *Rédempteur* entouré d'Anges et de Saints. Rosini, dans la planche CLXI de son histoire, a donné une gravure du *Baptême de S. Augustin*, qu'il a restauré lui-même, ainsi que les autres fresques de cette chapelle.

On peut supposer, avec lui, que le peintre a placé sa propre figure au milieu des personnages contemporains qui assistent à ces diverses scènes et parmi lesquels on signale aussi son frère Guido, à côté de Francesco Cenami, frère du fondateur de cette chapelle.

Berlin. — Musée Royal. — Notre-Dame, S. Joseph, les pasteurs et plusieurs anges adorant l'enfant Jésus; fond du paysage, où l'on voit arriver au loin le cortège des Rois Mages. Tableau signé : « Amicus Bononiensis. »

GUIDO ASPERTINI

Le frère d'Amico, Guido Aspertini, qui mourut à trente-cinq ans, a laissé, lui aussi, une réputation de peintre estimable. D'une nature patiente et d'un esprit bien équilibré, il ne ressemblait d'ailleurs à son frère sous aucun rapport; sa peinture laborieuse et léchée péchait au contraire par excès de fini et par sécheresse. Vasari lui donne pour maître Ercole Grande et attribue sa mort précoce à la noble ambition qu'il eut de continuer dignement son maître et qui lui fit accepter une existence de travail et de privations au-dessus de ses forces. Les grandes fresques dont il orna Saint-Pierre, à Bologne, ont disparu dans la reconstruction de cette église. Sa perte fut un sujet de douleur pour les Bolonais. On peut voir dans Malvasia des strophes et des sonnets composés à sa louange par les poètes du temps.

Parmi les tableaux qui contribuèrent à établir sa réputation, Gualandi et Malvasia signalent une *L*...

et un portrait de Galeozzo Bentivoglio. Un troisième Aspertini, frère d'Amico et de Guido, Lionello, travailla aussi à Bologne ; sa vie est restée obscure, et on ne connaît aucune de ses œuvres.

BOLOGNE. — A la Pinacothèque une *Adoration des Mages.*

GIROLAMO MARCHESI DA COTIGNOLA

NÉ EN 1481 ; MORT EN 1550.

Girolamo da Cotignola, qu'on a fait longtemps, par erreur, descendre de la famille Zaganelli, à laquelle appartiennent d'autres artistes du même pays, eut pour père Antonio Marchesi et pour maître Francesco Francia. C'est surtout comme portraitiste que Vasari le signale à l'admiration de la postérité : deux portraits autrefois conservés dans la maison Vinacci, l'un de Gaston de Foix sur son lit de mort, après la bataille de Ravenne, l'autre de Maximilien Sforza, sont signalés par le biographe florentin comme deux chefs-d'œuvre de premier ordre. Vasari n'a pas les mêmes éloges pour les grandes compositions du peintre romagnol, qui furent cependant nombreuses et parfois excellentes, dans le goût noble et sévère des maîtres du XVe siècle. A Bologne, Girolamo fit, en compagnie de Biagio Pupini, toutes les peintures décoratives de San-Michele in Bosco, à fresques ou sur panneaux. De ces ouvrages aujourd'hui détruits ou dispersés il ne reste que les quatre Évangélistes, dans la sacristie, mais ces morceaux suffisent à donner une bonne idée de la manière du maître. A Santa-Colomba de Rimini, il fit, suivant Vasari, une *Sainte Lucie* « plus lascive que belle », et un *Couronnement de la Vierge,* où l'on voyait les douze apôtres et les quatre évangélistes « avec des têtes si grosses et si mal bâties, que c'est une honte ». Lanzi rappelle en revanche que Girolamo est l'auteur du beau tableau de Pesaro, où l'on voit agenouillés, parmi les Saints et Saintes, aux pieds de la Madone couronnée, Ginevra Tiepolo, veuve de Giovanni Sforza, et son fils Costanzo Sforza, seigneur de Pesaro. « Cet ouvrage, dit l'historien, n'est pas le seul que Girolamo ait eu à faire pour les familles princières. Le dessin est un peu sec, mais la couleur est belle ; les têtes sont majestueuses, les draperies bien comprises ; bref, n'eût-il fait rien autre chose, Cotignola mériterait, pour ce seul tableau, d'avoir sa place parmi les meilleurs peintres de l'ancien style. » C'est cette fidélité obstinée à des traditions déjà négligées qui empêcha sans doute Girolamo de faire fortune à Rome, où il tenta d'aller s'établir sous le pontificat de Paul III. Après avoir fait quelques portraits, entre autres celui du pontife, il se décida à partir pour Naples, où quelques amis, dont le plus chaleureux était un négociant florentin, grand amateur d'antiquités et de tableaux, Tommaso Cambri, l'accueillirent avec le plus grand empressement et lui procurèrent des commandes. Malgré cet appui, il ne semble pas cependant qu'il réussit beaucoup mieux là qu'à Rome à faire accepter un genre de peinture qui n'était décidément plus à la mode. Le vieux peintre, fatigué et désolé, revint encore une fois dans la ville papale ; mais ce fut pour y mourir, victime, si l'on en croit Vasari, d'un abominable et lâche tour qui lui aurait été joué par ses confrères : « Quelques-uns de ses amis, ayant compris que Girolamo avait mis de côté quelques écus, lui persuadèrent qu'il lui fallait prendre femme, pour mieux gouverner sa vie ; et lui, croyant bien faire, se laissa si bien engluer par eux qu'ils lui mirent sur les bras, afin d'y trouver leurs aises, une fille qu'ils entretenaient. Le pauvre vieux, après le mariage, découvrit la chose et en fut si désespéré qu'il mourut quelques semaines après, à l'âge de soixante-neuf ans. » Girolamo avait fait son testament le 16 août 1531, et choisi pour légataire universel son neveu, Pietro Graziani, né comme lui à Cotignola.

PARIS. — Le Louvre possède un dessin de Girolamo Marchesi.

PARME. — Eglise de l'Annunziata. — *La Madone avec le divin Bambino sur ses genoux;* à droite, *S. Bernard et S. Jean-Baptiste*; à gauche, *S. Jean évangéliste et S. François d'Assise.* Sur les marches du trône, un ange assis joue du violon. Fonds d'architecture. Signé et daté : 1516.

BOLOGNE. — A la Pinacothèque, un *Sposalizio* de la Vierge, provenant de l'église San-Giuseppo, où l'avait vu Vasari; une *Annonciation,* une *Nativité,* une *Fuite en Egypte,* réunis dans le même cadre.

MILAN. — Musée Bréra. — Plusieurs tableaux.

FERRARE. — Eglise de Santa-Maria in Vado. — *La Justice et le Courage.*

Galerie Costabili. — *Adoration des Mages,* 1504.

FORLI. — La Vierge et les saints, signé : HIERONYMVS MARCHESIVS COTTIGNOLENSIS.

PESARO. — Eglise S. Maria delle Grazie. — On y conserve encore le grand tableau que nous avons cité dans la notice ci-dessus et que Lanzi regarde comme le chef-d'œuvre de Girolamo. En haut, *Dieu le Père y paraît entouré d'Anges, de Chérubins, de Séraphins.* Au milieu, se dresse la *Vierge glorieuse et couronnée ayant à sa droite un saint évêque et à sa gauche S. Jérôme.* Sur le devant sont agenouillées trois figures : 1° *Ste Catherine d'Alexandrie.* au-dessous de laquelle se trouve l'inscription IERONIMVS COTIGNOLA; 2° *le Jeune Costanzo II Sforza, seigneur de Pesaro;* 3° *Ginevra Tiepolo sa mère, veuve de Giovanni Sforza.* Dans le fond on lit : IUNIPERA SFORTIA PATRIA A MARITO RECEPTA EX VOTO P. MCCCCXIII. Ce tableau a été gravé dans l'ouvrage de Litta sur les grandes familles milanaises.

Angleterre. — Galerie Solly. — *S. Pierre et le pape S. Grégoire adorant la Vierge.* 1528. Tableau provenant d'une église de Lugo, décrit par Waagen.

Berlin. — Musée royal. — *S. Benoît donnant la règle à ses disciples agenouillés.* Signé et daté HIERONIMVS COTTIGNOL·MDXXVI.

GIOVANNI MARIA CHIODAROLO

FLORISSAIT VERS 1520.

Chiodarolo est inscrit sur le carnet de Francia, où l'on trouve la liste de ses élèves. Lanzi le mentionne comme ayant été le rival des Aspertini, de Girolamo da Cotignola, d'Innocenzo da Imola, et leur collaborateur dans les peintures de Sainte-Cécile et du palais della Viola. On ne peut donc passer son nom sous silence, bien que les détails sur sa vie fassent absolument défaut et que ses ouvrages authentiques soient très rares. D'après Bumaldo, Chiodarolo non-seulement fut bon peintre, mais encore bon sculpteur, et ajouta son petit morceau à ce fameux monument de Saint Dominique, auquel mirent la main, pendant trois siècles, tous les sculpteurs de Bologne. Les fresques qu'il fit à Sainte-Cécile sont des œuvres de jeunesse, indécises et dépourvues de caractère; mais, au palais de la Viola, les compartiments qui lui sont attribués supportent, sans faiblir, le voisinage des meilleurs morceaux de ses condisciples plus connus, d'Innocenzo da Imola et de Lorenzo Costa.

Le Louvre ne possède ni peinture ni dessin de Chiodarolo.

Bologne. — La Pinacothèque n'a recueilli, de ce peintre, qu'une *Sainte Famille.*

GIACOMO FRANCIA

FLORISSAIT DE 1500 A 1545.

Vasari, qui attribue faussement à une invraisemblable jalousie la mort du grand artiste bolonais Francesco Francia, se montre encore négligent et injuste en omettant de donner la longue liste des peintres remarquables qui se formèrent dans son atelier, et dont les noms nous ont été révélés par les carnets mêmes du maître. Chiodarolo, Bagnacavallo, Innocenzo da Imola, Girolamo Marchesi da Cotignola, Amico et Guido Aspertini, Timoteo della Vite, Marc-Antoine Raimondi, sont inscrits sur ce registre de comptes à leurs jours d'entrée et de sortie dans la boutique de l'orfèvre-peintre. Le biographe florentin ne mentionne également la famille de Francia que comme une famille estimable, ayant fait enterrer son chef honorablement. Mais il est difficile de croire qu'il ignorât le mérite des deux fils qui continuèrent à diriger l'atelier paternel, Giacomo et Giulio, dont les ouvrages furent longtemps confondus avec ceux du vieux Francia, et sur lesquels on n'a pu d'ailleurs, jusqu'ici, recueillir qu'un très petit nombre de renseignements biographiques.

La vie de Giacomo, l'aîné et le plus connu, s'écoula sans doute laborieuse et tranquille dans sa ville natale, qu'il emplit de ses œuvres. Malvasia dresse le catalogue des tableaux qu'il fit pour des édifices publics ; il renonce à compter ceux qu'on peut trouver dans les maisons particulières, car ils sont innombrables. Giacomo acceptait en effet toutes les commandes de Madones qui lui étaient faites ; mais ces Madones, dit Malvasia, n'égalèrent jamais celles du père, bien qu'en dernier lieu on les pût trouver supérieures par une certaine délicatesse, un certain moelleux séduisant et facile.

L'ouvrage qui fit le plus d'honneur à Francesco de son vivant est encore aujourd'hui à la même place dans la chapelle della Madonna della Pace, à l'église San-Petronio. C'est le fameux tableau représentant un concert d'anges jouant de la viole, qui entoure la niche où l'on conserve une antique image de la Vierge, objet de la vénération des Bolonais. Les meilleurs élèves de Francia, Bagnacavallo Cotignola, Aspertini, avaient concouru avec Francesco à la décoration murale de cette chapelle, où étaient représentés divers épisodes de la vie du Christ. Francesco, pour sa part, avait peint, dans une manière abondante et large, une *Ascension*, au bas de laquelle, parmi la foule des assistants, il s'était placé lui-même en compagnie du cavalier Casio, qui avait commandé les peintures, comme l'attestait l'inscription suivante : HIERONYM. CASIVS MEDICES EQ. GAVDIVM MARI.E ASCENDENTE IESV. OB SVAM ET JACOBI F. PIETATEM DICAVIT. IA. FRANCIA FACIER. Ces fresques ont été badigeonnées honteusement au xviii° siècle, comme tant d'autres; nous ne sachons pas qu'on ait encore tenté de les rendre à la lumière. La même fureur de blanchissage a fait disparaître les cinquante-huit fresques de Francesco de cinquante-huit pilastres de San-Giovanni in Monte, où apparaissaient, de grandeur naturelle, tous les pontifes, cardinaux, évêques, ayant illustré l'ordre des chanoines réguliers. Les jeunes peintres allaient étudier ces figures expressives, d'un caractère étrange, d'une physionomie accentuée, comme les meilleurs modèles de la peinture à fresque à la fois vive et sérieuse. Agostino Carracci, en prenant pour sujet d'études une Madone de Francesco sous le portique du palais Ratta, nous en a du moins conservé le souvenir dans une estampe, car cette Madone aussi a disparu, comme ont disparu les fresques du Palazzo della Viola, œuvres de la première jeunesse du peintre, d'ailleurs moins parfaites.

Les ouvrages de Giacomo ont été souvent confondus avec ceux de Francesco, son père, qu'ils égalent quelquefois, confusion d'autant plus facile que la signature est la même, et que le fils a rarement fait précéder de son nom de baptême le nom illustre de Francia. En général, on les peut reconnaître au dessin plus facile, à l'allure plus aisée; les ors y sont employés avec moins de profusion, les expressions des têtes y sont plus vives, les nus moins secs et moins maigres; Giacomo profita naturellement de tous les progrès accomplis autour de lui ; il se fit donc une manière plus abondante et plus libre, mais qui devint aussi peu à peu plus molle et plus lâchée; on ne retrouve pas toujours chez lui la précision savante, l'exquise délicatesse de goût, la perfection scrupuleuse qui mirent à si haut prix les tableaux de Francia. Giacomo, fidèle d'ailleurs en ce point aux traditions de la vieille école, ne voulut jamais peindre sur toile.

Paris. — Les collections du Louvre ne contiennent aucun tableau ni dessin de Giacomo.

Bologne. — La Pinacothèque a recueilli plusieurs tableaux importants provenant des églises de cette ville. 1° *L'Évêque San Frediano entre deux Saints et deux Saintes, Ste Ursule et Ste Lucie*, figure célèbre d'une grâce céleste. Le personnage, vêtu de noir, qu'on y voit agenouillé les mains jointes, passe pour être le portrait de Giacomo. Le peintre fut d'ailleurs aidé dans ce travail par son frère Giulio, ainsi que l'indique la signature, portant le double I. I. I. I. FRANCIA sur un cartel suspendu à une branche. Ce tableau était autrefois à Santa Maria delle Grazie. 2° *La Vierge assise avec le Bambino sur ses genoux acceptant la croix que lui présente à genoux le petit S. Jean; à ses côtés, debout S. Sébastien et S. Georges; un peu en arrière S. François et S. Bernardin; dans le haut une gloire d'Anges*. Au pied de l'arbre où est lié S. Sébastien se trouve l'inscription : I. I. FRANCIA AVRIF. BONON. FE. MDXXVI. Ce tableau, naguère à l'église San-Francesco, se trouve gravé dans d'Agincourt (Pl. cxxviii) et dans Rosini (Tome IV, p. 133.

On voit, dans la même collection, deux *Vierges avec Saints*, de petite dimension.

L'église Santo-Stefano possède un *S. Jérôme* adorant le crucifix, avec la Madeleine et S. François, qu'on a longtemps attribué à Francesco Francia, mais qui porte la date de 1520, et doit par conséquent être restitué à Giacomo. — Nous pouvons signaler encore dans la même ville, comme ouvrages intéressants de ce maître fécond, à San-Donato un *S. Jean-Baptiste*, à Santa-Cristina une *Nativité du Christ* (1552), à San-Domenico, dans la chapelle Pepoli, l'*Archange Michel* au milieu d'autres saints; à la sacristie de San-Clemente, trois figures en pied, *Ste Marguerite, S. François, S. Jérôme* (I. I. FRANCIA MDXVIII. X. IVLII.)

Parme. — Une *Nativité*, dans l'église *San-Giovanni Evangelista*, porte la signature : J. J. FRANCIA BON. MDXVIII.

Milan. — Grand tableau au musée Brera, *la Vierge, l'Enfant Jésus, deux anges, deux saintes Guerrières, Ste Justine, Ste Catherine, et quatre autres figures*, toutes de grandeur naturelle. Signé : JACOB. FRA. MDXLIV. (Gravé dans la *Pinacoteca di Milano*. Tome II. Tav. xxiv).

Berlin. — Le musée royal de cette ville contient trois tableaux de Giacomo : l'un fait en collaboration avec son frère Giulio, représentant la *Vierge en gloire, entourée d'Anges et de Chérubins, adorée par S. Paul, Ste Catherine, S. François, S. Jean-Baptiste*, sur un fond de paysage, tableau cité par Malvasia et provenant de l'*Osservanza* de Bologne; l'autre signé de Giacomo seul, la *Vierge entre quatre Saints* dans un beau paysage; un dernier, dont la composition est presque semblable, avec d'autres saints, et qui contient de plus, dans le haut, l'*image de Dieu le Père et du Saint-Esprit*. Ce troisième tableau ornait autrefois le maître-autel de San-Guglielmo.

GIULIO FRANCIA

NÉ EN 1487.

Malvasia, et Lanzi à sa suite, ont pris Giulio pour un cousin de Francia. La découverte d'un acte de baptême dans les archives de Bologne a prouvé qu'il était, au contraire, le propre fils du vieux maître. Cet acte est ainsi conçu : 1487, 25 agosto. *Julius filius Francisci aurificis… natus die 20 augusti et baptizatus die 25.*

Giulio, ainsi qu'on a pu le constater dans la précédente notice, travailla fréquemment avec son frère Giacomo; les tableaux qu'ils firent ainsi en collaboration portent la signature I. I. FRANCIA. On ne connaît d'ouvrage pouvant lui être attribué spécialement qu'une *Descente de l'Esprit*, conservé à la Pinacothèque de Bologne. La date de sa mort est ignorée.

INNOCENZO DI PIETRO FRANCUCCI DA IMOLA

NÉ VERS 1494; MORT VERS 1550.

Innocenzo Francucci naquit à Imola; mais il vint dès l'âge de onze ou douze ans étudier la peinture à Bologne, comme pensionnaire de sa ville natale, qui lui avait accordé un subside annuel de dix corbeilles de grain par décision en date du 17 mars 1506. L'entrée de l'enfant dans l'atelier de Francia est constatée par une note du maître sur son cahier, que Malvasia rapporte ainsi : « 1508. Le 7 mai j'ai pris à mon école Nocentio Francuccio, d'Imola, sur la recommandation de Felesini et de Gombruti. » Il est probable qu'Innocenzo vint ensuite à Florence, et qu'il étudia pendant quelque temps sous la direction de Mariotto Albertinelli, dont il imita le style avant de devenir un des admirateurs les plus fervents et des disciples les plus heureux de Raphaël. Ce fut le comte Giovanni-Battista Bentivoglio qui le décida à quitter sa patrie, Imola, où il était retourné, pour venir s'installer définitivement à Bologne. Innocenzo passa dans cette ville le reste de sa vie, et la liste de ses ouvrages qui ornaient, au temps de Malvasia, les édifices publics, est d'une longueur qui prouve combien cette vie fut laborieuse et bien remplie.

L'un des premiers travaux qui valurent au peintre d'Imola la bienveillance de Bentivoglio fut une admirable copie qu'il exécuta d'après la *Madone au poisson* de Raphaël, tableau déjà célèbre et qui se trouvait alors entre les mains d'un seigneur, Lionello da Carpi. En 1517, les moines de San Michele in Bosco lui commandèrent les fresques qui devaient décorer la salle de leur chapitre, et Innocenzo mena cette besogne à bonne fin avec un grand succès. « Ces peintures sont tellement dans le goût de Raphaël, dit Malvasia, qu'il sembla que le grand peintre en avait fait lui-même d'abord le dessin. » Comme il avait été convenu par un contrat qui nous a été conservé, Innocenzo peignit dans cette salle les *Douze Apôtres*, l'*Annonciation*, l'*Ensevelissement* et l'*Assomption de la Vierge*, l'*Archange S. Michel* et les *Quatre Évangélistes*. En outre, il fit pour le maître-autel un tableau à l'huile, la *Vierge en gloire ayant à ses pieds S. Michel, S. Bernard, S. Pierre.* Les fresques, qui avaient été badigeonnées au XVIIIe siècle, ont été heureusement rendues au jour dans ces dernières années; le tableau a été transporté à la Pinacothèque de Bologne.

Innocenzo travailla aussi à cette fameuse chapelle della Pace, à San Petronio, dont les peintures ont disparu sous le plâtre; il eut naturellement sa part dans toutes les grandes décorations monumentales qui furent entreprises à cette époque à Bologne, par exemple dans le palazzino della Viola, séjour favori des Bentivoglio. Bonifazio Ferreri, cardinal d'Ivrea, devenu propriétaire de ce lieu de plaisance, confia à Innocenzo trois *loggie* que le peintre orna chacune de deux compositions mythologiques. Bien que Vasari, qui déclare ces peintures faites avec soin, en veuille attribuer le dessin à d'autres artistes, comme il ne nomme point ces peintres et que l'œuvre entier de Francucci témoigne d'ailleurs d'une imagination abondante, riche et poétique, il faut en laisser l'honneur à celui qui les signa. Malvasia cite encore, parmi les édifices qu'In-

2

nocenzo décora avec un grand succès, l'église de San Giacomo, où il peignit à lui seul toute la chapelle des Piedoca. Ses tableaux les plus admirés se trouvaient à San Lucca in Monte, dans le couvent des Servites, à San Matteo, à San Salvadore, et dans toutes ces compositions religieuses, d'un dessin correct, d'un coloris varié, d'une invention facile, on voyait briller un reflet charmant du noble génie de Raphaël, inspirant à distance une intelligence fraternelle. Ses contemporains n'hésitaient pas à reconnaître en lui le meilleur élève de Francia, et paraissent l'avoir mis même au-dessus de Bagnacavallo, pour la majesté et la correction du style, pour la science du dessin et l'abondance de l'imagination. Innocenzo fit encore, à l'exemple de son maître, un grand nombre de tableaux d'autels dans le goût du XVe siècle, et, sans rien changer à l'ordonnance tradi-tionnelle de ces sortes de compositions, il y sut déployer, dans l'arrangement des personnages et la combinaison des détails, une liberté d'esprit presque égale à celle qu'on admire chez les meilleurs maîtres florentins de cette époque, chez André del Sarte et Fra Bartholommeo. Parfois il aimait à placer ses belles madones, avec leur cortége de saints et d'anges, au milieu d'une architecture riche et légère, dans le goût le plus fin des Alberti et des Bramante : parfois il les entourait au contraire d'un grand paysage aux horizons transparents et lointains, où elles apparaissaient baignées d'une lumière souriante et douce, comme les vierges mystérieuses de Léonard. D'ordinaire il ajoutait à son tableau une *predella*, ornée de petites compositions d'un charme tout à fait rare, et qu'on eût volontiers attribuées à Raphaël, tant il s'était pénétré naturellement du style de ce divin maître. Les sujets nouveaux et les grandes scènes pompeuses, où commençaient à s'exercer ses contemporains, ne semblent pas d'ailleurs avoir beaucoup attiré Innocenzo, dont le talent poétique et délicat trouvait, dans les thèmes anciens, un champ suffisant à son activité.

La vie d'Innocenzo fut celle d'un artiste simple et laborieux qui s'est consacré tout entier à l'art qu'il res-pecte et fait respecter. Très modeste et très affable de sa personne, il évita toujours, au dire de Vasari, le commerce et les entretiens des autres peintres de Bologne, qui n'avaient en général ni cette douceur de caractère ni cette bienveillance d'humeur. Suivant le même biographe, Innocenzo était déjà très affaibli par des excès de travail, lorsqu'il fut atteint d'une fièvre contagieuse à l'âge de cinquante-six ans; il ne résista pas à la maladie, et fut emporté en quelques jours, laissant à Bologne la réputation d'un artiste de premier ordre et d'un homme de mœurs exemplaires.

PARIS. — La collection du Louvre ne possède aucun tableau d'Innocenzo Francucci da Imola : deux dessins seulement de sa main y sont conservés; un troisième peut lui être attribué.

BOLOGNE. — La Pinacothèque de cette ville possède plusieurs ouvrages importants du maître, entre autres *Une Vierge assise près de Ste Elisabeth*. L'Enfant Jésus est assis sur les genoux de la sainte, et bénit le petit S. Jean agenouillé. Deux personnages, mari et femme, en cos-tume du temps, sont agenouillés de chaque côté du groupe divin. Ce tableau provient du monastère du *Corpus Domini*. — Un autre tableau, la *Vierge en gloire*, entourée des SS. Michel, Pierre et Bernard, provient de l'église San Michele in Bosco, où Innocenzo fit les grands travaux dont nous avons parlé.

Dans cette église San Michele in Bosco se voient en-core les grandes fresques signalées plus haut, qui ont été, dans ces derniers temps, retrouvées sous le badi-geon dont le XVIIe siècle les avait couvertes.

A San Matteo nous signalerons une *Madone* en gloire, adorée par les saints Pierre, Paul et Jérôme, d'un côté, et de l'autre, par les saints Matthieu, Jean l'Évangéliste et Dominique. Sur la *predella* l'artiste a représenté cinq petites scènes religieuses : *le Christ apparaissant à Ste Ma-deleine sous la figure d'un jardinier*, *la Présentation au temple*, *l'Adoration des bergers*, *la Dispute avec les Docteurs*, *le Martyre de Ste Catherine*.

Dans l'église des Servites (Chapelle Bolognetti) et à San Salvadore, on voit encore la grande *Annonciation* et le *Crucifiement* (daté de 1519), dont Vasari fait l'éloge; à San Giacomo Maggiore, un *Mariage mystique de Ste Catherine et de Jésus-Christ*, entre plusieurs saints, porte cette ins-cription : JESUS INNOCENTIUS FRANCHUTIUS IMO-LENSIS FACIEBAT, MDXXXVI.

FAENZA. — C'est dans la cathédrale de cette ville qu'on montre l'un des plus beaux ouvrages d'Innocenzo, une *Vierge sur un trône avec l'Enfant Jésus tendant la main au petit S. Jean*. A droite de la Vierge, S. Zacharie et S. Pierre; à gauche, Ste Elisabeth et S. Paul. En haut, sur la droite, vole un ange déployant un cartel avec cette inscription : *Hic est Puer magnus coram Deo*. Sur le se-cond degré du trône, un ange joue de la viole; sur le dernier on lit : INNOCENTIVS FRANCVCCIVS IMOLENSIS QVARTO IDVS MAIAS MDXXVI.

ANGLETERRE. — La collection Solly a recueilli le tableau qu'on admira longtemps dans l'église de Faenza, une *Vierge entre S. Bernardin de Sienne, Tobie et l'Ange, S. Romuald et S. Sébastien*. Signé et daté MDXXVII.

BERLIN. — Le tableau qui est au musée Royal, la *Vierge en gloire entre S. Abb. et S. Petronio tenant dans la main la ville de Bologne*, appartenait autrefois à la compagnie des forgerons de Bologne, placée sous l'invocation de S. Abb.

MUNICH. — C'est aussi de Bologne (église du *Corpus Domini*) que provient la *Vierge apparaissant à S. Petronio, S. François d'Assise, Ste Claire et Sébastien*, qui se trouve au musée Royal de Munich.

FRANCESCO ET BERNARDINO DA COTIGNOLA

FLORISSAIENT DE 1500 A 1520.

Ces deux peintres appartiennent bien par leur naissance aux Romagnes; mais, en réalité, on pourrait à bon droit les ranger parmi les artistes vénitiens, car ils eurent pour maître un des meilleurs élèves de Jean Bellin, Niccolo Rondinelli, avec lequel ils vécurent longtemps à Ravenne. On croyait autrefois qu'ils appartenaient à cette famille Marchesi, d'où est sorti l'élève de Francia, Girolamo Marchesi da Cotignola; on sait aujourd'hui que leur véritable nom est Zaganelli. La signature d'un tableau de la galerie Costabili, à Ferrare, ne laisse aucun doute à cet égard.

Francesco, le plus célèbre et probablement l'aîné des deux frères, travailla presque toujours à Ravenne, où l'on trouve la plupart de ses ouvrages. Le grand tableau de la *Résurrection de Lazare*, qu'il fit pour l'église de la Badia di Classi, est regardé par beaucoup d'amateurs comme son chef-d'œuvre. Non seulement l'artiste y déploie avec sa liberté habituelle le luxe et la gaieté des couleurs éclatantes qu'il affectionnait, mais il y fait voir encore une entente de la composition qu'on ne saurait louer dans tous ses tableaux. Pour l'ordonnance de ses ensembles, il paraît en effet s'être montré très inférieur à son maître, qu'il surpassa quelquefois comme coloriste, mais qu'il n'égala jamais comme dessinateur. Tel qu'il fut, il plut beaucoup aux habitants de Ravenne, qui ne le laissèrent pas chômer. Dans presque toutes les églises de cette ville, à San Niccolo, à San Sebastiano, à Santa Agata, à l'hôpital de Sainte-Catherine, il a laissé des traces de son passage; mais c'est à Saint-Apollinaire qu'il fit ses plus importants travaux, et c'est là aussi qu'il voulut être enterré, afin de reposer après sa mort, dit Vasari, là même où il s'était tant fatigué durant sa vie. Il y laissait un tableau inachevé, *Jésus-Christ portant sa croix*. Bernardino Zaganelli, frère du précédent, paraît avoir été son collaborateur assidu. Lanzi signalait comme des œuvres très précieuses le tableau qu'ils firent ensemble pour les Pères Osservanti de Ravenne, en 1504, et celui qui se voyait à Imola chez les Pères Réformés et qui est daté de 1509. Bernardino d'ailleurs restait encore très bon peintre lorsqu'il travaillait seul : on peut voir un spécimen de sa manière particulière dans l'église du Carmine à Pavie, où il a signé un tableau divisé en six compartiments représentant différents saints.

PARIS. — Le Louvre ne possède ni tableau ni dessin des Zaganelli.

RAVENNE. — Dans la Badia di Classi se trouve encore la célèbre *Résurrection de Lazare* dont parlent Vasari et Lanzi ; dans l'église de San Niccolo une grande *Nativité*, un *Saint Sébastien*, une *Sainte Catherine*; à Santa Agata, un *Christ en croix*, avec de nombreuses figures.

MILAN. — Le tableau qui se trouve au musée Brera, la *Madone entre saint Jean-Baptiste et saint François d'Assise*, tableau fait en collaboration par les deux frères, est probablement celui qu'on voyait encore à Saint-Apollinaire à la fin du XVIIIe siècle.

PARME. — Couvent des Osservanti. *Vierge sur le trône entre quatre saints*. Sur les degrés du trône, un petit ange tient un violon de la main gauche et un archet de la main droite. Daté de 1518. Francesco, selon Lanzi, n'a jamais rien fait de plus fort comme conception, de plus harmonieux comme exécution, que ce tableau important, dont tous les détails sont parfaits.

FORLI. — Eglise de San Biagio in San Girolamo. Tableau d'autel : Dieu le Père en gloire au milieu des anges. A ses pieds un saint évêque, Ste Marie-Madeleine, S. Jérôme, S. Jean l'Évangéliste, S. Bonaventure, une autre sainte. Signé et daté par Francesco, 1513.

FERRARA. — Dans la galerie Costabili se trouve le *Saint Sébastien* avec cette inscription : Xhristus 1513. FRANCISCVS DE ZAGANELLIS CHOTIGNOLENSIS PINXIT.

PAVIE. — Le tableau signé par Bernardino dont il est parlé ci-dessus est encore dans l'église du Carmine.

BERLIN. — Musée royal. *L'Annonciation*, *Saint Jean-Baptiste*, et *Saint Antoine de Padoue*. L'inscription est effacée, et on ne lit plus que ces mots : 1509 et *Aprilis*.

PROSPERO FONTANA

NÉ EN 1512; MORT EN 1597.

L'Italie nous a donné, en fait de peinture, tous les exemples, les bons et les mauvais. L'art ayant parcouru dans cette heureuse contrée le cercle entier de ses évolutions inévitables, elle a possédé toutes les formes du beau ; mais elle a vu naître aussi toutes les variétés de la décadence. Avant que notre école n'eût commencé de vivre, ou du moins de briller, l'École italienne avait eu déjà des grands maîtres et des faiseurs de peinture. Un de ces faiseurs a été Prospero Fontana.

Élève de Innocenzo Francucci da Imola, il apprit très vite son métier et il se fit une provision de savoir qu'il ne songea plus à renouveler. Au service d'un esprit naturellement fertile en inventions, il avait une main expéditive et résolue, et il finissait en peu de jours ce que d'autres eussent mis des années entières à terminer. Son maître lui avait enseigné par son exemple une manière nette, attentive, soignée ; mais lui, tout au contraire, il peignait de pratique, et, croyant savoir la nature par cœur, il ne la consultait plus. Le Primatice, qui avait besoin de collaborateurs faciles et qui connaissait les facultés de Fontana, le fit venir en France, dans le temps qu'il travaillait, lui Primatice, aux décorations du château de Fontainebleau, et, pour l'aider aux dépenses du voyage, il lui envoya une assez forte somme. Mais à peine arrivé auprès de Primatice, Fontana tomba dangereusement malade, et, une fois rétabli, il n'eut rien de plus pressé que de s'en retourner à Bologne. C'était, selon toute apparence, antérieurement à ce voyage malheureux que Fontana avait été appelé à Gênes, auprès de Perino del Vaga, pour l'aider à peindre les chambres du palais Doria et la salle du Conseil dans le palais de la Seigneurie. Il ne nous reste, de sa collaboration, d'autres traces que les dessins qu'il exécuta en petit, pour être gravés, d'après les peintures qui décorent cette salle du Conseil, dessins qui furent gravés en effet de son temps.

Mais c'est à Bologne, sa ville natale, que Fontana a laissé ses principaux ouvrages. La plupart ont été conservés. Ce sont, dans l'église del Baraccano, la *Dispute de sainte Catherine*, à San Giacomo Maggiore, l'*Aumône de saint Alexis*, ainsi qu'une gloire d'anges, peinte à fresque, et à San Stefano, une *Adoration des Mages* (mais les peintures de sa main qui étaient répandues à profusion sur les murs de cette dernière église sont presque effacées), enfin, à la cathédrale de Bologne, plusieurs morceaux dont nous n'avons pas gardé le souvenir. Ce que nous n'avons pas oublié, c'est l'impression générale que nous laissèrent les œuvres de Fontana. Il nous sembla qu'il avait tous les défauts de Vasari avec plus d'invention, peut-être, et plus de ce feu qui s'éteint vite chez les improvisateurs. Fontana n'est qu'un maniériste habile, un homme à qui sa mémoire, approvisionnée de figures, de gestes et de mouvements, fournit d'abondants motifs pour les compositions les plus variées. Comme ceux qui font de la peinture un pur spectacle, il s'est complu souvent à étaler des costumes pompeux, à multiplier les riches ornements, à s'inspirer enfin de la manière décorative et de l'apparat de Paul Veronese. Témoin son tableau de l'*Annonciation*, avec le Père éternel dans le haut, tableau que nous avons vu à Milan, au musée Brera, et qui porte le nom de l'artiste en lettres d'or. Cependant il est des morceaux de sa main où il a rencontré l'expression, par exemple la *Mise au tombeau* du musée de Bologne. Les figures qui vont ensevelir le Christ soutiennent son corps avec des précautions d'une délicatesse pieuse et touchante, et un sentiment de vénération que d'autres eussent exprimé plus vivement, mais non plus noblement.

A vrai dire, c'est dans le portrait qu'il se distingua le plus, et c'est là ce qui lui permit d'entretenir pendant quelque temps le luxe dispendieux dont il avait le goût. Étant allé à Rome sous le pontificat de Jules III, vers la fin de 1552, — car nous savons qu'il était encore à Bologne au mois d'août de cette année, assistant au baptême de sa fille Lavinia, — il eut l'insigne honneur d'être présenté au pape par Michel-Ange, qui le recommanda justement comme peintre de portraits. Fontana peignit, en effet, le saint-père et reçut de lui une pension annuelle de trois cents écus, qui lui fut continuée par les trois papes successeurs de Jules III, savoir Marcel II, Paul IV et Pie IV, dont le dernier mourut en 1559. L'artiste travailla pour Jules III dans le Casino que ce pontife s'était fait construire à quelques milles de Rome, par Baldassare Peruzzi, de Sienne, et que les Romains appellent communément la Vigne du pape Jules. Dans les peintures dont il orna ce casino, Fontana fut aidé par Taddeo Zucchero. Il fut ensuite employé aux décorations du palais *di campo Marzio* (du champ de Mars), qui appartenait alors à Baldovino Monti et qui devint ensuite la propriété du cardinal Ferdinand de Médicis. Là se bornèrent ses travaux dans Rome, au moins ceux dont il est fait mention dans les biographies ; mais les peintures exécutées par lui à Bologne et ailleurs sont innombrables. Malvasia en a dressé une liste qu'il déclare lui même incomplète (1), et il ajoute que Fontana travailla encore en cent et en mille autres lieux, publics ou privés, ayant produit à lui seul plus que quatre peintres ensemble, *più che quattro pittori*.

Marié dans sa ville natale, Prospero eut une fille qui devait acquérir une assez grande renommée comme peintre, Lavinia Fontana, dont nous parlerons. Il ouvrit une école où il compta, parmi ses élèves, Louis et Augustin Carrache, Denis Calvart et le Tiarini. Naturellement fastueux, et vivant, comme l'on dit en Italie, *alla grande*, il aurait eu besoin d'avoir de nombreuses commandes et son étonnante facilité y aurait suffi, mais les Carrache, en réformant la manière de leur maître, en éloignèrent les Bolonais. On s'aperçut que son dessin était encore plus négligé que celui de Vasari, dont il suivait le style, et que son coloris jaunâtre et de pure convention manquait de variété et, partant, de vérité, si bien que Fontana se vit bientôt sans disciples et sans travaux. Heureusement pour lui que sa fille fut mariée au fils d'un très riche négociant d'Imola, Paolo Zappi, et que, s'il perdit tout ce qu'il avait eu de vogue dans son âge mûr, il conserva du moins jusqu'à la fin beaucoup d'autorité, comme arbitre souverain de tous les différends entre les peintres et les amateurs.

¹ Tant d'artistes ont porté le nom de Fontana que nous donnerons ici, pour éviter les confusions, une notice sommaire de tous les Fontana, peintres ou sculpteurs, qui ont marqué, sans parler du fameux céramiste Orazio Fontana.

Les premiers en date sont les frères Jean-Baptiste et Jules Fontana, de Vérone. Bien qu'ils fussent peintres, l'un et l'autre établis à Venise, ils n'y sont guère connus que par des gravures, et Zanetti, si bien informé de tout ce que Venise renfermait de peintures, ne désigne les deux Fontana que comme des *intagliatori*. Il paraît cependant que Jean-Baptiste a travaillé en qualité de peintre à Vienne, où il aurait passé une partie de sa vie au service de la cour impériale. En tant que graveur, Jean-Baptiste a laissé des estampes, qui ont été décrites par Adam Bartsch dans le tome XVI du *Peintre-Graveur*; mais Bartsch n'a pas connu quelques pièces que Mariette a signalées, et qui se trouvent dans le livre de l'*Exercice des armes* d'Achille Marezzo, imprimé à Venise en 1568 et dont la dédicace comprend un autre ouvrage de Camille Agrippa sur l'escrime, ouvrage pour lequel Jules a gravé lui aussi des figures. Les relations des deux frères avec la cour de l'empereur Maximilien II les amenèrent à Vienne, où ils moururent l'un et l'autre.

Giulio Fontana, dont les estampes n'ont pas été décrites par Adam Bartsch, a gravé plusieurs pièces d'après Titien, notamment un morceau célèbre qui représentait la Bataille de Cadore livrée par les Vénitiens contre les Impériaux. Cette peinture, qui décorait la salle du grand conseil au Palais Ducal, périt dans l'incendie de ce palais, en 1574.

La pointe de Giulio Fontana est, comme celle de son frère, sèche et roide, et ne rend point la puissance et la manière savoureuse du Titien. Il a gravé aussi quelques paysages de son propre dessin. Parmi les pièces gravées par Jean-Baptiste, il en est une qui reproduit un tableau de Paul et de Benedetto Véronèse, tableau qui se trouve dans l'église des Anges à Murano. Il représente sainte Agathe en prison, saint Pierre et un ange; mais, d'après l'estampe, le tableau serait de Paul Caliari, qui seul est nommé dans la lettre : *Paulus Veronensis inventor. Baptista Fontana incidebat Nicolai Nelli formis* 1569.

A peu près dans le même temps que les frères Fontana de Vérone, et que Prosper Fontana de Bologne, florissait à Milan un autre Fontana, du prénom d'Annibal, qui était né en 1540 et qui mourut en 1587. Celui-là était sculpteur, et l'on doit à son ciseau les statues des Prophètes et des Anges placés au sommet de l'église San Celso, à Milan, ainsi que plusieurs figures qui décorent le maître-autel. Dans cette église Annibal Fontana fut inhumé, et on y lit encore son épitaphe.

C'est surtout dans l'architecture que le nom de Fontana est devenu illustre. Celui qui a donné à ce nom le plus d'éclat est Dominique Fontana, né à Mili, sur le lac de Côme, et frère puîné de Jean Fontana, qui avait quelque mérite en architecture et qui s'était distingué surtout dans la conduite des grands travaux hydrauliques.

Dominique eut bientôt éclipsé à Rome la réputation de son frère aîné. Le cardinal de Montalte, avant d'être Sixte Quint, avait essayé ses talents en lui donnant à construire la chapelle du *Presepio* à Sainte-Marie-Majeure. Devenu pape, Montalte fit de Domenico Fontana son architecte, et, reprenant avec lui d'anciens projets, il voulut faire transporter en avant de la basilique de Saint-Pierre, dans l'axe de la place, l'obélisque du Vatican, resté debout mais enseveli sous les décombres du terrain. Cinq cents projets furent présentés. Celui de Fontana parut le meilleur. L'obélisque fut enveloppé d'un châssis de charpente dont les fermes formaient autant de colonnes qui, pour atteindre à la hauteur du monument, devaient être entées les unes sur les autres et assujetties avec des cercles de fer. Ainsi encaissé, l'obélisque pesait quinze cent mille livres. Il s'agissait de soulever cette masse, de la descendre de son piédestal, de l'incliner et de la coucher sur le chariot destiné à la transporter jusqu'à la place Saint-Pierre, ensuite de relever le monolithe et de le dresser sur son nouveau piédestal. Toutes ces opérations, que la science moderne aurait simplifiées, furent commencées le 15 avril 1586 et ne furent terminées que le 10 septembre, à la gloire de Fontana. Il en a laissé une description détaillée dans l'ouvrage qui a pour titre : *Del modo tenuto nel transportare l'obelisco Vaticano*.

L'heureuse issue d'une entreprise qui avait occupé tant d'esprits et effrayé tant d'ingénieurs et tant d'architectes, fit la fortune de Fontana, qui n'eut pas de peine à relever plus tard par les mêmes procédés l'obélisque de la place du Peuple et celui qui est devant la basilique de Saint-Jean de Latran. De vastes travaux lui furent ensuite confiés : la façade de Sainte-Marie-Majeure, la bibliothèque du Vatican, la partie extérieure de ce palais qui regarde la place Saint-Pierre et la ville de Rome, les bâtiments du palais Quirinal qui donnent sur la place Monte Cavallo, l'érection des deux colonnes de cette place, enfin la restauration des deux colonnes Trajane et Antonine.

La mort de Sixte-Quint fut un grand malheur pour Fontana. Desservi auprès du pape Clément VII, accusé de concussions, destitué de la place d'architecte pontifical, il se retira à Naples où l'appelaient de grandes entreprises. Il y construisit le palais du roi, la fontaine Médina et quelques mausolées remarquables, et il y mourut en 1607.

Sa maison était le rendez-vous de tous les dilettanti de ce temps-là, *di tutti i virtuosi di quel secolo il ri dotto e l'emporio.* Il leur donnait des tableaux, leur faisait pour rien leurs portraits, se laissait prendre ses dessins, et, pour tout dire, vivait avec tant d'imprévoyance qu'il finit par tomber dans la misère. Il mourut vers 1594, âgé de quatre-vingt-cinq ans.

Le musée du Louvre ne renferme aucun ouvrage de Fontana, si ce n'est un seul dessin.

A BOLOGNE, les fresques de ce maître ne sont pas rares; on en voit au Palais public, à la cathédrale et dans l'église de San Salvatore, où l'on remarque une *Adoration des Mages.* L'église San Stefano était couverte de peintures décoratives de Fontana et de Bagnacavallo; mais ces peintures ont disparu, par suite d'une déplorable négligence.

A San Giacomo Maggiore se trouve, dans une chapelle édifiée par Pellegrino Tibaldi, un *Baptême du Christ* signé PROSPER FONTANA FACIEBAT MDLXVI. Dans une autre chapelle de la même église, l'*Aumône de saint Alexis,* au-dessus de laquelle est peinte à fresque une gloire d'anges.

Le petit palais bâti par Giovanni II Bentivoglio, au jardin della Viola, était orné de décorations de Fontana qui ont péri.

L'église de la Madonna del Baraccano renferme une *Dispute de sainte Catherine*, et l'église de Santa Maria Maggiore, près la porte di Galliero, une *Circoncision,* faite par Fontana en collaboration avec le Nosadella.

Le musée de Bologne possède deux morceaux du peintre, une *Déposition de croix* qui ne manque pas de grandeur et de style, et une fresque détachée du mur et transportée sur toile, qui représente des enfants jouant avec un lion.

MILAN, au musée Brera, l'*Annonciation*, avec le Père éternel en haut, tableau sur toile, dont les figures sont un peu moins grandes que nature.

DRESDE, dans la galerie Royale, une *Sainte Famille*, avec sainte Cécile et sainte Catherine, peinture sur bois.

BERLIN, au musée Royal, une *Adoration des Rois.*

Fontana avait dessiné plusieurs des planches qui furent gravées par Bonasone pour le savant livre d'Achille Bachio : les Disputes symboliques, *Simboliche Quistioni.*

LORENZO SABATTINI

NÉ VERS 1530; MORT EN 1577.

On l'appelle aussi Lorenzino da Bologna, et c'est sous ce nom que la biographie de Sabattini a été écrite par Baglione. Sa carrière fut courte, mais brillante. Il ne vécut que trente-sept ans environ; mais il eut l'honneur d'être nommé surintendant des travaux exécutés au Vatican par l'ordre de Grégoire XIII. On croit que Prospero Fontana fut son maître. En tous cas ils furent liés d'une étroite amitié, comme le prouve une lettre adressée à Fontana par Sabattini, et datée de Rome, le 7 mars 1572. Cette lettre, transcrite par Malvasia, peut se traduire ainsi :

« Je me suis fait introduire auprès de Sa Sainteté, qui avait laissé entendre à notre ambassadeur qu'elle voulait me voir. A peine avais-je fait les trois génuflexions d'usage que le Saint-Père m'a dit : « Eh bien, « Lorenzino, auriez-vous jamais cru que je deviendrais pape? Allons, réjouissez-vous et priez Dieu pour nous, « qui ne manquerons pas de vous employer, afin que vous puissiez assister aussi votre chère famille [1]. » Le pape, me parlant ensuite des choses d'art, m'a demandé si j'avais la main à quelque bel ouvrage, et m'a promis de me donner des peintures à faire dans son palais et au dehors. Au sujet de son portrait, que je le suppliais humblement de me confier, le saint-père a déclaré qu'il se contenterait, pour une seule fois, de moi et de Passerotto et ne se laisserait peindre par aucun autre. J'ai ensuite rencontré dans la chambre *de'cavalleggieri,* le seigneur Fabio, qui m'a dit que Sa Sainteté me voulait charger de toutes les peintures à exécuter dans le palais, avec la surintendance des travaux et une bonne pension, sans compter le payement de mes œuvres. Voyez quelle fortune m'envoie la miséricorde de Dieu ! J'espère que ces nouvelles vous feront grand plaisir, à cause de votre ancienne amitié pour moi. »

A partir de l'époque où Sabattini eut la surintendance qu'on lui avait promise, nous connaissons quelque

[1] Gli fece le tre volte genuflessione come si usa davanti al Papa, subito non mi lascio parlare, che mi disse : che dite Lorenzino, avreste voi mai creduto di vidermi papa? Orsù state allegramente et pregate Dio per noi, che non mancaremo di servici di voi... *Felsina pittrice.*

chose de sa vie, sommairement écrite par Baglione. Toutefois Vasari l'avait cité comme un très-habile homme : il dit même que si Lorenzino n'avait pas eu après lui une nombreuse famille, Nicolo dell'Abate l'aurait amené en France, à Fontainebleau, et il ajoute que lui, Vasari, se fit aider par Sabattini dans les décorations préparées à Florence pour célébrer le mariage de François de Médicis avec la reine Jeanne d'Autriche, et qu'il lui fit peindre à fresque, dans le Palais Vieux, six figures que l'on trouva belles et dignes d'éloges, *molto belle e degne veramente di esser lodate*. Voilà tout ce que l'on sait de la jeunesse de Lorenzino. Quant à ses ouvrages dans le Vatican, Baglione les énumère sèchement, selon son habitude. Il mentionne l'histoire de S. Paul apôtre et les armes de Pie IV peintes à fresque dans la chapelle Pauline, où Lorenzo avait pour concurrent Frédéric Zuccaro : le *Combat d'Hercule contre Cerbère*, décorant la voûte de la chambre ducale, *sala de' duchi*. Il signale également comme peinte par Sabbatini, dans la *sala Regia*, la Foi catholique, vêtue de blanc, embrassant la croix et brûlant le turban de Mahomet, tandis qu'un ange la couronne et qu'à ses pieds se prosternent des Turcs et autres infidèles, dont les figures présentent des parties de nu bien étudiées. Lorenzino peignit encore dans cette même salle la ligue formée contre les Turcs par le pape Pie V, le roi d'Espagne et la république de Venise, et ces trois puissances furent symbolisées par trois figures héroïques et magistralement conçues, se donnant la main.

De ce que les armes du pape Pie IV furent exécutées par Sabattini, l'on doit conclure que l'artiste bolonais se trouvait à Rome en 1559 lors de l'exaltation de ce pontife, car c'est toujours au commencement de leur règne que les papes font peindre leurs armes. Il n'y a donc rien que de très-vraisemblable dans ce qu'affirme Baglione, que Lorenzino peignit, sur un dessin de Michel-Ange, une *Déposition de Croix* qui orne aujourd'hui la salle capitulaire de la sacristie, à Saint-Pierre de Rome.

Sans avoir des qualités bien supérieures, Lorenzo Sabattini fut un des bons peintres de la seconde moitié de XVI⁰ siècle. Son tempérament bolonais, son esprit sage et mesuré, son goût délicat l'empêchèrent de tomber dans les écarts où se précipita la peinture italienne à la suite de Michel-Ange. L'*Assomption de la Vierge*, qui est au musée de Bologne et qui provient de l'église *degli Angeli*, est le tableau d'un artiste qui a travaillé en grand, qui manie avec aisance des figures nombreuses, et qui possède, à doses compensées, les diverses parties de son art. Ses ordonnances sont ingénieuses et ses inventions abondantes. Son dessin est facile, courant et correct. Sans donner dans les travers de son temps, il employait quelquefois les raccourcis et il les réussissait assez bien en pratique. A une époque où tout le monde s'évertuait à imiter Michel-Ange, Lorenzino cherchait plutôt le style de Raphaël pour les *Saintes Familles*, et celui du Parmesan pour les figures plus fières, témoin *Saint Michel pesant les âmes devant la Madone*, qui est à San Giacomo Maggiore, et dont on connaît la gravure par Augustin Carrache. Ce maître professait la plus vive admiration pour Sabattini, et il s'emporta un jour contre le Cavedone, son élève, parce que celui-ci trouvait que les peintures de Sabattini étaient faibles, *un po' deboli*, comparées surtout à celles de Pellegrino Tibaldi. Aussi, non content d'avoir gravé le saint Michel, Augustin se proposait-il de graver encore la belle *Assomption* de l'église des Anges. Il en avait même pris un dessin, que Malvasia dit avoir vu dans l'atelier de Giacomo Locatelli, peintre véronais, élève des Carrache.

Lorenzo Sabattini mourut à Rome, sous le pontificat de Grégoire XIII, en 1577.

MUSÉE DU LOUVRE. *La Vierge, l'Enfant avec saint Jean.* Jésus, debout, et soutenu par sa mère, montre le ciel au Précurseur, qui fléchit le genou. Ce tableau est signé et daté LAURESS SABADIS, VICTOR BOXO SANTI DUC. NAT. GREGOR XIII fecit anno M.D.L.XXII. Il a été estimé 1,000 fr., puis 6,000 fr.

BOLOGNE. A la Pinacothèque, quatre morceaux de Sabattini, savoir : 1. L'*Assomption* dont nous avons parlé. C'est un tableau de plus de vingt figures. Il a été gravé de nos jours dans les deux ouvrages in-folio et in-octavo sur le musée de Bologne. 2. La *Dispute de sainte Catherine* sur la foi chrétienne; petites figures peintes sur cuivre. 3. *Le Christ mort*, soutenu par deux anges; petites figures sur panneau. 4. Les *Pèlerins d'Emmaüs*.

A San Michele in Bosco, une autre *Assomption*.

A San Giacomo Maggiore, l'*Archange Michel*. Il pèse les âmes en présence de la Madone et de S. Joseph. L'archange passe pour avoir été peint, sous la direction de Sabattini, par son élève Denis Calvart. Ce tableau a été gravé par Augustin Carrache. Dans la chapelle où il se trouve, Lorenzo a peint les faces latérales et les ovales de la voûte.

A San Stefano, une *Madone* avec le petit S. Jean et S. Nicolas, et à San Bartolommeo, une figure du saint titulaire, qui a été exécutée par Cesare Aretusi sur le dessin de Lorenzino.

Novare, dans la basilique de San Gaudenzio, quatre *Prophètes* peints à fresque.

Collection Neeld, en Angleterre, *Présentation au Temple*.

Dresde, dans la galerie, un *Mariage mystique de sainte Catherine*.

Musée de Bordeaux, une *Sainte Famille*.

Berlin. *La Vierge et l'Enfant*, entourés de saints.

Nous n'avons pas connaissance qu'aucun tableau de Sabattini ait jamais paru dans une vente publique, et nous ne trouvons aucune indication de ce genre dans notre *Trésor de la Curiosité*.

BARTOLOMMEO PASSEROTTI ou PASSAROTTI

NÉ VERS 1530; MORT EN 1592.

C'est un des plus grands dessinateurs à la plume qui ait jamais paru. Sa manière franche et animée révélait beaucoup de feu pittoresque et de savoir. Vasari nous apprend que, dans sa collection particulière de dessins originaux des plus illustres peintres, il possédait un portrait du Primatice, dessiné à la plume, d'après nature, par Bartolommeo Passarotti. Celui-ci avait été, selon toute apparence, l'élève du célèbre architecte-peintre Vignole, et il fut le maître d'Augustin Carrache. Nul doute que ce graveur célèbre n'ait grandement profité, pour la conduite de son burin, des enseignements qu'il reçut de Passarotti. La plume a plus d'accent que le crayon, elle donne des traits plus incisifs et plus spirituels, parce qu'elle définit la forme d'une manière abrégée et ferme, qui peut supprimer les demi-teintes pour plus de vivacité, mais qui, même en les indiquant par de légères hachures, est exempte de mollesse. Il faut donc bien du talent et beaucoup de sentiment graphique pour exceller dans ce genre de dessin. Mais ce n'est pas là le seul titre de Passarotti à figurer avec honneur dans notre Histoire. Il fut peintre, et fort habile dans le portrait, au point qu'on l'estimait à Bologne à l'égal des Carrache et que le Guide regardait Bartolommeo comme un des premiers après le grand Titien. On vantait notamment les portraits qu'il avait peints de la famille Legnami. C'étaient des figures entières, très-variées de costumes, d'actions et de mouvements. Passarotti, suivant en cela l'exemple du Vénitien Paris Bordone, les composait comme des espèces de tableaux. L'on conçoit que ce talent lui ouvrit les portes des grands et des riches, auxquels il plaisait d'ailleurs par des manières aimables et courtoises. Les Carrache, dont l'éducation avait été un peu grossière, ne pouvaient sur ce point rivaliser avec lui; mais ils l'emportaient sur cela et sans dire, dans les régions plus hautes de la peinture.

Passarotti, cependant, ne laissait pas de travailler aussi pour les églises et de peindre des tableaux d'histoire. Il introduisait volontiers dans les sujets religieux de beaux nus, ce qui offusquait parfois les dévots; mais il se prévalait des exemples qu'avaient donnés le Primatice et Tibaldi, et Francia lui-même, sans parler du *Jugement dernier* de Michel-Ange, où il y a si peu de draperies. Du reste, son goût pour le nu lui venait de ses connaissances anatomiques et du désir naturel qu'il avait de les montrer. Il avait composé un livre sur l'anatomie et les proportions du corps humain, à l'usage des peintres, et il exposa un jour en public, sans se nommer, dans la solennité d'une procession, une figure dont le modèle était savant, ressenti et fier. Un sien ami, qui était dans la confidence, demanda aux Carrache ce qu'ils pensaient de ce morceau; ceux-ci, après s'être consultés, décidèrent qu'il était de Michel-Ange. Malvasia, qui raconte le fait, dit aussi que Passarotti avait peint une caricature qui fut tellement remarquée que Prospero Fontana et Augustin Carrache en firent des copies; cela représentait un homme, des plus laids et des plus grossiers, qui palpe les seins d'une affreuse vieille, pendant que son rival, un autre rustre, pousse des cris de jalousie en ouvrant une bouche énorme. Ce fut toutefois une exception dans l'œuvre de Passarotti, car dans la liste de ses ouvrages, dressée par le Borghini, on ne voit figurer que des saints et des Madones, qu'il avait peints pour les églises de Bologne.

D'après l'écrivain que nous venons de nommer, Bartolommeo Passarotti avait été l'élève de Vignole, qui l'avait conduit à Rome, où il était resté jusqu'au départ de son maître envoyé en France par le Primatice pour y porter au roi François Ier les moulages des statues antiques. Après un court séjour à Bologne, Passarotti fit à Rome un second voyage, et il y devint le collaborateur de Taddeo Zucchero. A l'arrivée de Frédéric, frère de Taddeo, Passarotti prit un atelier pour son compte et se fit connaître par des portraits si bien réussis, qu'il fut chargé de peindre celui du pape Pie V et du cardinal Alessandrino, et, plus tard, le portrait du pape Grégoire XIII et du cardinal Gustavillano. Ce fut un de ces papes sans doute, ou un de ces cardinaux, qui lui commanda une *Décollation de saint Jean* pour l'église des Trois-Fontaines. Borghini cite encore comme se trouvant alors à Florence, chez un amateur nommé Battista Dati, un grand tableau de Passarotti, peint à l'huile, d'une touche gaillarde, et représentant des mariniers qui proposent une énigme à Homère, sur le rivage de la mer. La figure du poète n'est autre que celle de Passarotti lui-même. L'amateur Dati possédait, du même artiste, huit beaux dessins à la plume, pleins de saveur et de relief, entre autres une tête de bohémienne dont il fit cadeau au docteur Jean Médicis, curieux des choses d'art.

Mariette, dans ses notes sur l'*Abecedario*, mentionne une peinture dont Borghini a aussi parlé, une *Présentation de la Vierge au Temple*. Ce tableau avait été commandé pour la chapelle du palais de la Gabelle, à Bologne. Il a été gravé en 1710 par Domenico Bonaveri, sur un dessin fait d'après l'original par Jacques del Buono, et Mariette ajoute : « J'ay le dessein de la partie supérieure de ce tableau, qui est fort beau. »

Bartolommeo Passarotti mourut en 1592. Il laissa quatre fils, qui tous exercèrent la peinture. Tiburce fut le plus habile des quatre. On voit de sa main, à Bologne, un *Portement de croix* à Sainte-Christine, et un *Martyre de sainte Catherine* à San Giacomo Maggiore. Des trois autres fils de Bartolommeo, ceux qu'on appelait Passaretto Passarotti et Ventura — ce dernier était un enfant naturel — ne furent que des artistes médiocres ; mais le quatrième, Aurelio, se distingua dans la miniature. Un trait qu'il ne faut pas oublier, c'est que, par allusion à son nom, Passarotti introduisait très-souvent dans ses compositions un *passereau*.

Les ouvrages de Bartolommeo Passarotti ne sont pas rares à Bologne. On a de lui dans l'église dei Mendicanti une *Sainte Ursule avec ses compagnes*, une *Sainte Catherine*, à l'église de la Madeleine, un *Christ en croix entre deux saints*, à San Giuseppe dei Cappuccini, une *Madone avec plusieurs saints* à San Giacomo Maggiore. On remarque dans ce dernier tableau les portraits des personnes qui avaient commandé la peinture et qui sont toutes dans les attitudes de la dévotion et de la prière. — Une *Annonciation* à San Martino Maggiore, au-dessus de la porte latérale, et une *Adoration des Mayes* à la cathédrale, dans la partie souterraine de l'église où se trouve la confession.

La fameuse basilique de San Petronio contient encore une *Vierge en gloire* de Passarotti, et la résidence des notaires, quelques bons morceaux du même maître.

Ce que l'on paraît estimer le plus à Bologne, de Passarotti, ce sont les portraits du pape Sixte V et du pape Pie V (le premier, de grandeur naturelle et en pied ; le second, en demi-figure), lesquels sont à la Pinacothèque, où l'on voit aussi une *Présentation de la Vierge au Temple*. A Rome, dans l'église San Paolo alle Tre Fontane, il y avait une peinture du maître, la *Décollation de saint Paul*, avec le miracle des trois fontaines ; mais déjà, vers la fin du siècle dernier, cette peinture avait été à moitié détruite par l'humidité et par la foudre.

DRESDE. Dans la galerie royale, le portrait du peintre avec sa famille, sur toile.

Passarotti a gravé quinze pièces à l'eau forte, qui ont l'air de gravures sur bois, dit Bartsch, à cause des hachures ouvertes que le maître y a employées. En voici la description très abrégée :

1. *Joseph et la femme de Putiphar*, d'après le Parmesan. 2. La *Visitation*, d'après Salviati, grande composition où l'on compte environ trente figures. 3. Une *Vierge*. 4. Autre *Vierge*. 5. Autre *Vierge*. 6. *Jésus bénissant*. 7. *Saint Pierre*. 8. *Saint André*. 9. *Saint Jean* (l'évangéliste). 10. *Saint Barthélemy*. 11. *Saint Paul*. 12. La *Religion*, femme assise sur une estrade, une croix à la main. Cette figure est dans le goût de Michel-Ange et semble tirée de la chapelle Sixtine. 13. La *Peinture*, femme assise. 14. La *Femme au lit*. 15. Le *Sacrifice*.

Toutes ces pièces portent la signature ou le monogramme du peintre. Elles sont rares.

Le musée du Louvre possède trente-quatre dessins de Bartolommeo ; mais il ne renferme aucun tableau de lui.

GIOVANNI-BATTISTA FRANCIA

NÉ EN 15..; MORT EN 15..

Giovanni-Battista, fils de Giulio, est le dernier de la famille des Francia qui ait exercé avec quelque notoriété la profession de peintre. Ses tableaux sont peu nombreux et se confondent avec les ouvrages des élèves médiocres de son aïeul, de son oncle et de son père ; on lui attribue avec assez de vraisemblance les morceaux inférieurs portant la signature Francia et qui ne paraissent dignes ni de Francesco ni de Giacomo. Giovanni-Battista conserva toute sa vie dans la corporation des peintres bolonais une influence qu'il devait bien plus sans doute à la réputation de sa famille et à la fortune considérable dont il se trouvait héritier qu'à son propre mérite. Il prit une part très-vive dans les contestations qui s'élevèrent en 1569 entre les divers arts et qui donnèrent lieu à de longs procès. Grâce à l'activité de Giovanni-Battista, qui fit des avances considérables à sa compagnie et dirigea lui-même les affaires en qualité de commissaire élu, les peintres obtinrent enfin gain de cause et furent, suivant leurs vœux, séparés des selliers, gainiers et armuriers, avec lesquels ils étaient confondus depuis longtemps, pour être réunis à l'antique corporation des *bombaciari*. Giovanni-Battista, né le 27 juin 1533, mourut le 13 mai 1575, sans avoir probablement beaucoup travaillé. Les anciens guides de Bologne citent quelques peintures de lui, faibles et insignifiantes.

ORAZIO SAMACCHINI

NÉ EN 1532; MORT EN 1577.

Vasari ne cite qu'en passant ce peintre dans la vie de Primatice; il écorche même son nom, il l'appelle Fumacchini, mais sa courte mention est fort éloquente : « Je parlerai brièvement, dit-il, d'Orazio Fumacchini, peintre bolonais, qui peignit, à Rome, au-dessus de la porte, dans la Sala Regia, une composition excellente, et fit à Bologne un grand nombre de tableaux estimés, parce que c'est encore un jeune homme et qu'il se comporte de façon à ne rester inférieur à aucun de ses prédécesseurs. » Orazio Samacchini, contemporain et intime ami de Lorenzo Sabbatini, tint en effet une place aussi importante que ce dernier parmi les artistes de la seconde moitié du XVI° siècle. Élève, à ce qu'on croit, de Pellegrino Tibaldi, il étudia aussi de bonne heure les maîtres de Lombardie, et il était déjà assez habile praticien lorsqu'il se rendit à Rome, sous le pontificat de Pie IV, pour que les Zuccheri crussent pouvoir lui confier une part dans la décoration des salles du Vatican. Le compartiment qui lui fut attribué se trouvait placé au-dessus de la porte de la Sala Regia; il y représenta la *Donation des biens de l'Église confirmée à Grégoire II par Luitprand, roi des Lombards*. L'habileté avec laquelle le jeune Samacchini s'était assimilé, dans cette peinture, la manière décorative et théâtrale qui était alors en faveur à Rome, excita l'étonnement et l'admiration des amateurs; mais ce succès facile effraya l'artiste, qui, saisi tout à coup d'une inquiétude profonde sur l'avenir de son talent, abandonna en hâte Rome et la cour papale pour regagner sa ville natale. Bien souvent, dit-on, on l'entendit, dans son atelier de Bologne, se repentir d'avoir quitté l'Italie septentrionale, où il eût pu perfectionner plus simplement et plus librement sa première manière, et d'avoir tenté de nouvelles aventures, à Rome, sur les traces de maîtres étrangers.

On peut croire, avec Lanzi, que ces inquiétudes étaient fort exagérées. Samacchini, dans ses voyages, avait en effet complété et mûri son talent, qui, tout éclectique qu'il fût, était dès lors assez remarquable pour qu'il s'en pût honorablement contenter, et assez imprégné d'esprit individuel pour que personne n'en contestât l'originalité. Les contemporains de l'artiste se montraient moins difficiles et semblent avoir eu pour lui toute l'indulgence qu'il se refusait lui-même; toutefois l'extrême conscience de Samacchini, jointe au sentiment qu'il eut toujours présent des exigences nombreuses et variées de son art, l'exposa à tomber dans certains défauts qui ne sont, à vrai dire, que des excès de qualités. Hardi jusqu'à la témérité, vigoureux jusqu'à la brutalité lorsqu'il s'agissait d'improviser, dans un monument, de grandes compositions murales, il devenait au contraire tout à coup délicat jusqu'à la mièvrerie, et presque méticuleux, devant ses tableaux de chevalet, qu'il ne pouvait se résoudre à livrer, ne les trouvant jamais assez finis.

Un artiste aussi consciencieux ne pouvait être un artiste banal; ce ne fut pas non plus un artiste monotone; son œuvre est des plus variées et témoigne d'une rare souplesse d'esprit et de main. Lanzi cite comme les spécimens les plus parfaits de sa manière, dans le genre délicat et tendre, le tableau de *la Purification* à San Jacopo de Bologne, dans le genre grandiose et décoratif, les fresques de la voûte à San Abbondio de Crémone. A Bologne, dit Lanzi, Samacchini est tout charme et tout grâce, *tutto è squisitezza*; ses figures principales enchantent par leur ferveur douce et noble à la fois; les enfants qui babillent près de l'autel, la fillette portant un corbillon avec deux colombes, et qui les regarde d'un air si curieux, ravissent également par leur naturel et leur grâce. Les connaisseurs ne reprochent au peintre que cet excès de soin qui le retint plusieurs années sur son tableau à le lécher et à le relécher. A Crémone, au contraire, dans les fresques de San Abbondio, Samacchini, devenant tout à coup audacieux, ardent et robuste, donne à ses prophètes des attitudes, des gestes, des airs d'une majesté terrible ; et il déploie dans l'exécution mâle et fière, sans repentirs et sans retouches, de ces grandes figures plafonnantes aux raccourcis imprévus, une résolution et une vigueur qui justifient la réputation dont il jouissait parmi ses contemporains pour ces sortes de travaux.

Entre autres nombreux ouvrages que Fumacchini laissa à Bologne on citait, du temps de Masini, dans l'église San Giacomo Maggiore la chapelle Magnani, entièrement décorée de sa main, dans celle des Saints Naborre et Felice les fresques et le tableau de la grande chapelle, et divers autres tableaux importants à Santa Maria Maggiore, à San Francesco, aux Angeli, chez les religieuses de Sainte-Marguerite, au collége espagnol, en un mot, dans presque toutes les églises et grands établissements religieux de la ville.

Samacchini mourut à l'âge de quarante-cinq ans, quelques mois après son ami Sabbatini. La mort de ces deux maîtres habiles laissa, à Bologne, la corporation des peintres dans le désarroi. Le notaire de la compagnie, Osterani, constate qu'on se réunit plusieurs fois sans pouvoir s'entendre au sujet du successeur à donner à Samacchini, aucun des candidats n'en paraissant digne. De ces quatre compétiteurs, Paolo Bonora, Cesare Baglione, Felice Pinarezzi, Angelo Segna, un seul, en effet, Baglione, a légué son nom à la postérité, et ce peintre expéditif et fantasque n'avait rien, il faut l'avouer, dans son talent ni dans son caractère, de la dignité ni du sérieux qui assurèrent à Samacchini l'estime de ses contemporains.

Le Louvre ne possède ni tableau ni dessin de Samacchini.

Bologne. Académie des Beaux-Arts. Le *Couronnement de la Vierge*.

DOMENICO TIBALDI

NÉ EN 1541; MORT EN 1583.

Il était le frère (et non pas le fils, comme l'a dit Malvasia) de Pellegrino Tibaldi, et c'est à l'école de son frère qu'il devint architecte, peintre et graveur. Toutefois, c'est en qualité d'architecte et de graveur seulement qu'il eut un nom, et, bien que son épitaphe dans l'église dell' Annunziata le dise peintre excellent, on ne connaît de lui que des édifices et des estampes. Sur ses dessins furent construites l'église de la Madonna *del Borgo sul le mura*, et, dans la cathédrale de Bologne, une chapelle que Clément VIII déclarait plus belle que les plus belles de Rome. La Douane de Bologne est un de ses ouvrages les plus estimés. Quatremère de Quincy va jusqu'à dire que cet édifice n'a pas d'égal en son genre. On lui doit aussi une belle façade, avec un portique imposant, au Spodaletto (Petit Hôpital) autrement dit Santa Maria delle Laudi, le palais archiépiscopal, le palais Marescalchi, l'élégant *cortile* de la bibliothèque publique et le palais Magnani, qui est son chef-d'œuvre. Le frontispice de ce palais est orné de deux ordres d'architecture sans entablement qui les sépare, et l'absence des saillies, qui couperaient le bâtiment, l'agrandit par cela même. Aussi l'édifice, dont l'étendue est médiocre, paraît-il plus grand qu'il n'est en réalité.

Quant aux gravures de Domenico Tibaldi, on n'en connaît que trois qui portent son nom ; elles sont très-importantes, et l'on croit qu'Augustin Carrache, qui était son élève et qui travaillait sous ses ordres, lui céda en grande partie le profit considérable de ses estampes. C'est, du moins, ce qu'affirme Faberio dans l'*Oraison funèbre d'Augustin Carrache* [1]. L'on sait aussi, par les archives locales, que Domenico fut élu, en 1571, membre du sénat de Bologne, sur la présentation de la compagnie des peintres qui l'avait chargé, l'année précédente, avec Sabattini, alors massier, et deux autres confrères, de vendre certains immeubles appartenant à cette compagnie ; ce qui prouve, par parenthèse, que Domenico a été véritablement peintre, au moins pendant quelque temps.

[1] Che non s'ingannò gia nel suo parere Domonico Tibaldi valente designatore, intagliatore e architetto, il quale ottenendo, che Agostino fosse acconcio con lui per lungo tempo, ne acquistò credito e utile di non mediocre importanza per molti intagli che gli fece in rame. *Orazione di Lucio Faberio accademico gelato in morte d'Agostin Carraccio*.

D'après l'épitaphe dont nous avons parlé plus haut, Domenico Tibaldi mourut en 1583, n'ayant vécu que quarante-deux ans, d'où il résulte qu'il ne pouvait être le fils de Pellegrino, puisqu'il était né en 1541, quand celui-ci n'avait encore que treize ou quatorze ans.

Les estampes qui portent le nom de Domenico Tibaldi sont en petit nombre, mais très grandes. On en connaît trois :

1 La *Fontaine de Neptune* : c'est un monument dont la cité de Bologne est fière et dont la célébrité est due aux belles figures en bronze de Jean de Bologne, qu'il faudrait appeler ici de Boulogne, puisqu'il était, comme chacun sait, de Boulogne-sur-Mer. Tibaldi, pour donner l'échelle du monument, c'est-à-dire pour en faire sentir la grandeur par comparaison, a dessiné sur les marches de la fontaine deux petites figures, l'une d'un Suisse de la garde du palais, l'autre d'une femme qui remplit un vase.

2. *Le palais de Galassi.* Cette estampe, d'une dimension démesurée, représente un des palais appartenant alors au duc de Ferrare, Alphonse II. Dans un cartouche gravé au-dessus du palais, on lit ces mots : *Galassi Alghisii Carpens* (Carpensis, c'est-à-dire de Carpi) *apud Alphonsum II Ferrariæ Ducem architecti opus. Dominicus Thebaldus Bononiensis graphice in aere elaboravit anno* 1566.

3. *La Sainte Trinité*, gravée d'après le tableau de Sammachini qui était placé au maître-autel de l'église des religieuses de la Trinité, et qui est aujourd'hui au musée de Bologne. On y voit, au-dessous du couronnement de la Vierge par les trois personnes de la Trinité, quantité de saints et d'anges. C'est encore une estampe de grande dimension (11 pouces sur 12, dit Malvasia) et qui porte en bas l'inscription suivante en lettres majuscules : GLORIA SUMMAE TRINITATI, UNI VERAE DICTATI, et au-dessous en plus petit : *Domin. Tibal. fec. Bono.* 1570.

LAVINIA FONTANA

NÉE EN 1552; MORTE EN 1614.

Les biographes ont toujours eu du faible pour les femmes artistes, et en général on s'est plu à surfaire leur talent. Lavinia Fontana fut, de son vivant, regardée comme une personne extraordinaire. Depuis que le pape Grégoire XIII l'avait nommée son peintre, partout où elle allait, on la recevait, dit Malvasia, avec les plus grands honneurs. A Sora, à Vignola et ailleurs, on fit marcher au-devant d'elle les milices, qui se rangèrent en files sur son passage. Toutes les dames voulaient la posséder pendant quelques jours dans leur maison ; on lui prodiguait les marques d'admiration et de respect, et c'était à qui obtiendrait l'insigne faveur d'être peint par elle. Quant au prix de ses peintures, on ne le lui marchandait point et il ne fut pas inférieur à celui qu'on paya plus tard à Van Dyck lui-même.

On doit dire, à la louange de Lavinia, que, loin de s'enorgueillir de ses succès, elle n'en montra que plus de modestie, et ne chercha qu'à se faire aimer. Elle aurait pu entrer, au dire de son biographe, dans une famille noble, *accasarsi con persone nobili;* mais elle aima mieux épouser un homme d'une condition égale à la sienne. Elle choisit pour mari le fils d'un riche négociant d'Imola, Paolo Zappi, jeune garçon débonnaire et simple, qui, se croyant lui aussi une vocation particulière pour la peinture, n'était jamais plus heureux que lorsqu'il lui était permis de travailler aux vêtements dans les portraits commandés à sa femme et de remplir les fonctions de tailleur, — comme elle disait elle-même, — faute d'avoir reçu du ciel le génie du peintre.

Les registres de baptême consultés à Bologne par Malvasia constatent que Lavinia naquit le 25 août 1552. Comme elle avait déjà, bien avant son mariage, une réputation établie et beaucoup de crédit auprès des légats du Saint-Siége et des plus puissants personnages, on peut supposer qu'elle ne se maria qu'un peu tard, vers 1580. Baglione, écrivain romain, raconte que Lavinia vint à Rome sous le pontificat de Clément VIII, c'est-à-dire en 1592, ou durant les années suivantes. Sa vogue fut tout de suite considérable ; les princes, les cardinaux, les dames romaines surtout, se firent peindre par elle. Son atelier ne désemplissait pas. Sa manière suave, agréablement fondue, ravissait tout le monde. On la comparait au Tinide ; elle plaisait aux femmes par le fini qu'elle apportait dans l'imitation de leurs parures et de leurs affiquets. A force de vanter ses talents, on lui persuada qu'elle pouvait aborder la grande peinture, et, en effet, elle entreprit des tableaux d'église où se trahissaient la faiblesse de son dessin, l'insuffisance de son éducation pittoresque et de sa verve. Elle eut la hardiesse de peindre, pour la basilique de Saint-Paul hors des murs, une *Lapidation de saint*

Etienne en figures colossales; mais l'intelligence de ces grandes machines lui manquait absolument et il n'y parut que trop lorsqu'elle découvrit son travail. Ses autres peintures d'église furent médiocres, et elles ne réussit à mettre en scène de nombreux personnages que lorsque ces personnages étaient des portraits, comme, par exemple, dans une allégorie où figuraient le duc et la duchesse de Mantoue, avec les seigneurs et dames de leur cour, vêtus de leurs habits d'apparat. Lanzi, en parlant de ce tableau, va jusqu'à dire qu'il eût fait honneur à l'Ecole vénitienne. Et de fait il en a fort bien jugé cette fois comme à son ordinaire. Car nous avons vu de Lavinia un tableau semblable (peut-être le même) qui est peint avec une couleur et une saveur qui font tout de suite penser à la généreuse exécution des Vénitiens de la fin du seizième siècle. C'est au Palais-Royal que ce tableau se trouve aujourd'hui (1872), dans les salles momentanément occupées par la Cour des comptes. On cite encore, parmi les plus beaux ouvrages de Lavinia, les deux portraits que conserve la famille Zappi à Imola, savoir celui de son père alors âgé, — il est gravé dans Malvasia, — et le sien propre. Zanotti mentionne aussi avec son exagération italienne, comme un morceau divin, *opera divina*, le portrait d'une dame assise avec un petit chien sur ses genoux : ce dernier ouvrage appartenait à la famille Isolani lorsque fut publiée à Bologne la seconde édition de la *Felsina pittrice*, c'est-à-dire en 1841.

Lavinia Fontana mena jusqu'en 1614, qui fut l'année de sa mort, une existence brillante et heureuse. Les poètes lui dédiaient des sonnets et des madrigaux, et il n'est pas un critique, pas un biographe contemporain qui n'ait parlé d'elle avec des éloges, dont la postérité, il faut le dire, a beaucoup rabattu, peut-être un peu trop.

Sauf un dessin douteux, il n'existe au Louvre aucune œuvre de Lavinia Fontana ; mais il existe de sa main, au Palais-Royal à Paris, un fort beau tableau représentant des dames et des seigneurs richement vêtus.

Bologne. Il s'y trouve quelques peintures d'elle, notamment une *Madone entre saint Joseph et saint Joachim*, dans l'église del Baraccano, et une *Nativité* dans l'église della SS. Trinita ; ce dernier tableau est dans la manière bassanesque.

Il y a d'elle encore, dans la sacristie de San Giacomo Maggiore, une Madone avec S. Côme et S. Damien ; dans la sacristie du collège de Saint-Louis, quelques peintures que les guides ne spécifient point, et dans l'église de Mendicanti, le *Miracle des cinq pains*.

Le musée de Bologne, autrement dit la Pinacothèque, renferme un curieux ouvrage de Lavinia Fontana : *Saint-François de Paule bénissant un enfant*. L'enfant représenté n'est autre que François Ier, roi de France, fils de la duchesse Louise de Savoie, laquelle figure dans le tableau avec quatre dames. Ce morceau est signé et daté de 1590. Il provient de l'oratoire de Sainte-Marie dit della Morte.

Naples. Une *Samaritaine*.

Milan. Sept portraits de différents sexe et âge. Deux figures de grandeur presque naturelle.

Florence. Portrait de Lavinia Fontana par elle-même.
— Un *Noli me tangere* : Jésus, en chapeau de paille, étend la main comme pour bénir la Madeleine.

Dresde. *Sainte Famille.*

Berlin. *Vénus et l'Amour.*

DENIS CALVART ou CALVAERT

NÉ EN 1555; MORT EN 1619.

Ce maître flamand, que les Italiens appellent *Dionisio Fiammingo*, est considéré avec raison comme un peintre bolonais. Il l'a été, en effet, par son éducation et par sa manière ; mais il faut convenir qu'il a bien rendu à la cité de Bologne ce qu'il y avait puisé ; car, après y avoir reçu les enseignements de Fontana et de Lorenzino, il y fonda une école à son tour, et il eut l'honneur de compter parmi ses élèves des jeunes gens qui eurent plus tard un nom illustre, le Guide, le Dominiquin et l'Albane. Né à Anvers vers 1555, il était déjà quelque peu paysagiste, mais incapable d'orner de figures ses paysages, lorsqu'il partit pour l'Italie avec l'ambition d'y faire des études sérieuses et de s'élever à la peinture d'histoire.

Étant passé à Bologne, Denis Calvart fut recommandé à la puissante famille Bolognini, qui était connue pour aimer les arts et pour entretenir toujours des musiciens ou des peintres. On le reçut dans cette famille avec la générosité la plus noble, et, sans lui demander rien, on lui offrit l'hospitalité du palais Bolognini, c'est-à-dire la table et le logement. Grâce à tant de munificence, le jeune Anversois put se livrer à l'étude sans autre préoccupation. Chez le maître qu'il avait choisi, Prospero Fontana, il s'appliqua au dessin d'après les estampes et d'après la bosse avec une ardeur excessive qu'il fallut bientôt modérer. Fontana, mettant à profit les talents de son élève pour le paysage, lui donnait à peindre les fonds de ses tableaux ; mais les trouvant exécutés d'une manière trop finie, trop léchée et, comme il disait, trop à la flamande, *affiammingata*, il les retouchait avec liberté et les refaisait à son goût. Mais, piqué du dédain qu'affectait Fontana pour son talent, Denis Calvart quitta l'école de ce maître pour entrer dans celle de Lorenzo Sabbattini, sous lequel il fit des progrès sensibles, et qui le prit pour collaborateur, lui donnant à peindre notamment la figure de S. Michel, dans le tableau de l'église San Giacomo Maggiore, dont nous avons parlé en écrivant la notice de Lorenzo.

Lors de l'exaltation du pape bolonais Grégoire XIII, c'est-à-dire en 1572, Sabbattini, devant aller à Rome ou y retourner, emmena avec lui son élève, qui brûlait de le suivre. Nommé surintendant des peintures à faire dans le Vatican, Sabbattini employa Dionisio dans tous ses travaux, et il se servait de lui pour dresser les cartons de ses fresques. Le maître dessinait en petit sur papier bleu rehaussé de blanc des esquisses de ses compositions, et c'était Calvart qui dessinait, grandeur d'exécution, les cartons en grisaille qui devaient être reportés sur le mur. Calvart était devenu si habile en ce genre que les marchands de Rome achetaient à grand prix ses dessins au crayon ou à la sanguine et, les revendant aux amateurs, avaient fait au peintre flamand une réputation parmi les Romains. Le cardinal d'Este, qui était un connaisseur et un collectionneur de dessins, eut l'envie d'en avoir un de la main de Calvart et il exprima le désir de le lui voir crayonner en sa présence. Calvart lui donna cette satisfaction en improvisant sous ses yeux une Madone à mi-corps qui fit l'admiration de Son Éminence. Il va sans dire que le cardinal voulut montrer à un si vaillant dessinateur sa collection de dessins qui renfermait des études originales de Michel-Ange pour le *Jugement dernier* et de Raphaël pour l'*École d'Athènes;* mais, en voyant ces prétendus originaux qu'il reconnaissait pour être son ouvrage et que les brocanteurs avaient enfumés, Calvart ne put se défendre d'avouer au cardinal ce qui en était et de lui ôter ses illusions. Cela n'empêcha point le cardinal d'accéder aux instances de Calvart, qui désirait ardemment baiser les pieds du pape avant de quitter Rome. Introduit devant le saint-père, le peintre fut tellement intimidé qu'il en perdit la tête et demeura stupide, au point de faire rire Sa Sainteté, qui, pour toute grâce, lui donna sa bénédiction et le laissa sortir immédiatement.

De retour à Bologne, Denis Calvart y ouvrit une école qui fut bientôt suivie par un grand nombre d'élèves. Il en eut jusqu'à cent trente-sept. Il leur enseignait avec beaucoup de soin la perspective ; il leur donnait des leçons d'anatomie et leur apprenait, avec les éléments d'architecture, l'application des divers ordres aux divers genres de composition. Sa maison était remplie de bas-reliefs, de plâtres d'après l'antique, et les murs étaient couverts des plus belles estampes gravées par Dürer, Lucas de Leyde, Marc-Antoine, Martin Rota, Bonasone, Augustin Vénitien, des eaux-fortes du Parmesan, des camaïeux d'Ugo da Carpi. On y voyait aussi les moulages de deux têtes grecques provenant de Florence, que Jean de Bologne, ami intime de Calvart, lui avait procurées à l'insu du grand-duc, au risque des plus terribles châtiments. Mais l'humeur irascible et l'avarice de Calvart firent peu à peu déserter son école. Mécontents d'être rudoyés, frappés pour la moindre faute, fatigués d'ailleurs de passer leur temps à peindre sur cuivre de petits tableaux de dévotion, qui étaient vendus par le maître comme des originaux de sa main, la plupart des élèves de Calvart l'abandonnèrent pour entrer dans l'académie des Carrache. Quant aux ouvrages exécutés vraiment par lui, on en voit beaucoup dans les églises de Bologne. Ces peintures sont d'un artiste qui a sérieusement appris son métier. Comme Sabbattini, son maître, il visait à la grâce. Son dessin était savant, mais maniéré, et la pantomime de ses figures était violente comme son humeur. Les Bolonais, n'ayant pas eu un coloriste depuis la mort de Francesco Francia, trouvèrent admirable le coloris de Calvart, qui était du reste suave et savoureux. Toutefois Denis Calvart eut moins de talent que de renommée. Lorsqu'il mourut en 1619, Louis Carrache, qui l'avait choisi pour l'un des juges de son académie, voulut que tous les *Incamminati* assistassent aux funérailles du peintre flamand.

Musée de Bologne. *La Flagellation du Christ.* Il est attaché à une colonne et fouetté par deux bourreaux. — *Noli me tangere.* Madeleine, un genou en terre, tend les bras à Jésus, qui lui est apparu sous la forme d'un jardinier.

A San Giacomo Maggiore, dans la sacristie, une *Madone* avec les deux saintes Catherine et Lucie et S. Renier.

A Santa Maria do' Servi, un *Saint Onufre,* et un tableau du *Paradis* peint en 1601.

Dans l'église du Corpus Domini, *Saint François* sur un fond de paysage.

Dans la sacristie de San Martino Maggiore, les archanges *Michel* et *Gabriel.* sur deux toiles séparées.

A San Domenico, une *Annonciation* et un tableau du même sujet dans la chapelle de la bibliothèque de la Commune.

PLAISANCE, *le Martyre de saint Laurent*, œuvre capitale.

PARME, une *Transfiguration*.

MILAN, au musée Brera, *Sainte Marie-Madeleine* portée au ciel par des anges.

DRESDE, dans la galerie, une copie de la *Sainte Cécile* de Raphaël.

BARTOLOMMEO CESI

NÉ EN 1556; MORT EN 1629.

Il y a une certaine disproportion entre le talent de Bartolommeo Cesi et le rôle qu'il a joué à Bologne du temps même où florissaient les Carrache. Contemporain de ces maîtres, il exerça encore une influence considérable sur l'école tout entière, non pas tant comme artiste que comme chef de la compagnie des peintres dont il fut l'administrateur, le président, *maggiore*, et l'arbitre toujours écouté. Il avait travaillé plus que personne à obtenir que tous ses confrères et lui fussent séparés de la corporation des bombardiers, mécaniciens, gainiers et fourbisseurs, dans laquelle ils étaient englobés. Il proposa et introduisit l'usage de payer une forte cotisation pour subvenir aux dépenses extraordinaires de la compagnie et aux frais des instances qu'elle aurait à soutenir. Il fit bâtir un édifice plus convenable pour les réunions de la nouvelle société, dans laquelle il fallut comprendre les bombardiers, mais avec un titre inférieur, et, pour plus de décorum, il consentit à revêtir de riches manteaux, valant deux cents écus, le surintendant, couronné de lauriers, qui marchait à la tête de l'Académie, et les massiers qui l'accompagnaient. Il mit enfin un ordre rigoureux dans la gestion des revenus et des dépenses, et il fut l'un des juges de tous les concours ouverts par les académiciens.

Né à une époque de décadence, en 1556, Cesi ébaucha la réforme que devaient accomplir les Carrache. Il avait d'abord étudié la grammaire et il lui était arrivé souvent d'être choisi pour suppléer son professeur. Il pratiquait l'écriture comme les plus habiles calligraphes, ornant les majuscules de vignettes élégantes ou même de quelques figurines qu'il tirait des estampes anciennes. Francesco Bezzi, dit le Nosadella, s'offrit à lui donner des leçons de dessin et le prit à son école. Mais l'élève apprit fort peu de chose chez un artiste qui passait la meilleure partie de sa vie à la chasse et ne faisait que de rares apparitions dans son atelier. Bartolommeo se mit donc à travailler sans maître. Il fréquenta l'académie de Baldi, où il s'exerça à manier les couleurs, et parmi les peintres contemporains il étudia de préférence Pellegrino Tibaldi. Bientôt il se composa une manière à lui, qui n'était ni terrible et outrée comme celle de Nosadella, ni franche et forte comme celle de Passarotto, ni abondante, mouvementée et hardie comme celle de Fontana, mais qui était gracieuse et délicate, principalement dans la peinture murale qu'il a pratiquée avec plus de suavité que les Toscans eux-mêmes.

Ce fut Bartolommeo Cesi qui enseigna au Tiarini l'art de la fresque, et la sienne avait cette qualité rare qu'elle conservait très-longtemps, même en plein air, la vivacité et la fraîcheur de ses teintes, au point qu'elle a duré deux siècles sans altération. Ainsi du temps où Lanzi écrivait son livre, c'est-à-dire vers 1809, existaient encore intactes les fresques exécutées à Forli par Cesi, sur un arc de triomphe dédié à Clément VIII, fresques représentant les exploits de ce pontife.

On en peut dire autant des fresques de Cesi à l'un des palais Favi, à Bologne, où il a peint, en concurrence avec les Carrache et l'Albane, les aventures d'Énée. Quant à ses peintures à l'huile, elles ont une douceur, une tranquillité d'ASPECT et quelque chose d'aimable qui leur donne une certaine ressemblance avec les tableaux de la jeunesse du Guide. On en voit beaucoup, de ces peintures, dans les églises de Bologne, et celle qui nous est restée le plus dans la mémoire est une *Adoration des Mages* qui orne le dessus du maître-autel, à San Domenico. La composition en est nombreuse et pleine; la scène est très-peu remuée, les attitudes sont naturelles et calmes; les draperies présentent des plis qui se ressentent encore un peu de la manière gothique, non pas à cause de leurs formes anguleuses, mais à raison de leur multiplicité sur des étoffes opulentes; aucune figure n'y est particulièrement intéressante; mais l'ensemble a de la dignité, de l'harmonie, de l'attrait. Il est clair que Cesi travaillait beaucoup d'après nature, comme ses rivaux les Carrache, choisissant avec soin ses modèles de femmes, d'enfants et de vieillards, et demeurant toujours fidèle aux lois rigoureuses de la perspective. Les dessins qu'il crayonnait sur le vif ont du prix, parce qu'ils sont attaqués d'une main facile et résolue, mais ceux où l'artiste, réunissant ses études, les combinait pour en faire des tableaux, sont moins recherchés à cause du fini minutieux et un peu sec qui en diminue le mérite et les rend bien inférieurs aux dessins de Tibaldi et d'Annibal Carrache.

Malvasia, qui possédait les registres où Cesi avait écrit ses comptes et pris note de ses affaires privées, cite plusieurs passages de ce registre. On y trouve, depuis l'année 1591 jusqu'à l'année 1625, la mention des travaux exécutés par le peintre, tant à Bologne qu'à Sienne, à Imola et autres lieux, avec l'indication du prix qui lui avait été payé. Ce furent surtout les Chartreux qui mirent en œuvre le talent austère de Bartolommeo Cesi, lequel évitait le nu autant que possible par un sentiment de modestie et de piété. Ils l'employèrent non-seulement dans sa ville natale où ils avaient deux églises, mais encore dans les monastères de leur ordre à Sienne, à Ferrare, à Florence. Le registre s'arrête à l'année 1625, quatre ans avant la mort de Cesi, qui arriva le 11 juillet 1629. Il fut inhumé à San Procolo, à une place qu'il avait désignée et retenue longtemps auparavant, en 1583, comme le constate l'inscription anticipée du tombeau, ainsi conçue :
BARTHOLOMEUS CÆSIUS SIBI POSTERISQUE SUIS POSUIT ANNO DOMINI MCLXXXIII.

Il n'existe aucun tableau de Cesi au musée du Louvre. C'est surtout à Bologne qu'on trouve, et en grand nombre, les ouvrages de ce maître. On en voit de bien conservés et d'estimables à la bibliothèque *del Commune*. Les principaux, la *Naissance* et la *Mort de la Vierge*, sont des répétitions de fresques exécutées par l'auteur, dix ans auparavant, dans la cathédrale d'Imola.

À San Domenico, le grand tableau de l'*Adoration des Mages* est la plus belle œuvre de Cesi : nous en avons parlé.

Il y a aussi des fresques ou des peintures à l'huile de Cesi dans le plus beau des trois palais Favi, à San Martino Maggiore, à San Stefano, à San Giovanni in Monte, à San Giacomo Maggiore. Celles de San Martino Maggiore et de San Giovanni sont des Christ en croix entre plusieurs saints, et celle de San Giacomo représente la Vierge avec des saints.

DENTONE (GIROLAMO CURTI DIT)

NÉ EN 1576; MORT EN 1631.

La ville de Bologne a eu l'honneur, sinon d'inventer la peinture de décors, au moins de la pratiquer avec beaucoup d'éclat et de lui donner l'importance d'un art pompeux, magnifique et tout à souhait pour l'enchantement des yeux. Girolamo Curti, qu'on avait surnommé le *Dentone*, à cause d'une difformité que présentaient ses dents en saillie, fut le restaurateur de ce genre de peinture. Non-seulement il y montra une habileté surprenante, mais il sut s'y maintenir dans un style sévère et se défendre des écarts dans lesquels on est entraîné facilement, lorsqu'on ne songe qu'à produire des spectacles amusants pour l'œil.

Il était le fils d'un pauvre homme qui était venu de Reggio à Bologne pour y gagner sa vie. Girolamo fut placé tout jeune dans une filature, où il demeura jusqu'à l'âge de vingt-cinq ans, recevant le salaire d'un simple ouvrier. Mais un beau jour, fatigué de cette existence, il se laissa embaucher par un ami, Lionello Spada, qui lui persuada de quitter la manufacture et de venir étudier le dessin. Les deux camarades allaient offrir leurs services au monastère de San Martino où ils sonnaient les matines et le sermon, moyennant une bonne collation qui était souvent leur unique repas, et ils employaient le reste du jour à dessiner la figure nue, se servant de modèle l'un à l'autre. Lionello y réussit bientôt à merveille ; mais Girolamo, trouvant trop difficile le dessin du nu, imagina de se livrer à la *quadratura*, c'est-à-dire à la peinture d'ornements architectoniques. César Baglione lui en apprit les éléments ; mais l'élève, dès qu'il sut user de la règle, de l'équerre et du compas, acheta les ouvrages classiques de Vignola et de Serlio et, se passant désormais de son professeur, il apprit les rudiments de l'architecture, et les règles de la perspective lui devinrent si familières que la moindre infraction à ces règles le choquait. Quelquefois il se permettait de relever les défauts que son maître lui-même avait pu commettre ; mais celui-ci répondait, non sans quelque raison, que les lois de la perspective ne devaient pas être si rigoureuses, qu'il fallait avoir le compas dans l'œil et que, pour lui, il traitait la théorie plus cavalièrement, à peu près suivant la manière de Tintoretto lorsqu'il prenait la mesure de l'Arétin avec un pistolet.

Dentone, cependant, était parvenu à une telle habileté dans l'art de la décoration, je veux dire dans l'architecture feinte, que tout le monde à Bologne commençait à y prendre goût. Les communautés religieuses de Santa Maria del Piombo, de Saint-François, le marquis Tanari, le comte Orsi, les églises de San Niccolo, de San Felice, de San Rocco, de San Pietro l'employèrent à l'envi. Tantôt il figurait dans la voûte d'une chapelle une ouverture, *sfondato*, dont la corniche était soutenue par des modillons vus de bas en haut, tantôt il ornait un maître-autel de colonnes peintes en relief de façon à produire la plus complète illusion, tantôt il perçait sur un mur une série d'édifices en perspective ou bien des portiques imités en trompe-l'œil. S'il feignait une fenêtre ouverte avec un balcon, on était tenté de s'y mettre; s'il représentait un escalier au fond d'un vestibule, le visiteur s'avançait pour le monter : personne encore n'avait porté aussi loin la perfection de ces décors. Mais le mérite essentiel de Dentone était de ne pas dépasser les bornes du vrai ou du vraisemblable et d'inventer ses architectures, ses colonnades, ses fenêtres, ses balustrades avec tant de goût qu'il arrivait à de savants architectes, notamment à Battista Magnani et au Vigarini, d'en prendre le dessin pour transporter dans la réalité les fictions de Girolamo. Toutefois, si sévère que fût son style, Dentone s'est permis quelques rares licences. On lui a reproché, par exemple, de faire des entre-colonnements trop larges et qui seraient, à l'exécution, impossibles. Dans le palais des comtes Orsi, qui appartint depuis aux Vizzani, il a simulé des colonnes portées sur des consoles en guise de stylobates, ce qui est contraire aux lois de l'architecture qui veulent une solidité non-seulement réelle, mais apparente.

Pour les couleurs de ses décorations, Dentone s'en tenait aux teintes naturelles de la pierre et du marbre, s'abstenant de ces tons de gemmes que d'autres ont donnés abusivement à leurs édifices, qu'ils supposaient bâtis en pierres précieuses. Le premier, il imagina de rehausser d'or ses travaux à fresque. Il se servait pour cela d'huile cuite de térébenthine et de cire jaune détrempées ensemble, et d'un pinceau léger il hachurait de cette mixture les parties frappées par la lumière. Jaloux d'assurer la durée à ses œuvres, il ébauchait avant de peindre et il recouvrait son ébauche d'un empâtement solide, et dans les endroits exposés aux intempéries il joignait à la chaux un enduit de marbre blanc réduit en poudre.

Après avoir ainsi décoré les palais et les églises de Bologne, Dentone transporta au théâtre les prestigieux secrets de son art. Sur une scène petite, il savait ménager le spectacle d'un grand pays, donnant autant de force aux édifices du premier plan que de dégradation et de douceur aux lointains. Par cette opposition, il obtenait une illusion de relief et d'enfoncement qui aujourd'hui ne paraîtrait pas extraordinaire, mais qui surprenait alors et ravissait tout le monde. La réputation de Dentone s'en accrut tellement qu'il fut appelé à Ravenne par le cardinal légat, à Parme et à Modène par les souverains de ces petits États, à Rome, enfin, par le prince Ludovisi, chez lequel il se surpassa. Pour les figures, qu'il ne savait pas faire, Dentone avait recours à des peintres qui ajoutaient des statues à ses portiques, des animaux et des arabesques à ses frises. C'étaient Brizio, le Valerdo, Antoine et François Carrache qui lui venaient en aide pour cette partie de sa décoration. Il fut assisté par Massari dans la bibliothèque des Pères de San Martino; par Guerchin dans le palais Tanari, et même par le Guide. Ainsi aidé, Dentone exécuta des travaux innombrables dont on peut lire le détail dans la *Felsina pittrice* de Malvasia, et qui, malgré son désintéressement, lui valurent une honnête aisance. Il mourut d'un mal aux genoux qu'il avait négligé, vers la fin de l'année 1631, laissant par testament tout son atelier à son camarade et ami Angiolo Michele Colonna, et le reste de ses biens, estimés 6,000 livres, à sa femme, et aux pauvres, qu'il avait toujours généreusement secourus.

<table>
<tr><td>

Les architectures de Dentone sont en grande partie détruites. Le *sfondato* (c'est-à-dire l'ouverture de voûte) qu'il avait peint à San Niccolo, à Bologne, n'existe plus. Mais on voit encore au Spedaletto, autrement dit Santa Maria dei Laudi, des ornements de sa main, dans la chapelle où se trouve le tableau renommé de Cavedone, celui qui a été au Louvre.

</td><td>

L'ancienne église de la communauté de Santa Maria del Piombo renferme ces colonnes feintes d'un relief si surprenant, dont parle Malvasia ; cette église est devenue le magasin d'un riche négociant nommé Stoffer, grand amateur d'estampes. C'est du moins ce que nous apprend l'annotateur de la seconde édition de Malvasia, publiée en 1841.

</td></tr>
</table>

Le percé de voûte qui décorait avec tant d'illusion la bibliothèque des Pères de San Martino a été couvert d'un badigeon.

A l'ancien palais Grimaldi restent encore des traces de la façade décorée par Dentone.

A Parme, dans le musée, un tableau de Dentone représentant un *Edifice au clair de lune*. Des figures y ont été ajoutées par quelqu'un des collaborateurs habituels du décorateur : ce sont des personnes qui relèvent un mort, à la lueur des torches, sur un escalier.

GIACOMO CAVEDONE

NÉ EN 1577 ; MORT EN 1660.

Quoiqu'il soit né à Sassuolo dans le duché de Modène, Cavedone doit être classé parmi les peintres bolonais, non seulement parce qu'il fut élevé à Bologne, où il passa la plus grande partie de sa vie, mais encore parce qu'il représente fort bien, par la sagesse de sa manière et la correction un peu froide de son dessin, l'école mixte dans laquelle nous le rangeons.

Il était le fils d'un pauvre homme nommé Pellegrino Cavedone, qui, selon Malvasia, était apothicaire, *speziale*, mais qui est désigné comme peintre dans le registre baptistaire de Sassuolo, consulté par Tiraboschi. De ce registre il appert que Giacomo Cavedone naquit en 1577. Quant à sa première éducation, il convient de s'en rapporter au dire de Malvasia, qui, ayant été l'élève de Cavedone, devait le connaître. Cet écrivain raconte que son maître, chassé de la maison paternelle à l'âge de douze ans, chercha refuge à Bologne chez un amateur nommé Carlo Fantuzzi, qui le prit pour page et lui inspira le goût de la peinture en lui montrant des tableaux de Raphaël, de Jérôme Mutien et du Bassan, qu'il possédait. Ce que Malvasia ne dit point, c'est que, dans une lettre qui a été retrouvée aux archives de la commune, il est rapporté que Pellegrino sollicita et obtint des officiers municipaux un subside qui lui permit d'entretenir son fils Giacomo à Bologne pendant les trois ans que durerait un apprentissage de peintre. Le subside accordé par la commune fut d'un écu par mois [1]. Ce fut avec ce misérable secours que Giacomo, âgé de quatorze ans, commença de sérieuses études à Bologne dans l'école des Carrache et dans celle de Passerotti. En peu de temps il acquit une facilité de crayon à rendre jaloux ses camarades, entre autres Alessandro Tiarini, qui, de rage, lui déchira un jour deux dessins qu'il avait terminés pendant que lui, Tiarini, n'avait pu en finir un seul.

Le premier ouvrage de Cavedone fut fait pour la commune de Sassuolo, qui l'avait assisté : c'était une *Lapidation de saint Étienne*, qu'il peignit en 1600 pour l'église dédiée à ce saint. Trois ans après, l'Académie des *Incamminati*, voulant célébrer un service solennel pour le repos de l'âme d'Augustin Carrache, mort en 1602, Cavedone fut choisi pour modeler la statue de la sculpture et peindre une allégorie représentant Apollon et la peinture, dont on voit le croquis gravé dans la *Felsina pittrice* de Malvasia. Une certaine grâce, une combinaison assez heureuse de figures déjà faites avant lui, un talent duquel on peut dire : rien de bien saillant, rien non plus de choquant : voilà ce qui caractérise le Cavedone dès sa jeunesse, et il faut ajouter qu'il ne changea point de physionomie en avançant en âge, à cela près que son coloris devint meilleur et sa manière plus mâle et plus savoureuse, à la suite d'un voyage qu'il fit à Venise, où il avait étudié les peintures de Titien et s'était assimilé de son mieux le style de ce grand maître, ou, pour dire mieux, ses habitudes de style. A son retour, les Bolonais ne manquèrent pas de remarquer en lui un coloriste rare, un coloriste titianesque, et l'Albane alla jusqu'à dire qu'il trouvait à Cavedone plus de résolution encore et de bravoure qu'à son modèle !

Cependant, toujours porté à s'approvisionner chez les maîtres de ce qui sans doute lui manquait, Giacomo partit pour Rome, où il espérait probablement faire dans le dessin autant de progrès qu'il en avait fait à Venise dans la couleur. Arrivé à Rome en 1610, il y trouva le Guide, qui, dit-on, l'y avait appelé et qui vit sur-le-champ le parti qu'on pouvait tirer d'un artiste docile, prompt à l'imitation, excellent praticien d'ailleurs, qui joignait à ces qualités un crayon facile et un pinceau expéditif. Guido Reni prit Cavedone à son service, lui donna trente écus par mois et lui fit peindre sur ses dessins la chapelle de Monte Cavallo ; mais Giacomo, atteint sans doute de nostalgie, ne resta qu'un mois chez le Guide et s'en retourna à Bologne pour n'en plus sortir.

---

[1] E allora si ordinò che al figlio di Pellegrino si assegnasse per corso di tre anni uno scudo al mese. Tiraboschi, *Notizie de pitori, scultori... natii deglo stato del sere nissimo Duca di Modena, in Modena* MDCLXXXVI.

De ses études diverses, le Cavedone s'était composé une sorte de mixture sans caractère, mais qui serait très-agréable pour quiconque ne connaîtrait pas les sources auxquelles il a puisé. Malvasia raconte que les meilleurs peintres et connaisseurs français, tels que Simon Vouet, Noël Coypel, Person, de Piles, prirent pour des œuvres d'Annibal Carrache (et plus belles encore, dit-il), les peintures de Cavedone à San Paolo et dans l'église de' Mendicanti. Ce dernier tableau, représentant S. Alo et S. Pétrone en adoration aux pieds de la Vierge, qui apparaît au sein d'une gloire d'anges, est aujourd'hui au musée de Bologne, où nous l'avons vu et admiré, car c'est un morceau plein de grâce dans les figures d'en haut, plein de dignité et d'ampleur dans celles des deux saints, aux têtes vénérables, qui rappellent Titien. Ce qu'on en peut dire de plus flatteur, c'est que, en 1796, les commissaires chargés par le général Bonaparte de choisir les meilleurs tableaux de l'Italie pour les transporter au Louvre, envoyèrent à Paris le *Saint Alò* de Cavedone, qui fut restitué aux Bolonais en 1815.

Après la mort de Louis Carrache, survenue en 1618, Cavedone fut élu syndic de l'académie des *Incamminati* et devint un des peintres les plus estimés de Bologne et le plus occupé. Mais un jour qu'il était monté sur un échafaud pour peindre une fresque dans l'église de San Salvadore, l'échafaud s'écroula, et cette chute troubla ses facultés mentales qui, depuis, allèrent s'affaiblissant de jour en jour. Sa femme avait une maladie incurable : il la crut ensorcelée. Il n'avait qu'un fils; ce fils mourut de la peste en 1630. Abîmé dans sa douleur, le malheureux artiste perdit le peu de talent qui lui restait encore et dont il vivait; il devint stupide et tomba peu à peu dans une misère profonde. On le trouva affaissé d'inanition contre un mur, près l'église San Domenico, et des passants émus de pitié le transportèrent dans une écurie, où il expira. Il avait quatre-vingt-trois ans. — Qu'on ait pris quelques-uns de ses ouvrages pour des Annibal Carrache, cette erreur est possible, car il est certain que l'élève a parfois égalé son maître, ou peu s'en faut; mais qu'on l'ait déclaré plus brave, plus résolu que le Titien, c'est là une exagération ridicule que n'excuse pas même la vanité locale. Cavedone est au Titien à peu près ce que Pellegrino est à Michel-Ange.

Le MUSÉE DU LOUVRE renferme un tableau de Cavedone et douze dessins; le tableau est une *Sainte Cécile* à mi-corps, de grandeur naturelle. Elle est assise devant un orgue, les yeux levés au ciel. — C'est en Italie surtout que se trouvent les ouvrages de ce maître.

BOLOGNE, à la Pinacothèque, *saint Alò et saint Petrone*, agenouillés aux pieds de la Vierge, qui est dans une gloire. Ce tableau provient de l'église de'Mendicanti. Il a figuré au Louvre depuis 1796 jusqu'en 1815.

Dans cette même église de'Mendicanti, on voit encore des fresques de Cavedone dans une voûte : elles sont mal conservées, et deux *Miracles de saint Alò* dans la chapelle du Crucifix.

L'église San Benedetto est ornée de peintures par Cavedone; on y voit quatre *Prophètes* dans les pendentifs d'une voûte, et, entre autres fresques, dans la seconde chapelle, un *Saint Antoine battu par les démons*.

On voit encore une *Nativité* de Cavedone à l'église Santi Filippo et Giacomo, une belle *Madone* avec des saints, dans le Spedaletto (petit hôpital); un trait de l'histoire de S. Roch dans l'oratoire de ce nom; un trait de la vie de S. Benoît dans le cloître des Carraches, à San Michele in Bosco; des fresques à San Giacomo Maggiore, ainsi qu'un tableau de l'*Apparition de Jésus-Christ à Giovanni da San Facondo*; plusieurs peintures, entre autres le *Baptême du Christ* et la *Présentation au Temple*, à San Paolo; une fresque du *Sauveur*, et les *Quatre Docteurs de l'Église*, à San Salvatore, dans la sacristie, enfin une *Ascension* de Jésus-Christ, à San Martino Maggiore.

FLORENCE, le portrait du peintre à la Galerie des Offices, et une *Madeleine*.

MUNICH, à la Pinacothèque, le *Christ mort pleuré par un Ange*.

Le prix moyen des tableaux de Cavedone qui ont paru dans les ventes depuis le commencement de ce siècle est d'environ 400 fr.

CESARE ARETUSI ET GIOVANNI BATTISTA FIORINI

FLORISSAIENT DE 1570 A 1600.

« L'amitié, dit Lanzi, qui met en commun les biens des amis, fit de ces deux peintres ce qu'elle avait fait de ces deux pauvres dont parle l'Anthologie grecque. L'un d'eux, aveugle mais robuste, portait sur ses épaules son compagnon boiteux, mais bien voyant, et, lui prêtant le secours de ses pieds, recevait en échange l'office de ses yeux. Tels ces deux peintres qui, séparément, ne réussissaient pas à faire grand'chose, étaient capables, en s'unissant, de mener à bien des ouvrages d'un véritable mérite. » Aretusi possédait une pratique surprenante, c'était en outre un coloriste hardi dans le grand goût de Venise, mais il se trouvait absolument dénué d'imagination, tandis que Fiorini, qui ne savait pas peindre, inventait avec une verve inépuisable des compositions ingénieuses et riches sur tous les sujets possibles. Ils se lièrent de bonne heure ensemble, et, mettant leurs fonds en commun, travaillèrent presque toujours côte à côte ; leurs noms se trouvent rarement séparés dans les vieux guides de Bologne.

Cesare Aretusi s'était fait la main, dès sa première jeunesse, en exécutant de nombreux portraits, des études d'après nature, des copies d'après les chefs-d'œuvre en renom ; mais il n'avait jamais pu s'élever jusqu'aux conceptions originales. Fiorini, au contraire, élève amolli de Bagnacavallo et de Zuccheri, accumulait avec une fécondité stérile des esquisses théâtrales qui n'eussent rien produit, si quelque peintre plus habile n'était venu leur donner la vie au moyen d'une couleur franche et d'une touche vive. Il leur arriva parfois, pour avancer l'ouvrage, de vouloir travailler séparément les divers morceaux d'une composition ; c'est alors qu'éclatait dans leurs manières une discordance affreuse. Malvasia cite entre autres, comme exemple, cette peinture d'une grande chapelle de San Petronio, où Aretusi ayant exécuté d'après les dessins de son collaborateur le motif principal, lui laissa le soin de peindre lui-même le Père éternel et les Anges qui occupent la partie supérieure. En général, lorsqu'on se trouve en présence d'un tableau qui porte le nom des deux associés, si la touche est molle, languissante, effacée, on peut hardiment y voir la main de G.-B. Fiorini ; si au contraire la pâte est solide, l'exécution résolue, la couleur vigoureuse, on peut faire honneur de l'ouvrage à l'Aretusi, qui, durant ses longs séjours à Parme et en Lombardie, avait étudié avec succès les maîtres en renom dans ces contrées et s'était heureusement approprié leur manière chaude et savoureuse.

C'est dans cette même ville de Parme que Cesare Aretusi s'acquit une grande réputation, tant par ses portraits d'une tournure fière et décidée que par les merveilleuses copies qu'il savait faire d'après les maîtres lombards, et spécialement d'après Corrége. Ces copies, au dire des contemporains, trompèrent plus d'une fois les yeux des connaisseurs les plus clairvoyants ; aussi, lorsque les Bénédictins voulurent, dans le dessin d'agrandir le chœur de Saint-Jean, jeter bas la voûte décorée par l'illustre peintre, appela-t-on Aretusi pour lui confier le soin de reproduire la fresque de Corrége dans la construction nouvelle (1587). Aretusi chargea deux jeunes peintres qui achevaient alors leurs études à Parme, Annibal et Augustin Carrache, de copier d'abord très exactement la voûte entière, morceau par morceau ; puis, rapportant ensuite lui-même tous ces fragments, il refit de sa main une seconde copie, d'après laquelle il exécuta la peinture à fresque. Du temps de Malvasia on montrait encore, dans le palais des ducs de Parme, un certain nombre des fragments copiés par Annibal Carrache.

Le duc de Ferrare manda aussi à sa cour Cesare Aretusi, et le chargea de lui faire en secret plusieurs portraits de dames sur des planchettes de cuivre d'une assez petite dimension pour qu'un galant les pût facilement tenir cachées. Aretusi s'acquitta de cette besogne délicate à l'entière satisfaction du duc ; mais il se trouva lui-même si enchanté de ses œuvres qu'il ne put se tenir de les montrer à l'un et à l'autre, malgré la défense expresse qui lui en avait été faite. Cette indiscrétion lui eût sans doute coûté la vie, si le duc de Parme ne fût intervenu chaleureusement en sa faveur. Le duc de Ferrare contint sa colère et se conduisit en vrai gentilhomme. Il fit payer à Aretusi les honoraires convenus, y ajouta quelques cadeaux, puis, lui montrant tous ses portraits jetés à terre, cassés en morceaux, mutilés et grattés, lui ordonna de quitter ses États dans les quarante-huit heures, avec défense d'y remettre le pied s'il tenait à ses jours. Cette anecdote n'est pas la seule de ce genre qui nous ait été léguée sur le compte d'Aretusi, personnage vaniteux d'un assez triste caractère, envieux et violent, insolent et bavard, que ses contemporains nous représentent comme un parvenu grossier, plein de faste et de vantardise, scandaleusement gonflé d'une richesse qu'il devait, en bonne partie, à des collaborateurs, et se complaisant à écraser de son train magnifique ses confrères moins fortunés.

Quant à Giovanni-Battista Fiorini, son existence fut moins agitée et moins bruyante. On a peu de détails sur son compte, on sait seulement qu'il était sorti d'une famille vouée depuis longtemps aux beaux-arts, et dont presque tous les membres furent peintres, architectes ou sculpteurs. Bagnacavallo lui donna des leçons. Vasari le met au nombre des peintres distingués qui travaillèrent, à côté des Zuccari, dans la *sala regia* du

Vatican ; Malvasia lui attribue la composition de presque toutes les peintures laissées à Bologne par Aretusi, et le regarde, en outre, comme l'unique auteur de la fresque de l'*Ensevelissement du Christ* dans l'église de l'Hôpital de la Mort. En 1570, Giovanni-Battista Fiorini remplissait les fonctions d'architecte de la ville de Bologne, et faisait déjà travailler sous ses ordres son fils, Gabriele Fiorini, qui fut, de bonne heure, un sculpteur très-habile.

Bologne. — On voit encore à San Petronio les grandes peintures dont nous avons parlé ci-dessus. Le guide de 1826 attribue, en outre, dans cette ville, à Aretusi et à Fiorini, *une Déposition de croix*, avec les *Saints Benoît et François de Paule* dans la grande chapelle de San Benedetto ; une *Vierge* sur le maître-autel de la Carità ; une *Naissance de la Vierge* à San Giovanni in Monte ; le *Miracle de saint Grégoire à la messe*, dans l'église des Servites.

D'après ce guide, Aretusi serait le seul auteur de la *Procession de saint Grégoire le Grand au temps de la peste de Rome* dans l'église de la Madonna de la Baracano, et il aurait peint le *Saint Barthélemi* qu'on voit au maître-autel de San Bartolommeo di Porta Ravegnana, non d'après un dessin de Fiorini, mais d'après une esquisse de Sabbattini.

Brescia. — A Sant'Afra se trouve la *Nativité de la Vierge* dont parle Lanzi.

GIOVANNI-BATTISTA CREMONINI

NÉ EN ....; MORT EN 1610.

Giovanni-Battista Cremonini, né à Cento, artiste universel et constructeur de machines, dit le guide de Bologne, fut l'un des plus brillants parmi ces praticiens expéditifs qui commençaient à se montrer en Italie vers la fin du xvi⁰ siècle, peintres rompus de bonne heure à toutes les ruses du métier, prêts et bons à tout faire, figures, ornements, perspectives, paysages, animaux ; sachant couvrir, en quelques jours, de leurs faciles compositions la façade d'un palais, les parois d'une salle à danser, le plafond et le rideau d'un théâtre. Selon Malvasia et Lanzi, il n'y avait à Bologne habitation de quelque importance où Cremonini ne fût entré pour au moins égayer de ses fantaisies une chambre ou un vestibule ; à plus forte raison, reconnaissait-on sa main dans la décoration de presque toutes les églises. La rapidité de l'exécution n'excluait pas chez lui la grâce de l'imagination ; ses compositions superficielles avaient un charme élégant qui ravissait ses contemporains. On cita longtemps comme son chef-d'œuvre la frise du palais Riario, démoli en 1795, où se déroulaient en quinze compartiments les hauts faits et glorieux gestes de la famille Riario Sforza. Les peintures décoratives qu'il fit pour les Lucchini, riches marchands dont il fut l'ami, le commensal, le peintre attitré, soit dans leur palais, soit dans leur chapelle à Saint-Dominique, obtinrent aussi un prodigieux succès. Comme il excellait dans la représentation des animaux, réels ou fantastiques, il meublait d'ordinaire ses perspectives architecturales de bêtes de toute espèce, tigres, lions, ours, panthères, dragons et chimères, que les nobles bolonais voyaient avec surprise bondir sur leurs murailles. Les plus vastes surfaces ne l'effrayaient pas, et si on lui abandonnait un palais, il le peignait, sans hésiter, tout entier, du haut en bas, à l'extérieur et à l'intérieur ; aucun recoin de cabinet, aucune solive des combles ne se dérobait à ses pinceaux ; c'est ainsi que les palais Pietramellari, Secadinari et beaucoup d'autres sortirent de ses mains décorés de la base au faîte, égayés sur toutes leurs faces d'arabesques ingénieuses et d'historiettes variées. Travaillant vite et à tout prix, Cremonini tenait d'ailleurs à ses gages une troupe nombreuse d'apprentis auxquels il distribuait la première et plus grosse besogne ; mais lui-même revoyait, retouchait, achevait tout de sa main. C'est ainsi qu'il soutenait sa renommée auprès des amateurs séduits à la fois par la rapidité et l'excellence de son travail, et qu'il parvint à gagner des sommes considérables, tout en se montrant très-accommodant sur le chiffre de ses honoraires.

Tous les petits princes de Lombardie se disputèrent, on le pense bien, un décorateur habile qui acceptait si facilement toute espèce de commande ; dès qu'il y avait quelque part une fête à ordonner, un théâtre à préparer, des machines à établir, on avait recours à l'universel Cremonini. Parfois même ses confrères en détresse l'appelaient à leur secours, comme fit un certain Paolo Zagnoni, praticien médiocre, qui, chargé par le duc de la Mirandole de décorer un palais, se trouva tout à coup fort empêché par suite de la mort de son collaborateur Morina et hors d'état d'achever à lui seul la besogne commencée. Cremonini se rendit à l'appel, se mit d'abord à corriger, puis à effacer tout ce que Zaguoni avait fait, et finalement injuria si brutalement le pauvre peintre, en présence du duc, le traitant « d'ignorantasse, de brute et de vieux porc, » que son misérable confrère, outré d'une semblable ingratitude, prit son congé en pleurant de honte, et alla s'aliter à Bologne, pour ne plus se relever.

Malvasia cite encore quelques traits odieux à la charge de Cremonini, dont le caractère semble avoir été aussi triste que celui d'Aretusi. Nommé trésorier de la corporation des peintres après la mort de Sabbattini, Cremonini garda les fonds de la société sans en faire emploi, comme le prescrivaient les statuts, malgré les plus pressantes injonctions, si bien qu'à sa mort les affaires n'étaient pas réglées. Sa veuve, après avoir fait mettre hors de prise l'argent et les meubles de la succession, mit la main sur les immeubles laissés par son mari, en vertu de son hypothèque dotale, et opposa à toutes les réclamations une fin de non-recevoir. Un procès s'ensuivit, qui fut long et coûteux, et quand la corporation obtint gain de cause, elle ne s'en trouva pas moins pour longtemps ruinée, ayant perdu ses revenus, et ne pouvant même plus louer pour ses réunions de local convenable.

Parmi les nombreux élèves que forma Cremonini, on peut citer le Guerchin, Savonanzi, Fialetti, qui travailla presque toujours à Venise ; ses collaborateurs habituels furent le cousin et le fils de son maître Bagnacavallo, Bartolomeo et Scipione Ramenghi, ornemanistes renommés.

Bologne. — Dans la 1re chapelle de l'église des Scalzi on voit encore une fresque de Cremonini, *Jésus crucifié.* A la Pinacothèque on conserve un petit tableau signé et daté (1598) représentant la *Marche de Jésus-Christ au Calvaire au milieu des soldats* et la *Rencontre avec Ste Véronique.* Ce tableau provient du monastère de Sainte-Agnès.

CÉSAR BAGLIONE

NÉ EN ....; MORT EN 1612.

Plus habile, plus fécond, plus expéditif encore que Cremonini fut, à la même époque, César Baglione ou Baglioni, fils d'un décorateur à la journée, qui conserva toujours les habitudes de sa première éducation, et ne put jamais se résoudre à perfectionner son talent par des études sérieuses. Malgré cette insouciance, il aborda successivement tous les genres de peinture avec le même succès que son rival. Figures humaines, animaux fantastiques, architectures feintes, fleurs et fruits, il mêlait tout dans ses fresques avec une aisance merveilleuse, et se plaisait plus que ses confrères aux fonds de paysages verdoyants, ayant de bonne heure étudié les maîtres flamands, dont il collectionnait avec amour les tableaux rustiques. A l'occasion, il ne refusait pas de faire un tableau religieux ou un tableau d'histoire ; mais c'était surtout dans les compositions décoratives qu'éclatait la variété de son invention, moins surprenante encore que la résolution et la vivacité de sa touche. Les Carrache, ses amis, ne lui reprochaient qu'un certain faste trop théâtral, et l'emploi trop fréquent de cartouches énormes et de grosses moulures qu'ils comparaient à des Douves de tonneau, ce qui le fit surnommer le Baglione *dalle doghe* ou le *Tonnelier.*

Acceptant des commandes de tous côtés et à tous prix, César Baglione travaillait si vite qu'il acquit promptement une fortune considérable. Jovial et bon vivant, grand hâbleur, grand buveur, il s'accommodait d'ailleurs de toutes les sociétés et se pliait à tous les caprices de ses clients, tenant d'ordinaire les gens en joie par ses facéties et ses chansons, et ne demandant à ses hôtes, pour peindre de belles fresques, que du bon vin « pour faire de bonnes couleurs ». Les Carrache, Cremonini, Fontana, qui l'employèrent souvent, se divertissaient à ses contes. Quand il arriva à Parme, appelé par le duc pour décorer une salle de son palais, Baglione, suivant son habitude, passa les premiers jours à chanter, jouer de la flûte, à plaisanter devant les murailles nues, ne cessant de railler les peintres du pays qui travaillaient dans les salles voisines, les traitant de nigauds, parce qu'ils faisaient d'abord des esquisses, puis des cartons qu'ils mettaient au carreau, et qu'ils peignaient ensuite la fresque par morceaux. Quant à lui, il se vantait de pouvoir, quant il lui plairait, sans tant d'affaires, dessiner du premier jet sur la chaux fraîche sa composition avec un clou, et la peindre séance tenante.

Les confrères prirent le Bolonais pour un fou; on rapporta l'histoire au duc de l'arme, qui appela Baglione et lui demanda sévèrement si, oui ou non, il s'apprêtait à décorer sa salle. Baglione répondit que son plus cher désir était d'être agréable à Son Altesse, qu'il le lui prouverait le lendemain en lui montrant l'une des parois achevées; et, comme les autres peintres riaient de sa vantardise, il ajouta qu'il consentait à être honteusement banni de la cour, si l'engagement n'était pas tenu. Le lendemain, quand le duc se présenta, il trouva en effet avec surprise l'une des murailles peinte en trompe-l'œil et représentant un rideau de théâtre avec ses plis, ses galons et ses franges qu'un valet soulève pour l'attacher à un grand clou. Du valet comique on ne voyait que la tête et les mains; mais ce morceau était si vivement enlevé qu'on y sentait la touche d'un maître. Pour que le duc prît mieux la plaisanterie, Baglione s'empressa de lui annoncer en souriant que la toile ne tarderait pas à se lever, et que Son Altesse assisterait alors à la belle comédie qui se préparait là derrière. En huit jours, la salle entière fut décorée. Le duc ravi retint Baglione à Parme et le nomma son peintre ordinaire avec une pension mensuelle de 10 écus. Il va sans dire que, dans l'espace de quelques années, le palais fut repeint jusque dans ses coins les plus obscurs et de la cave jusqu'au grenier. Parmi les compositions bizarres dont l'infatigable et capricieux fresquiste décora les moins nobles parties de l'édifice, on admirait surtout, dans les offices, un homme renversant un sac de noix; dans la boulangerie, le combat d'un mitron porteur de pains avec un singe affamé qui le voulait piller; dans la buanderie, l'effroi d'une bande de lavandières surprises dans la campagne par un orage qui disperse les linges étendus, renverse les paquets, soulève les jupons, emporte les bonnets. Malvasia met encore sur le compte de Baglione un grand nombre d'aventures plaisantes, qui en font un personnage original, d'une bonhomie bouffonne et naïve.

Les contemporains de Baglione n'ont pu dresser eux-mêmes le catalogue complet des peintures que cet étonnant praticien exécuta à Bologne, à Parme ou dans les villes environnantes. Il n'est presque pas d'église ni de palais où il n'ait mis la main. Dans ses vastes compositions décoratives, la figure humaine n'apparaît ordinairement que comme un accessoire; néanmoins à San Giacomo Maggiore il peignit un certain nombre de saints de grandeur naturelle, dont la tournure fière et le style magnifique rappelaient les figures de Pordenone, son maître préféré. Parmi les édifices où il put donner libre cours à l'abondance de sa verve, on citait les palais Magnani, Lupari, Marchesini, Zambeccari, Favi, Paleotti, Bevilacqua, Marescalchi dont il couvrit les murs d'étonnantes fantaisies, mêlant ingénieusement, suivant la destination du lieu et la qualité des propriétaires, les rêveries pittoresques et les souvenirs de l'antique, les scènes rustiques et les épisodes burlesques. La richesse de ses compositions, d'ailleurs trop souvent blafardes et d'une harmonie un peu fade, faisait oublier ce qui leur pouvait manquer en vigueur du côté de l'exécution définitive. On croit que Baglione mourut en 1590 à Parme, où il avait fait ses plus grands travaux. Parmi ses élèves, on cite le Dentone, Spada, Pisanelli, Giovanni Storali et quelques autres fresquistes habiles, qui étaient entrés tout enfants dans l'atelier de Baglione pour broyer ses couleurs et nettoyer ses pinceaux.

Les ouvrages de César Baglione sont presque tous des décorations murales. On ne doit pas s'étonner de ne trouver, dans les galeries publiques, qu'un très petit nombre de tableaux ou dessins qui lui sont attribués. Le Louvre ne possède rien de ce peintre.

A Bologne, le dernier guide ne signale que les peintures latérales d'une chapelle de San Giacomo Maggiore; mais il reste encore beaucoup d'autres morceaux de Baglione dans les divers palais désignés par Malvasia.

EMILIO SAVONANZI

NÉ LE 18 JUILLET 1573; MORT EN 1660.

Emilio Savonanzi, d'une famille noble et riche de Bologne, fut élevé dans le luxe par son père Alberto, directeur des postes pontificales, qui, à force de mener grand train et de rivaliser de prodigalité avec ses frères, finit par se ruiner complétement. Destiné à l'état militaire, le jeune Emilio, rompu de bonne heure à tous les exercices du corps et de l'esprit, passa bientôt pour un type accompli du gentilhomme tel qu'on le comprenait au xvi° siècle. Grand liseur, beau causeur, habile dessinateur, il était en outre de première force à l'équitation, à la nage, à l'escrime; vers l'âge de vingt-six ans, sa vocation de peintre prit pourtant le dessus, c'est alors qu'il quitta la milice.

Les premières leçons qu'il avait reçues de Cremonini à Bologne, lui laissèrent toujours le goût des compositions abondantes, claires, faciles; mais, avant de travailler sous son nom, il parcourut en vrai dilettante presque tous les ateliers célèbres de ses compatriotes. La station qu'il fit d'abord chez Denis Calvart ne fut pas de longue durée. Le Flamand irascible ne tenait point à trouver chaque jour à ses côtés un bretteur de cette force, qui n'eût pas manqué de lui casser la tête au premier éclat de son humeur hargneuse; il éconduisit doucement et assez vite Savonanzi, qui résolut d'étudier plus sérieusement chez Louis Carrache. De là, Savonanzi s'en alla chez le Guerchin à Cento et chez le Guide à Bologne, où il compléta décidément ses études et acquit un talent réel, qui rappelle à la fois par sa vigueur le premier de ces maîtres, et le second par sa grâce délicate. Le Guerchin, accablé de commandes, ne se fit pas faute de renvoyer les moins importantes à Savonanzi; c'est ainsi que l'élève peignit, au lieu et place du maître, dans l'église de Saint-Joseph, la *Mort de ce saint*, qui est restée une de ses meilleures œuvres, et qu'il fit la *Vierge des Douleurs* à San Barbaziano. Le Guide éprouvait aussi une vive affection pour ce beau et brillant jeune homme, qu'il prit plusieurs fois pour modèle de ses Bacchus et de ses David. L'illustre maître, dit Malvasia, se prenait souvent à regretter qu'Emilio Savonanzi ne fût pas un pauvre diable du pauvre peuple, qu'il eût pu prendre à ses gages comme modèle ordinaire et faire déshabiller à son caprice, tant il le trouvait beau avec sa figure ardente et fine, sa magnifique chevelure noire; il répétait à qui voulait l'entendre qu'il n'avait jamais vu, même dans les statues les plus parfaites, de torse si délicatement modelé; mais il obtint à grand'peine du jeune gentilhomme qu'il se dépouillât deux ou trois fois de ses vêtements pour poser dans son atelier. Savonanzi s'était adonné aussi, pendant quelque temps, à l'étude de la sculpture chez Algardi, avec l'entrain qu'il apportait dans toutes ses entreprises, mais il revint, en définitive, à la peinture qu'il pratiqua, nous l'avons dit, avec une véritable habileté.

Ses ouvrages, cela va sans dire, sont d'une valeur très inégale, comme le peuvent être les ouvrages d'un homme d'esprit qui, travaillant d'abord à ses heures et par plaisir, conserva toujours, même dans l'extrême pauvreté, des habitudes d'insouciante prodigalité et de capricieuse indépendance, peu compatibles avec le développement régulier d'un talent sérieux. Lui-même ne faisait point difficulté de dire en riant qu'il était le peintre aux trois pinceaux, le bon, le médiocre, le détestable; l'amateur qui se présentait était libre de choisir; Savonanzi lui en donnait pour son argent. Au besoin, il imitait, à s'y méprendre, son maître Guido Reni. La plupart de ses tableaux se trouvent, non pas à Bologne où il séjourna d'abord, mais dans la Marche d'Ancône où le fixa quelques années un premier mariage avec Girolama Cirinalda, et à Camerino où il rencontra ensuite la belle personne qui devint sa seconde femme, Caterina Parentucci. C'est dans cette petite ville qu'il passa la fin de sa vie, répandant de tous côtés ses peintures dans les églises et les châteaux des environs, distribuant sans compter tout ce qu'il gagnait aux pauvres, aux orphelins, aux misérables, et attirant autour de lui, jusqu'à son dernier jour, une société choisie par le charme de sa conversation érudite et spirituelle. Dans la cathédrale de Camerino, il peignit à fresque, autour du chœur, l'*Histoire de la Vierge* en sept compartiments, la *Passion du Christ* divisée de même en sept parties, dans la chapelle de la Croix, et la *Délivrance de saint Pierre* à la voûte de la chapelle San Ansovino. L'église de Saint-Philippe, dans la même ville, contenait son chef-d'œuvre, le *Mariage de sainte Catherine*, et on citait encore, aux environs, à Matelica, son *Saint Philippe*, dans la Chiesa Nuova; à Pérouse, un très beau tableau chez les Balducci, la *Visite des anges chez Abraham et Sara;* à Fabbriano, un nombre considérable de toiles dans les églises et les palais.

A l'âge de quatre-vingts ans, il avait entrepris un tableau de 13 pieds de haut, mais il mourut, six ans après, sans avoir pu l'achever, et ne laissant d'autre héritage à sa famille qu'une réputation intacte d'honneur, de générosité et de piété. Malvasia raconte qu'à son lit de mort, Savonanzi voyant sa famille préoccupée du sort de sa fille, déjà grande et en âge de mari, appela la jeune fille et lui demanda si elle désirait l'accom-

pagner, ajoutant que, dans ce cas, il prierait instamment Dieu, dès qu'il serait près de lui, d'exaucer ce
désir. La jeune fille fut si émue de cette scène qu'elle mourut trois jours après son père.

Bologne. A San Giuseppe se trouve encore la *Mort de saint Joseph*, dont il est parlé ci-dessus. — Le Guide de 1826 signale au *Corpus Domini* une *Vierge au pied de la croix entourée d'anges*.

Florence. Dans la galerie des Uffizi, on conserve un petit tableau de Savonanzi, la *Sainte Famille*.

ALESSANDRO TIARINI

NÉ EN 1577; MORT EN 1668.

Après la mort de Prospero Fontana, son premier maître, qui l'avait admis tout enfant dans sa familiarité,
Alessandro Tiarini entra, à l'âge de seize ans, dans l'atelier de Bartolomeo Cesi. On raconte que l'Albane,
ayant pris l'adolescent en amitié, l'emmenait souvent faire avec lui des études d'après nature, en particulier
dans une boulangerie où le peintre allait la nuit voir travailler les garçons boulangers à demi nus, et où il
avait obtenu du patron la permission de dessiner, pendant qu'on pétrissait et qu'on enfournait, d'après ces
modèles sans apprêt qui lui fournissaient, par leurs occupations mêmes, un nombre infini d'attitudes, de
mouvements, d'expressions, rendus plus saillants par l'étrange lumière des lampes et des brasiers. A la suite
d'une querelle avec un voisin brutal qui avait insulté une de ses parentes, querelle qui dégénéra en une rixe
où les pistolets entrèrent en jeu, Tiarini s'échappa un matin de Bologne, à pied, sans argent, et se rendit à
tout hasard à Florence. Là il trouva d'abord de l'occupation dans la boutique d'un fabricant de portraits, d'où
il fut tiré par Passignano, qui se l'attacha et en fit son collaborateur le plus assidu et le plus dévoué pendant
sept ans. Malvasia assure que Tiarini, pendant son séjour à Florence, aida aussi Poccetti dans ses innombrables
travaux, et qu'on reconnaît sa main dans trois compartiments au moins des fresques du cloître de Saint-Marc.
Plusieurs villes de Toscane reçurent alors la visite du jeune peintre, qui fit des fresques et des tableaux à Pise,
à Pescia, à Borgo di Buggiano.

C'est alors que Louis Carrache, frappé du grand talent de son compatriote, lui écrivit pour le supplier de
revenir se fixer à Bologne. Tiarini se rendit au désir d'un homme qu'il admirait et respectait, et, le jour même
de son entrée à l'Académie, se vit, grâce à l'influence de Louis, nommé syndic de la compagnie. Cependant
le premier tableau qu'il exposa à Bologne, une *Sainte Barbe*, destinée à la cathédrale San Petronio, lui valut
de nombreuses et vives critiques de la part des adeptes de la nouvelle école, qui ne manquèrent pas de reprocher à Tiarini la mollesse de son dessin, la faiblesse de son coloris, les négligences de sa perspective, défauts
communs alors à toute l'école florentine. Tiarini, peintre laborieux, réfléchi et modeste, fit son profit de ces
critiques dans ce qu'elles pouvaient avoir de fondé et ne tarda pas à se mettre en possession d'un style plus
ferme et d'une exécution plus riche. Le grand tableau du *Miracle de saint Dominique* dans l'église
dédiée à ce saint réunit les suffrages de tous ses confrères, autant par la beauté du sentiment que par l'originalité de la composition : Louis Carrache déclara qu'il ne connaissait aucun peintre en Italie capable de faire
mieux à l'heure présente. Une *Présentation au Temple*, placée dans le chœur de l'église des Servites,
acheva d'établir la réputation de Tiarini, qui vit bientôt ce tableau désigné aux étrangers comme un des
chefs-d'œuvre dont Bologne se pourrait enorgueillir. Malvasia ajoute que ce tableau était surtout admiré des
artistes et des amateurs français, et il cite, parmi ceux qui le vinrent étudier, Simon Vouet, Mignard et Coypel.

La rapidité et le soin que Tiarini apportait dans l'exécution de tous ses travaux lui valurent bientôt d'innombrables commandes, en même temps que son caractère loyal, son humeur égale, sa conversation sérieuse
et nourrie lui assuraient des amitiés dévouées parmi les grands seigneurs autant que parmi ses confrères.
Appelé tour à tour à Modène et à Crémone pour y faire des tableaux d'église, à Ferrare et à Mantoue pour y
peindre des portraits, à Parme pour y décorer la coupole de Saint-Alexandre et quelques salles du palais
Ducal, à Reggio pour y faire des fresques dans l'église de la Madone, il se fixa quelques années dans cette
dernière ville. Pendant ce temps l'Académie, très-fréquentée, qu'il avait organisée à Bologne, était dirigée par

son gendre Carbone. Lorsque Tiarini revint dans sa ville natale, il avait déjà amassé une fortune considérable, qui lui permit d'établir honorablement ses cinq enfants et d'installer lui-même sa maison sur un pied vraiment princier. La richesse ne ralentit pas d'ailleurs son activité ; on n'estime pas à moins de deux cents le nombre des tableaux importants qui sortirent de son atelier pour décorer les églises ou les palais de Bologne et des villes environnantes.

Ce qui distingue, en général, les œuvres de Tiarini, c'est l'originalité souvent hardie de la composition, jointe à une grande franchise d'expression. Bien qu'il tienne aux Carraches par plus d'un côté, il conserva toujours, grâce à sa première éducation florentine et à ses habitudes de réflexion indépendante, une personnalité incontestable. La gravité de son esprit naturellement porté à la mélancolie se retrouve dans les attitudes nobles et sévères de ses figures, qui ne sont pas sans quelque ressemblance avec celles de notre Lesueur, dans leurs mouvements toujours dignes et mesurés, dans leurs vêtements toujours simples et modestes, dont les plis peu nombreux, mais d'un grand style, excitaient l'admiration du Guide. Proscrivant les effets de couleur trop vifs et trop brillants, Tiarini se contentait volontiers des nuances tendres et cendrées ; il employait certains tons verdâtres et jaunâtres, mêlés de rose, qui le font aisément reconnaître. Sa peinture était d'ailleurs solide et bien fondue, et d'une harmonie calme qui repose très-agréablement la vue. Lorsqu'il avait à choisir lui-même ses sujets, il les préférait doux et pathétiques, et réussissait principalement dans les Madones, les sainte Madeleine, les saint Pierre ; une de ses vierges, présentée au duc de Mantoue, lui fit venir les larmes aux yeux. Très-habile d'ailleurs dans toutes les pratiques de son art et accoutumé de bonne heure à se jouer de toutes les difficultés techniques, Tiarini sut renouveler tous les sujets qui lui furent donnés, quels qu'ils fussent. Chargé de faire à Saint-Benoît une *Vierge de douleur*, il la représenta assise entre saint Jean et sainte Madeleine, l'un debout, l'autre agenouillée, tous trois contemplant en pleurs la couronne d'épines. A Sainte-Marie-Majeure, où on lui avait commandé un saint Jean et un saint Jérôme qui devaient être sur la même toile, il figura une apparition de saint Jean au saint docteur encore sur la terre. En somme, c'est, après les Carraches, un des meilleurs peintres de l'Italie à cette époque.

Alessandro Tiarini vécut jusqu'à l'âge de quatre-vingt-onze ans ; mais les productions de sa vieillesse sont très-inférieures à celles de son âge mûr. Lui-même eut à la fin conscience de l'affaiblissement de ses facultés et se décida à ne plus peindre. Il fit, de ses pinceaux et de sa palette, un paquet qu'il fit remettre en don à Andrea Mirail, et se consacrant, à partir de ce jour, à des exercices de piété, il se prépara à bien mourir. Frappé de cécité, il supporta cette dernière épreuve avec une admirable résignation et s'éteignit, sans avoir perdu un instant connaissance, le 8 février 1668.

Paris. Le Louvre possède un beau tableau de Tiarini, *le Repentir de saint Joseph*, gravé par Landon, et douze dessins du même maître.

Bologne. La Pinacothèque est très-riche en toiles de Tiarini. Les plus importantes sont une *Déposition de la Croix*, provenant du collége Montalto, un *Spozalizio de sainte Catherine*, autrefois chez les religieuses de Sainte-Agnès, une *Sainte Catherine de Sienne en extase*, autrefois dans l'église Sainte-Madeleine in Galliera, un *Saint Jean-Baptiste reprochant à Hérode sa vie incestueuse*, une *Vierge entre saint Charles Borromée, l'apôtre saint Matthieu et le bienheureux Ranieri de Pise*, *Saint Laurent*, *Saint Georges*, *Saint Bruno dans le désert*, etc., etc...

Dans la même ville on trouve encore, à la cathédrale, une *Sainte Barbe*, œuvre de la jeunesse de Tiarini, une *sainte Françoise romaine* : à Saint-Dominique le fameux *Miracle de saint Dominique* dont il a été parlé ci-dessus ; à San Bartolomeo, un *Saint Antoine de Padoue* (daté de 1637) : à San Martino Maggiore, plusieurs *Saints* : à Saint-François, plusieurs des peintures à fresque sous le portique ; à San Salvatore, une *Nativité* qu'on regarde comme l'un des chefs-d'œuvre du maître ; à San Stephano, un *Miracle de saint Martin* ; à Santa Maria dei Servi, *Notre-Dame de Mondovi et plusieurs Saints*, et *saint Joachim et sainte Anne* ; sur la grande porte. *la Nativité de la Vierge*, fresque peinte, dit-on, par Tiarini à l'âge de quatre-vingt-dix ans ; à San Michele in Bosco, parmi les peintures du fameux cloître des Carraches, la légende du *moine désobéissant*, et dans une des chapelles la *Mort de saint Charles*, et plusieurs peintures murales ; dans l'église des saints Joseph et Ignace, hors de la porte Castiglione, un *Saint Joseph présentant l'enfant Jésus à Dieu le Père* ; dans l'oratoire de Saint-Roch un tableau d'autel ; dans l'église de Saint-Georges hors de la porte San Felice, une *Fuite en Egypte* ; à Sainte-Marie Majeure, hors de la porte in Galliera, une *Notre-Dame du Rosaire avec quinze mystères*, peinture très-intéressante ; à San Benedetto. *la Vierge et sainte Madeleine pleurant le Sauveur* : à l'église des saints Vital et Agricola, le *Repos de la sainte Famille*, oile excellente : à l'église dei Mendicanti, *San Eligio* et quelques autres tableaux moins importants.

Florence. Au musée Pitti, *Adam et Eve pleurant sur le cadavre d'Abel* : au musée des Offices le *portrait* de Tiarini peint par lui-même, et la *Sainte Vierge enveloppant l'enfant Jésus dans un lange tenu par un ange.*

LIONELLO SPADA

NÉ EN 1576; MORT EN 1622.

Lionello Spada, sorti de la condition la plus humble, eut à lutter longtemps contre une affreuse misère. Les Carraches recueillirent par pitié le petit faubourien déguenillé et spirituel dont les lazzi insolents et les vives répliques excitaient les rires de l'atelier, et l'employèrent d'abord à broyer leurs couleurs ; des besognes du même genre lui furent aussi confiées par César Baglione et par le Dentone. Lionello joignit parfois à ces métiers celui de sonneur de cloches, jusqu'à ce qu'il sût assez dessiner pour aider le Dentone dans ses mises au carreau et gagner ainsi son pain quotidien. Dès qu'il put à son aise se livrer à l'étude de la peinture, il y fit en peu de temps de tels progrès, et montra, dans les genres les plus différents, une telle dextérité, qu'il passa bientôt pour un des maîtres de Bologne.

Ses premiers essais furent des peintures décoratives, architectures feintes, ornements en camaïeu, figures en trompe-l'œil, à l'extérieur ou à l'intérieur de quelques maisons ou chapelles de la ville. Le succès qu'il obtint lui permit de changer sa manière de vivre, de vêtir des habits décents, de fréquenter une meilleure compagnie ; il en profita aussi pour compléter son instruction d'artiste et pour s'essayer enfin dans la peinture à l'huile. Le réfectoire du collège Montalto reçut une de ses premières compositions, la *Bénédiction de Melchisédech*, ouvrage inégal et incomplet, mais qui annonçait pourtant un grand talent. Le Guide, examinant ce tableau, déclara en riant que Lionello ne serait jamais bon qu'à peindre des murs. Spada, irrité, jura qu'il surpasserait un jour le railleur, dont il ferait bien pâlir, à son tour, les toiles fades et maniérées, et, désireux de connaître le Caravage, dont la manière énergique l'avait séduit, il saisit la première occasion qui se présenta d'aller à Rome. Caravage accueillit chaudement son admirateur, chez lequel il retrouvait ses humeurs fantasques et ses mœurs déréglées, et mit tout d'abord à l'épreuve son dévouement en le prenant pour modèle, souvent dans les poses les plus fatigantes. Ces exigences ne laissèrent pas de refroidir à la longue l'enthousiasme du jeune homme, moins ravi d'ailleurs qu'il n'avait espéré par le caractère énergique, mais trop souvent grossier, répugnant et trivial des ouvrages de son protecteur. Cependant, poussé par le désir de changer d'air, de voir du pays et d'amasser quelque bien, Spada consentit à accompagner Caravage à Naples d'abord, et ensuite à Malte, où ils eurent tous les deux maille à partir avec la justice, le maître parce qu'il s'était colleté avec un sbire, l'élève parce qu'il avait tenté d'enlever à un seigneur du lieu une belle esclave moresque dont il s'était amouraché.

Obligé de revenir dans sa ville natale, Lionello Spada y rentra en vainqueur, vêtu comme un gentilhomme, l'épée au côté, la plume au vent, chargé de colliers, de croix et de bijoux qu'il racontait avoir reçus en récompense, non-seulement de ses hauts faits de peinture, mais encore de ses prouesses de guerrier ; car, ayant accompagné le commandeur de l'ordre de Malte dans une chasse aux corsaires, il était le premier, disait-il, monté à l'abordage d'un vaisseau turc. Ses manières insolentes lui attirèrent les quolibets et la haine de presque tous ses confrères, qui l'appelaient « le singe de Caravage, » tout en reconnaissant les qualités solides et éclatantes qu'il avait acquises dans cette fréquentation. Alessandro Tiarini, dont le jugement sûr et prudent faisait autorité à Bologne, salua hautement comme un maître l'ancien broyeur de couleurs, qui devint bientôt en effet son rival le plus acharné. Tous deux, plus d'une fois, saisirent ou firent naître l'occasion de se mesurer face à face sur les murailles du même palais, de la même chapelle ; et, dans tous ces combats, si la supériorité du goût, de la délicatesse, de l'expression, demeura du côté de Tiarini, l'avantage parut être du côté de Spada pour tout ce qui est force de l'imagination, éclat de la couleur, vigueur de l'exécution. La preuve en fut faite d'abord à Saint-Dominique, dans la chapelle du saint, lorsqu'en regard de la *Résurrection de l'Enfant*, par Tiarini, Lionello Spada eut à peindre, en deux mois, pour deux cents écus, dans un endroit mal éclairé, son grand tableau de *Saint Dominique brûlant les livres des hérétiques*,

dont la composition riche et vivante, la coloration chaude et hardie, les reliefs vigoureux, lui valurent tous
les suffrages. A San-Michele in Bosco, Spada se trouva encore en lutte non-seulement avec Tiarini, mais avec
Cavedone, Massari, Brizio et beaucoup d'autres, et il prouva qu'il ne leur cédait en rien. C'est là qu'il se
représenta lui même, dans le *Martyre de sainte Cécile*, en bourreau demi-nu qui, las d'attiser les flammes
qui n'atteignent pas la sainte, s'assied à l'écart, la tête sur la main; c'est là aussi qu'il peignit dans
un *Miracle de saint Benoît*, comme personnage épisodique, un tailleur de pierres en train de tailler une
colonne, qui devint bientôt une des figures d'études les plus fréquemment reproduites par les jeunes peintres
des académies bolonaises, sous le nom célèbres du « Scarpellino de Spada ».

Les succès qu'il obtint comme peintre d'histoire n'empêchèrent pas Spada de se perfectionner aussi
dans cet art libre et charmant de la grande décoration qu'il avait appris autrefois chez Baglione et chez
Curti, dit le Dentone. C'est surtout comme peintre ornemaniste qu'il fut appelé, à diverses reprises, à Parme,
à Modène, à Reggio, où il s'installa pendant quelques années et ouvrit un atelier d'élèves. Malvasia donne
la liste complète des morceaux importants et nombreux qu'il acheva dans cette ville, et principalement
dans l'église de la Vierge, où l'on remarque surtout les figures de Saints, de Juges, de Prophètes, de Vertus
dont il orna les tympans de la coupole. Le duc de Parme, Ranuccio, enchanté des premiers travaux que
Spada avait autrefois exécutés dans son palais, décida enfin le peintre à se fixer à sa cour en lui assurant
une pension qu'il ne cessa d'augmenter par des cadeaux continuels. Spada fit là son chef-d'œuvre en
décorant ce fameux théâtre Farnèse, une des merveilles de l'art italien; mais bientôt, ébloui par la faveur
dont il était l'objet, il s'abandonna complétement à la paresse, et, se livrant sans réserve à tous les entraînements de sa nature vaniteuse et arrogante, vécut en courtisan et non plus en artiste. Quand Ranuccio, son
protecteur, mourut subitement d'une attaque d'apoplexie, Spada se trouva réduit à la misère, ayant perdu
l'habitude du travail, en butte à l'explosion des rancunes et des haines de tous ceux qu'il avait traités de
haut durant sa bonne fortune. Forcé par la nécessité de se remettre à l'ouvrage, il ne reprit ses pinceaux
qu'avec dégoût, et ne fit plus que des ouvrages languissants, tout à fait indignes de sa réputation. Il ne traîna
pas d'ailleurs longtemps dans cet isolement et cette misère qu'il s'était si maladroitement préparés, et
mourut à Parme le 17 mai 1622, à peine âgé de quarante-six ans.

Lionello Spada apportait certainement, dans le choix de ses modèles et dans l'interprétation de la nature,
plus de goût et de prudence que son maître Caravage; néanmoins il confond comme lui bien souvent la brutalité avec la force, et prend l'expression violente pour l'expression profonde. Ce qui distingue ses ouvrages
c'est une originalité hardie, qui ne recule pas devant l'étrangeté et qui rappelle, dit Lanzi, le caractère de
l'homme qui ravissait les gens par ses saillies et les rebutait par son arrogance. Ses tableaux de chevalet, assez
nombreux dans les galeries publiques et privées, sont en général composés de figures à mi-corps, comme ceux
de Caravage et du Guerchin. Les têtes y sont expressives, mais d'un choix médiocre. Les sujets qu'il traitait
le plus volontiers étaient les sujets violents, prêtant aux attitudes hardies, aux effets tranchés, aux fortes
saillies, tels que les *David* vainqueurs, les *Judith* et les *Décollation de saint Jean-Baptiste*. Son séjour à
Parme, qui le mit en contact avec les chefs-d'œuvre du Corrége et du Parmesan, adoucit un peu son style,
qui alors se rapprocha du goût de ce dernier maître, en conservant toujours les traces de l'enseignement
dû aux Carraches. Lanzi a cité, comme les meilleurs spécimens de cette seconde manière, une *Tentation
de Susanne* et un *Enfant prodigue*, qui se trouvaient à la fin du xviii° siècle dans la galerie du duc de
Modène, un *Martyre de sainte* dans l'église du Saint-Sépulcre de Parme, et un *Saint Jérôme* au couvent des
Carmélites, dans la même ville. Spada signo souvent ses tableaux avec une épée (*Spada*) et une L placée en croix.

Paris. Le musée du Louvre possède quatre tableaux de
Lionello Spada :

N° 407. — *Le Retour de l'Enfant prodigue.* Couvert de
haillons, presque nu, l'enfant prodigue, appuyé sur son
bâton, se présente à son père, qui le couvre de son manteau et lui pardonne. Ce tableau a été gravé par Fossoyeur
et par Morel.

N° 408. — *Le Martyre de saint Christophe.* Ce saint,
d'une taille gigantesque, est agenouillé, les bras liés sur
le dos par une corde que tient un bourreau. Un autre
bourreau, coiffé d'une toque à plumes, tire l'épée. Un
soldat assiste au supplice. Dans les airs un ange apporte
au saint la palme du martyre. On lit au bas du tableau :
DECOLLATIO SANCTI CRISTOPHORI, et l'on voit au-dessous le

monogramme que nous avons signalé, une L traversée par une épée.

N° 409. *Enée et Anchise.* — Énée, accompagné d'Ascagne, emporte sur ses épaules son père Anchise. Le vieillard reçoit de Créüse les dieux pénates, sauvés de l'incendie de Troie. — Ce tableau, acheté à Rome par le maréchal de Créqui en 1634, passa quelques années plus tard dans les mains du cardinal de Richelieu, qui le laissa en mourant à Louis XIII, comme un ouvrage précieux de Louis Carrache. A cette époque, ajoute M. Villot, à qui nous empruntons ces détails, on reconnut qu'il ne pouvait pas être de ce maître, et on l'attribua pendant plus d'un siècle au Dominiquin. *Enée et Anchise* a été gravé par Gérard Audran et par Outkine.

N° 410. — *Le Concert.* — Quatre jeunes gens, réunis autour d'une table, se préparent à exécuter un morceau de musique. — Ce tableau, qui provient de la collection de Louis XIV, avait été acheté par Jabach à la vente de M. de Noguet en même temps que la *Sainte Cécile* du Dominiquin et attribué au même maître, sous le nom duquel il a été gravé successivement par Étienne Picart, Chauveau et Morel.

Cinq dessins de la collection du Louvre sont aussi attribués à Lionello Spada.

Bologne. — On trouve encore dans divers monuments de cette ville des morceaux intéressants de ces peintures décoratives qui firent la première réputation de Spada, par exemple dans l'escalier de l'ancien Archi-Ginnasio; devenu Bibliothèque communale, des ornements en trompe-l'œil, et des figures imitant le relief sculptural avec une vérité surprenante.

L'église Saint-Dominique a conservé le fameux *Saint Dominique faisant brûler les livres*, dont il a été parlé ci-dessus, ainsi qu'un *Saint Jérôme*, placé dans la sacristie. Quant aux fresques de Spada dans le cloître des Carraches à San Michele in Bosco, *Sainte Cécile dans les flammes* et la *Tentation de saint Benoît*, elles ont, comme toutes les autres, singulièrement souffert des injures du temps, et sont aujourd'hui dans un état déplorable. La Pinacothèque de la même ville a recueilli le *Melchisédech donnant la bénédiction à Abraham victorieux*, qui avait été faite pour une des salles du collège Montalto.

Florence. — Le portrait de Spada peint par lui-même se trouve aux Offices dans la galerie spéciale où sont réunis les portraits d'artistes.

GIACOMO SEMENTI ou SEMENZA

NÉ EN 1580; MORT EN .....

Giacomo Sementi reçut ses premières leçons de Denis Calvart; mais il ne tarda pas à entrer à l'école du Guide, dont il devint bientôt l'élève préféré. Son maître le fit attacher au service du cardinal de Savoie, qui l'emmena à Rome, où il exécuta de nombreuses peintures dans le goût du Guide, dont il imitait également bien tantôt la première, tantôt la seconde manière. Fresquiste habile et dessinateur soigneux, il décora la lanterne de la coupole à San Carlo a gli Catinari, et fit pour l'église d'Ara Cœli un tableau de la *Vierge entre saint Grégoire et saint François* qui assura sa réputation. Le cardinal Maurice de Savoie eut, dit Malvasia, la fantaisie de faire concourir Sementi avec son compagnon d'études, Gessi, pour l'exécution d'un tableau dont il lui avait donné le sujet; les juges de ce concours déclarèrent que le talent de Sementi était plus correct et plus savant, mais que celui de Gessi était plus abondant et plus résolu. Sementi, qui paraît avoir été toujours d'une santé très-délicate, mourut, encore jeune, à Rome où il s'était marié.

Le musée du Louvre ne possède rien de la main de Sementi.

A Bologne, la Pinacothèque conserve trois tableaux de ce peintre : 1° *Le Rédempteur sur la croix entre saint Sébastien, saint François et l'archange Michel,* 2° le *Martyre de sainte Eugénie,* 3° le *Martyre de sainte Catherine,* et on montre encore dans l'église de San Martino Maggiore le *Martyre de sainte Ursule* signalé par Malvasia.

GIOVANNI FRANCESCO GESSI

NÉ EN 1588; MORT EN 1624.

Francesco Gessi fut d'abord élève de Calvart, qui le mit à la porte de sa maison pour quelque méchant tour d'écolier; après quoi il entra chez Cremonini, qui ne crut pouvoir rien faire non plus de ce polisson capricieux et turbulent. Ce fut seulement dans l'école du Guide que le jeune homme prit tout à coup des habitudes de travail, et étonna si bien son maître par ses progrès rapides, qu'il devint bientôt, avec Sementi, son collaborateur habituel dans ses grands travaux de peintures murales, à Ravenne, à Naples, à Mantoue.

Gessi semble d'ailleurs avoir mal récompensé son maître de l'intérêt qu'il lui avait inspiré, et dont le Guide lui donnait des preuves sérieuses en lui cédant les commandes dont il ne pouvait se charger. Lorsqu'ils se séparèrent, Gessi afficha hautement la prétention de surpasser Reni, et, de fait, il fit d'abord deux tableaux importants : l'un à l'église des pauvres, à Bologne, la *Procession de saint Charles à Milan;* l'autre à l'église de San Vitale, à Ravenne, représentant le *Martyre du Saint,* qui attirèrent sur lui l'attention par le singulier bonheur avec lequel le disciple s'était assimilé quelques-unes des qualités du maître, en y ajoutant une certaine franchise d'expression et une solidité d'exécution pittoresque qui manquaient déjà aux derniers ouvrages, fort amollis, du Guide. Mais Gessi eut le malheur d'hériter 13,000 écus de son père ; cet héritage fut pour lui l'occasion de se jeter dans d'absurdes procès de famille, où il laissa son capital et sa tranquillité d'esprit. Endetté, irrité, dépité, il se mit à brosser tableau sur tableau, sans conscience et sans souci, et comme il avait reçu de très-nombreuses commandes à la suite de ses premiers succès, il encombra les églises de Bologne d'œuvres négligées, incorrectes et froides, où la seconde manière du Guide reparaît encore allanguie et efféminée par son pâle imitateur. Les bons tableaux, en petit nombre, qu'il parvint à achever dans le cours de son existence qui paraît avoir été assez orageuse, grâce à un détestable caractère, peuvent être aisément confondus avec des Guido Reni de la seconde manière.

Paris. Deux dessins de la collection du Louvre sont attribués à Francesco Gessi.

Bologne. Parmi les nombreuses peintures de Gessi, encore visibles dans cette ville, on peut citer les fresques décoratives du portique de l'église de Saint-François, où son nom se trouve à côté des noms d'Alessandro Tiarini, Michele Colonna, G. Maria Tamburini ; un *Sauveur* dans l'église de San Salvatore, qu'on a aussi attribué au Guide; à San Giovanni in Monte un *Sauveur appelant à l'apostolat saint Jacques et saint Jean;* à l'église du Grand-Cimetière une *Pêche miraculeuse* et les *Vendeurs chassés du temple;* à Santa Annunziata un tableau de *Saint François en extase,* et quelques fresques dans les voûtes; à Sainte-Catherine une belle toile représentant le *Martyre* de cette sainte ; dans l'oratoire de Saint-Roch, hors de la porte San Isaïa, la *Mort de saint Roch,* peinture à fresque; dans l'église Saint-Nicolas, hors de la porte San Félice, dans celle de Santa Maria della Carita, dans celle des Saints Philippe et Jacques, quelques morceaux moins importants.

La Pinacothèque de la même ville conserve un certain nombre de tableaux de Gessi, parmi lesquels on remarque *Le cardinal saint Bonaventure rendant la vie à un enfant mort-né dans la ville de Lyon,* toile provenant du monastère de Saint-Etienne ; *Saint François recevant les stigmates et s'évanouissant entre les bras de deux anges,* provenant de l'église abbatiale des Saints Nabor et Félix ; *Jésus priant dans le jardin de Gethsémani,* tableau dont le peintre a fait une répétition pour l'église Saint-Pierre de Pérouse.

GUIDO CAGNACCI

NÉ EN 1601; MORT EN 1681.

Guido Cagnacci, né à Castel-Durante près de Rimini, fut un des nombreux élèves de Guido Reni qui s'éprirent du charme un peu efféminé de ses dernières œuvres et ne manquèrent pas d'exagérer les mollesses et les afféteries du maître. C'est ainsi qu'il usa à l'excès des transparences lumineuses dans les carnations, et qu'il donna souvent aux extrémités de ses figures une petitesse affectée tout à fait hors de proportion avec l'ensemble; néanmoins il faut reconnaître qu'il eut souvent beaucoup de noblesse délicate dans les airs et les expressions de ses têtes, et qu'il se servit habilement des effets de clair-obscur. Son talent, très-apprécié par les étrangers qui s'arrêtaient à Bologne, lui valut l'honneur d'être appelé à Vienne par l'empereur Léopold, qui le retint à sa cour. Cagnacci mourut en Allemagne, où se trouvent la plupart de ses ouvrages.

Rome. — C'est à l'Académie de Saint-Luc que se voit un des tableaux les plus connus de Guido Cagnacci, *Le Viol de Lucrèce.*

MICHELE COLONNA

NÉ EN 1601; MORT EN 1681.

Comme le Dentone, dont il était le compagnon et l'ami, Angiolo Michele Colonna s'est fait un nom dans l'art du décorateur; mais il a eu, de plus que son camarade, le talent de peindre les figures et les animaux, et il aurait pu être un peintre d'histoire. Cependant il s'attacha particulièrement au genre qui avait illustré son ami, et il fut, pour la perspective, l'élève de Dentone, après avoir été, pour les figures, l'élève de Ferrantini. Nous savons par le biographe Luigi Crespi que Michele Colonna était né en 1604 dans le diocèse de Côme. Il était donc Milanais d'origine ; mais on le place avec raison dans l'école de Bologne, parce que c'est là qu'il avait appris tout ce qu'il savait.

Son talent facile, son aptitude à manier la fresque mieux que tout autre Bolonais, lui permirent d'entreprendre à lui seul et de mener à bien des travaux importants. A Florence, le grand-duc le chargea de peindre une chambre entière de son palais, et il s'en acquitta sans collaborateur, faisant entrer des figures allégoriques dans le cadre des ornements qu'il avait inventés. Il en fit autant à Parme, où il eut à décorer une chapelle de l'église Sant'Alessandro ; mais dans la tribune de cette même église il ne peignit que la décoration proprement dite, qui devait accompagner les figures d'Alessandro Tiarini. Souvent il travaillait de concert avec le Dentone ; mais alors les rôles étaient changés, et Colonna laissait à son maître le soin du décor, se réservant les allégories, les personnages de tout genre, tels que spectateurs appuyés sur les corniches ou accoudés sur une balustrade, et les animaux naturels ou fantastiques. Une chose remarquable chez lui, c'est qu'il savait à merveille accommoder le style de ses ornements à celui des peintres qu'il aidait, et le style de ses figures à celui des décorateurs dont il rehaussait et complétait les inventions, de telle sorte que le tout semblait sorti d'une seule main. Et comme il avait une facilité rare et un entrain prodigieux, c'était à qui l'aurait pour associé. Dentone n'en voulut pas d'autre que Colonna, le préférant même à Bagnacavallo, et lui conservant cette préférence depuis son retour de Rome jusqu'à sa mort.

Quand il eut perdu son ami, Colonna s'adjoignit Agostino Mitelli, dont il sera parlé plus bas, et ensemble ils allèrent en Espagne, où Philippe IV les avait appelés deux fois, déjà, sans avoir pu encore les décider à ce lointain voyage. Ils partirent en 1659, ayant reçu chacun 200 écus pour leurs frais de route. On était convenu de leur payer 125 pièces de huit (*pezze da otto*) par mois, sans compter le logement qu'on leur donna meublé, plus un subside de 10,000 livres pour la dépense matérielle, et une pension mensuelle de 29 pistoles pour leur nourriture. Arrivés à Madrid, ils ne cessèrent d'y être employés à la décoration des palais royaux, où Colonna peignait des personnages de la fable, tels que Phaéton, l'Aurore, la Nuit, pendant que Mitelli vaquait aux architectures feintes. Quand ils en vinrent à une grande salle qui était remplie, dans la moitié supérieure, de tableaux peints par Titien, il reçurent de la part du roi l'ordre, qui leur fut transmis par le fameux Velazquez, de peindre dans la moitié inférieure des tableaux feints qui achèveraient l'ornement de la salle, et Velazquez leur recommandait, dit Malvasia, d'éviter toute disparate entre les tableaux fictifs et les tableaux réels, *allontanandosi dalla dissonanza, che con le storie superiori potesse cagionare la quadratura inferiore, diceva Diego Velasco*.

Colonna se refusa longtemps au travail qu'on lui demandait, d'abord sur ce que sa profession était celle de la *quadratura*, c'est-à-dire de la perspective et de l'architecture feinte, ensuite par le motif qu'il serait bien présomptueux, à lui Colonna, d'oser se mesurer avec un aussi grand maître que le Titien. Éprouvé d'ailleurs par le climat de l'Espagne, l'artiste bolonais n'attendait qu'une occasion de résilier ses engagements envers le roi. Et comme Philippe IV semblait menacer le peintre de confier la décoration de la salle à des artistes espagnols qui n'y auraient pas apporté autant de scrupules ni de modestie, Colonna, loin de s'en plaindre, s'offrit à aider de ses conseils les peintres nationaux. Ces derniers ne connaissaient d'autres procédés que ceux de la peinture à l'huile ; il leur enseigna la détrempe et la manière de composer l'imprimure des surfaces à orner, en s'abstenant des couleurs minérales, du blanc de céruse, des laques et autres substances ennemies de la chaux. Il poussa même la complaisance jusqu'à retoucher leurs premiers essais.

Un jour pourtant, Philippe IV ayant vu le dessin d'une *Pandore* que les décorateurs espagnols se proposaient de peindre dans le milieu de la chambre, dessin qui avait déplu à Velazquez, Philippe IV se porta sur les travaux, fit venir Colonna et lui dit en espagnol : « *Miguel, es menestero che aze la fabula de medio dele Pandora.* » Michel, il est nécessaire que vous fassiez la fable de Pandore dans le milieu. » L'artiste se mit à genoux, et s'excusa de ne pouvoir obéir, disant qu'il n'aurait jamais l'audace d'affronter un voisinage aussi redoutable que celui du grand Titien. Mais le roi ayant réitéré son ordre, Colonna obtint au moins de s'en retourner en Italie, dès qu'il aurait peint la Pandore.

Rapatrié enfin et revenu à Bologne, quelque chagrin qu'il ressentît d'avoir perdu son compagnon, mort en Espagne, Colonna s'estimait heureux du moins d'avoir reconquis sa liberté et d'avoir rompu avec la vie des cours. Il trouva, du reste, un nouveau collaborateur dans la personne de Giacomino Alboresi. Celui-ci, qui avait été l'élève d'Agostino Metelli, pouvait d'autant mieux prendre part aux travaux de Colonna, qu'il était, pour ainsi dire, auprès de lui, le suppléant de son maître. Ensemble, Colonna et Alborasi allèrent à Florence exécuter les décorations importantes dans le palais du marquis Nicolini. Ils peignirent ensuite, mais gratuitement cette fois et pour faire acte de dévotion, la petite chapelle intérieure où reposaient les restes de la bienheureuse Catherine de Bologne. Le sénateur Fibbia leur fit décorer le beau vestibule de son palais, et les pères Servites leur commandèrent une perspective à peindre sous le portique de leur église. Les plus grands ouvrages dus à leur collaboration furent la vaste voûte de l'église des Théatins, à Bologne, peinte en 1667 et le magnifique palais du sénateur Albergati, à Ansola , où ils déployèrent une étonnante richesse d'invention, mêlant aux architectures feintes des figures mythologiques et allégoriques, le Temps, les trois Grâces, Vénus et Adonis, la Fortune, la Renommée et le Génie de l'antique Felsina.

Malvasia, qui était le contemporain de Colonna, cite une lettre écrite de Paris, le 13 janvier 1656, par le chevalier Ascanio Amalteo, s'adressant à Agostino Metelli, lettre dans laquelle nos deux artistes étaient invités à se rendre à Paris, pour y prendre la place que devait laisser bientôt vacante le peintre Romanelli. Cette proposition fut agréée, au moins par Colonna, qui vint à Paris orner de peintures l'hôtel de Lionne, ainsi que nous l'apprend Félibien. Le même auteur dit que le voyage de Colonna eut lieu après celui de Romanelli et de Grimaldi, c'est-à-dire après 1648. De toute façon il est certain que le peintre bolonais vint en France avant d'être appelé en Espagne par Philippe IV, et que, revenu de Madrid à Bologne, il y termina ses jours en 1681, — quelques-uns disent en 1687.

C'est surtout à Bologne qu'il existe encore des décorations d'Angelo Michele Colonna, qui les a exécutées pour la plupart en collaboration avec le Dentone, Agostino Metelli et Giacomino Alboresi.

On voit des perspectives de Colonna dans l'oratorio de San Rocco, dans l'église San Giacomo Maggiore et dans une chapelle de San Michele in Bosco. Les décorations faites par Metelli et Colonna à Santa Maria de'Servi ont été retouchées ou plutôt refaites de nos jours par Santini. Il en existe d'assez bien conservées dans l'église Saint-Paul, et d'autres dans le bel oratoire de l'église dite *dei Vecchi di S. Giuseppe*. On montre encore dans la cathédrale des quadratures exécutées par Colonna en compagnie de Stefano Orlandi, et, dans l'église San Bartolommeo. une voûte peinte en 1667. Un des plus célèbres ouvrages des deux Bolonais, je veux dire de Metelli et de Colonna, est la voûte de la chapelle du Rosaire, qu'ils peignirent gratuitement par dévotion.

Rome. La plus grande salle du palais Spada est ornée, ou du moins était ornée il y a un ou deux siècles, de colonnades feintes et de percés merveilleux, avec figures diversement vêtues, montant et descendant des escaliers en trompe-l'œil.

Parme. Il s'y trouve une voûte peinte par Angelo Michele dans l'église Sant' Alessandro, entre autres peintures de ce maître.

Madrid. Nous avons dit les travaux exécutés dans le palais du Buen Retiro par Colonna et Metelli; on en trouvera la description détaillée dans Malvasia.

GIOVANNI FRANCESCO GRIMALDI

NÉ EN 1606; MORT EN 1680.

Les paysagistes de nos jours qui vivent dans l'intimité de la nature, reçoivent pour ainsi dire ses confidences, trouvent sans doute bien froids et peu intéressants les paysages de Francesco Bolognese, et ils doivent s'étonner de la grande réputation dont ce peintre a joui en son temps. A vrai dire, rien ne ressemble moins à notre manière de comprendre et de sentir la nature que les œuvres de Grimaldi, qui furent uniquement destinées à la décoration des grands appartements, à l'ornement des trumeaux, des plafonds, des escaliers et des galeries. Élevé à Bologne, sa ville natale, dans l'école des Carrache, dont il était le parent, Francesco avait appris à fond tout ce qui s'apprend. Il était nanti de ce savoir académique particulier à l'École bolonaise, de ce savoir qui ne fait pas les peintres excellents, mais qui empêche qu'on ne soit un mauvais peintre.

Malvasia, qui a consacré un gros ouvrage aux artistes, parle fort peu de Grimaldi et il ne donne pas la date de sa naissance; mais nous savons d'autre part que Giovanni Francesco, ou, selon l'élision italienne, Gio Francesco, naquit en 1606. Bien qu'il soit connu principalement comme paysagiste, il peignait bien la figure et il était capable de faire un portrait, car on ne sortait pas de l'académie des Carrache sans avoir toutes les connaissances que comporte l'art, ou, pour dire mieux, la profession du peintre. Annibal Carrache, grand décorateur, avait renouvelé le paysage, il l'avait conçu moins âpre que celui de Paul Bril, et revêtu de teintes moins crues. Mais ce furent ses deux élèves Grimaldi et Viola qui humanisèrent cette partie de la peinture en lui ôtant ce qu'elle avait de sauvage en même temps que de poétique et de fier dans les ouvrages des Flamands et des Hollandais du xvie siècle. L'un et l'autre se rendirent à Rome pour y exercer leurs talents, mais Viola, plus âgé que Grimaldi, l'y précéda peut-être de quelques années. Grimaldi n'avait encore que seize ans, à la mort de Viola en 1622, et cependant il est probable que ce fut sous le pontificat de Grégoire XV, Bolonais, qui régna de 1621 à 1623, que Grimaldi alla s'établir à Rome, sûr de trouver de l'appui auprès d'un pape dont il était le compatriote. Les travaux ne lui manquèrent pas, en effet, et comme il connaissait fort bien les lois de la décoration, les ordres d'architecture, la perspective, et ce qu'on appelait alors la *quadratura*, c'est-à-dire l'art de percer dans les murailles une architecture feinte, sans parler de son habileté toute spéciale à peindre le paysage, il eut facilement l'emploi de ses talents dans une ville où le goût de la peinture décorative était celui de tous les princes de l'Église et de tous les seigneurs italiens.

Orlandi, dans l'*Abcedario*, dit de Grimaldi qu'il fut architecte et même qu'il servit en cette qualité le pape Paul V; mais ce pontife était mort en 1621, lorsque le Bolognese n'avait encore que quinze ans; il est clair que l'Orlandi a été mal renseigné sur ce dernier point, à moins que la naissance de Grimaldi ne doive être reportée à la fin du xvie siècle. Malvasia, il est vrai, affirme, lui aussi, que Grimaldi fut un grand *virtuoso in architettura*; mais le mot architecture doit se prendre ici, selon toute apparence, dans le sens de *quadratura*. Ce qui est certain, c'est que le Bolognese fut chargé plus d'une fois de ces décorations funèbres que l'on dispose dans les églises de Rome, durant les prières des quarante heures, et aussi des catafalques élevés à la mémoire des morts illustres. En 1640, il dressa un de ces appareils dans l'église des jésuites pour l'exposition du Saint-Sacrement. La partie supérieure représentait l'Eucharistie au milieu d'une gloire céleste remplie d'anges et de saints. En bas, on voyait Moïse tenant les tables de la loi et entouré du peuple d'Israël, et ce même personnage reparaissait tout près de là, faisant jaillir l'eau du rocher d'Horeb. Quatre ans après, le marquis Louis Fachenetti, ambassadeur de Bologne auprès du pape Urbain VIII, étant mort à Rome, ses compatriotes célébrèrent en son honneur, dans leur église Saint-Jean des Bolonais, un service funèbre dont les dessins furent faits par Grimaldi.

Tout cela est écrit, pour ainsi dire, par le peintre lui-même dans les belles eaux-fortes qu'il a gravées de ces décorations, catafalques et pompes funèbres. La gravure à l'eau-forte fut, en effet, une des occupations du Bolognese. Il y apporta de l'esprit, plus d'esprit que dans ses peintures, et l'on peut dire que ses paysages gravés sont un modèle du genre. La touche en est sûre et légère, le feuillé y est indiqué plutôt que fini; le travail de la pointe est large, facile, et laisse partout transparaître le papier. Des cinquante-sept pièces que l'on a de lui, quatre ou cinq sont marquées *Ticiano*, et deux portent le nom d'Annibal Carrache, soit que l'éditeur ait mis ces noms pour mieux vendre les épreuves, soit que les estampes en question aient été faites d'après les dessins de ces deux maîtres. Ce qui paraît certain en tous cas, c'est la sincérité de l'attribution à Titien de la pièce intitulée *les Satyres et les Nymphes*, dont le caractère est vraiment titianesque. Quiconque voudrait apprendre à dessiner ou à graver le paysage ferait bien d'étudier les eaux-fortes du Bolognese.

En l'année 1648, le cardinal Mazarin, voulant faire magnifiquement décorer son palais (qui est aujourd'hui la Bibliothèque nationale), appela des artistes italiens, qui probablement avaient été désignés par les neveux d'Urbain VIII, avec lesquels il avait de fréquents rapports. Romanelli et Grimaldi lui furent envoyés; mais ils arrivèrent à Paris au moment où commençaient les troubles de la Fronde, et comme le gouvernement avaiquitté la capitale dans l'intention de revenir l'assiéger, ils ne purent mettre la main à l'œuvre qu'après la rentrée du cardinal et du roi.

Grimaldi peignit sur les trumeaux de la grande galerie du palais — celle que M. Henri Labrouste vient de restaurer et qui mène aux manuscrits — des paysages conçus dans le goût que nous appellerions historique. La nature y est vue à travers les conventions du décorateur. Ce sont des campagnes non pas idéales, mais imaginaires, composées et peintes de souvenir, mais toujours arrangées à souhait pour le plaisir des yeux. Des bouquets d'arbres aux formes choisies et heureusement balancées y font repoussoir à des lointains ornés de fabriques, à des vallées arrosées de fleurs ou de ruisseaux, mais qui jamais ne sont traversés par les figures mythologiques, satyres, dryades ou grands dieux qu'on retrouve dans les eaux-fortes du maître. Placés au-dessous des fresques de Romanelli qui décorent les voussures du plafond, les paysages du Bolognese s'harmonisent à merveille avec la représentation des fables charmantes que l'artiste romain avait empruntées des métamorphoses ou des légendes héroïques. Comme ton de couleur, les trumeaux de Grimaldi forment dans l'harmonie générale des notes sombres, des taches de vigueur qui font aimer la douce pâleur des fresques de Romanelli, de sorte que les figures d'en haut, plus éloignées de l'œil, se trouvent comme rejetées dans des contrées idéales, olympiennes, habitables seulement pour les immortels, tandis que les panneaux rapprochés du spectateur lui procurent une impression analogue à celle que l'on ressentirait à la vue des champs et des bois.

On le voit, il y a un monde entre les paysagistes tels que Bolognese et ceux de nos jours. Les uns ne veulent qu'ouvrir une fenêtre sur la nature et nous montrer des campagnes que nous apercevrons de loin et dans lesquelles notre esprit aura l'envie de voyager; les autres prétendent nous donner la sensation que nous fait éprouver tel ou tel coin du paysage lorsque nous y sommes en réalité. Ici la nature domine l'homme et charme son cœur en le subjuguant; là, au contraire, c'est l'homme qui reste au-dessus de la nature et qui puise dans les aspects du ciel et de la terre de quoi aider son imagination, de quoi entretenir ses pensées ou évoquer ses souvenirs. Pour tout dire, les paysages du Bolognese ont un défaut que n'ont point les campagnes idéales de Claude ou les sites historiques; ce sont des tableaux noblement conçus sans doute, mais trop faits de pratique, dépourvus de cette variété, de cette émotion que donne seule l'étude assidue de la nature, et uniquement propres à la satisfaction vague du regard et de l'esprit.

Après avoir travaillé au palais Mazarin, le Bolognese fut employé à orner de ses paysages les appartements qu'on lui ménageait dans le Louvre à la petite ville d'Amphitrite. La salle qu'il avait particulièrement décorée est celle qui s'appelait autrefois salle de Diane, et qui porte aujourd'hui le nom de salle du Candélabre. Mais ces peintures, qui étaient renommées au XVII° siècle, ont disparu depuis longtemps par suite des changements opérés dans le palais. Grimaldi aurait continué ses travaux pour la cour de France, où il était fort apprécié, s'il avait pu y jouir de la paix nécessaire à l'exercice de son art; « mais l'attachement qu'il avait au cardinal Mazarin (dit Mariette) lui faisant craindre d'être enveloppé dans sa disgrâce, lui fit prendre le parti de se retirer chez les jésuites pour attendre un temps plus calme, et ce fut alors qu'il peignit dans leur église une magnifique décoration pour l'exposition du Saint-Sacrement, telle qu'on la pratique à Rome, laquelle attira tout Paris dans cette église, et fut tellement au goût de Sa Majesté qui vint deux fois pour la voir, qu'il lui en ordonna une pour la chapelle de son palais, à l'occasion du sépulcre de Notre-Seigneur dans la semaine sainte. »

N'ayant plus d'occupation en France, Grimaldi s'en retourna à Rome dans le temps où Alexandre VII occupait le trône pontifical. Ce pape et son successeur Clément IX lui marquèrent leur estime et le chargèrent d'ouvrages considérables. Le premier lui fit peindre une galerie du palais de Montecavallo, le second lui commanda la décoration de plusieurs chambres dans le même palais. On y voit encore des paysages auxquels il est difficile que le voyageur prête une grande attention quand il a tant de chefs-d'œuvre sous les yeux. Mais on peut s'arrêter un instant devant quelques sujets bibliques peints par Grimaldi au-dessus des fenêtres, car le Bolognese, habile à peindre des figures, ne manquait pas de choisir dans l'histoire sacrée ou profane toutes les actions qui avaient dû se passer en pleine campagne, par exemple, Ismaël conduit par l'ange. Il donna les preuves de son talent à traiter l'histoire dans l'église attenante à la fontaine de Trevi, où il peignit autour de l'autel en petites proportions quelques épisodes de la vie de Jésus et de la Vierge. Jusqu'à la fin de sa vie Grimaldi eut beaucoup d'occupations. Non-seulement il était prôné à Rome par des patrons nombreux et puissants, en particulier par le marquis del Carpio, ambassadeur d'Espagne, qui l'avait en grande amitié et venait le visiter presque tous les jours ; mais il avait conservé en France des relations avec des curieux auxquels il envoyait sur leur demande des tableaux de chevalet. La quantité de dessins que l'on trouve de lui prouve son étonnante facilité et son goût pour son art. Après avoir été deux fois prince de l'Académie de Saint-Luc, il mourut à Rome, âgé de soixante-quatorze ans, en 1680, laissant une belle fortune à son fils Alexandre, qui a peint et gravé dans le sentiment de son père. Il fut enterré à San Lorenzo in Lucina. Ce fut un jour malheureux pour les beaux-arts (suivant l'observation de Mariette), puisque dans le même temps qu'on exposait le corps de Grimaldi dans cette église, on voyait exposé à Sainte-Marie-Majeure celui du fameux cavalier Bernin.

Les paysages peints par Grimaldi sur les trumeaux de la galerie Mazarin, dans le palais qui est aujourd'hui la Bibliothèque nationale, ont été naguère restaurés par les soins de M. Labrouste, architecte du monument, et ces paysages jouent un rôle très heureux dans la décoration de la galerie.

Rome. C'est là que sont la plupart des ouvrages du Bolognese.

On voit de lui à Santa Maria in Publicolis de beaux portraits et des mausolées dont il a donné le dessin.

A San Martino in Monte, église décorée de fort beaux paysages par Guaspre Poussin, on en remarque deux, à droite et à gauche de l'autel Santa Maddalena de Pazzi, qui sont de la main du Bolognese.

Il existe des fresques du même peintre à Santa Maria della Vittoria ; mais c'est au palais du Quirinal que se trouvent ses ouvrages les plus connus. Il y a peint plusieurs des ovales qui surmontent les fenêtres ; il y a représenté, ici, Dieu dans le buisson (roveto); là, Ismaël conduit par l'ange dans le désert : ailleurs des paysages, des perspectives avec des architectures, des colonnades ombragées d'arbres. Dans l'église attenante à la fontaine de Trevi, Grimaldi a retracé autour de l'autel des épisodes de la vie de Jésus et de la Vierge. Enfin une des chapelles de Santa Maria dell' Anima est ornée de ses peintures, et le palais Borghèse est décoré des paysages qu'il y peignit en concurrence avec les plus fameux paysagistes de son temps, Guaspre Poussin, Tempesta, Philippe Lanzi.

L'œuvre gravé de Grimaldi, décrit par Adam Bartsch dans le tome XVII du *Peintre graveur*, se compose de cinquante-sept pièces, toutes traitées d'une pointe facile, où beaucoup de choses sont simplement indiquées, mais avec esprit. Ses travaux sont espacés, sa morsure est grasse, et son estampe est en général blonde. On y compte huit paysages de forme ronde, marqués *Giovanni Francesco Grimaldi Bolognese inv. et fec.* ; deux autres qui sont gravés sur planche ronde (on les appelle les *Deux Femmes sur le petit pont* et le *Groupe de quatre Hommes*); six pièces en hauteur, dont la plus remarquable est le *Saint-Sacrement*. C'est une très grande pièce qui mesure 82 centimètres de haut sur 55 de large; on lit dans le haut : *Apparatus quadraginta horarum Romæ exhibitus in templo soc. Jesu ante cinerales ferias. Anno* MDCXL ; la marge d'en bas renferme une dédicace au cardinal Barberini.

Les paysages en largeur sont au nombre de quarante et un. Il y en a deux qui ont été marqués dans les secondes épreuves des initiales *An. Carrac.* ; ce sont les numéros 40 et 41 de Bartsch, *l'Oiseau perché* et *la Femme, son enfant et l'Homme debout*. Cette dernière est datée de 1613 ; celle qui représente des satyres et des nymphes dans un bois a été gravée sur un dessin de Titien et a été souvent prise pour une eau-forte de ce grand maître. Du reste le nom de Grimaldi ne s'y trouve point, comme dans toutes les autres pièces de l'œuvre.

Les quatre estampes portant les numéros 48, 49, 50, 51 et qui représentent le baptême de Jésus-Christ, le Serpent, S. François recevant les stigmates, et la Fuite en Egypte, passent pour avoir été gravées par Alexandre Grimaldi, fils de Jean-François, qui les a pourtant signées. Celles qui sont numérotées 52, 53, 54, sont regardées comme ayant été gravées, ainsi que les *Satyres et les Nymphes*, d'après le dessin de Titien. La première, *les Cinq Hommes*, porte aux secondes épreuves la marque *Titiano Venetia*, et à gauche *Damon excudit* ; la seconde, *l'Homme debout* précède deux autres assis, porte aussi les mots *Titiano Venetia*, ainsi que la troisième, le *Joueur de luth* ; la quatrième, le *Joueur de dés*, est signée des initiales de Grimaldi, G.-F. G.

Les deux dernières pièces de l'œuvre sont la décoration funèbre pour le service du marquis Louis Facchinetti, et le catafalque érigé à Saint-Jean des Bolonais à Rome pour la même cérémonie. Ces grandes pièces mesurent, la première 55 centimètres de haut sur 47 de large, environ ; la seconde, 49 centimètres sur 25.

AGOSTINO METELLI

NÉ EN 1609; MORT EN 1660.

La vie d'Agostino Metelli a été mêlée et intimement liée, pendant vingt-quatre ans, à celle de Colonna. Aussi avons-nous déjà parlé de Metelli ; mais nous n'avons pas dit tout ce qu'il importe de dire pour le faire connaître au lecteur. Agostino était né en 1609 et sa première éducation se fit dans l'école qui continuait à Bologne celle des Carraches. Il y apprit à dessiner la figure, tandis qu'il recevait des leçons d'architecture de

Falcetta, un des professeurs les plus renommés de son temps. En 1626, Agostino, âgé alors de dix-sept ans, était déjà l'aide de Colonna et du Dentone, à Ferrare, chez le marquis Enzia Bentivoglio. Son habileté à manier la plume, sa façon de peindre, légère et preste, frappèrent un architecte éminent, Gio Battista Aleotti, dit l'Argenta, qui désira se l'attacher et se servir de lui pour la publication d'un ouvrage sur la perspective et l'architecture, qu'il avait composé. L'Argenta, qui était célibataire sans parents, et qui avait 1,000 écus de rente, promettait de traiter Agostino comme son fils; mais celui-ci ne voulut ni quitter son père et sa mère, ni abandonner le métier de la fresque, pour lequel il avait autant d'aptitude que de goût.

Devenu le collaborateur de Colonna et de Curti, Agostino s'employait à peindre tantôt les ornements pour l'un, tantôt les figures pour l'autre. A Modène, il travailla chez les pères Théatins, à Florence chez le grand-duc, à Parme dans le palais du prince, à Ravenne dans les salles de l'archevêché, à Gênes dans le palais Balbi, à Bologne dans la chapelle de l'église San Domenico, dédiée à Notre-Dame du Rosaire, puis dans une voûte de l'église dite *dei Vecchi*, enfin dans une chapelle de San Michele in Bosco et dans le palais Caprera. Mais la plupart des peintures de Metelli sont ou en mauvais état ou restaurées. Ce qui est le mieux conservé donne une haute idée de son talent, rare en son genre, et qui d'ailleurs était absolument conforme à ce qu'on a dit de lui, savoir qu'il était le Guide de la décoration, *il Guido della quadratura*, comme Colonna en était l'Annibal Carrache.

Nous ne sommes pas le premier à le remarquer, et l'on en peut juger même par ses eaux-fortes, Metelli a enlevé à son art tout ce qui pouvait le rendre trop sec et trop froid, je veux dire la rigueur inexorable de la perspective. Il a mis une petite dose de sentiment là où d'autres n'avaient apporté que de la science, adoucissant les profils, rompant les teintes, introduisant dans ses décorations des rinceaux, des cartouches et des arabesques, rehaussés de hachures d'or, dont le style était plein de grâce et de gaieté. L'invention de ses ornements, dit Lanzi, variait suivant les édifices qu'on lui donnait à décorer. Ils n'étaient pas dans une église les mêmes que dans une chambre ou sur un théâtre. Chaque motif était à sa place; chaque intervalle était juste et le tout ensemble se fondait dans une harmonie douce. Pour les spectateurs d'alors, non encore habitués aux illusions de la perspective et de l'architecture feinte, c'étaient les palais enchantés des poëtes et des romanciers qui apparaissaient comme évoqués par la magie du pinceau.

Depuis qu'il était l'associé de Colonna, Metelli se bornait à peindre le décor, et c'étaient ses idées d'architecte qui décidaient du mouvement et de l'action des figures. On peut même dire que celles-ci ne faisaient qu'achever la décoration, et que, par un renversement obligé des lois ordinaires de la peinture, elles devenaient des accessoires. Ainsi nos deux Bolonais, appelés à Rome par le cardinal Spada pour orner son palais situé sur la Longara, y représentèrent dans une grande chambre du premier étage des perspectives admirables, d'ingénieux percements de voûtes, des escaliers où montaient et descendaient des personnages vêtus des costumes étrangers les plus divers. Mais le cardinal Spada s'étant mêlé de leurs travaux pour leur imposer en quelque sorte ses observations et ses conseils, Metelli et Colonna, ne voulant pas trop contrarier Son Éminence, consentirent à commettre des erreurs de perspective et même des hérésies d'architecture dont plus tard ils se repentirent.

Malvasia, dans la *Felsina Pittrice*, a écrit longuement et avec sa prolixité habituelle la biographie de Metelli, et particulièrement tout ce qui se rapporte au séjour que ce peintre et son ami Colonna firent en Espagne, à la cour de Philippe IV. Il raconte qu'indépendamment des ouvrages qu'ils s'étaient engagés à conduire, pour le compte du roi, dans son palais du Buen Retiro, il leur en fut commandé d'autres par le marquis Secci, premier ministre, pour une délicieuse villa qu'il possédait à trois milles de Madrid. Metelli, qui avait la passion de la chasse, fut un jour saisi d'un refroidissement, après s'être échauffé à tirer des oiseaux, et il mourut de la fièvre, le 2 août 1660, âgé de cinquante et un ans. Il laissait une fille mariée à un fresquiste nommé Baldassar Bianchi, et un fils, nommé Giuseppe Metelli, qui est connu par ses estampes plus que par ses peintures. Du reste, Agostino a gravé lui-même à l'eau-forte quarante-huit pièces représentant des frises, des rinceaux tirés du fameux portique des Théatins, et réunies sous le titre *Li fregi dell'architettura*, à la date de 1645, avec une dédicace à Ettore Ghislieri, qui entretenait à ses frais une école publique de dessin. Ce n'est pas tout : Agostino Metelli a publié encore vingt-quatre estampes de son invention, qui sont des modèles de cartouches, d'écussons, de chapiteaux, de modillons, de volutes, et que l'artiste a dédiées à son ami Francesco Zambeccari ; plus, douze pièces d'écussons doubles, ingénieusement composés et touchés avec esprit. Dessinateur consommé, pour la spécialité de son art, Metelli a mis dans ses eaux-fortes une sûreté de main, une légèreté de pointe, qui n'appartiennent qu'aux maîtres. Ses motifs d'ornements, trophées, syrènes, chimères, dauphins accouplés, monstres, griffons, gravés à peu de frais, mordus où il faut et spirituellement égratignés par des indications vives, sont pleins de saveur, de brillant et de relief. Son style est un peu tourmenté, comme celui de Bibbiena, mais pourtant avec plus de sagesse, de réserve et de goût.

Les ouvrages de Metelli à Bologne se trouvent principalement dans l'église Santa Maria de' Servi, dans celle dite *dei Vecchi di San Giuseppe,* dans la chapelle du Rosaire à San Domenico, et à San Michele in Bosco. Toutes ces fresques ont été exécutées en collaboration avec Angelo Michele Colonna.

Les travaux les plus considérables et les plus sérieux que Metelli ait exécutés sont ceux qu'il fit en collaboration avec Colonna au palais du Buen Retiro à Madrid. Malvasia en a parlé très longuement dans la *Felsina Pettrice.*

A Rome, les perspectives de la grande salle du palais Spada, au premier étage, sont de Metelli et de Colonna.

On trouve encore des ouvrages de ces deux peintres à Parme, à Modène, à Florence ; et c'est à eux que l'on doit aussi les décorations en perspective du palais Balbi, à Gênes. Agostino, nous l'avons dit, a gravé à l'eau-forte quatre-vingt-quatre pièces, dont quarante-huit, représentant des frises et des rinceaux, ont été publiées en 1645 sous le titre *Li Fregi dell' architettura ;* les trente-six autres se divisent en deux séries : l'une de vingt-quatre estampes de cartouches, de volutes et de modillons, dédiées à Gio. Francesco Zambeccari, l'autre de douze pièces représentant des modèles d'écussons accouplés, et qui sont gravées avec beaucoup de ressort et d'esprit. Ces pièces ont été réimprimées, et Joseph-Marie Metelli, fils d'Agostico, a livré à la publicité d'autres pièces, restées inédites, de son père.

GIOVANNI ANDREA SIRANI

NÉ EN 1610, MORT EN 1670.

Ce fut chez Cavedone que Giovanni Andrea Sirani prit, très jeune, ses premières leçons, mais, rebuté par l'humeur mélancolique et sauvage de ce peintre, l'enfant se réfugia, comme tant d'autres, dans l'atelier hospitalier du Guide, qui prit bientôt son nouvel arrivant en une singulière affection, tant à cause de son excellent caractère et de ses bonnes qualités morales qu'à cause de ses aptitudes extraordinaires pour la peinture. Sirani, de son côté, voua au Guide une reconnaissance sans bornes, et ne le quitta pas, tant qu'il vécut, travaillant près de lui et pour lui, et s'assimilant si parfaitement son style, que la plupart des tableaux portant sa signature, pendant cette période, semblent avoir été retouchés par son maître. Quand le Guide mourut, en 1651, Sirani acheta, à bas prix, le plus grand nombre de ses dessins, ébauches et projets, et demanda à être chargé de terminer les tableaux importants qui restaient inachevés de côté et d'autre. Le succès avec lequel il s'acquitta de cette tâche dans la Chartreuse de Bologne, où le Guide avait commencé une *Tentation de Saint Bruno,* décida les religieux à lui commander un *Repas chez le Pharisien.* Ce tableau montra, chez Sirani, un effort heureux pour se dégager des langueurs et du sentimentalisme maniéré qu'on pouvait reprocher au Guide dans les derniers temps de sa vie et pour donner plus de vigueur et de franchise à sa peinture. Aussi les commandes abondèrent-elles bientôt, et Sirani fut appelé de tous côtés, non-seulement à Bologne, mais encore dans les villes voisines, et en particulier à Plaisance, où il peignit, dans la cathédrale, les *Douze Crucifiés,* l'une de ses meilleures œuvres. C'est pourtant à Bologne qu'il résida toujours et qu'il établit un atelier fréquenté par de nombreux élèves, sans cesser d'être l'un des professeurs les plus actifs de l'Académie établie au palais de Ghislieri, où il avait pour collègues Alexandre Tiarini, l'Albane, le Guerchin. L'égalité de son humeur, la loyauté de son caractère firent à Sirani des amis solides et lui acquirent l'estime de tous. Tiarini, en mourant, lui légua, comme au plus digne, sa palette et ses pinceaux. Malheureusement, l'existence du peintre fut de bonne heure attristée par de fréquentes attaques de goutte et de violentes crises de névralgie qui lui rendaient le travail difficile. La mort inattendue de sa fille, Elisabetta Sirani, acheva de ruiner sa santé ; depuis 1665 jusqu'en 1670 il ne fit que languir, sans plus rien faire pour l'art.

Andrea Sirani avait, dans sa jeunesse, gravé un petit nombre de planches à l'eau forte, dont Malvasia donne la liste; mais, malgré les conseils du Guide qui l'engageait fortement à persévérer dans cette voie, il semble avoir abandonné définitivement la gravure après la mort de son maître.

Paris. Le Louvre possède trois dessins d'Andréa Sirani.

Bologne. A la Pinacothèque de cette ville se trouvent aujourd'hui *la Présentation de la Vierge au temple*, autrefois placée dans l'oratoire del Begato; la *Conception de la Vierge*, provenant de la chapelle des Pères de l'Osservanza, un *Saint Antoine de Padoue* auquel apparaît l'enfant Jésus, et un petit *Saint Bruno* dans un paysage. — La sacristie de l'église de la Madone di Galliera conserve, du même peintre, un *Amour céleste*, celle de San Benedetto hors des murs un *Christ entre la Madone, l'archange Michel et sainte Catherine*. L'ancienne église des Chartreux, devenue l'église du cimetière communal, possède toujours la *Madeleine aux pieds du Christ* et le *Souper chez le pharisien*, dont il a été parlé ci-dessus.

Florence. Le portrait de Sirani, peint par lui-même, est à la galerie des Offices.

SIMONE CANTARINI, DIT LE PESARESE

NÉ EN 1612; MORT EN 1648.

Les amateurs seront peut-être surpris que nous n'ayons pas consacré, dans cette histoire, une notice considérable et illustrée, dans la forme ordinaire, à Simone Cantarini, dit le Pésarèse. La grande notoriété qui s'attache au nom de ce peintre tient surtout à ses nombreux et charmants dessins, et à ses estampes pleines de saveur et de grâce que les curieux ont toujours été jaloux de posséder, et cela même fait voir quelle est dans l'art l'importance du dessin, non-seulement pour le style et la signification de l'ouvrage qui dépendent du choix des formes et de leur caractère, mais encore pour la réputation du peintre, qui ne saurait durer bien longtemps ni s'étendre bien loin, si ses conceptions n'ont que l'attrait fugitif du coloris et ne sont pas susceptibles d'être conservées et répandues par la gravure.

Dans le domaine de l'eau-forte et du dessin, Simone Cantarini a été l'heureux imitateur et l'on peut même dire le rival du Guide. Avant d'être le disciple de ce maître, il avait étudié à Pesaro, sa ville natale, chez Giacomo Pandolfi, qui le conduisit à Venise. Simone, après avoir vu et admiré les magnifiques peintures de l'École vénitienne, fut ramené par le Vénitien Claudio Ridolfi à Pesaro, où il prit du goût pour la manière du Baroche, dont la douceur l'avait d'abord séduit. Mais pendant qu'il travaillait d'après les ouvrages de ce maître qui étaient alors à Pesaro, il arriva dans cette ville un tableau du Guide qui fit la plus vive sensation et qui décida de la manière que Simone devait conserver toute sa vie. Non-seulement il fit de ce tableau plusieurs dessins et plusieurs copies peintes : mais il essaya d'en imiter les airs de tête et la grâce délicate dans un ouvrage de sa façon, qu'il peignit pour une petite église de Pesaro. Étant passé ensuite à Fano, ville voisine de Pesaro, il y copia merveilleusement bien deux morceaux du Guide qui ornaient la cathédrale, un *Christ donnant les clefs à saint Pierre* et une *Annonciation*. Toutefois, en dépit des félicitations qu'on lui en adressa, il ne fut pas, lui, complétement satisfait, trouvant qu'il manquait à ses copies une certaine noblesse particulière au Guide, ainsi que les contours coulants et libres qui distinguaient l'original. Il résolut donc d'aller à Bologne se former, non plus sur les œuvres du maître qu'il admirait, mais d'après ses conseils. Une autre raison, du reste, lui fit entreprendre ce voyage : ce fut un coup d'arquebuse qui faillit le tuer et qu'il s'était attiré dans une aventure galante.

Admis comme élève chez le Guide, il y fut installé par son nouveau maître dans une chambre haute, contiguë à celle qu'occupaient deux autres élèves, Enrico Fiammingo et Tedesco. Relégué à une place qu'il croyait peu digne de lui, Simone affecta au commencement beaucoup d'humilité et de déférence envers tout le monde; il feignit de ne rien savoir, d'être mal vêtu, sans fortune, sans protection, si bien qu'on ne le jugea pas en état de prendre part, dans l'étage inférieur, aux conversations du maître et à ses intimités. Ce fut peu à peu seulement qu'il laissa voir des talents naturels ou acquis, et qu'il révéla ce qu'il avait tenu caché. Alors son maître, ses camarades et bientôt la ville entière eurent les yeux ouverts sur son mérite;

alors on vit le Pésarèse tel que la nature l'avait fait, orgueilleux, frondeur et mordant, *alle volte mordace*, dit Malvasia. Mais son esprit critique s'exerçait parfois sur des personnages de marque, tels que le Dominiquin, l'Albane et le Guide lui-même, au point que, lorsque les condisciples ou les amis de ce peintre copiaient un de ses morceaux, Contarini se plaisait à relever dans l'original tantôt une faute, tantôt une autre, et cette arrogance avait fini par lui faire du Guide un ennemi, d'autant qu'il ne craignait pas d'entrer en concurrence avec son maître, offrant aux amateurs de travailler pour eux à des prix très modérés, comparativement à ceux du Guide. Du reste, il donnait souvent à sa vanité la forme momentanée d'une fausse modestie. Un grand connaisseur, nommé le Bassenghi, lui ayant acheté un jour un *Sacrifice d'Abraham* dont il lui donna trois malheureuses pistoles, le Pésarèse en témoigna une allégresse d'enfant ; il fit rouler les pistoles par la chambre, traitant de prodigue malavisé l'amateur qui l'avait payé si noblement, et laissant tous les élèves surpris du peu d'estime qu'il affectait d'avoir pour lui-même.

Le caractère désagréable du Pésarèse fut cause qu'il dut quitter Bologne. Il s'en alla, ou plutôt il s'enfuit à Rome secrètement, *di nascosto*, et là il étudia de préférence les marbres antiques et les peintures de Raphaël. Après les avoir longtemps regardés, il s'exerçait à les copier chez lui de mémoire, mais à la dérobée, sans doute pour qu'on ne le soupçonnât point de n'être encore qu'un écolier. Revenu bientôt à Bologne avec la résolution d'aller franchement sur les brisées du Guide, il ouvrit une école dans la maison des seigneurs Zambeccari et s'y adonna tout entier à l'exercice de sa profession. Malvasia cite plusieurs ouvrages que le Pésarèse peignit alors pour les révérends Pères de San Giorgio, notamment un *Saint Philippe*, qui, resté inachevé, fut plus tard mené à fin par l'Albane. Il mentionne aussi une demi-figure de *Moïse*, d'un style terrible et faite à grands coups de pinceau, pour l'apothicaire Machiavelli, une belle *Cléopâtre*, qui était destinée au sieur Locatelli, son ancien patron, une *Lucrèce* que possédait le sieur Mario Mariano, et un tableau d'*Hercule et Iole* dont Malvasia lui-même avait acheté de nombreuses esquisses, avec variantes. Enfin, à cette liste, le biographe Bolonais ajoute une Madone du Rosaire que l'artiste peignit en un mois pour la donner à son ami intime, le docteur Zamboni, et des sujets de saints et de vierges exécutés pour lui, Malvasia, et il regrette que le peintre, souvent distrait de son travail par ses amours, ait perdu un temps qu'il aurait pu mieux employer.

Cependant le duc de Mantoue ayant écrit à Bologne pour demander qu'on lui envoyât un habile peintre de portraits, et le plus habile, on lui proposa le Pésarèse. Celui-ci ne fut pas plutôt arrivé à Mantoue qu'il s'aliéna tout le monde par son caractère altier, et par le ton de suffisance sur lequel il parlait de lui-même et des autres. Le duc de Mantoue, mécontent de son portrait, en témoigna sa mauvaise humeur très vivement ; il fit même venir un peintre vénitien, qui acheva de mortifier son confrère en improvisant un portrait du duc fort ressemblant. Pésarèse, humilié outre mesure et malade de son humiliation, se retira à Vérone, où il mourut le 15 octobre 1668. On le crut empoisonné par quelqu'un de ceux qui avaient eu à souffrir de sa méchante langue.

Heureux imitateur du Guide, Simon Cantarini l'a quelquefois égalé dans certains morceaux de peinture, et il ne lui a pas été inférieur dans ses eaux-fortes. Il passe pour avoir dessiné à merveille les extrémités qu'il avait soigneusement étudiées en copiant les ouvrages de Louis Carrache. De fait, quand on regarde ses eaux-fortes d'après le Guide, et celles qu'il a gravées d'après son propre dessin, on y voit une facilité graphique, une sûreté de pointe qui, dans l'expression des pieds et des mains, supposent une étude profonde de cette partie si difficile du nu. Semblable à la plupart des Bolonais, le Pésarèse posséda comme graveur l'art de dire beaucoup avec peu, c'est-à-dire de laisser finir par l'imagination du spectateur ce qui n'a été sur le vernis qu'une indication spirituelle. Chose remarquable aussi, les bons Bolonais, qui sont fort peu coloristes dans leur peinture, le sont en général dans leurs eaux-fortes. En ce qui touche l'œuvre de Cantarini, ses nombreux *Repos en Égypte*, et ses *Saintes Familles*, qui peuvent être citées comme des modèles, donnent à peu de frais une idée de la couleur et, sans multiplier les plans, une idée de la perspective. Le tableau d'après lequel l'estampe est dessinée et mordue, s'y retrouve comme le vague souvenir que l'on conserve en songe de ce que l'on a vu avant le sommeil. Il en est où la légèreté de la pointe et la vaguesse du dessin n'empêchent pas l'intensité de l'expression et font pressentir un jeu vif de clair-obscur, par exemple, le petit *Saint Antoine d.*

Padoue, véritable chef-d'œuvre de grâce, de sentiment et d'esprit. Heureux les peintres qui ont ainsi gravé ! Quel que soit le sort de leurs tableaux ou de leurs fresques, ils ont rendu leur talent et leur nom impossibles à oublier.

L'œuvre de Pésarèse se compose de trente-sept pièces gravées à l'eau-forte, d'après le Guide, Paul Véronèse, Louis Carrache, et d'après le propre dessin du maître. Bartsch les a décrites dans le tome XIX du *Peintre graveur*. En voici un catalogue sommaire :

1. *Adam et Ève*. Adam, assis par terre, prend le fruit qu'Ève lui présente de la main gauche. Celle-ci est assise sur une butte de terre.

2. *Repos en Egypte*. La Vierge assise tient l'Enfant Jésus, qui prend les fruits que lui présente S. Joseph debout près de deux palmiers. A la gauche d'en haut, deux anges s'efforcent de courber les branches d'un de ces arbres. On a de ce morceau deux épreuves : la première à l'eau-forte pure ; la seconde avec des reprises au burin et les mots *G. Renus in. et fec.*

3. *Repos en Egypte*. La Vierge, assise par terre, donne le sein à l'Enfant Jésus. Elle tourne la tête vers un ange debout qui abaisse les branches d'un palmier. Plus loin à droite S. Joseph assis. Fond de paysage, au bas : *G. Renus in. et fec.* le premier est avant le nom du Guide.

4. *Repos en Egypte*. La Vierge, assise de profil au pied de deux arbres, tient l'Enfant sur ses genoux. S. Joseph, assis, lui montre de la main gauche le fond du paysage. Sur le devant, à droite, un âne broutant, vu en partie. On a de ce morceau une copie assez trompeuse, qui se peut reconnaître à ce que de petits traits ont été omis sous le pouce de la main gauche de S. Joseph.

5. *Repos en Egypte*. La Vierge, assise, soutient l'Enfant, à qui elle présente du fruit de la main gauche. Plus loin S. Joseph, assis au pied d'un arbre, et, au fond, deux anges qui cueillent le fruit d'un dattier.

6. *Repos en Egypte*. La Vierge, assise par terre, berce entre ses bras l'enfant Jésus. Vers la droite, S. Joseph agenouillé par terre, tient un bâton de la main droite. Il existe de ce morceau une copie très habilement faite. On la reconnaît à quelques tailles, qui, dans les nuages, au-dessus de la Vierge, sont moins espacées dans la copie que dans l'original.

7. *Repos en Egypte*. Pièce octogone. La Vierge, assise par terre, regarde l'Enfant. Joseph est endormi au pied d'un buisson.

8. *Repos en Egypte*. La Vierge est semblable, sauf la coiffure et l'habillement, à celle du n° 7. S. Joseph, assis au pied d'un arbre, lit un livre. Pièce légèrement gravée, où l'eau-forte a manqué dans les arbres du lointain.

9. *Sainte Famille*. La Vierge, de profil et dirigée vers la gauche, est assise au pied d'un arbre, tenant l'Enfant dans ses bras. A gauche, Ste Élisabeth et S. Joseph, et entre eux S. Jean debout.

10. *Sainte Famille*. Le même morceau gravé en contre partie, avec quelques changements. Là le visage de l'Enfant et celui de la Vierge sont franchement ombrés, et l'Enfant, au lieu de ne montrer qu'un bras, en fait voir deux. En bas, *G. Renus in. et fec.* : vers la droite : *I. Robillart ex.* Les premières épreuves sont avant le nom du Guide.

11. *Sainte Famille*. La Vierge, assise au pied d'un arbre, tient l'Enfant d'une main et un livre de d'autre. Au fond, à gauche, S. Joseph assis, la tête appuyée sur sa main gauche, lit dans un livre. Pièce mal mordue, dont il

existe une méchante copie avec les noms de *Simone Cantarini* et de *Gio Jacomo Rossi*.

12. *Sainte Famille*. La Vierge, de profil, est assise contre un piédestal ; l'Enfant l'embrasse. Vers la droite du fond, S. Joseph et le petit S. Jean. A gauche, on lit : *S. C. da Pesare fe.*

13. *Sainte Famille*. La Vierge, assise à droite, tient l'Enfant, qui joue avec un chapelet. A gauche, S. Joseph lit dans un livre qu'il tient des deux mains. Vers la droite du bas, on lit *S. C. da Pesare fe.* Jules Carpioni a gravé une copie de cette pièce avec quelques variantes.

14. *Sainte Famille*. La Vierge, assise, laisse tomber sa main droite et tient de l'autre l'Enfant. A droite, S. Joseph debout soulève un rideau. A la gauche d'en bas, *S. C. da Pesare fe.*

15-16. *La Vierge, l'Enfant et saint Jean*. Elle est assise à gauche et vue de profil jusqu'aux genoux ; elle tient l'Enfant, à qui S. Jean baise la main. Au milieu du fond, S. Joseph fixe ses regards sur S. Jean. — Le même dessin gravé plus délicatement avec quelques légères différences. On croit cette dernière eau-forte gravée par le Guide.

17. *La Vierge avec l'Enfant Jésus*. Elle est assise dans une gloire et adorée par trois petits anges, *S. C. da Pesare fe.* Les premières épreuves sont avant le nom.

18. *La Vierge avec l'enfant Jésus*. Elle est assise et considère l'Enfant couché sur ses genoux et tenant un oiseau attaché à un fil.

19. *La Vierge avec l'Enfant*. Elle est assise sur un nuage ; l'Enfant tient un chapelet. Sans marque.

20. *Le Portement de croix*. La figure du Christ est dirigée vers la droite. On a de cette pièce une contrefaçon trompeuse. On la reconnaît aux traits horizontaux qui sont dans les nuées au-dessus de la tête du Christ.

21. *La Vierge couronnée*. Elle est à genoux sur un nuage, couronnée par deux anges. Il en existe une copie trompeuse à ce point qu'on la suppose gravée par Pésarèse lui-même. Elle est moins large que l'original.

22. *Le petit saint Jean dans le désert*. Il est assis, tient de la main gauche une petite croix, et de l'autre une coupe dans laquelle il reçoit l'eau d'un rocher. Dans le fond, un agneau.

23. *Saint Jean dans le désert*. Il est assis sur une grosse pierre, tient une croix de la main gauche et de l'autre main reçoit dans une coupe l'eau d'un rocher.

24. *Saint Sébastien*. Il est percé de flèches et assis au pied d'un arbre, auquel il est attaché par une corde. En l'air, un ange. On a une copie trompeuse de cette pièce.

25. *Le grand saint Antoine de Padoue*. Il adore l'Enfant Jésus, qui lui apparaît dans une gloire d'anges et qui lui passe la main sous le menton. Aux secondes épreuves, on lit *Simone Cantarini in. et F. originale*. Il en existe une copie trompeuse décrite par Ad. Bartsch.

26. *Le petit saint Antoine*. A genoux devant un autel, il tient sur ses mains l'Enfant Jésus, qui l'embrasse. Copie anonyme marquée *G. Renus in.*

27. *Saint Benoît délivrant un possédé*. On porte un possédé à S. Benoît, qui est debout, accompagné de deux religieux. Lud. Carace invent. Cette pièce est en effet gravée d'après une peinture de Louis Carrache, placée à San Michele in Bosco, à Bologne.

28. *L'Ange gardien.* Il tourne et baisse la tête vers un enfant qu'il mène de la main gauche, en se dirigeant vers la gauche, à travers des rochers. On a de cette estampe une copie en contre-partie, avec le nom du *Guide* ; une autre par *Jules Carpioni.*

29. *Le Quos ego.* Jupiter, Neptune et Pluton faisant hommage de leurs couronnes aux armes du cardinal Borghèse. Cette estampe, improprement nommée *Quos ego*, passe pour être du Guide ; mais Bartsch la tient pour inventée et gravée par l'Ésarèse. La seconde épreuve seulement porte les armes de Borghèse. Dans la troisième l'éléphant et le cartouche sont effacés.

30. *L'Enlèvement d'Europe.* Jupiter en taureau nage vers la droite portant sur son dos Europe, qui se tient à une des cornes du dieu. Des amours les précèdent et les suivent. *G. Renus inv. et fec.* On a des épreuves antérieures à cette inscription.

31. *Mercure et Argus.* Argus, assis, écoute Mercure, qui, déguisé en pâtre, joue de la flûte assis contre un arbre. Le fond est un paysage. C'est une des estampes les plus remarquables de l'Ésarèse. Il en a été fait une copie reconnaissable à ce qu'une vache qu'on y voit n'a la jambe gauche de devant gravée qu'au trait, tandis que dans l'original cette jambe est couverte de traits horizontaux.

32. *Mars, Vénus et l'Amour,* d'après Véronèse. Mars, assis au pied d'un arbre, tient Vénus dans ses bras. Près d'eux est l'Amour, qui paraît effrayé d'un petit chien qui saute après lui. A droite, on lit *P. C. I.*, c'est-à-dire *Paolo Caliari invenit.*

33. *Vénus et Adonis.* Vénus est assise sur une butte auprès d'Adonis qu'elle embrasse et dont l'Amour, à genoux à ses pieds, tient la lance. Sur le devant, un chien de chasse ; au fond, un paysage. Pièce gravée en croquis, mais pleine d'esprit.

34. *La Fortune.* Femme nue qui pose un pied sur le globe de la terre. Elle se dirige vers la gauche et tourne sa tête vers l'Amour, qui s'efforce de l'arrêter par les cheveux. Elle tient d'une main une bourse renversée, d'où il tombe de l'argent, et de l'autre une draperie qui flotte autour d'elle. On a de ce morceau des épreuves postérieures marquées faussement à la droite d'en bas : *G. Renus in. et fec.*

35. *Frontispice de livre.* C'est un écusson d'armes supporté par deux grands anges et par deux petits, dont l'un sonne de la trompette. Cet écusson est divisé en deux sections, dont l'une représente deux couples de mains enlacées, serrant la tige d'une plante feuillue. Plus bas, sur le devant, un Fleuve assis, vu par le dos et appuyé sur son urne. Tout au bas on lit : S. C. (*Simone Cantarini*); estampe légère et spirituelle.

36. Autre *Frontispice de livre.* L'Hymen, debout entre deux Amours, dont l'un soutient l'écusson de la famille Borghèse, l'autre celui de la famille Giordani. Il tient de la main gauche un flambeau, de la droite une branche de myrte. Dans des banderoles flottantes, au-dessus des figures, on lit : IL MIRTO D'IMENEO NELLE FELICISSIME NOZZE DELLI SS. GIROLAMO GIORDANI ET ORTENSIA BORGHESE. Magnifique estampe, très-rare.

37. Autre *Frontispice de livre.* Une table couverte d'un drap sur lequel on lit : *Le Grazie rivali. Declamazione accad. del Can. Gio Battista Manzini. All. Al. Ser. di Ferdinando II gran duca di Toscana.* Sur la table est posé l'écusson des armes de Médicis, que soutient la Renommée. L'Histoire, représentée par une femme ailée, est debout à droite. A terre, sur le devant, un violon. Pièce rare.

Le musée du Louvre renferme trois tableaux du Pésarèse.

1. *Repos de la Sainte Famille.* La Vierge, assise par terre, soutient l'Enfant Jésus, qui lui tend les bras. A gauche, S. Joseph est assis au pied d'un arbre. Ce morceau, qui a été gravé par Cantarini, a passé par des collections célèbres, et il a été vendu avec un morceau du Guide, 16,000 livres à la vente du prince de Conti, 7,202 livres à la vente Boileau, 15,200 livres à la vente du comte de Merle.

2. *Repos de la Sainte Famille.* La Vierge, assise à terre, berce l'Enfant Jésus ; plus loin, à gauche, S. Joseph endormi, la tête dans sa main. Fond de paysage. Gravé à l'eau-forte par le peintre lui-même, ce tableau était autrefois ovale ; on l'a fait carré.

3. *Sainte Famille.* L'Enfant Jésus est assis sur les genoux de la Vierge. A gauche, un ange apporte au Sauveur un panier de fruits que soutient Ste Anne. A droite, S. Joseph assis. Il est également représenté au second plan, accompagné d'un ange et sciant une planche. Dans la partie supérieure, deux anges répandant des fleurs sur la Vierge.

Le musée du Louvre possède encore quinze dessins du Pésarèse.

Les ouvrages de ce maître se trouvent principalement à Bologne. On voit de lui un S. Jean-Baptiste avec l'Agneau dans l'église du *Santissimo Salvatore*; et une Vierge entourée d'anges et qui est adorée par Filippo Benizio.

Il y a aussi un *Miracle de saint Pierre* dans l'église de ce saint, à Fano ; une jolie peinture de Ste Barbe, à Pesaro, et un morceau estimé, dont nous ne savons pas le sujet, à Rimini, dans le palais municipal, et une Madone dans le palais Bufalini, à *Città di Castello.*

Enfin, il y a un ouvrage du Pésarèse à Rome, dans le palais Corsini.

Vente Lebrun, 1791. *Saint Jean couché et endormi*, la main sur son agneau; une gloire de chérubins le contemple. Cuivre rond. 92 fr. Le duc d'Ursel.

Jésus et saint Jean, sur un monticule, avec un mouton et un agneau, et au-dessus, des masses d'arbres. 851 fr. Maurice.

Vente duc de Tallard. 1756. *L'Enlèvement d'Europe,* dessin au crayon rouge, gravé par l'artiste. 80 livres.

CARLO CIGNANI

NÉ EN 1628; MORT EN 1719.

Carlo Cignani, d'une ancienne famille de Bologne, manifesta de bonne heure son goût pour le dessin, et, placé par son père dans l'atelier de l'Albane, obtint bien vite tous les prix qui se distribuaient aux concours de l'Académie fondée par le comte Ghisilieri. Les premières peintures qu'il fit pour l'église du Bon-Jésus et dans la maison Davia lui acquirent assez de réputation pour qu'on l'appelât à Livourne, où il exécuta divers travaux importants, entre autres un *Jugement de Pâris*, qui excita l'admiration générale. A cette époque Cignani, reconnaissant l'insuffisance des enseignements qu'il avait reçus chez l'Albane, étudiait avec ardeur les œuvres du Corrége et d'Annibal Carrache, qui furent toujours ses guides et ses conseils. A son retour à Bologne, vers 1658, le cardinal Farnèse, légat du Saint-Père, lui confia la décoration, dans le palais communal, de la grande salle qui porte son nom, et les deux fresques désormais célèbres de *François I*, *roi de France, guérissant les écrouelles*, et de l'*Entrée de Paul III Farnèse à Bologne*, prouvèrent que Cignani était non-seulement capable d'enlever un bon morceau de peinture, mais qu'il ne serait inférieur à aucun de ses contemporains lorsqu'il s'agirait d'aborder les vastes compositions historiques et monumentales.

Le cardinal Farnèse, enchanté de son peintre, le voulut emmener à Rome pour décorer quelques parties de son palais. On ne sait pourquoi ce projet échoua : Cignani s'apprêtait à revenir dans son pays lorsqu'on lui offrit de peindre une des chapelles de Sant'Andrea della Valle. Ce travail le retint à Rome trois années, pendant lesquelles il fit un certain nombre de tableaux moins considérables. Ce séjour marque une date importante dans sa vie, car c'est à Rome qu'il connut Lorenzo Pasinelli, avec lequel il contracta une liaison durable et féconde, et c'est aux efforts combinés de ces deux studieux artistes que l'école de Bologne dut une sorte de renaissance, après la disparition des derniers élèves des Carraches.

Revenu à Bologne, Cignani peignit, pour les Pères Olivétains, à l'église de S. Michele in Bosco, dans quatre grands médaillons soutenus par des anges, quatre compositions sacrées, avec de petites figures, que les contemporains trouvèrent supérieures aux œuvres voisines des Carraches et n'hésitèrent pas à mettre en parallèle avec les plus célèbres morceaux du Corrége. Accablé de commandes qu'il exécutait toujours avec un soin extrême et très lentement, il ne pouvait déjà suffire aux demandes des particuliers, qui appréciaient beaucoup ses petits tableaux sacrés et profanes, lorsqu'il fut appelé près du duc de Parme, pour achever de décorer le pavillon du jardin ducal dont la voûte était peinte par Augustin Carrache. Le duc Ranuzzio fut si content du travail achevé par Cignani dans l'espace d'un an (1681) avec l'aide de son fils Félix et de ses élèves Franceschini et Quaïni, qu'il lui commanda de suite un grand tableau pour la cathédrale de Plaisance, et voulut lui conférer le titre de comte. Le peintre refusa par modestie ; mais, quelques années après, le successeur du duc Ranuzzio ayant renouvelé avec instance les mêmes offres, Cignani, pressé par sa famille, accepta pour lui et ses enfants ce titre héréditaire.

Malvasia raconte que Luigi Quaïni, étant de passage à Paris, y montra un jour à Charles Lebrun un petit tableau sur cuivre de son maître et cousin, *le Christ descendu de la croix*, que le peintre français prit aussitôt pour un Annibal Carrache. Quaïni, lui affirma que l'auteur était bien Carlo Cignani, et ne voulut pas vendre le tableau au roi Louis XIV pour ce qu'il n'était pas. Le tableau resta en France, ajoute Malvasia, et prit place au cabinet du Roi, qui fit demander, comme pendant, à Carlo Cignani une *Apparition de Jésus-Christ à la Madeleine, sous la figure d'un jardinier*. Nous ignorons ce que sont devenus ces deux ouvrages, qui ne sont pas portés sur les catalogues du Louvre. Carlo Cignani fit d'ailleurs beaucoup de ces petits tableaux sur cuivre, qu'on attribua plus tard, soit à l'un des Carraches, soit à l'Albane.

Parmi les ouvrages plus notables, dans cette époque de sa vie, on doit ranger le grand tableau de la chapelle Davia à Santa-Lucia de Bologne, où Cignani représenta la Vierge sur son trône tendant des couronnes à S. Jean-Baptiste et à Ste Thérèse, avec une élévation de style et une profondeur de sentiment qu'on trouvait rarement chez les praticiens expéditifs de cette époque. L'invention, la disposition, l'exécution, sont également remarquables dans cette toile, qui coûta beaucoup d'étude à l'auteur. La conscience qu'il apportait dans l'achèvement de ses travaux explique le petit nombre d'œuvres qu'il a laissées, malgré la durée de sa carrière, la régularité de sa vie, l'assiduité de son travail. On peut placer vers le même temps la décoration à fresque qu'il fit dans une église des saints Bastien et Roch, à Massa-Lombarda, son *Épisode de la vie de S. Philippe Benizzi*, chez les Pères Servites de Bologne, son tableau de *Saint Pierre d'Alcantara* chez les Pères de l'Observance, et divers autres ouvrages pour les couvents de Bologne, de Ravenne et de Forli.

Ce fut sans doute la vue des tableaux de Carlo envoyés à Forli qui détermina la municipalité de cette ville à faire venir le comte Cignani pour lui confier la décoration de la coupole de la cathédrale. Cignani, désireux de faire une grande œuvre qui assurât la gloire de son nom, accepta avec empressement une tâche d'autant plus difficile que la disposition de cette immense coupole était plus irrégulière ; mais, comprenant qu'avec ses habitudes de travail lent et consciencieux, il lui faudrait plusieurs années pour mener à bien cette grosse besogne, il vint s'établir, avec toute sa famille, à Forli, y installa son atelier, et y ouvrit une école, bientôt très-fréquentée. Cette installation eut lieu vers 1685. La coupole ne fut achevée qu'en 1706. Cignani avait pris pour sujet l'Assomption de la Vierge, reçue au ciel par les trois personnes divines de la Sainte-Trinité, au milieu d'une multitude de saints, de saintes, de prophètes, de martyrs, de personnages de l'ancien et du nouveau Testament qui se pressent autour de la Mère de Dieu, lui offrant des couronnes, dans des attitudes d'adoration.

On admira avec quel art consommé l'admirateur du Corrége avait tiré parti des irrégularités mêmes de l'architecture, combiné savamment la disposition et les mouvements de ses figures, établi et divisé ses effets d'ombre et de lumière ; on constata que, s'il se montrait aussi préoccupé que l'illustre Parmesan de la vigueur des reliefs, de la solidité de la touche, de la clarté de la couleur, il poussait moins loin que lui la passion des raccourcis, et apportait dans l'expression de ses figures, dans l'arrangement de ses draperies, un goût particulier de simplicité et de noblesse qu'il devait sans doute à sa connaissance approfondie de l'art romain, et qui le distinguait de tous les peintres lombards. Pendant qu'il travaillait à cette grande fresque que Lanzi regarde comme l'œuvre la plus importante et peut-être la plus remarquable du xviiie siècle, Cignani allait de temps en temps retremper son inspiration dans l'étude de la coupole du Corrége à Parme et de la coupole du Guide à Ravenne. Lorsqu'on voulut découvrir son travail, après vingt ans, on dut enlever presque de force les échafaudages, car le peintre n'était pas encore satisfait. La coupole de Forli excita d'ailleurs une telle admiration que quelques années après, la ville ayant été occupée par les troupes impériales, le général qui les commandait exempta les habitants d'une contribution de guerre à la prière de Cignani. Le peintre fut promu, dans sa ville d'adoption, aux charges les plus élevées de la magistrature, tandis qu'à Bologne, sa ville natale, il était nommé *prince perpétuel* de l'académie Clémentine.

Cependant les forces physiques de Cignani commençaient à décroître. Le dernier tableau important qu'il put achever est un *Jupiter allaité*, commandé par l'électeur Palatin (1715). Le peintre avait alors quatre-vingt-six ans ; on ne trouve pourtant aucune trace de faiblesse dans son œuvre ; mais bientôt, se sentant gagné par des infirmités qui minaient sa robuste nature, il déposa le pinceau et ne s'occupa plus qu'à se préparer à la mort par des conversations édifiantes et des lectures pieuses. Il mourut, en effet, le 6 septembre 1719, et fut enterré, en grande pompe, aux frais de la ville, sous la coupole même qu'il avait décorée, laissant la réputation d'un homme accompli, tant pour les qualités du cœur que pour les dons de l'esprit.

Lanzi fait remarquer que si les élèves de Cignani furent très-nombreux, il n'en est pas un qui s'attacha à l'imiter, au moins avec persistance. « Un maître qui avait pour maxime qu'on doit étudier chacun de ses tableaux comme si l'on n'en devait faire qu'un dans sa vie, un maître qui, plutôt que de raccommoder et de rajuster un ouvrage mal venu, voulait qu'on le détruisît tout entier, et qu'on le recommençât, ne pouvait avoir beaucoup d'imitateurs. » Ses plus fidèles disciples furent le comte Félix Cignani, son fils, et le comte Paul Cignani, son neveu, qui l'aidèrent aux travaux de la coupole, mais qui après sa mort, se trouvant assez riches, ne travaillèrent plus que pour un honnête plaisir de l'esprit, *per un onesto piacere dell' animo*. Parmi ceux de ses élèves qui se firent encore un nom, on peut citer Emilio Taruffi, Marco Antonio Franceschini, Luigi Quaini, dont nous avons parlé ci-dessus, Giuseppe Maria Crespi, surnommé lo Spagnuolo, Matteo Zamboni, Girolamo Donnini, Antonio Calza de Vérone, excellent peintre de batailles.

<table>
<tr><td>

Paris. — Quatre dessins de Carlo Cignani sont conservés dans la collection du Louvre ; trois autres dessins lui sont attribués.

Bologne. — On montre encore au palais communal les deux grandes fresques dont nous avons parlé ci-dessus.

</td><td>

François Ier, roi de France, guérissant les malades, et l'*Entrée de Paul III à Bologne*, quelques morceaux de décoration à la Bibliothèque publique. Le *Miracle de S. Philippe Benizzi*, peinture importante, également citée plus haut, décore toujours l'église de Santa-Maria de'Servi, de même qu'on

</td></tr>
</table>

peut voir encore en assez bon état les médaillons de San-Michele in Bosco et la Madone de Santa Lucia. En revanche, la Pinacothèque ne possède aucun de ses ouvrages.

Florence. — Le musée des Offices, outre le portrait de Cignani peint par lui-même, qu'il avait envoyé au grand-duc, en 1686, possède encore une *Vierge tenant l'Enfant Jésus*, qui a été gravée dans l'ouvrage en cours de publication sur la galerie de Florence, par Batelli et Paris.

LORENZO PASINELLI

NÉ EN 1629; MORT EN 1700.

Lorenzo Pasinelli, qu'il faut bien se garder de confondre avec Lorenzo Pisanelli, peintre ornemaniste de Bologne d'une certaine réputation, qui appartient à une génération antérieure, marque, avec son compagnon et ami Carlo Cignani, une date nouvelle dans l'histoire de la peinture bolonaise. Quand Pasinelli et Cignani arrivèrent à l'âge d'hommes, l'école des Carraches touchait à son déclin; les derniers élèves de Louis étaient morts, ne laissant que de rares disciples qui se traînaient mollement les uns sur les traces du Guide, les autres sur les traces du Guerchin, comme les Gennari, Viani et quelques autres. Pasinelli, élève de Cantarini et du Torre, se trouva à Rome, entra 1660 et 1670, en même temps que son compatriote Cignani, et tous deux résolurent de raviver les études languissantes en présentant comme modèles aux jeunes gens, non plus seulement les œuvres des Carraches, mais surtout les chefs-d'œuvre des écoles antérieures. Tous deux ouvrirent donc des écoles qui eurent un grand succès. Pasinelli, épris de Raphaël et de Véronèse, s'attachait surtout à la précision du dessin et à la pompe des compositions; Cignani, séduit par Corrége et fidèle à Annibal Carrache, montrait une préoccupation plus grande des effets lumineux et de l'érudition pittoresque. La réputation de ce dernier surpassa, il est vrai, assez vite celle de son émule; mais Pasinelli eut le bon goût de ne témoigner jamais aucune jalousie à l'égard de son heureux rival, qui de son côté ne cessa d'apprécier et de louer les ouvrages de Pasinelli.

Bien que Pasinelli, comme nous l'avons dit, montrât une grande admiration pour Raphaël, ce n'est pas cependant par la pureté du style, ni par la correction du dessin, que ses tableaux se recommandent à l'attention des amateurs. L'insuffisance de l'enseignement qu'il avait reçu, dans sa première jeunesse, chez le Torre apparut toujours dans ses œuvres, quelque effort qu'il fit pour se corriger. Le culte qu'il professait pour Paul Véronèse porta au contraire tous ses fruits, et, sans imiter servilement le grand décorateur de l'école vénitienne, il sut retrouver quelque chose de sa liberté superbe, de son mouvement joyeux, de sa pompe éblouissante. Pasinelli, dit Lanzi, aimait à surprendre les yeux par le grand apparat de compositions abondantes, riches, ingénieuses, dans le genre de celles qu'il fit pour la Chartreuse, l'*Entrée du Christ à Jérusalem*, l'*Arrivée du Christ dans les Limbes*, ou de l'*Histoire de Coriolan*, peinte dans le palais Ranuzzi. Quiconque verra ces peintures reconnaîtra, chez Pasinelli, une grande chaleur d'imagination pittoresque, beaucoup d'originalité dans l'invention, une certaine vision pompeuse et décorative, qui n'ont jamais été le partage des artistes médiocres. Ce qu'on peut lui reprocher parfois, c'est, avec l'exagération du mouvement, quelque excès dans cet usage des ornements luxueux et des vêtements bizarres dont le goût lui avait été inspiré par les tableaux de Véronèse. Lorsqu'il peignit sa *Prédication de saint Jean-Baptiste* dans le désert, Taruffi, un de ses confrères, put s'écrier avec raison que ce n'était pas là un désert de Judée, mais la place Saint-Marc à Venise. Cependant, il sut se montrer plus sobre, en traitant des sujets plus intimes. Il travailla d'ailleurs beaucoup plus pour des particuliers que dans les monuments publics; ses tableaux de chevalet sont très-nombreux, et, en général, d'une solidité de pâte, d'une exécution vive, gaie et brillante qui rappellent les meilleurs maîtres de Lombardie et de Vénétie. Ses Vénus, en particulier, pour lesquelles, dit-on, une de ses trois femmes lui servit de modèle, furent très-recherchées par ses contemporains. Celles de ses toiles dont le coloris est dur, sec, sans relief, et dont le style se rapproche du style des Bolonais primitifs, sont sans doute l'ouvrage de sa première jeunesse.

Après la mort de Pasinelli, la plupart de ses élèves passèrent sous la direction de Cignani. Parmi ceux qui étaient déjà formés et qui firent honneur à l'enseignement de leur maître, il faut citer Gio-Antonio Burrini, imitateur à son tour des décorateurs vénitiens, dont on trouve des fresques importantes à Bologne et à la Mirandola, Gio-Gioseffo del Sole, qui travailla longtemps en Pologne et en Angleterre, Francesco Monti, qu'il faut étudier à Brescia et à Turin, Gio-Battista Grati, Cesare Mazzini, Donato Creti, Odoardo Orlandi, Girolamo Negri, Giuseppe Gambarini et Gian-Pietro Cavazzone Zanotti, auteur de divers ouvrages sur la peinture et de l'histoire de cette célèbre académie Clémentine, fondée à Bologne par Carlo Cignani.

Bologne. — On trouve encore quelques décorations murales de Lorenzo Pasinelli dans la salle Farnèse au Palais communal de cette ville, un *Miracle de saint Antoine* dans une des chapelles de la cathédrale San Petronio. L'église de la Chartreuse, devenue cimetière communal, a conservé, avec l'*Entrée triomphante à Jérusalem* dont parle Lanzi, l'*Apparition du Christ à sa mère*; ces deux tableaux sont signés et datés 1657. Dans l'église des Scalzi, ou de Santa Maria Lacrimosa, se trouve un excellent tableau représentant *la Madone, l'Enfant Jésus et saint Joseph*: enfin, la Pinacothèque a recueilli trois ouvrages de Pasinelli : *Cornélie, femme de Pompée, s'évanouissant en apprenant la mort de son mari; Sainte Catherine, martyre,* et *Sainte Marguerite,* deux figures à mi-corps.

ELISABETTA SIRANI

NÉE EN 1638 ; MORTE EN 1665.

Les trois filles de Sirani, Anna, Barbera, Elisabetta, s'adonnèrent à la peinture sous sa direction, mais une seule, Elisabetta, acquit une réputation méritée. Sans lui attribuer la valeur excessive que lui accordent Malvasia ou Picinardi, son panégyriste, qui l'appelle « le prodige de l'art, la perle d'Italie, le soleil d'Europe, dont la candeur ne fut jamais ternie par la fumée du flambeau de Cupidon qu'elle ne connut que sur les toiles, » on doit reconnaître que cette jeune fille, morte à vingt-six ans, montra de bonne heure un talent extraordinaire, et qu'elle donna même un bon exemple à plus d'un homme, parmi les peintres de Bologne, en s'efforçant de rendre à sa peinture la fermeté, la solidité, le relief qui étaient si négligés par l'école du Guide. Ses bons tableaux, exécutés avec une résolution toute virile, ne conservent aucune trace de cette timidité de pinceau qui révèle d'ordinaire les ouvrages d'une femme, même ceux de Lavinia Fontana. Elle abordait de préférence les grands sujets fournis par l'histoire et la poésie; la liste de ses tableaux, rédigée par elle-même et conservée par Malvasia, est d'une longueur qui a de quoi surprendre, si l'on réfléchit à la courte durée de sa vie. Il est vrai que, dès l'âge de dix-sept ans, cette fille-prodige recevait les visites et les commandes de tous les princes d'Italie, et même des souverains d'Europe. Elle mourut empoisonnée par une servante, qui servit, dit-on, d'instrument à une vengeance cachée ; mais l'enquête qui fut faite ne put révéler le crime, et la servante fut relâchée par les juges, faute de preuves. Elisabetta fut enterrée en grande pompe, à Saint-Dominique, dans la chapelle même où reposait déjà le Guide : sa fin prématurée et dramatique fut l'occasion d'un véritable déluge de sonnets emphatiques et de discours ampoulés dont Malvasia nous a conservé avec admiration le triple galimatias.

Les deux sœurs cadettes d'Elisabetta, dont le talent plus faible a pourtant beaucoup de rapport avec le sien, continuèrent, après la mort de leur aînée, à peindre un grand nombre de tableaux, tant religieux que profanes, pour les églises et les palais de Bologne; leurs tableaux, d'une dimension plus petite et d'une exécution plus timide, se distinguent aisément des ouvrages de leur sœur.

Paris. La collection du Louvre possède un dessin authentique d'Elisabetta. Trois autres lui sont seulement attribués.

Bologne. La Pinacothèque a recueilli un certain nombre des tableaux d'Elisabetta, entre autres : *Saint Antoine de Padoue baisant les pieds de l'Enfant Jésus,* tableau exécuté en 1662 pour l'église des religieuses de San Leonardo, une *Vierge aux douleurs au milieu des Anges,* peinte en 1656, de petite dimension, mais intéressante, parce qu'Elisabetta a fait elle-même de ce tableau une gravure à l'eau-forte d'une extrême rareté, et divers autres petits tableaux sur cuivre.

Les ouvrages d'Elisabetta se rencontrent encore fréquemment dans les églises de cette ville. Dans la sacristie de la cathédrale on peut voir une *Madone entre des Saints* et dans celle de la madone di Galiera un *Saint Philippe de Néri, le bienheureux Ghisilieri,* etc., dans l'église de Santa Maria de' Servi *les dix mille Crucifiés,* peinture en très mauvais état, dans celle du Cimetière, la grande toile du *Baptême de Notre-Seigneur,* datée et signée par Elisabetta, qui la peignit à l'âge de vingt ans (1658) et s'y représenta elle-même assise parmi les spectateurs, etc., etc.

FERDINAND BIBBIENA

NÉ EN 1657; MORT EN 1743.

Le nom de Bibbiena, qui est celui d'un petit bourg de la Toscane, fut donné pour la première fois à Jean-Marie Galli, élève de l'Albane, qu'on voulait distinguer par là d'un autre Galli, élève des Carraches. Ce nom fut porté par un grand nombre d'artistes de la même famille, dont les plus connus, on peut même dire les plus renommés, furent Ferdinand et François Bibbiena, fils de Jean-Marie.

Ferdinand, né en 1657, est de tous les siens, celui qui fut à bon droit le plus célèbre. Il avait été, dans les commencements, disciple du peintre Carlo Cignani; mais il avait abandonné bientôt la peinture pour l'architecture, ou plutôt pour les décorations architectoniques. Il devint si habile dans cet art qu'il en publia la théorie dans deux ouvrages, dont l'un a pour objet l'architecture civile, basée sur la géométrie et réduite aux observations pratiques de la perspective : *Architettura civile preparata sulla Geometria e ridotta alle prospettive considerazione pratiche; Parma*, 1711 ; in-fol.; l'autre est un recueil de soixante et onze feuilles de dessins d'architecture, de perspectives, de décorations de théâtre, également in-folio.

Ferdinand, dont la science était au service d'une imagination grande et poétique, était un novateur. Ce fut lui qui inventa ces magnifiques mises en scène que l'on a depuis perfectionnées, et cet art du machiniste, qui produit avec tant de prestige et de promptitude les changements du décor. Le duc de Parme, Ranuccio Farnèse, l'employa, le pensionna et le retint longtemps dans ses États, non-seulement comme décorateur, mais comme architecte, car Bibbiena construisit pour ce prince la villa de Colorno, qu'il orna d'un théâtre splendide et d'un superbe jardin. Sa réputation s'étendit en Italie et pénétra jusqu'en Espagne. Il fut appelé à Barcelone pour diriger les fêtes données dans cette ville à l'occasion du mariage de Charles III, et ce prince fut si charmé des inventions de l'architecte bolonais, que lorsqu'il devint empereur d'Allemagne et roi des Romains, sous le nom de Charles VI, il emmena Ferdinand d'abord à Milan, puis à Vienne, et le chargea bientôt d'ordonner les fêtes qui eurent lieu pour la naissance de l'archiduc. Il y avait ménagé, entre autres effets, des illuminations prodigieuses, dont l'éclat se réfléchissait dans le vaste étang de la Favorite. La mode était alors aux quadratures, comme on les appelle en Italie, c'est-à-dire aux percements feints des murailles par des perspectives profondes. Ferdinand Bibbiena eut à décorer à Vienne, comme il l'avait fait à Parme, des églises, des escaliers de palais, des toiles de fond pour théâtres et de grands plafonds où il feignait des ouvertures sur le ciel. Après avoir rempli la ville de ses ouvrages, il se retira dans sa patrie, où il continua de travailler jusqu'à un âge très-avancé. Il mourut en 1743.

Les architectures en décoration de Ferdinand Bibbiena ont le caractère de la richesse et de la pompe. Ce sont des arcades dont l'intrados est orné de caissons et qui, au lieu de porter le plein, portent le vide. Des loges à balcons ventrus les surmontent. Pour jeter de la variété et du mouvement dans le spectacle, l'artiste coupe ses entablements par des ressauts. Ce qui serait blâmable dans l'exécution par l'architecte, est magnifique dans la composition du peintre. Pour plus d'abondance et d'opulence dans le jeu des surfaces, des colonnes torses dont la spirale est garnie de lauriers sont adossées aux pieds-droits de ces loges, qui portent elles-mêmes sur les pieds-droits des arcs inférieurs. Sur le devant, la distance des colonnes est immense, et cet impossible espacement est couvert par une architrave aussi étendue que la longueur des colonnes. On peut, il est vrai, supposer en bois ces entablements qui vont de l'un à l'autre côté du théâtre. Ces réflexions s'appliquent aux décorations figurées dans les estampes de Buffagnotti, sous le titre : *Novo teatro aperto nell' anno 1703, nell' Accademia dell' Ill. S. Ardenti al Porto diretta dall. R. P. Somaschi*. On peut juger, d'après ces estampes, du style qui fut inauguré dans la décoration par Ferdinand Bibbiena, et des éléments qui composent ce style pompeux mais dévoyé, savoir : beaucoup d'enroulements, de cartouches, de consoles gonflées, de coquilles, de guirlandes. Ainsi tout ce qui a constitué le style Rubens en architecture, ou pour mieux dire celui des jésuites, a été transporté dans le décor scénique.

FRANÇOIS BIBBIENA

NÉ EN 1659; MORT EN 1739.

Ce que nous disons ici de Ferdinand s'applique, à peu de chose près, à Francesco Bibbiena, son frère puîné. Celui-ci avait étudié aussi à l'école de Carlo Cignani et de Pasinelli; mais, suivant l'exemple de Ferdinand, il ne tarda pas à abandonner la peinture pour l'architecture et la décoration théâtrale. Moins âgé que son frère de deux ans seulement, il vécut longtemps avec lui dans une parfaite union, partageant ses idées, son style, sa manière et souvent ses travaux. Il dirigea seul les brillantes fêtes qui furent données à Naples lors de l'entrée de Philippe V dans cette ville. Ce prince voulut l'emmener à Madrid en qualité d'architecte ; mais l'artiste s'excusa sur ce qu'il avait promis de se rendre à Vienne. Il s'y rendit en effet et il y construisit pour l'empereur Léopold Ier un théâtre qui plut tellement, que pour retenir auprès de lui l'architecte, Léopold lui offrit une pension de 6,000 florins. Mais Bibbiena en demanda 8,000 comme un dédommagement nécessaire aux pertes qu'il subirait en refusant ailleurs des entreprises importantes et lucratives. L'empereur hésitait à élever la pension jusqu'à cette somme, lorsqu'il mourut, en 1705.

Joseph Ier, qui avait succédé à Léopold, ne marchanda point avec Bibbiena et le récompensa généreusement des travaux dont il le chargea, lui laissant la liberté d'aller où l'appellerait l'emploi de ses talents. Francesco en profita pour se rendre à la cour de Lorraine, où il eut à bâtir un théâtre sur le modèle de celui qui avait eu tant de succès en Autriche. Marié à Nancy, Bibbiena ne voulut pourtant point se fixer en Lorraine : il retourna en Italie. C'est alors qu'il fut désigné par l'illustre antiquaire Scipion Maffei à la Société philharmonique de Vérone, comme l'architecte le plus capable de bâtir le théâtre que cette Société voulait élever. Francesco Bibbiena répondit pleinement à l'opinion que Maffei avait conçue de lui. « Vérone peut se vanter, dit Quatremère, d'avoir un des théâtres les mieux entendus qu'il y ait eu en Italie : portique extérieur, escaliers magnifiques aux quatre angles, salles et corridors commodes, cet édifice réunit tout ce que le goût et l'utilité peuvent demander. L'orchestre est séparé du parterre, de peur que les spectateurs ne soient incommodés par le bruit des instruments. Le théâtre est disposé de façon que l'on ne voit jamais les acteurs de côté. Entre la scène et le parterre se trouvent placées les portes d'entrée selon l'usage des théâtres antiques. »

Mais c'est sous le rapport de la décoration théâtrale que Francesco Bibbiena nous intéresse et qu'il appartient à l'histoire des peintres.

Comme les œuvres de Ferdinand, son frère, celles de François Bibbiena sont marquées au coin d'une magnificence qui est de nature à étonner le spectateur et à l'émouvoir. On y retrouve sans doute ce qui caractérise l'architecture de décadence, des colonnes fuselées, boudinées, des colonnes dont le poids énorme est supporté par des consoles: un gothique bâtard et de fantaisie avec des colonnettes accouplées et torses, et des pinacles imaginaires; un abus de l'alternance, soit dans les claveaux alternativement saillants des archivoltes, soit dans les colonnes dont le tambour alterne avec une assise cubique... Mais, il faut le dire encore une fois, ce qui serait insupportable en réalité, ou, comme l'on dit, à l'exécution, se pardonne aisément dans les fictions du décorateur, qui ne font que paraître et disparaître ; l'audace des encorbellements peut lui être permise tant que le spectateur n'en est pas alarmé, c'est-à-dire tant que ces encorbellements n'ont pas l'air de supporter un poids véritable, comme cela serait, par exemple, si une action du drame se passait au second étage d'un édifice figuré sur la scène. Et du reste, les inventions, les compositions de Francesco Bibbiena sont empreintes d'imagination et de poésie. On aime à se promener dans les jardins enchantés dont son frère et lui nous ouvrent les perspectives heureuses. On se plaît à voir les aventures d'un drame romanesque ou d'une tragédie héroïque s'agiter dans une cour de marbre aux fontaines jaillissantes. On est ravi de se trouver en présence d'un palais fantastique qui semble créé par la baguette d'une fée, ou improvisé par la volonté d'un dieu, et il y a un charme inexprimable pour un spectateur déjà échauffé par l'action du poème dramatique, à monter en pensée sur des terrasses imprévues, à s'appuyer sur des balustrades qui dominent une contrée chimérique, et à s'engager dans des escaliers splendides et mystérieux qui ne conduisent nulle part. Enfin on est agréablement épouvanté parfois des idées sinistres du décorateur, par exemple, de celle qui a inspiré à l'un des deux frères une toile de fond représentant des ruines abandonnées et une poutre à laquelle est suspendu un homme pendu dans une cage de fer.

Un reproche que l'on peut adresser aux Bibbiena, c'est l'abus des balustres vus de bas en haut, *di sotto in sù*, et en général l'excès de la perspective, dont la rigueur, bien qu'elle soit conforme à la science, est désavouée par le sentiment. On a remarqué avant nous que Ferdinand Bibbiena sut tirer un excellent parti des plans vus par l'angle et du point de vue placé hors du cadre de la scène. Les deux frères furent professeurs à l'Institut de Bologne. Ils y enseignèrent la géométrie pratique, l'arpentage, l'architecture, la perspective, la mécanique, et cet art du machiniste qu'ils avaient porté à un si haut degré de prestige et de science. Francesco Bibbiena mourut à Bologne en 1739, à l'âge de quatre-vingts ans. Ferdinand Bibbiena lui survécut jusqu'en 1743.

Ce dernier laissa trois fils, Alexandre, Antoine et Joseph, qui portèrent honorablement le nom de leur père et continuèrent sa renommée en travaillant pour les diverses cours de l'Europe. Le premier s'engagea au service de l'électeur Palatin et y demeura jusqu'à la fin de ses jours. Le second, Antoine, fut d'abord employé en Autriche et en Hongrie; ensuite il revint en Italie, travailla en Toscane et en Lombardie, et mourut à Milan avec la réputation d'un décorateur facile, plus abondant et plus riche que châtié. Le troisième, Joseph, fut, à l'âge de vingt ans, le successeur de son père à la cour de Vienne comme architecte et ordonnateur de fêtes. De là il fut appelé à Dresde en la même qualité, et, quelques années après, à Berlin, où il mourut. Son fils, Charles de Bibbiena, suivit la carrière paternelle, non sans talent, sans verve et sans éclat. Pensionné par un margrave, il devint l'architecte décorateur du roi de Prusse. Mais les troubles et les guerres survenus en Allemagne lui firent déserter ce pays pour entreprendre des voyages en France, en Flandre, en Hollande et enfin à Rome. Le goût des pérégrinations le conduisit sur la fin de sa vie à Londres, où les offres les plus avantageuses ne purent le retenir.

Ferdinand Bibbiena publia en 1711, à Parme, un *Traité d'Architecture et de Perspective* en 2 volumes in-8. Dans le premier volume il enseigne la géométrie pratique, la perspective, la mécanique appliquée aux mouvements des décorations de théâtre. Le second est un recueil de planches gravées d'après ses dessins, par Buffagnotti et par Abbatti, dont le burin a mal traduit les dessins du maître. En 1731, à l'âge de soixante-quatorze ans, il publia une seconde édition de ses Traités, qu'il avait revus avec soin et qu'il destinait à l'instruction de la jeunesse, comme le dit le nouveau titre du 1ᵉʳ volume de cette édition : *Direzioni a' giovanni studenti nel disegno dell' Architettura civile.* Le 2ᵉ volume est un Traité de la perspective dans toutes ses branches, sous le titre : *Della Prospectiva teoricae dell' Arte de mover pesi e trasportarli da un luogo all' altro.* Ces deux volumes sont enrichis de planches, cette fois bien gravées.

Antoine Bibbiena, fils du précédent, a publié à Augsbourg, en 1740, grand in-fol., un ouvrage intitulé : *Architetturae Prospettiva dedicate alla M. de Carlo VI, imper.* Cet ouvrage, dit la Bibliographie universelle, est peu estimé.

On a aussi publié nombre de planches représentant les décorations inventées par Joseph Bibbiena et par son fils Charles à l'occasion des fêtes publiques, et ces planches gravées avec soin reproduisent la maëstrie et la beauté des dessins originaux.

CHARLES BLANC.

FIN DE L'ÉCOLE BOLONAISE.

LISTE DES GRAVURES

INTERCALÉES DANS LE TEXTE.

NOMS DES PEINTRES.	TITRES DES SUJETS.	DESSINATEURS.	GRAVEURS.
LE DOMINIQUIN (Domenico Zampieri).	Son portrait	E. Beaucourt.	Chevauchet.
»	Samson brisant ses liens.	A. H. Cabasson.	Huyot.
»	Tobie et l'Ange.	A. Paquier.	F. Simon.
»	Communion de S. Jérôme.	A. H. Cabasson.	J. Quartley.
»	Ste Cécile.	»	A. Lavieille.
»	Le Triomphe de Galathée.	»	L. Dujardin.
»	S. Jérôme au désert.	A. Paquier.	A. Lavieille.
»	Le Triomphe de l'Amour.	A. H. Cabasson.	J. Quartley.
L'ALBANE (François).	Son portrait	E. Beaucourt.	E. Sotain.
»	Enfant Jésus sur la Croix.	A. Paquier.	J. Gauchard.
»	Apollon et Daphné.	»	Cordier.
»	La Terre.	»	A. Delangle.
»	Sainte Famille.	»	»
CARRACHE (Louis).	Son portrait.	E. Beaucourt.	A. Delangle.
»	Saint Raymond .	Fremann.	Etherington.
»	La Vierge et l'Enfant Jésus	Hadamar.	J. Gauchard.
»	Vocation de S. Mathieu.	Fremann.	Carbonneau.
»	La Providence.	»	Ligny.
CARRACHE (Annibal).	Son portrait.	A. Paquier.	Chevauchet.
»	Mater dolorosa	A. H. Cabasson.	Ligny-Pannemaker.
»	La Vierge et l'Enfant Jésus.	»	J. Quartley.
»	Sainte Famille (Le raboteux).	A. Paquier.	A. Delangle.
»	L'Adoration des Bergers	A. H. Cabasson.	L. Deghouy.
»	La Vierge au silence	»	Ligny-Pannemaker.
»	Paysage.	E. Aubert (père).	A. Lavieille.
CARRACHE (Augustin).	Son portrait	E. Beaucourt.	Chevauchet.
»	S. Jérôme	A. Paquier.	Bourgier.
»	La Vierge et l'Enfant Jésus	»	Dupré.
LE GUIDE (Guido Reni).	Son portrait	A. H. Cabasson.	F. Simon.
»	La Vierge et S. Jean.	»	J. Gauchard.
»	La Samaritaine .	»	Jahyer.
»	Le Christ en croix.	»	»
»	Sainte Famille.	»	J. Gauchard.
»	L'Aurore.	»	W. Brown.
»	Le Repos en Égypte.	»	Gauchard.
»	La Fortune.	»	»
LE GUERCHIN (François Barbieri, dit)	Son portrait	Hercule Catenacci.	M. F. Etherington
»	La Leçon	A. Paquier.	Bourgier.
»	La Femme adultère.	A. H. Cabasson.	E. Sotain.
»	L'Aurore.	A. Hadamard.	W. Brown.
»	Sainte Pétronille.	Perugini.	»

LISTE DES GRAVURES

NOMS DES PEINTRES	TITRES DES SUJETS.	DESSINATEURS	GRAVEURS.
FRANCIA (Francesco Raibolini, dit).	Son portrait	A. H. Cabasson.	J. Guillaume.
"	Portrait d'homme	A. Paquier.	Gusman.
"	La Madone.	A. H. Cabasson.	Carbonneau.
"	La Vierge, l'Enfant Jésus, des Saints et le portrait de Bartholomméo Félicini	»	L. Chapon.
"	La Vierge, l'Enfant Jésus, S. Dominique et sainte Barbe	»	Brevière.
PRIMATICE (François).	Son portrait	A. Paquier.	Guillaume.
»	Ulysse à la grotte de l'olyphème.	Reutemann.	A. Delangle.
"	Une dame de la cour de François Ier à sa toilette	Wattier.	Dupré.
"	Arrivée d'Ulysse chez Polyphème	Reutemann.	»
"	Mariage mystique de Ste Catherine.	»	Hotelin-Hurel.
"	La Continence de Scipion	A. Carloni.	J. Guillaume.
"	Les Hespérides, salle Henri II à Fontainebleau.	Wattier.	Hotelin-Hurel.
"	Diane au repos.	»	Dupré.
LES PROCACCINI.	Leurs portraits	E. Beaucourt.	J. Guillaume.
»	Repos de la sainte Famille.	C. Mettais.	J. Ettling.
"	Vierge et Jésus	»	D.P. Verdeil.
"	La Transfiguration	»	Regnier et fils.
"	La Nativité.	A. Paquier.	A. Delangle.
»	La Vierge, Jésus, S. Jean et un Ange.	»	»
PIER FRANCESCO MOLA.	Son portrait	E. Beaucourt.	J. Guillaume.
"	Vision de S. Bruno.	A. Paquier.	Degreef.
»	Joseph, vice-roi d'Égypte, reconnu par ses frères.	»	»
MELOZZO DA FORLI.	Portrait postiche.	E. Beaucourt.	Sargent.
"	Figure tirée de la fresque peinte par Melozzo dans l'église des Saints-Apôtres à Rome.	C. Mettais.	Mettais fils.
"	—	»	A. Delangle.
"	Le pape Sixte IV nommant Platina préfet de la bibliothèque vaticane.	»	Degreef,
"	Fragment de la fresque peinte par Melozzo dans l'église des Saints-Apôtres à Rome.	»	Dupré.
"	Le pape Sixte IV.	E. Lorsay.	Regnier.
PELLEGRINO TIBALDI.	Portrait postiche.	E. Beaucourt.	Sotain.
»	S. Mathieu.	C. Mettais.	Mettais fils.
"	Phaéton.	»	J. Robert.
"	Mariage de sainte Catherine.	A. Paquier.	A. Delangle.
"	Ulysse et Polyphème	C. Mettais.	»

TABLE ALPHABÉTIQUE

MAITRES DE L'ÉCOLE BOLONAISE

LES PEINTRES DONT LE NOM EST PRÉCÉDÉ D'UN * SONT CEUX DONT LA BIOGRAPHIE SE TROUVE
DANS L'APPENDICE PLACÉ A LA FIN DU VOLUME.

TABLE CHRONOLOGIQUE

DES

MAITRES DE L'ÉCOLE BOLONAISE

¹ Cette Table indique l'ordre dans lequel doivent être rangées et reliées les Biographies dont se compose le volume.